Johann Woldemar Streubel

Das Germanentum und Oesterreich

Johann Woldemar Streubel

Das Germanentum und Oesterreich

ISBN/EAN: 9783743329379

Hergestellt in Europa, USA, Kanada, Australien, Japan

Cover: Foto ©ninafisch / pixelio.de

Manufactured and distributed by brebook publishing software
(www.brebook.com)

Johann Woldemar Streubel

Das Germanentum und Oesterreich

Das
Germanenthum und Oesterreich.

Oesterreich und Ungarn.

Eine Fackel für den Völkerstreit.

Von

Arkolay.

„Das Deutsche muß verdrängt und die Sprache der
Knechte werden."
(Pöbelstimme aus dem ungarischen Reichstag.)

Darmstadt & Leipzig.

Eduard Zernin.

1870.

Germania an's deutsche Volk.

Die Völker träumen...

Die andern alle müssen träumen, um in der Hoffnung an ein Einst zu kommen, das niemals wiederkehrt.

Du brauchst nur aufzuwachen, und sieh'! dein Traum ist wahr...

———————

Inhalt.

I.

Das Germanenthum und seine Bestimmung.*

Von allen Nationalitäts-Bestrebungen, deren Schauplatz Europa bildet, ist keine so wichtig, so tief angelegt und so zukunftsreich, wie das Ringen der germanischen Welt.

Diese germanische Welt kommt hier unter zweierlei Gesichtspunkten in Betracht.

Einestheils als große genetische und historische Gesammtheit, d. h. als Stamm, oder als Volk; anderntheils aber als das politische Deutschland, wie es zur Zeit thatsächlich besteht. In der zuerstgenannten Bedeutung muß man sich das Germanenthum unabhängig denken von der staatlichen oder politischen Form, vielfach sogar unabhängig von der staatlichen oder politischen Macht, insofern letztere zur Zeit weit mehr wie früher der Ausbruck äußerlicher Staatsgewalt, nicht aber jener der eigentlichen Volkskraft ist. Das Germanenthum als Ganzes hat auch Nichts zu schaffen mit der oft zu=

------

* Es würde dem Zweck dieser Schrift völlig widersprechen, wenn man hier in gewöhnlicher Bedeutung von Deutschen und von Deutschland reden wollte. Das wäre ein Flug des Aars dicht über den Schornsteinen und den Spatzennestern hin ... Hier kommt nicht das sogenannte Deutschland der elenden Landkarte, hier kommt das historische Vaterland der ganzen großen Nation in Betracht, vor der Europa gezittert hat und vor der es wieder zittern wird. Seit 1866 ist der Ausbruck Deutschland nur noch eine Linse zur dreifachen Verkleinerung der Macht jenes Volkes, das deutsche Länder bewohnt. Er ist also unbrauchbar für vorliegende Schrift. Die Benennung der Deutschen als Germanen im engern Sinne bezeichnet wahrheitsgetreu die Macht dieses Volks. Uebrigens ist es kein Unglück, daß man den Namen Deutschland nicht mehr brauchen kann. Es verkündet Gutes! Der größte Theil des ungeheuren deutschen Volks ist politisch ohne Obbach: er biwackirt... Um so leichter ist das Riesenheer zum Aufbruch fertig, wenn das Signal ertönt!

1

fälligen Gestaltung der Landesgrenzen, mit den Schicksalen, den Bestrebungen und den äußerlichen Umwandlungen der deutschen Einzelstaaten. Dasselbe gilt von dem zeitweiligen politischen Aufkommen dieser oder jener deutschen Staatengruppe und dem entsprechenden Niederhalten anderer. Hegemonie-Gedanken sind politische und dynastische Irrthümer; das Volk kennt sie nicht. Bürger- und Bruderkriege konnten das Germanenthum vorübergehend schwächen, zumal nach Außen; allein sie waren nicht im Stande, seine Bestimmung zu verändern oder sein Ziel zu verrücken.

In der anderen Bedeutung erscheint das politische Deutschland als Ausdruck für das Germanenthum. Es ist nur ein ungefähres, ein höchst mangelhaftes, ein verstümmeltes, ein nicht zutreffendes Bild. An ihm sieht man Jahrtausende alte Spuren fremder Eroberungssucht; man sieht an ihm Spuren eines gewaltthätigen und kampfreichen Schicksals, einheimischer Fehde, dynastischer Complotte und diplomatischer Ränke. Man sieht daran aber auch unzählbare Spuren der mächtigen, ewigen und unvertilgbaren Kraft, die im Germanenthum wohnt, der fortwährenden Siege einer hochgetragenen Kultur über die von allen Seiten anstürmende Barbarei, und des Freiheitssinnes, der den politischen Bestand Deutschlands, wenigstens in der Hauptsache, trotz der unsäglichsten Kämpfe und Anschläge Europa's, bis in die Neuzeit gerettet und gesichert hat.

Indem das Germanenthum trotz der Ungunst vieler Verhältnisse sich im Ganzen Jahrtausende hindurch als großes politisches Macht- und als Kultur-Element behaupten konnte, ist ihm damit nicht nur eine Bürgschaft für seinen bleibenden Bestand, sondern auch für eine einstige bessere Zukunft gegeben. Denn das Germanenthum besteht nicht aus Gnade der zahlreichen und mächtigen umliegenden Völker, sondern einzig und allein auf Grund seiner physischen und geistigen Macht.' An Versuchen, dieses Germanenthum zu unterjochen, zu zerreißen oder zu schwächen hat es nie gefehlt: ist doch die ganze deutsche Geschichte seit fast 2000 Jahren überwiegend nur ein Kampf um's politische und nationale Dasein, wobei das germanische Element, trotz seiner Stärke der vereinzelten fremden Rasse gegenüber, im Vergleich mit den vereinigten fremden Rassen, stets in der Minderheit stand!

Dazu kommt die geographische Lage. Das Germanenthum hatte das Centrum Europa's festzuhalten. Keinem Volk in Europa, ja in der Welt, wurde je eine politische Aufgabe zugetheilt, die so schwierig und zugleich so ruhmvoll war wie diese. Der Sitz des Germanenthums, als starke Mitte, hält die von allen Seiten fortwährend nach derselben Mitte gravitirenden europäischen Völker und Staaten sieg=

reich) aus einander. Er liegt so zu sagen auf allen Heerstraßen der Eroberung, die fremde Ländersucht durch die Karte des Welttheils ziehen kann. Folglich ist er Hinderniß der Eroberung, ist er ein ungeheurer Markstein für den Frieden und für die freiwillige oder erzwungene Staaten=Genügsamkeit. Hätte das Germanenthum nicht eine so überlegene und unvergängliche Kraft: es würde längst vom Romanen= und Slaventhum vernichtet worden sein. Italien, Frank= reich, selbst Dänemark und Schweden (trotz der germanischen Ver= wandtschaft) und Rußland können in erster Linie und mit wirklichem Nutzen schöne Ländergebiete nur von Deutschland erobern. Im Uebrigen sind sie vom Meer oder von unwirthlichen Territorien bleibend eingeengt. Und diese Staaten, von denen Italien, Frank= reich und Rußland immer ein Interesse an der Schwächung des Germanenthums haben, sind bewohnt von zusammen 125 Millionen Menschen! Früher kam, auf die Dauer einiger Jahrhunderte, im Südosten gar noch die Türkei bei diesem Zerren und Reißen am Germanenthum mit in Betracht. Eine unerhörte Leistung ist und bleibt nach dieser Sachlage, daß das Germanenthum im Ganzen bis heute seine europäische Stellung nicht verlor. Wenn Deutschland im Verlauf langer Zeiten einige an der äußersten Peripherie gelegene Gebiete einbüßte, so ist dies einestheils vergleichsweis kein großes Object gewesen, anderntheils aber bedeutet es immer noch keinen vollständigen und bleibenden Verlust für das Germanenthum. Auch waren die Anlässe dazu nie im deutschen Volk zu suchen. Das Meiste dieser Verluste und Abgänge kommt auf Rechnung dynastischer Ver= blendung und Kurzsichtigkeit oder gar auf dynastischen Verrath, der sich nicht scheute, Bündnisse mit dem Ausland gegen das größere Vaterland einzugehen. Uebrigens haben jene Verluste nur deshalb stattfinden können, weil das politische Vaterland ein höchst mangel= hafter und abgeschwächter Ausdruck für das Germanenthum war. Sowie das politische Deutschland (ähnlich wie in der besseren Epoche der Kaiserzeit) wieder mehr und wieder schärfer ein Ausdruck des gesammten Germanenthums wird, fallen vermöge der stärkeren poli= tischen Anziehungskraft die losgelösten Stücke ganz von selbst an den Hauptkörper zurück, um so mehr, als diese Stücke nicht die Macht zu einer selbständigen staatlichen Sonder=Existenz besitzen, als sie im Gegentheil lediglich dem historischen Zufall und den Eifersüchteleien der Mächte (also nur beiläufigen Gründen) ihr seitheriges Bestehen danken. Insbesondere wird dies von der Schweiz gelten, von Belgien und Holland. Ebenso kann dann Frankreich die schmählich gestohlenen deutschen Perlen Elsaß und Lothringen blos so lange noch halten, als Deutschland dies erlaubt.

Offenbar empfing das Germanenthum einen für die Geschichts-Entwickelung des Welttheils entscheidenden Beruf. Es lehrt dies sofort ein Blick auf die Karte; es lehren dies ferner die Natur und der Verlauf der allermeisten namhaften oder epochemachenden politischen Begebenheiten in Europa seit mehr wie tausend Jahren. So haben in merkwürdiger Regelmäßigkeit fast alle größeren Kriege unter den europäischen Staaten directen oder indirecten Bezug auf Deutschland gehabt. Sie wurden vielfach entweder von der germanischen Mitte aus nach den Umfassungsstaaten, oder umgekehrt (was viel häufiger stattfand) von den Umfassungs-Staaten aus nach jener Mitte geführt. Deutschland ist die herkulische, doch für den Frieden Europa's ganz unerläßliche Aufgabe zugefallen, die zahlreichen Umfassungs-Staaten aus einander zu halten, die seine Existenz schon bedrohen, wenn sie sich vergrößern, ja schon, wenn sie für ihre Sitte oder Sprache Propaganda machen wollen. Es wäre nie im Stande gewesen, die genannte Aufgabe zu erfüllen, wenn seine Macht etwa der Macht eines einzigen angränzenden Großstaates entsprochen hätte; es wird künftig nicht mehr im Stande sein, sie zu erfüllen, wenn ein solches Ereigniß eingetreten ist. Selbst nach der Zertrümmerung des deutschen Reiches fanden die Staatsmänner Europa's es natürlich, daß zwei Großmächte Mitglieder des deutschen Bundes waren. Die eclatante Macht-Ueberlegenheit Deutschlands über jeden einzelnen der europäischen Continental-Staaten: das war und ist das europäische Gleichgewicht! Sowie im Herzen des Welttheils nur ein Staat vom Range Frankreichs, Italiens oder Rußlands besteht, ist jenes Gleichgewicht zerstört. Das Drücken und Stoßen nach der Mitte muß zunehmen; die Mitte selbst ist zerbrechlicher und widerstandsloser geworden, auch kann sie geographisch leichter umklammert werden. Schwankungen und Katastrophen müssen unausbleiblich folgen; sie wiederholen sich um so öfterer, je mehr die Mitte zerrieben oder zerbröckelt wird. Es ist Unsinn, zu glauben, daß derlei Dinge sich nur in monarchischer Form so schlimm gestalten könnten, daß sie zu vermeiden wären durch eine Conföderation der europäischen Staaten, von der einige Narren träumen, die aber, als übelriechender Völkerbrei, glücklicherweise schon im Interesse der Kultur unmöglich ist. Mazzini, Lebru-Rollin und Castellar, an die Spitze ihrer Staaten gestellt, würden ganz gewiß nicht damit anfangen, die nationalen Ansprüche oder Phantasien ihrer Völker zu verschenken. Und Deutschland hat, wird ihm je die Gelegenheit, die ihm entrissenen Länder allsogleich zurückzunehmen, und den Dieben nach West, Ost, Süd oder Nord die nöthigen Prügel sammt Zinsen und Agio zu ertheilen. Das ist dann wieder nur europäisches Gleichgewicht!

Eine so ausgesuchte, so schwierige und so verhängnißvolle·Rolle konnte von allen Völker=Rassen nur die germanische auf sich nehmen. Das ist keine Prahlerei, keine Uebertreibung. Die materielle Stärke der Rasse, so wichtig und unerläßlich sie war, genügte dennoch auf die Dauer nicht. Weit mehr kamen die geistigen, die moralischen und die Charakter=Eigenschaften derselben in Betracht. Und hier fügte es ein Wunder, daß selbst Das, was vom specifisch deutsch= nationalen Standpunkt aus ein großer Fehler scheinen mochte, für Gesammt= Europa ein Glück und eine Wohlthat war. Der deutsche Stamm ist physisch sehr stark; aber er hat von dieser Stärke selten oder nie einen schlimmen Gebrauch gemacht. Das Leben desselben ist in hohem Grade ein geistiges. Verstand ist viel da, doch ohne raffinirte Ent= wickelung. Sein Gemüth überragt weit seine Phantasie. Kein Pol= tron für die Freiheit, ist er ihr wärmster Freund und ihr zähester Vertheidiger. Er hat mehr wie alle anderen Stämme Sinn für Recht und Gerechtigkeit, er hat weniger wie diese Talent zu unerlaubtem Machterwerb und zu Länderraub. Langsam und schwerfällig für die beginnende That, arbeitet er dieser nachdrücklicher vor, besitzt er für die Folge mehr Ausdauer, mehr Maßhalten, mehr Opferwilligkeit und mehr Siegeszuversicht. Bis zu einer gewissen Grenze erträgt er mehr, von einer gewissen Grenze an erträgt er weniger, wie jeder andere Stamm. Die größte Freiheitsbestrebung, die von ihm ausging, ist bleibend und für die ganze Welt von ungeheuren Folgen gewesen (Reformation), im Gegensatz zu den Freiheitsbestrebungen der roma= nischen Stämme, deren Anläufe hierzu immer nur stoßartig ausfielen und bei denen bis heute nachträglich allemal das Princip praktisch geopfert ward. Daß das deutsche Volk sich seither bei fast allen bedeutenden politischen Bewegungen wesentlich mäßig benommen hat, liegt allerdings sehr an seinem Naturell. Es darf aber auch (als eine Hauptsache) nicht vergessen werden, daß dieses Volk einfach deß= halb nie so viel wie andere Völker zu erstreben brauchte, weil es vor= her nie so viel verlor, besonders, was die Rechte des Einzelnen be= trifft. Auch die schlechtesten deutschen Fürsten und Minister sind immer noch erträgliche Gestalten gegenüber den schlechtesten Fürsten und Ministern anderer europäischer Staaten. So groß Deutschland ist und so mannigfaltig seine Geschichte war: es hat nie Bleidächer von Venedig, nie Bagno's, nie Inquisition (im strengen Sinne), nie Bastillen, nie Tower's, nie Cayenne's und Lambessa's, auch nie ein Sibirien, es hat ferner nie eine Katharina von Medicis, nie eine Isabella die Katholische oder einen Philipp II., nie einen Ludwig XIV., nie eine Maria, nie einen Carl I. oder einen Iwan den Schreck= lichen, auch nie einen Napoleon I. oder Napoleon III. besessen. Da=

gegen war Deutschland an Helden und an großen Geistern verhält=
nißmäßig viel reicher wie alle andere Staaten. Das ist kein Zu=
fall gewesen: es lag an der besseren Construction der Rasse und
an deren höherer, soliderer Kultur!

Die politische Zerrissenheit Deutschlands war allerdings ein Un=
glück; aber sie beweist durchaus Nichts gegen die Bestimmung und
die Zukunft des Germanenthums. Jene Zerrissenheit hat dem äußeren
Nimbus Deutschlands etwas Eintrag gethan; aber dafür bedingte sie,
daß Deutschland seine Kraft mehr im Innern entwickelte und daß
hier eine Durchbildung des Volkes in seinen kleinsten Theilen zu
Stande kam, wie sie kein Volk der Erde auch nur entfernt besitzt und
wie sie noch keines besessen hat. Aus diesem Contrast zwischen Deutsch=
lands äußerem Nimbus und seiner inneren Kraft (den das Ausland
selbstgefällig ignorirte) sind eine Menge historische Lustspiele ohne
und mit Kanonendonner entstanden, wovon hier als Orte der Hand=
lungen nur das Lechfeld, Zorndorf, Roßbach und Leipzig genannt
werden sollen. Der Ausgang der Stücke war häufig verschieden:
doch zur Räumung der Bühne kam es stets ... Es kann so=
gar ein großes Glück bedeuten, daß die Germanen so lange an der
vollen Entwickelung ihrer Kraft nach Außen verhindert wurden, daß
sie diese wider Willen schonen und für eine entferntere Zukunft auf=
sparen mußten, während die Romanen ringsum fertig sind, von den
Slaven aber Niemand weiß, ob sie noch im Kindes= oder ob sie
schon im Greisenalter stehen. (Vermuthlich das Letztere.) Ist mit
dem zerrissenen Deutschland selbst Napoleon I. nicht fertig ge=
worden, so wird das geeinte Deutschland der Meister Europa's sein!.

Von den romanischen und slavischen Völkern wäre kein einziges
im Stande gewesen, die wichtige und gefährdete politisch=historische
Mitte Europa's auch nur 50 Jahre zu halten: die Germanen halten
sie, wie etwas ganz Selbstverständliches, schon weit über ein Jahr=
tausend. An sich sind auch die romanischen Völker so verschieden und
national gespalten, daß man sie sich im Hinblick auf eine derartige
aufopfernde und gemeinsame Aufgabe unmöglich als eine Einheit vor=
stellen kann: man denke an die feindlichen Gegensätze zwischen Italiener,
Franzosen und Spanier! Einzeln betrachtet, sind diese Völker schon
numerisch viel zu schwach, um die europäische Mitte vor Diebstahl
und Raub beschützen zu können. Sie haben aber auch durchaus nicht
die moralischen und geistigen Eigenschaften dazu. Ihre Flüchtigkeit
im Denken und Handeln, ihre Eitelkeit, ihre Unbeständigkeit, ihr
Mangel an Ernst und Tiefe, ihr Hang zur Knechtschaft und zum
Lakaienthum, welchem grell ihre Neigung zum glänzenden Flitter, zu
Formenkram, zu eitlem Ehrgeiz, zu Ruhmsucht und zu Eroberung

gegenübersteht, ihr Widerwille gegen ernste, schwere (namentlich Geistes=) Arbeit, ihr schwankendes Rechtsbewußtsein, ihre Hinneigung zur Phantasie, ihre Schwäche im Verstand, ihre Ueberschwenglichkeiten und Ausschreitungen im Glück, ihr Stumpfsinn und Fatalismus im Unglück: das Alles macht sie völlig ungeeignet, die verhängnißreiche Rolle des Germanenthums zu spielen.

Das Slaventhum besitzt die nöthige ziffermäßige Stärke; aber es ist gleichfalls genetisch sehr gespalten (man denke nur an den Gegensatz zwischen Russen und Polen, sowie an den zwischen dem Neurussen- und dem Slaventhum insgesammt). Auch fehlt ihm gänzlich jede höhere, innere oder eigentliche Kultur=Kraft, mit der allein ein Volk oder Stamm auf die Dauer Großes vollbringt. Das Slaventhum ist der Affe der westlichen Hyper=Kultur. Es copirt mit ächt asiatischer Stupidität nur die Auswüchse und Gebrechen der westlichen Kultur überhaupt, den ganzen Schnickschnack für eigene Kultur ausgebend und von allem „Abgeguckten" die Sophistik und Dialektik am Höchsten stellend, weil sie ihm die einzigen Mittel bieten, sich in der Zeit= (nicht Welt=) Geschichte etwas wichtig zu machen, und weil es mit ihrer Hilfe gerade Die um so mehr verkleinern und lästern kann, von denen es jene Excremente der Menschheit entlehnt. (Herzen, Bakunin, Czechen 2c.) Das Slaventhum kann sich nie individualisiren: es braucht immer, um ein Wenig zu wirken, den Autoritäts= glauben und das heerdenweise Zusammenstehen. Darum ist es auch der Freiheit nie sehr gefährlich, obwohl es stets (selbst in demokratischer Form) bewußt oder unbewußt dem Despotismus dient.

Wie sähe es beispielsweis in Europa aus, wenn Franzosen an Stelle der Germanen die europäische Mitte nach allen Seiten vor Brandung und vor Zerstörung beschützen sollten? Der Welttheil wäre eine sichere Beute endloser Schwankungen, Stürze, Katastrophen und Kriege. Das characterlose, eitle, aggressive und keinerlei dauernde Zustände verbürgende Naturell der Franzosen würde Europa in Kurzem in ein Chaos verwandeln, dessen Entwirrung keiner Staatskunst wieder gelingen könnte. Von einer europäischen Kultur und ihrer allmäh= ligen Entwickelung könnte keine Rede sein. Die Franken würden heute in wahnsinnigem Tanze die Göttin der Freiheit umkreist haben, um morgen, geführt von einem Menschenschlächter und Cäsaren, alle umliegenden Länder mit ihren Eroberungszügen heimzusuchen, und zwar Letzteres von diesem Centrum aus mit ganz anderem Erfolg, als es einem Ludwig XIV., einem Napoleon I. oder einem Napoleon III. vom halb isolirten, seitwärts liegenden heutigen Frankreich aus mög= lich war! Aus den zahlreichen Revolutionen Frankreichs sind, unter derselben Annahme, nur traurige Schlüsse zu ziehen. Das französische

Volk liebt die Freiheit nie um ihrer selbst willen. Es erstrebt sie nach drückendem, vorher selbst geschaffenem Despotismus rein zur Abwechselung, wie es umgekehrt, lange im Besitz der Freiheit, später allemal wieder aus demselben Grunde den Despotismus braucht. Und zuletzt schadet das zwiefache Beispiel einer erst mit Pomp ausgerufenen, dann aber von den Händen des eigenen Volkes in die Gosse geworfenen und völlig eingesargten Republik dem Princip der Freiheit weit mehr, als das eine Beispiel eines schwachen, geköpften Königs ihm je nützen kann. Scheusale wie diese Bonaparte sind nur bei einem französischen Volke möglich, das sie erst hervorgebracht und erzogen, dann aber erhoben, getragen und ihnen die Mittel zu ihren schauerlichen, das ganze Jahrhundert verpestenden und vergifteten Unthaten ge= liefert hat. Der wahre Verbrecher bei dem Thun der Bonaparte's ist das französische Volk. Dieses Volk war infam, als es mit seinen Millionen Händen den colossalen Bau des Cäsarismus schuf; es ist zehnmal infamer, wenn es nun über die natürlichen Folgen dieses Cäsarismus feig winzelt und klagt. Ist ein Volk wirklich souverain, so hat es nicht das Recht, einen Universal=Schurken aus seiner Mitte achtzehn lange Jahre hindurch an seine Spitze zu stellen. Der Des= potismus der Könige ist nur Mauerschwamm, der sich nicht eher bildet, bis das Ganze, also das Volk, sich zum Verfall und zur Ruine neigt . . .

Die germanische Rasse hat noch eine merkwürdige Eigenschaft. Obwohl mehr wie andere Rassen zur Selbstregierung befähigt, läßt sie doch, monarchisch regiert, die Monarchie nie so tief sinken, daß der Gedanke an die Republik zur unmittelbarsten Nothwendigkeit wird. Eigentlich ist dies nur ein Vortheil für die deutschen Fürsten, die dafür freilich auch ihren Völkern nicht so viel auflegen dürfen, wie die romanischen und slavischen Fürsten ihren Völkern. Aber die ersteren begingen zwei verhängnißvolle Fehler, unter deren Last sie noch heute büßen: 1) Sie schwächten durch ihren Zwiespalt Deutschland politisch so, daß dadurch die romanischen und slavischen Staaten eine künstliche Machtstellung erhielten, die ihnen eigentlich gar nicht gebührte. 2) Nach= dem dies geschehen, gewöhnten sie sich selbst an den Glauben jener überschwenglichen Machtstellung und entlehnten nun von nichtdeutschen Herrschern das Beispiel des Regierens. So wurde der deutschen Nation erst die politische Macht verkümmert, und dann wurde sie noch zum Ueberfluß mit dem Recept eines fremden Völker=Wohlverhaltens tractirt, das dem deutschen Geist durchaus widersprach. An diesem Widerspruch krankt eigentlich noch heute das Verhältniß der deutschen Fürsten zu ihren Völkern. Es läßt sich genau nachweisen, daß dieses Verhältniß ein ganz anderes war, als das Reich noch blühte. Das

erklärt einen großen Theil der deutschen Geschichte seit mehreren hun=
dert Jahren.

Wie schon erwähnt, deckt der Begriff „Deutschland" den Begriff
„Germanenthum" längst nicht mehr. Er ist höchstens eine armselige
Karrikatur des Letzteren, ein gegen früher fast um zwei Drittel
verkleinertes, verschrobenes, bis zur Unkenntlichkeit verpfuschtes Bild.
Dieses Bild stellt unsere klägliche Gegenwart, jenes Original stellt
unsere bessere Zukunft dar. In dem ungeheuren Gegensatze zwischen
Beiden liegt das All unseres Schmerzes, unsrer Leiden und unsres
Hoffens auf das Einst! Aber ein wunderbares Verhängniß hat es
gewollt, daß die klägliche politische Gegenwart des Germanenthums
mit ihren Kümmernissen im höchsten Grade unnatürlich, daß da=
gegen sein kühnstes Sehnen nach Erlösung aus dem Banne der
Geschichte nur natürlich ist. Durch diesen Widerstreit von Sein
und Können, ja, von Sein und Müssen, wird dem Germanen=
thum einst ein schöneres Vaterland geboren werden! Kein einziges
Volk hat, wie das deutsche, trotz schwerster Stürme von seinem Ideal
so viel gerettet; bei keinem einzigen liegt dem Ideal so nahe eine
Wirklichkeit. Man schilt die Deutschen Träumer, weil sie zum
Glück Europa's ihre überlegene Macht immer mehr in der Kultur
zur Geltung brachten, und weil sie politisch Das erstreben, was
entweder einmal da gewesen ist, oder was künftig wieder da
sein könnte. Nach einer solchen zweitausendjährigen Arbeit
für die Geschichts=Entwickelung Europa's noch so viel Kraft und
Anflug für die Folge: ein gleiches Schauspiel bietet kein anderes
europäisches Volk! Geträumt und (was noch schlimmer ist) ge=
fiebert haben nur die übrigen Völker Europa's, die in ihren zeit=
weiligen historischen Glanz=Epochen etwas Bleibendes und Solides
besessen zu haben glaubten, während diese fast ohne Ausnahme den
Charakter des Flüchtigen, des Vergänglichen und des Meteorähnlichen
trugen, denen gewöhnlich ein Paar bedeutende Menschen mehr wie
die betreffenden Völker zur Folie dienten, und denen sie nun nach=
träglich vielfach vergeblich nachjagen, wie das Kind einem entflohenen
Schmetterling. Insbesondere gilt dies (außer von den Spaniern und
Italienern) von den Franzosen und von den Magyaren. Ersteren
wird, was die nationale Eitelkeit und Ruhmsucht betrifft, die Er=
innerung an Napoleon's I. Zeit eine Quelle ewigen moralischen
Katzenjammers sein, wie einem bankerotten Millionär der Gedanke
an die entschwundenen Millionen. (Hat diese Erinnerung Frank=
reich doch Napoleon III. und seine schmachvolle Zeit gebracht!)
Letztere springen vollends wie Pinscher nach einem thurmhoch hängenden
ranzigen Stück Speck; denn sie reklamiren bekanntlich jedes entfernte

Land als ungarisches Eigenthum, in dessen Flüssen einstmals, dunkler Sage nach, die Räuberbanden Attila's ihre Rosse getränkt. Sie würden auch den Mond reklamiren, fänden sie zwischen ihm und Attila irgend eine Wechselwirkung auf.

Der Gegensatz zwischen dem Germanenthum und dem politischen Deutschland hat übrigens ungeheure historische Folgen gehabt. Je mehr er sich entwickelte, desto mehr gerieth die ganze Geschichte Europa's in ein falsches Geleis. Sie befindet sich noch zu dieser Stunde darauf, wie leicht bewiesen werden kann. Die deutschen Fürsten und ihre Minister rechneten (und mußten theilweis rechnen) lediglich mit dem politischen Deutschland, also nur mit einem Bruch= theile der ganzen germanischen Kraft. Seitdem nahm auch das Ausland diesen Bruchtheil fort und fort für das Ganze, und das= selbe konnte dies mit einem gewissen Rechte so lange, als die Form des politischen Deutschland das Germanenthum in seiner vollen Kraft= entwickelung hinderte. Aber das war doch nur eine provisorische und verkehrte Rechnung, hat sie auch einige Jahrhunderte gewährt und hat sie auch speciell einen Napoleon I. und III. überhaupt möglich gemacht. Noch diese Stunde nimmt das Ausland unsere momentane politische Kraft für unsere nationale; es unterschätzt uns also eben so sehr, als es sich überschätzt. Wir können uns diesen Rechnungsfehler, der uns freilich schon viel Demüthigungen zugezogen hat und noch zuziehen wird, gern gefallen lassen, wenn später aus der Zerrissenheit (die die localen Kräfte stärkte und ent= wickelte) wieder eine Einheit wird. Sobald dies geschieht, gewinnt sogleich das Geschick Europa's auf Jahrhunderte eine neue Gestalt.

Das Germanenthum ist eine riesige Eiche mit mächtigem Stamm und gewaltigen, tiefgehenden und weit in das Erdreich getriebenen gesunden Wurzeln. Die Krone dieser Eiche, das, was sie zur Schau trägt, ist das politische Deutschland der Gegenwart. Sie ist nicht halb so groß, wie sie nach der Mächtigkeit des Stammes und nach der Kraft der Wurzeln sein könnte. Sie trägt einige Spuren äußerer Gewaltthat, hauptsächlich aber verräth sie, daß sie durch un= natürliche und künstliche Mittel in ihrer Entwickelung sehr und an= haltend verkümmert wurde. Man gebe ihr die Freiheit der Natur, selbst Stürme, die ihr Holz nur fester machen: und sie wird auch ihre Krone wundergleich entwickeln, Denen, die sie schauen, zur Freude, ihrem Schöpfer zum Ruhm!

Neben der mächtigen Eiche steht eine kleine Pappel: das Magyarenthum. Ihre Wurzeln sind dürftig und weniger gesund wie die der Eiche. Ihr Stamm ist schlank, aber schwach. Eine Krone hat sie nicht, sondern nur einen Wipfel. Alle Aeste streben

nach Oben . . . Ihre Aeste und ihr Laubwerk sind wenigstens drei=
mal größer, als der Saugkraft der Wurzeln und der Stärke des
Stammes entspricht. Man erreichte dies durch Kunst und durch die
Gunst zeitlicher und localer Verhältnisse: seit drei Jahren wird fort
und fort mit gestohlenem Guano gedüngt. Es ist ein seltenes Glück
für diese Pappel, daß sie geschützt im tiefen Thale steht! Aber
schon ragen ihre Spitzen über die schützende Umgebung rechts und
links hervor. Derselbe Sturm, der jener Eiche einst zur Wohlthat
wird, wirft diese Pappel, diesen Schwächling nieder . . .

Eine Erscheinung von höchster Wichtigkeit ist die außerordent=
liche Verbreitung der Deutschen über alle Länder der Welt. Es
ist hier nicht, wie bei den Juden, die auch überall zu finden sind;
auch nicht wie bei den Engländern, die Vergnügungssucht oder Gier
nach Handelsvortheilen, und wie bei den Irländern, die heimisches
Elend in die Ferne treibt. Bei den Deutschen beruht dieses Vor=
bringen nach Außen nur auf einem Ueberschuß der unge=
heueren Nationalkraft, und zwar im besten Sinne, nämlich
in dem der Arbeit und der Kultur. Zahllose deutsche Kolonisten ꝛc.
giebt es fast aller Orten: im Capland, in Australien, in Süd=
amerika, in Nordamerika, selbst in Asien. Desgleichen ist eine Masse
deutscher Gewerbtreibender und Kaufleute über die ganze Erde zer=
streut. Das muß um so mehr Wunder nehmen, als wir (trotz
Nordbund) keine eigentliche Flotte besitzen, und als der Deutsche aus=
wärts im Allgemeinen ziemlich schutzlos ist. Aber der Freibrief
dieser deutschen Kolonisten ꝛc. ist gewöhnlich ihre vergleichsweise
Tüchtigkeit. Im Allgemeinen sind die Deutschen viel gleichmäßiger
und theilweis auch viel dichter über die Erde vertheilt, wie selbst die
Engländer, was bei den großen Handelsbeziehungen Englands viel
sagen will. Die Franzosen vollends können sich nicht mit uns ver=
gleichen. Welche Masse deutscher Arbeiter giebt es z. B. in Eng=
land, Frankreich, Rußland ꝛc., und wie wenig englische, französische,
russische ꝛc. Arbeiter trifft man bei uns? Ohne die religiöse Ver=
folgung würden die Deutschen selbst in Spanien und Portugal zahl=
reich vertreten sein, gewiß viel zahlreicher wie Engländer und Fran=
zosen, denen diese Länder doch so nahe liegen! Das Alles beweist
nur, daß der germanischen Rasse von Innen heraus eine allen übrigen
Rassen überlegene gewaltige, unbesiegbare Kulturkraft
eingepflanzt ist.

Sei man sicher: es ist kein Zufall, daß das Schicksal gerade
dieses Volk an diesen Fleck gestellt! Seine Macht zur Herr=
schaft, und sein geringes Geschick, sie praktisch über Andere auszu=
üben; seine gleichmäßige Brauchbarkeit für Frieden, wie für Krieg;

sein Sinn für Recht und Freiheit, der immer ein gewisses univer=
selles Gepräge trägt, der also ehrlichen Nachbarn niemals wehe thut;
seine geringe Neigung zu Eroberungen mit den Waffen, seine um
so größere, doch absichtslose und unbewußte Ueberlegenheit bei solchen
in mehr humanistischem Sinne (z. B. Vordringen der deutschen
Sprache auf völlig freien Gebieten, wie in der Schweiz 2c.); seine
große Zähigkeit und Kraft im Kampf um heilige Güter; seine Fru=
galität bei erträglichen Zuständen, seine Unversöhnlichkeit bei uner=
träglichen; seine fast schwärmerische Liebe zur Bildung, sein Haß und
Abscheu vor der Barbarei: dies Alles deutet nicht auf einen deutschen
allein, sondern auf einen größern, allgemeinen Zweck. Was
in der neuen Zeitrechnung bis 1789 die Franzosen, die Engländer,
die Spanier, die Italiener, die Russen, die Maghyarrn 2c. historisch
geschaffen, können wir missen. Aber man reiße für diese Epoche
die Blätter der deutschen Geschichte aus der Welt=Geschichte:
und Europa hat keine Geschichte mehr... Das vor=
nehme und völlig unberufene Mitleid, das wegen unserer natio=
nalen Eigenthümlichkeiten (die großentheils nur nationale Vorzüge
sind) fremde Völker uns zuweilen gewohnheitsmäßig spenden, obwohl
wir es niemals fordern: sie behielten es aus sehr triftigen Gründen
besser stets für sich!

Zum Schluß dieses Abschnitts mögen noch einige statistische und
historische Angaben über die germanische Rasse Platz finden. Eines=
theils ergänzen oder beweisen sie das eben Entwickelte noch mehr,
anderntheils gestatten sie einige für die folgenden Abschnitte wichtige
Schlüsse, die unentbehrlich sind.*

Da das Hauptmerkmal eines Volkes seine Sprache ist, so
wird das Sprachliche auch für unsere Zwecke zu Grunde gelegt. In
dieser Hinsicht trifft man nicht nur den äußern Umfang einer Natio=
nalität am Sichersten, sondern man erkennt auch an der Stabilität
oder an den Schwankungen verschiedener Sprachgrenzen unter gleichen
Umständen in längeren Zeiträumen, welche der rivalisirenden Natio=
nalitäten die meiste Zähigkeit, Kraft und Zukunft besitzt. Natürlich
können hierbei politische Verhältnisse sehr lähmend oder sehr fördernd
mit einwirken.

Legt man demnach Nationalität und Sprache zu Grunde (wobei

---

* Nach dem jüngst erschienenen ausgezeichneten Werk: „Der
Teutschen Volkszahl und Sprachgebiet in den europäischen
Staaten. Eine statistische Untersuchung von R. Böckh". Berlin.
1869. — Dieses Werk ist auch für die Folge bei Anführung wichtiger oder
interessanter Angaben bezüglich der Nationalitäts= und Sprachverhältnisse mehr=
fach benutzt worden.

natürlich mehrfach von den politischen Landesgrenzen abgesehen werden muß), so bilden die Nationen Europa's nachstehende Reihenfolge:

Bezüglich der großen Nationen: 1) Deutsche oder Germanen im engern Sinne mit 54 Millionen;* 2) Russen mit 48 Millionen;** 3) Franzosen, Wallonen und Catalanen mit 34 Millionen;*** 4) Engländer und Angelsachsen mit 27 Millionen; 5) Italiener und Rhäto-Romanen mit 24 Millionen; 6) Spanier und Portugiesen mit 12 Millionen.

Bezüglich der kleinen Nationen: 1) Polen mit 9 Millionen; 2) Skandinavier mit 7½ Millionen; 3) Dako-Romanen mit 7½ Millionen; 4) Serben, Kroaten und Slovenen mit 7 Millionen; 5) Czechen und Wenden mit 6½ Millionen; 6) Magyaren mit 5½ Millionen. (Dicht hinter den Magyaren kommen als ganz unbedeutende Nationen bis zu 4½ Millionen noch): Kymren und Kelten; Griechen; Albanesen; Letten; Litauer und Preußen; Bulgaren; Basken; Armenier; Zigeuner und Mauren; Finnen und Lappen; Juden; Türken; Tartaren und Mongolen.

Die Deutschen oder Germanen im engern Sinne sind also schon der Zahl nach die erste Nation Europa's. Zieht man aber ferner ihre geistigen, ihre intellectuellen und ihre Gemüths-Eigenschaften mit in Betracht, und erwägt man weiter, daß sie in Folge dieser Eigenschaften zugleich das erste Kulturvolk des Welttheils sind: so begreift man, wie sie, auch ohne die mindeste Ueberschätzung und Träumerei, als Nation sich eine ganz andere Zukunft vorstellen können, wie der jämmerliche Zustand des heutigen politischen Deutschland ihnen verheißt. Gerade dieses heutige politische Deutschland ist die unerträglichste, furchtbarste Fessel des Germanenthums. Also muß sie zersprengt werden; und sie wird es auch).

Jene 54 Millionen Germanen bilden bis auf 4 Millionen ein zusammenhängendes, geschlossenes, großes Sprachgebiet. Sie bewohnen einen Flächenraum von 13,400 Quadratmeilen. Einige Theile sind uns bis zur Wiedergewinnung politisch verloren gegangen (Schweiz, Elsaß, Lothringen, Belgien, Holland, baltische Provinzen); indessen gehören sie auch heute noch national zu uns. Mit den andern

---

* In den übrigen Welttheilen beträgt die Zahl der Deutschen mindestens 10 Millionen, wovon allein etwa 6 Millionen auf die vereinigten Staaten von Nordamerika entfallen.

** Hiervon gehören eigentlich nur 31 Millionen zum herrschenden großrussischen (finnisch-tartarischen) Stamm. Die Kleinrussen sind eher als besondere Nation anzusehen.

*** Auch die Catalanen (in Catalonien) sind eigentlich ein Stamm für sich, wie schon die auffallende Nationalitätsverschiedenheit zwischen Spaniern und Franzosen im Allgemeinen zeigt.

Nationen Europa's sieht es in dieser Hinsicht zum Theil viel miß- licher aus. So z. B. mit Frankreich, das in den Catalanen und Wallonen Stammesgenossen hat, die Nichts oder nicht viel davon wissen. Zieht man (wie es richtig ist) diese Theile von der fran- zösischen Nation ab, so bleibt von dieser nur die Hälfte der Stärke, die die deutsche besitzt. Die Catalanen sind stammlich weit mehr von den Franzosen geschieden, wie die Deutschen und die Skandinavier oder Angelsachsen. Noch größere Gegensätze findet man bei den Slaven, die sich als große Ziffer nur auf dem Papier, doch nicht in der Wirklichkeit vertragen. Rechnet man alle Slaven in Eins, so müssen mit noch mehr Recht zu den 54 Millionen Germanen die Engländer und Skandinavier (mit 34½ Millionen) als Germanen im weiteren Sinne geschlagen werden.

Höchst bezeichnend für die innere Kraft und die Bestimmung der germanischen Rasse ist der Umstand, daß die 4 Millionen nicht zum geschlossenen Sprachgebiet gehörigen Germanen vielfach (zumal in Oesterreich) inmitten fremder Nationalitäten Sprachinseln bilden, wobei sie aber im Ganzen als vorgeschobene Kultur= und Kolo= nisationspunkte angesehen werden müssen, während die im geschlossenen germanischen Sprachgebiet zurückgebliebenen Sprachinseln der Slaven, Magyaren 2c. nur Reste der zurückweichenden Nationalitäten sind. Da hierbei germanischerseits keine Gewalt stattfand, so ist dieser Vorgang Nichts wie ein Triumph der Humanität, hinter dem sich kein Zufall, sondern ein höheres Gesetz verbirgt. Eine Rasse, die ohne Gewalt und ohne daß sie dies will, im edleren Sinn erobert: die unterdrückt ein genetisch niedriger stehender Stamm nur auf eigene Gefahr.

Im Ganzen ist an den Germanen von heute die alte Gliederung nach acht Stämmen noch vielfach erkennbar. Diese Stämme waren: 1) Oberdeutsche (Burgunder, Alemannen, Schwaben und Bayern); 2) mitteldeutsche (Franken und Thüringer); 3) nieder= deutsche (Friesen und Sachsen).

In Folge politischen Mißgeschicks und politischer Fehler der Regierungen sind vom eigentlichen Gebiet des Germanenthums (keines= falls auf immer) verloren gegangen: 1) die Schweiz; 2) die Nieder= lande; 3) Belgien; 4) an Frankreich Elsaß, Lothringen und Flandern; 5) seit 1866 Luxemburg. Mit welchem Recht die Nation wünschen muß, das Verlorene, wenn nicht unmittelbar wiederzugewinnen, so doch vorläufig sich national nicht weiter entfremden zu lassen, geht aus folgender Classification der betreffenden Bevölkerungen nach ihrer deutschen Stammes=Eigenheit hervor.

1) Die Schweiz. 2,500,000 Einwohner. Davon 1,760,000 Deutsche, 572,000 Franzosen und 172,000 Italiener. Von den Deutschen gehören 1,700,000 zum burgundischen und alemannischen Stamm.

2) Die Niederlande. 3,372,000 Einwohner. Davon sind 3,366,000 Deutsche (2½ Millionen Friesen, 1 Million Franken).

3) Belgien. 4,780,000 Einwohner. Davon 2,700,000 Deutsche (2,600,000 Franken).

4) Frankreich (Elsaß, Lothringen und Flandern). 1,560,000 Deutsche (860,000 Alemannen, 340,000 Franken, 130,000 Franken-Sachsen).

5) Luxemburg. 198,000 Einwohner. Davon 195,000 Deutsche (194,000 Franken).

Da das jetzige Großherzogthum Baden 1,400,000 Einwohner enthält, wovon 725,000 Alemanen, 110,000 Schwaben und 509,000 Franken, so ergiebt sich, daß Elsaß und Lothringen fast genau die= selbe deutsch=nationale Völkermischung besitzen, wie dieses Land. Der Rhein ist also durchaus nicht unsere nationale Grenze nach Westen hin.

Trotz der Ungunst der politischen Verhältnisse, welche das Ger= manenthum häufig verhinderten, auch nur die halbe Kraft nach Außen anzuwenden, die es, lediglich zur Abwehr schnöder Eroberungen, leicht anwenden konnte, hat dasselbe gleichwohl bis heute seinen eigentlichen Boden, das Sprachgebiet, im Ganzen siegreich be= hauptet. Die politischen Verluste sind nur zu einem sehr kleinen Theil wirklich nationale Verluste geworden, und zwar fast aus= nahmslos unter jahrhundertelangem Druck deutschfeindlicher Ge= walt. Daraus ist zu schließen, welche Riesenkraft dieses Germanen= thum einst nach allen Seiten wird entfalten können, hat es, statt einer Hand, beide Hände frei. Franzosen, Magyaren, Czechen und andere Nationen, die unsere höhere Kultursprache mit rohen und gewaltthätigen Mitteln bekämpfen, mögen sich dann nicht beschweren, wenn man an ihnen die gebührende Vergeltung übt.

Sogar in den Ländern Oesterreichs, wo es theilweis eine höchst gefährdete Stellung hat, hielt das Germanenthum sprachlich seinen Besitz fest. Nur in Tyrol ist längs der Etsch das Italienische etwas vorgedrungen; doch kommt dies lediglich auf Rechnung des dortigen starren Ultramontanismus, dem italienisch predigende Pfaffen natür= lich liebe Apostel sind. Dafür hat das Germanenthum sprachlich in der Schweiz Eroberungen gemacht, so z. B. im Canton Neuenburg seit dessen völligem Hinfall an die Schweiz. Dasselbe gilt von

Böhmen, wo das Czechische längst von den drei Gebirgskämmen bis in den tiefern Kessel hinabgedrängt ist.

Wie allgemein das germanische Element in fast allen Ländern vertreten ist, das sieht man an Rußland. Dort giebt es drei größere Gruppen deutscher Ansiedelungen am finnischen Meerbusen, nordwärts des schwarzen Meeres und längs der Wolga mit 480 Dörfern und etwa 400,000 Einwohnern. Petersburg enthält 40,000 Deutsche.

Höchst lehrreich und so wichtig, daß die deutsche Nation sie nie vergessen sollte, ist die nationale Geschichte von Elsaß und Lothringen, seit Abtrennung dieser Länder vom deutschen Reich. Wer noch Zweifel hat an der großen Zukunft der germanischen Rasse: dem macht jene Geschichte die volle Wahrheit klar. Es ist eine Leidensgeschichte. Und doch liegt so viel Großes und Erhebendes darin!

In Lothringen umfaßte das deutsche Sprachgebiet überhaupt auf 89 Quadratmeilen 452 Gemeinden mit heut 296,000 Einwohnern. Hiervon kamen 102 Gemeinden mit 57,000 Einwohnern im 17. Jahrhundert, 290 Gemeinden mit 190,000 Einwohnern in Folge der Abtretung Lothringens, endlich 60 Gemeinden mit 48,000 Einwohnern durch die französische Revolution aus deutschem Besitz.

Im Elsaß gehörten dem deutschen Sprachgebiet im Ganzen auf 141 Quadratmeilen 871 Gemeinden mit heut über 1 Million Einwohnern. Dieses Land wurde uns in 4 Stücken vom Leibe gerissen. Das erste Viertel (österreichische Besitzungen mit elsäßer Landvogtei), das in 285 Gemeinden 227,000 Einwohner enthielt, gerieth durch den westphälischen Frieden an Frankreich. Das zweite Viertel (Reichsstädte, Reichsritterschaft und die Reichsstifter), oder 159 Gemeinden mit 226,000 Einwohnern, wurde durch die Reunionen unterworfen, während die Republik Straßburg und der Bischof von Straßburg für seine elsäßischen Besitzungen sich freiwillig unter französischen Schutz stellten. Das dritte Viertel, oder 42 Gemeinden mit 47,000 Einwohnern, ging durch die Erwerbung Lothringens und durch den Uebergang einiger elsäßischer Herrschaften aus dem Besitz deutscher Fürsten in den französischer Unterthanen im Lauf des 18. Jahrhunderts verloren. Das vierte Viertel endlich, welches die verschiedenen Mediatherrschaften und die mit der schweizerischen Eidgenossenschaft verbundene Republik Mühlhausen von zusammen 230 Gemeinden mit 239,000 Einwohnern umfaßte, annectirte sich im Namen der „Freiheit" die „glorreiche" — französische Republik. Diese französische Republik hat Deutschland an lothringer und elsäßer Gebiet überhaupt also 290 Gemeinden mit 288,000 Ein-

wohnern gestohlen. Für die Sansculotten bestand demnach die Frei=
heit und Brüderlichkeit nach auswärts auch in — Quadratmeilen,
und sie waren, uns gegenüber, gerade so große Spitzbuben wie die
Könige von Frankreich. Das deutsche Volk wird gut thun, sich für
künftige Fälle auch diese Liebenswürdigkeit zu merken. Charakteristisch
ist ferner die Art und Weise, wie diese letzte Beraubung an deutschen
Ländern ausgeführt wurde. Auf Betreiben des Convents wurde die
Comödie einer Volksabstimmung aufgeführt. Da dicht dahinter die
Guillotine stand, so konnte der Erfolg nicht zweifelhaft sein. Ein
phantastischer Bericht an den Convent erklärte, daß alle dortige
Deutsche sich sehnten, Franzosen zu werden. Dabei floß aber eine
sehr profane Anspielung auf den Kohlenreichthum des Landes mit
ein. (Ein Theil davon, der gerade die Kohlenlager enthält, ist jetzt
wieder in preußischen Händen.)

Zu Anfang übte die französische Herrschaft im Elsaß (etwas
anders wie in Lothringen) keinen wesentlichen Einfluß auf das dor=
tige Sprachverhältniß aus.* Im deutschen Elsaß wurde, bis zur
Revolution von 1789, eben so wenig französirt, als auf deutscher
Seite Württemberg, Zweibrücken und Salm ihre französischen Ein=
wohner zu germanisiren suchten. Es konnte sogar zwischen den An=
fangs und den später an Frankreich gekommenen Theilen des Elsasses
ein Unterschied in sprachlicher Hinsicht gar nicht gemacht werden.
Erst der französischen Revolution war es vorbehalten, hierin eine
große Aenderung zu bewirken. **Von da an datirt die gewalt=
same Propaganda für das Französische und die Unter=
drückung des Deutschen.** Die französischen Republikaner er=
klärten die Verschiedenheiten der Volkssprachen als einen Ausfluß des
— Feudalismus, den man beseitigen müsse. Desgleichen erfolgten
durch die Revolution von 1848 und durch deren Sohn, das zweite
Kaiserreich, neue verstärkte Angriffe auf das dortige Germanenthum.
Obwohl der jetzige Herrscher von Frankreich sein kärgliches Bischen posi=
tives Wissen lediglich der deutschen Sprache und deutschen Schulen ver=
dankt, die er als Verbannter besuchte, und obwohl er sich öffentlich
stellt, als begünstige er die Freiheit der deutschen Sprache, wird
letztere doch seit etwa 10 Jahren mit allen schlechten und einer
civilisirten Nation unwürdigen Mitteln niedergehalten. Da die
Elsässer und Lothringer freiwillig selbst in 1000 Jahren ihre Mutter=

---

* In Lothringen freilich hatte nach Uebernahme der Regierung durch
Frankreich schon von 1748—51 ein wahrer Krieg gegen die deutsche Nationalität
begonnen. Es erfolgte die Aufhebung der deutschen Geschäftssprache, allgemeine
Vorschrift des **französischen** Volksunterrichts, sowie zuletzt die Aufhebung
der Allemagne selbst (des Herzogthums eigentlich **deutscher** Theil).

2

sprache noch nicht verlieren würden, so ist seit einigen Jahren in den Volksschulen dieser Länder die französische Sprache zwangsweis eingeführt. Offiziell darf die deutsche Sprache schon längst nicht mehr angewendet werden; aber mit der zuletztgenannten Maßregel will man in die Familien der zähen Bauern eindringen. Uebrigens hilft auch dies verzweifelte Mittel nicht viel. Die Kinder lernen wider= willig nur einige französische Brocken, die sie nach dem Austritt aus der Schule gewöhnlich sehr bald wieder vergessen. Wahrhaft em= pörend ist, was vor wenig Jahren im jetzigen französischen Senat vorgebracht wurde, um die Unterdrückung der deutschen Sprache im Elsaß und Lothringen zu befürworten. Es wurde angeführt, daß im preußischen Rheinland das Französische auch nicht Schulsprache sei (!), daß man höchstens das deutsch=lothringer Patois, doch nicht das Hoch= deutsche lehren solle. (!) Die Geistlichkeit im Elsaß und Lothringen tritt für die deutsche Volkssprache ein; dagegen sind die Behörden natürlich für's Französiren. Hoffentlich hat die schwere Prüfung unserer armen Brüder dort am längsten gedauert; hoffentlich löst nächstens der Donner der Weltgeschichte ihren Bann. Das deutsche Volk aber mag hieraus abnehmen: 1) welche Schulden es einst der „großen" Nation heimzuzahlen hat seit langer Zeit her; 2) daß in Frankreich Republik und Kaiserreich sich stets gewissenhaft in die Schande der Barbarei und Anti=Kultur theilen, wie denn da drüben beide Regierungsformen ohne Ausnahme nicht aus Prinzip=Gründen abwechseln, sondern lediglich, wenn die Mode es bedingt. Frankreich hat eben die Freiheit nie ihrer selbst, sondern höchstens der Ab= wechselung wegen und aus Ekel vor der Knechtschaft geliebt, nachdem es letztere freilich durch die anhaltendste, gewissenloseste, ge= meinste, empörendste, millionenfachste Mitschuld zu einer Höhe getrieben, die nur ein Maßstab colossalster Verworfenheit, und die nur bei Franzosen möglich ist. Daher die geringe Dauer ihrer Republiken. Das Volk hat zu viel Anlage zum Narren, zum Lakaien und zum Knecht. So lange Frankreich in Europa eine Rolle spielt, haben wir keine Kultur, sondern nur männliche und weibliche — Maitressen=Wirthschaft. Dieses gesunkene Land ist im Augenblicke Nichts wie ein ungeheures Zuchthaus … Es war der größte Fehler von Seiten deutscher Fürsten, daß sie sich, die außer= ordentlichen Charakter=Verschiedenheiten der beiderseitigen Völker ganz außer Acht lassend, seit 100 und mehr Jahren von dorther die Recepte ihrer Politik, insbesondere der inneren, entnahmen. Seit jener Zeit begann auch ihr eigentlicher Verfall.

Wie erwähnt, hat das Germanenthum im Elsaß und Lothringen seit 230 Jahren viel Anfeindungen, ja, schwersten Druck durch das

Franzosenthum zu ertragen gehabt. Wenn man den Leser rathen läßt, wieviel das Germanenthum dort in der langen Zeit und unter so drückenden, schmachvollen Verhältnissen von seinem Sprachgebiet etwa verloren haben müsse, so wird er sicher eine hohe Ziffer nennen. Und doch ist jede hohe Ziffer falsch, ist eine Beleidigung der großen germanischen Rasse, die verhältnißmäßig fast nirgends so glorreich wie dort bestand!

Elsaß und Lothringen enthalten jetzt auf 230 Quadratmeilen 1,360,000 Einwohner. Von dieser Bevölkerung hat das Franzosenthum bis heute trotz aller angewandten barbarischen Mittel nicht mehr wie — — — 50=—60,000 Menschen dem deutschen Sprachgebiet zu entfremden vermocht! Also 1,300,000 Einwohner jener Länder sind jetzt noch deutsch. Man verjage die dortigen französischen Beamten, Soldaten und Schulmeister: und erstere sind, bis auf ein Paar Quadratmeilen, nicht französischer wie Baden und die Pfalz!

Man muß den Hut abziehen vor der Gewalt, der Zähigkeit und Unvertilgbarkeit dieser germanischen Rasse!

Von jenen 50=—60,000 Menschen entfallen 40=—50,000 auf Lothringen. Dieses büßte an das französische Sprachgebiet etwa 18 Quadratmeilen mit 75—80 Gemeinden ein.

Dagegen ist im Elsaß die deutsche Sprachgrenze fast durchweg noch die alte. Vom ganzen Land gehören noch 141 Quadratmeilen mit über 1 Million Einwohnern zum deutschen Sprachgebiet. Innerhalb dieses Gebietes (mit Ausschluß einiger Ortschaften um Willer, Dagsburg und Stein) giebt es nicht einen Ort mit überwiegend französischer Sprache.

Sogar das deutsche Sprachgebiet im ehemaligen Flandern (das gleichfalls an Frankreich fiel und jetzt die Departements Nord und Pas des Calais bildet) hat sich verhältnißmäßig zäh gehalten, wenn man erwägt, daß die Erwerbung dieses Landes durch Frankreich von 1558 —1678 erfolgte, und daß dort die deutsche (vlämische) Sprache von Haus aus in starker Vermischung mit der französischen (wallonischen) auftrat. Von den 48 Quadratmeilen mit 227 Gemeinden und 341,000 Einwohnern gehören selbst jetzt noch ⅔ zum deutschen Sprachgebiet. Dieses zieht sich hier in mehrfachen Abzweigungen selbst bis St. Omer, Boulogne und Dünkirchen, welch' letzteren deutschen Ortsnamen der französischen Landkarte man nur auf diese Weise begreifen kann. Uebrigens muß bemerkt werden, daß die Regierung des Königreichs Belgien, zu welchem gleichfalls bedeutende Theile des alten Flandern (mit starker deutscher, d. h. vlämischer Bevölkerung) gehören, seit vielen Jahren schon aus Liebedienerei gegen Frankreich das weit überwiegende deutsche Element der Vlämen auf Kosten des schwächern französischen Elements der Wallonen in jeder Weise zu vertilgen sucht. Die deutsche Nation mag sich auch dieses merken. Denn der Zeitpunkt ist vielleicht nahe, wo man fragen darf: ob ein solcher Staat in Taschenformat, der von den Germanen einst gegründet worden ist, der aber jetzt das höherstehende deutsche Kultur=Element cynisch nieder= drückt, den 54 Millionen Germanen gegenüber überhaupt ein Recht hat zu seiner winzigen Existenz?

Alle diese Dinge beweisen unwiderleglich, daß das Germanen= thum eine Macht ersten Ranges ist. Die kläglichen politischen Zu= stände Deutschlands, die aber gleichwohl die eigentliche innere Kraft der Nation durchaus nicht schwächen konnten, die sie im Gegentheil vielfach in föderativem Sinne entwickelten, sind lediglich aus formellen Gründen nicht einmal der halbe Ausdruck jener zurückgehaltenen Macht. Man entfessele diese ganze Macht, sei es auch um den Preis einer Zerstörung des ohnehin schon sehr zerstörten politischen Pseudo=Deutschland: und sie schreibt Europa Gesetze vor!

Seit 1630, also nach 240 Jahren, haben 34 Millionen der französischen Rasse im Ganzen so gut wie Nichts ausgerichtet gegen die vom größern Vaterland der Nation ganz abgeschnittenen 1⅓ Millionen Elsässer und Lothringer. Wenn heute 6 Millionen Czechen, 5½ Millionen Magyaren und 2 Millionen Polen des österreichischen Kaiser= staates (welche Stämme nicht nur unter sich getrennt sind, sondern auch nach Sprache wie Rasse tief unter den Franzosen stehen) den 9 Millionen Kern=Germanen Oesterreichs und indirect den 54 Mil= lionen Germanen überhaupt den Krieg erklären, so bedeutet dies blos für die Folge ihren nationalen und politischen Untergang. Sie leben, gelingt ihnen bis dahin die Zerstörung Oesterreichs, kaum noch so lange, als zwei Augen sich nicht schließen in Paris ...

II.

Beziehungen Oesterreichs zum Germanenthum. — Oester=reich ein Bau auf germanischem Grund. — Habsburg und Hohenzollern.

Den wahren Charakter, die wahre Kraft und die wahre Be=deutung des Germanenthums sieht man nicht so sehr an den Staaten mit reindeutscher, als an denen mit gemischter Bevölkerung. Vor Allem kommt hier Oesterreich in Betracht, dessen ganze staatliche Existenz bis heute ein einziges, merkwürdiges Beispiel dafür ist, welch' staunenswerthe Last ein kleines germanisches Fundament viele Jahr=hunderte hindurch ertragen kann, ohne zu zerbröckeln, und mit wel=cher Kraft das germanische Element die heterogensten Bestandtheile eines großen Staates fest zusammenhält. Obwohl nur zum Theil deutsch, steht und fällt Oesterreich als Großstaat un=fehlbar mit dem germanischen Element. Das Staaten=conglomerat Oesterreich ist ein großes Bauwerk, das aus einer Menge Steine besteht, die nach Festigkeit, Form und Lage vielfach verschieden sind. Für dieses Bauwerk bildet das germanische Element theils das Fundament, theils (wo dies nicht angeht) wenigstens den bindenden Mörtel. Das germanische Element allein kann dies, da es selbst dort, wo es die Obergewalt hat, nicht herrscht und unterdrückt, indem dann sogar seine Hegemonie nur in einer überlegenen Kultur besteht, und da es wegen seiner entschiedenen humanistischen und Gemüths=Richtung zum Vermittler zwischen borstigen, widerstrebenden Natio=nalitäten wie kein anderes Element geeignet ist.

(Es würde Oesterreich sehr viel nützen, wenn der Reichskanzler v. Beust einmal auf ein halbes Jahr zu einem tüchtigen Maurer in die Lehre ginge. Dort könnte er seine defecte Staatskunst gründlich verbeſſern. Er würde bald erkennen: 1) daß man nur mit guter Speiſe, nicht aber mit Phraſen mauern kann; 2) daß die Mauerſugen oft wichtiger ſind wie die Steine, ſeien ſie auch noch ſo groß; 3) daß er in ſeiner Lage vor Allem nöthig hat, dieſe Mauerſugen aufzubeſſern oder ſie vor Verwitterung zu bewahren, nicht aber, ſie mit der ungariſchen Spitzhaue und dem ſlaviſchen Meiſel zu zerſtören.)

Die Gründe, warum das germaniſche Element für Oeſterreich ſolche Bedeutung hat, ſind ſehr einfach.

Das germaniſche Element beſitzt ſelbſt dort, wo es völlig iſolirt und von fremden, zahlreicheren Nationalitäten eingeſchloſſen iſt, eine unglaubliche Ausdauer und Lebenskraft. Man ſieht dies an vielen Beiſpielen. Selbſt wenn es auffallend in der Minderheit iſt, verbleibt ihm bei nicht gar zu grellem Mißverhältniß in der Zahl und bei guter Führung gewöhnlich der Sieg. Es kämpft gewiſſermaßen vom höheren Standpunkt der Raſſe und der Kultur herab; die anderen Stämme kämpfen mühſam von der Tiefe nach der Höhe hinan. Selbſt wenn die 9 Millionen Germanen in Oeſterreich iſolirt und auf ſich ſelbſt angewieſen wären, würde ein Bündniß zwiſchen Magyaren, Slaven und Rumänen nicht im Stande ſein, ſie ſprachlich und national zu erdrücken.

Aber ſie ſind nicht iſolirt! Sie ſind nur die große, weit nach Südweſten vorgeſchobene Vorhut der 54 Millionen Germanen, die es überhaupt in Europa giebt und die gerade hier bei Oeſterreich als gewaltige Maſſe dicht hinter ihnen ſtehen. Allerdings ſtellen ſich Die, welche die politiſche Verſtümmelung Deutſchlands im Jahr 1866 auf dem Gewiſſen haben, als wüßten ſie Nichts davon. Allein ſie ſtellen ſich nur ſo. Einestheils erklären ſie ja ſelbſt, daß das jammervolle Bild, welches ihnen als Produkt eignen unſeligen Wirkens und als Pſeudo-Deutſchland in den Händen blieb, nur eine elende Skizze, keineswegs aber das wohlgetroffene Bildniß der Germania ſei; anderntheils geſtehen ſie durch jene Erklärung ein, daß ſie die definitive Geſtaltung der deutſchen Verhältniſſe einer höheren Inſtanz als ihrem Willen überlaſſen müſſen, ſogar überlaſſen wollen. Ohnehin iſt die Verſtümmelung und Zerrüttung des politiſchen Deutſchlands ſeit 1866 eine ſolche, daß die würdige und anſtändige Wiederherſtellung deſſelben nur noch durch das Germanenthum als Ganzes und als Raſſe erfolgen kann. Wenn Beuſt in Oeſterreich auf ſeinem total falſchen Wege verharrt, wenn er fortfährt, das dortige germaniſche Element zum Fußſchemel für ungewaſchene Völker oder zum Vogelfutter für gefräßige Habichte zu machen, damit ſie eben nur ſo lange ruhig sind, als die Fütterung währt: dann wird dieser große Rassenkampf viel schneller entbrennen, als man glaubt. Gerade weil man dem Germanenthum sein politisches Vaterland zerstörte, weil man ihm jetzt eine elende Hütte zum Aufenthalt anbietet, in der es nicht Platz hat und in der es nicht wohnen mag: gerade deshalb baut es sich nun nach seinen Bedürfnissen eine schönere Heimath in der Idee... Wenn der rohe, plumpe, unklare und vielfach un= einige Panslavismus sich seit Jahrzehnten emsig um die Slaven in der Türkei, in Griechenland, in Ungarn und sogar in dem ganz vom deutschen Element eingeschlossenen Böhmen kümmert, dann wird wohl das weit mächtigere, höher stehende und nur einer überlegenen Kultur dienende Germanenthum zehnmal mehr Recht besitzen, sich für das Schicksal der Germanen in Oesterreich zu interessiren, mit denen es sogar geographisch und strategisch auf's Festeste und Innigste zusam= menhängt. Einstweilen hat es noch keine Wortführer wie der Pan= slavismus; doch ist das auch gar nicht nöthig. Ein Kerbholz genügt. Dasselbe genügt um so mehr, als wir einer Zukunft ent= gegengehen, in der sehr Vieles möglich sein wird, was selbst ein Beust nicht geträumt.

Das germanische Element in Oesterreich ist ein weit vorgeschobener Ausläufer der großen germanischen Masse. An ihn hat sich, gewisser= maßen politisch krystallisirend, nach und nach das mächtige österreichische Staatengebilde angesetzt. Oesterreich ist als Staat wie eine kühn= gebaute Burg entstanden, die sich auf zackigem, weit überhängendem Felsen erhebt, und bei deren Bau Vortheile der Natur und Kunst zusammengewirkt. Diese Entstehung Oesterreichs ist historisch klar nachweisbar: die Länder diesseits der Leitha greifen viel zeitiger oder wirksamer in die Geschichte ein, wie die jenseitigen; auch hatte das Treiben der heimathlosen oder unstätten Völker an der unteren Donau für sich keinen merkbaren Einfluß auf die Gestaltung der europäischen Welt. Ein Theil dieser Völker an der unteren Donau führte erst ein asiatisch=ungebundenes Leben, dann versuchte er die staatliche Con= solidirung. Letztere gelang im eigentlichen Sinne nur den Magyaren, doch auch bloß auf eine verhältnißmäßig kurze Zeit. Sie dauerte nämlich gerade so lange, als das von allen Seiten durch viel mäch= tigere Stämme bedrohte kleine Magyarenvolk gegen diese Stämme staatlichen Spielraum behielt. Sowie vom Süden her die damals colossale Osmanenmacht anschwoll, von Norden her aber das bedeu= tende Polen und weiter rückwärts das allerdings noch jüngere Mos= kowiterthum drückten, während im Westen und Südwesten das zu jener Zeit fast über Europa gebietende Germanenthum stand: von da an war es mit dem kurzen Traum eines selbständigen Magyaren=

staates vorbei. Die Magyaren waren ringsum von Vernichtung be=
droht: sie hatten nur noch die Wahl, von wem sie sich vernichten
lassen wollten. Sie wählten den besseren Theil und boten dem Ger=
manenthum die Hand. Das ist, aller Phrasen entkleidet und in
Fraktur, die Geschichte des Zusammenfindens zwischen Deutsch=Oester=
reich und Ungarn. Die Magyaren zählen heute 5¹/₂ Millionen
Menschen. Vor 2= bis 300 Jahren haben sie gewiß kaum 3 Mil=
lionen gezählt. Vergleicht man damit die erdrückende Macht der ge=
nannten umliegenden Mächte, so begreift man nicht, wie von präten=
tiösen nationalen Rechten der Magyaren noch gesprochen werden
kann. Auf keinen Fall können diese Rechte so weit gehen, die Existenz
des Staates zu bedrohen, ohne den sogar der Name der Magyaren
in der zweihundertjährigen Türkenfluth, die alle Länder der unteren
Donau und der Theiß überschwemmte, fünfmal für einmal unter=
gegangen wäre.

Schon in die sehr kurze Blüthezeit des selbständigen Ungarns
unter Matthias Corvinus (1458—1490) fällt die Festsetzung der
Osmanen in Europa (Constantinopel fiel 1453 in ihre Gewalt) und
ihr Ausgreifen gegen Deutschland. Ihre ersten Einfälle in Letzteres
begannen um 1469, also gerade in der historisch besten Zeit Ungarns.
Wenig Jahre nach Matthias Corvinus (1526) waren Ungarn und
Böhmen bereits bei Oesterreich. Drei Jahre später (1529)
hatte sich die erste osmanische Lawine über den ganzen
Südosten entladen: die Türken standen vor Wien.
Man sieht, die Magyaren hatten den Zeitpunkt ihres Anschlusses an
Oesterreich gut gewählt! Wahrscheinlich gab es damals weniger Be=
denken wie 341 Jahre später — im Jahre 1867!

Allerdings hatten die Magyaren bei diesem Vorgang bis zu
einem gewissen Grade freiwillig gehandelt: sie waren nicht er=
obert worden. Aber im Grunde genommen, sah es doch verdammt
windig aus mit dieser Freiwilligkeit; und für Oesterreich wäre es
vielleicht besser gewesen, die magyarische Birne etwas reifer werden
zu lassen, da sie doch ganz von selbst herabfallen mußte. Der Fall
war einfach dieser: da unten gab es für die Dauer nicht Raum für
eine selbständige staatliche Sonder=Existenz der Magyaren. Eingekeilt
zwischen die drei großen, zehn= bis zwanzigfach überlegenen Rassen
der Osmanen, der Slaven und der Germanen, konnte da nur ein
Schwachkopf glauben an das längere Bestehen eines Miniatur=Magyaren=
Staates. Allerdings war Ungarn zeitweilig größer; allein das ver=
schlimmerte nur die Sache. Die Magyaren sind Räuber gewesen bis
auf den heutigen Tag. Zu Attila's und Heinrichs I. Zeiten stahlen
sie Pferde, Rindvieh und Heerden, schleppten Menschen in die Scla=

verei; später, als sie sich staatlich organisirten, stahlen sie Länder,
deren Bewohner, gerade weil sie viel cultivirter waren und bereits
feste Wohnsitze hatten, von dem immer streifenden magyarischen Reiter=
volke um so leichter momentan überrascht wurden. So beluden
sie sich mit einer Menge Provinzen, die ihnen nie gehörten und deren
bleibende Behauptung mit eigenen Kräften (bei der geringen Kopf=
zahl der eigentlichen Magyaren) ihnen absolut unmöglich war,
indem sie dieselben nur so lange festhalten konnten, als die Einschüch=
terung, der Terrorismus währte. Hätten nun vollends die umliegen=
den größeren Nationalitäten dieser originellen Art, aus fremder Leute
Fell magyarische Riemen zu schneiden (wie das zuletzt unvermeidlich
und nur wohlverdient war) ein Ende gemacht, so sang das Ma=
gyarenthum seine letzte Hymne. Oesterreich hatte die Magyaren als
Räuber kennen gelernt; es mußte sie bei günstiger Gelegenheit auch
mit ihrer eigenen Maxime regaliren. Denn hier kann man wohl
sagen: die Magyaren hatten, da ihnen die Macht fehlte, auch kein
Recht zur staatlichen Existenz. Von Individuen und von Kleinstaaten
wie den deutschen, die durch das mächtige Band einer großen Rassen=
Gemeinschaft zusammengehalten sind, läßt sich dies nicht behaupten,
wohl aber von einer eigenen Rasse, die aus ein Paar winzigen
Millionen Köpfen besteht und die allerlei unsinnige Ansprüche erhebt.
Solchen Staaten oder Staatchen nützt auch die formelle Selbstän=
digkeit Nichts; sie sind doch nur Satrapen der umliegenden wirk=
lichen Mächte. Ja, im Grunde schaden sie durch ihre Schein=
Selbständigkeit der Kultur und dem Recht viel mehr, als sie Beidem
als Provinzen eines größeren Staates nützen würden. Wir sehen
es an Griechenland, an den Donaufürstenthümern, an Montenegro, an
Belgien und Holland, selbst an der Schweiz. Wenn diese Letztere,
trotz ihrer Stammesverwandtschaft mit Deutschland und als Republik
(wie die neuesten Verletzungen des Asyl=Rechtes beweisen), sich als
gefügiger Lakai Rußlands und Frankreichs zeigt, deren Befehle
sie devot vollzieht, so beweist sie allerdings durch ihr eigenes scham=
loses Beispiel, daß einem sogenannten Staat, dem die physische Macht
zur Existenz fehlt, auch das Recht dazu gebricht. Derlei Staats=
Karrikaturen sind dann ja nur Tummelplätze für die gemeinsten po=
litischen Intriguen fremder Mächte ohne jeden ernsteren politischen
Zweck. Durch sie wird, zum größten Nachtheil der Volksanschauung,
der so wichtige Begriff „Staat" verhöhnt, verhunzt, travestirt und
beschmutzt.

Das Germanenthum in Oesterreich war der einzige Faktor, mit
dem die Magyaren ohne sonderliche Gefahr paktiren konnten. Der
deutsche Volksstamm hat, selbst unter schlechter Regierung, ein so leb=

haftes Rechtsgefühl, daß er zwischen dem Recht im Privatleben und dem Recht in der Politik fast keinen Unterschied macht. Kein einziges Volk der Erde hat diese seltene Tugend, keins wird so sehr wie das deutsche von politischer Hundsfötterei empört. Den Slaven und den Romanen kann man in dieser Hinsicht Vieles bieten; sie acceptiren Alles, was ihnen Nutzen bringt, verschmähen vielmals selbst das beschönigende Mäntelchen. Ganz anders bei den Germanen, die auch ein Gefühl haben für die Rechte Anderer, das vielmals ein Zeitraum von Jahrhunderten nicht verwischen kann! Die Magyaren und die andern nichtdeutschen Völker Oesterreichs mögen Gott danken, daß sie neben sich Germanen haben. Mit denen ist ein Auskommen. Wer es dennoch nicht fertig bringt, der verdient eben, daß mit ihm, als Unverträglichem, kurzer Prozeß gemacht wird. Haben die Magyaren sich wohl schon die Frage vorgelegt, wie es mit ihren Rechten und Pergamenten aussähe, wenn sie vor 344 Jahren statt mit den Germanen Oesterreichs, an deren Stelle mit Franzosen, Italienern, Engländern, Polen oder Russen „abgeschlossen" hätten? Allem Vermuthen nach lägen diese Rechte und Privilegien längst im — — — schwarzen Meer! Schon der ganze Charakter dieser Völker, ihre Selbstsucht, ihre Larheit im nationalen Recht, ihre nationale Eitelkeit und ihre Rücksichtslosigkeit verbürgen Das. Allerdings haben verschiedene frühere Regierungen Oesterreichs die Rechte der Magyaren zeitweilig mehrfach verkümmert; allein das hat das Volk nicht gethan, dem es jenseits auch nicht besser ging. Desgleichen ist die ungarische Verfassung 1849 beseitigt worden. Aber wenn die Kanonen dröhnen, gilt das Papier Nichts mehr: das ist nicht allein in Oesterreich so, sondern in der ganzen Welt. Uebrigens lehrt die rabulistische, advokatorische, egoistische und habgierige Manier, mit der die Magyaren von heute ihre Verträge ausbeuten, daß es immer sehr schwer gewesen ist, mit diesem Stamme sich in Güte auseinander zu setzen. Man bedauert wirklich, daß sie keine Franzosen, Italiener, Russen u. s. w. an ihrer Seite haben, die ihnen sogleich mit ähnlichen Pfiffen und Kniffen dienen und die ihnen, als Meister, das Handwerk der politischen Immoralität, Gewissenlosigkeit und Unverträglichkeit bald legen würden! Das Schicksal Polens, Irlands u. s. w. erzählt genug. Sage man nicht, daß die Kaiser von Oesterreich zu so Etwas keine Macht besessen! Zu Zeiten waren sie freilich in großer Bedrängniß. Aber dafür gehörten ihnen ganze Jahrzehnte oder halbe Jahrhunderte, wo sie das gesammte Magyarenthum spielend durch das Germanenthum (freilich ohne Absolutismus) zerstören konnten. So zuletzt von 1850—66. Aber es unterblieb. Uebrigens war dies Unterlassen gleichwohl ein ungeheurer Fehler vom politischen Standpunkt aus. Man sieht es unter Anderem daran, daß das lediglich wegen seiner Verbindung mit Oesterreich von den Großmächten bisher noch geduldete Magyarenthum (5½ Millionen Menschen sind bei solchen Ansprüchen und bei solcher widerhaariger Nationalität immer nur geduldet) im Augenblick, wo es zufällig die Gelegenheit hat, rücksichtslos magyarisirt, und dabei nicht einmal das Germanenthum verschont, ohne daß es keine acht Tage existiren kann.

Da bei der Bildung des Staates Oesterreich so zu sagen eine von allen Seiten wirksame, umfassende und mächtige politische Compression stattgefunden hat, die gewissermaßen die Staats-Atome zu einem Ganzen verdichtete, so ergaben sich für die österreichische Staatskunst zwei Hauptgesichtspunkte, die auch heute noch giltig sind: 1) Das im Innern bindende Element; 2) die jeweilige Beschaffenheit des von den umliegenden größeren Mächten geübten politischen Druckes. In ersterer Beziehung ist wenig geschehen: der Despotismus bindet auf die Dauer nicht. Der äußere Druck aber hat sehr nachgelassen; nach einer Seite (Türkei) ist er gar völlig gewichen. Daher gerade das Streben verschiedener Staats-Atome, sich vom Centrum zu entfernen. Erschienen die Zeiten Mahmuds II. wieder: die ungarischen Wirren verschwänden sogleich!

Im höchsten Grade wichtig waren und sind für die Germanen in Oesterreich die Beziehungen zum Germanenthum überhaupt. Sie sind noch heute trotz Mainlinie und Nicolsburg so gewaltig, daß man nicht begreift, wie ein Staatsmann in Berlin, Wien oder Pesth auch nur eine Viertelstunde lang im Stande ist, sie bei seinen politischen Plänen zu übersehen. Aber es rührt dies daher, weil es jetzt gar keine eigentlichen Staatsmänner mehr giebt. Was man so nennt, das sind politische Zappelmännchen ohne Charakter, ohne Fernblick, ohne Geschichts- und selbst ohne Menschenkenntniß. Sie rechnen ängstlich mit Dingen, die gar keine Größen sind, und behandeln Thatsachen oder Erscheinungen wie etwas Nebensächliches, die als Geschichts-Factoren ersten Ranges in nächster Zukunft schon den Ausschlag geben müssen. Sie vergessen, daß auch die Politik ihre Grundsätze haben muß und daß sie nur dann Dauerndes zu schaffen vermag, wenn sie mit den tieferliegenden haltenden und treibenden Kräften der Völker harmonirt.

Jene Beziehungen sind historisch tausendfach bewiesen. Nur Vaterlandsverräther kennen sie nicht. Oesterreich zog aus der Rücklehnung an Deutschland Kraft, sich als Staat zu befestigen, wie umgekehrt Deutschland wieder oft den nöthigen Rückhalt an Oester-

reich fand. Am auffallendsten, am lehrreichsten und am großartigsten
tritt dies erst bei den Türken=, dann aber bei den französischen Revo=
lutions= und den Napoleon'schen Kriegen hervor. Bei jenen kämpfte
Oesterreich, mit Front nach Südosten, ununterbrochen gegen das auf=
strebende, die deutsche Kultur bedrohende Osmanenthum; bei diesen
lehnte sich Deutschland wieder an Oesterreich, das hier abermals die
Hauptstöße auffing und ohne welches wir sicher keinen Einzug in
Paris gehalten hätten. So ist Oesterreich mit seinem ger=
manischen Fundament im Laufe mehrerer Jahrhun=
derte zwei Mal zum riesigen Angelpunkt geworden,
um das sich Kämpfe drehten, die nach Absicht, Dauer
und Menschenopfern in der Geschichte nicht ihres
Gleichen finden und deren bewußtes und unbewußtes
Ziel der Untergang des Germanenthums war! Diese
einzige Quintessenz der deutschen Geschichte, deren wahre Erkennt=
niß dem deutschen Volke freilich von seinen Geschichtsverfälschern
Treitschke, Sybel ꝛc. möglichst vorenthalten wird, reicht hin, das poli=
tische Verbrechen in seinem ganzen Umfang abzuschätzen, das im
Jahr 1866 geschehen. Aus den Magyaren und den Slaven konnte
Oesterreich nicht die Kraft und das Motiv ziehen zu so unerhörten
Kämpfen, welche es mehr wie einmal an den Abgrund gebracht, wenn
man auch um der Gerechtigkeit willen zugeben muß, daß diese Stämme
hierbei treu und aufopferungsfähig zur besseren Sache standen.

Auch alles Uebrige ist ein Beleg für die Wichtigkeit, für die
Mächtigkeit und für die Continuirlichkeit der genannten Beziehungen.
Sie sind so zu sagen unterirdisch da, durchbrechen Berge, über=
schreiten Flüsse, trotzen allem Schabernack, den man oberhalb auf die
paar Jährchen mit Zollschranken und mit politischen Grenzpfählen
treibt, die ohne strengste Bewachung nicht stehen bleiben würden und
deren Landesfarben das Germanenthum nicht kennt. Oesterreich hat
eine Menge germanischer Wunder, die man nur begreift, wenn man
an's Ganze des Germanenthums denkt. Warum ist das auf der
äußersten Spitze des südöstlichen germanischen Ausläufers liegende
Wien eine so durch und durch deutsche Stadt? Warum ist es dies
geblieben während der Stürme vieler Jahrhunderte inmitten der
großen slavischen und magyarischen Wogen, die fort und fort fast bis
an seine Wälle schlugen? Warum ist es bis zur Stunde weit mehr
deutsch, wie Berlin je deutsch sein wird? Weil Wien deutsch ist nicht
blos durch die Deutsch=Oesterreicher, sondern durch's Germanenthum
überhaupt; weil die Lebensfäden des Germanenthums im Süden weit
dichter und stärker geflochten sind wie im Norden, was schon dessen
nachträgliche und verspätete Entwickelung bedingt; endlich weil jene

nationalen Lebensfäden nicht zerstört werden können. Bismarck hat den Versuch gemacht, ihnen beizukommen, doch umsonst. Es ist, als stünde er wie ein Gärtner oben mit dem Spaten, sie abzugraben und zu zerschneiden; als stieße er schon dicht unter der Oberfläche auf unbesiegbare Felsen, sowie auf versteinerte Schwabenschädel, und als riefe er beim Anblick der letztern mürrisch aus: „Also auch damals schon!"

Eine andere Merkwürdigkeit sind die weit nach Osten vorgeschobenen germanischen Oasen der Sachsen in Siebenbürgen, und der Schwaben an der türkischen Grenze. Sie beweisen, welche ungeheure Selbständigkeit und Lebenskraft germanische Vorposten selbst in völliger Isolirtheit und weit ab vom Centrum besitzen. Ihr neuestes Schicksal beweist zugleich sehr eindringlich, daß die Offensivkraft des Germanenthums durch die Ereignisse von 1866 nicht gestärkt, sondern geschwächt worden ist, sei es auch nur für den Augenblick. Gerade an der Peripherie spürt man die Rückwirkungen solcher Ereignisse mehr und zeitiger wie in der Mitte. Dieses von ungeheuren Massen anderer Nationalitäten rund eingeschlossene germanische Element der Siebenbürger Sachsen, sowie der Schwaben in der Baczka und im Banat, fast an der Pforte Asiens, nah' an den Klüften des eisernen Thors: es ist ein Leuchtthurm deutschen Geistes, der seine Strahlen sendet ringsum in Völkernacht... Gäb' es in Deutschland nur einen Bismarck, und kein Germanenthum, und keinen Gott dazu (der zu vergelten hätte): er löschte aus...

All' diese Dinge, sowie eine Menge Räthsel der Geschichte und der Politik, werden mit einem Schlage klar, wenn man die Statistik der Deutschen in Oesterreich nach ihrer Stammes-Abkunft befragt.

Von den 9 Millionen Deutsch-Oesterreichern gehören über 7 Millionen zu den oberdeutschen Stämmen (Alemannen, Schwaben, Bayern); 2 Millionen gehören zu den mittel- und niederdeutschen Stämmen (Franken, Thüringer, Sachsen). Jene 7 Millionen von den oberdeutschen Stämmen bewohnen zum allergrößten Theil (bis auf etwa 1½ Million, die auf zahlreichen Sprachinseln durch ganz Ungarn ꝛc. bis an die türkische Grenze zerstreut sind) das eigentliche, abgeschlossene deutsch-österreichische Gebiet. Da die Bewohner der jetzigen Staaten Bayern, Württemberg und Baden ihre Abstammung gleichfalls von Alemannen, Schwaben, Bayern und Franken ableiten, so ergiebt sich, daß die 9 Millionen Deutschen in Oesterreich und die 9 Millionen Deutschen des südwestlichen Deutschlands (zusammen 18 Millionen) nach Stamm und Rasse die allernächsten Blutsverwandten sind, die sich bei einem Volke überhaupt denken lassen. In keinem andern Theile Deutschlands findet sich diese merkwürdige,

faſt mathematiſch gleiche Stammes-Miſchung. Dieſe 18 Millionen
Deutſche bilden den eigentlichen Hauptſtock des Germanenthums. Von
ihm rieſelten auch die erſten Bächlein deutſcher Geſchichte ab. Die
Deutſchen Oeſterreichs aber gehören gerade zum Kern des Germanen=
thum, mit dem ſie keineswegs blos verbunden ſind, ſondern mit dem
ſie ein untrennbares Stammes-Ganze bilden. Denn dieſe Deutſchen
in Oeſterreich haben ſich ſelbſt dort, wo ſie, vom Uebrigen abgeſchnitten,
weit nach Ungarn, dem Banat und nach Siebenbürgen hinein, kleinere
oder größere Sprachinſeln bilden, inmitten erdrückender fremder
Nationalitäten meiſt auf's Zäheſte und Erfolgreichſte Sprache, Sitte
und Nationalität gewahrt, obwohl dieſe Vereinzelung (Dank Bis=
marcks und Dank den Beuſt'ſchen „Ausgleichen"!) ſie jetzt viel mehr
gefährdet denn je. Am ſtärkſten iſt der bayeriſche Stamm in Oeſter=
reich vertreten. Von dieſem enthält Oeſterreich $1\frac{1}{2}$ Millionen unge=
miſcht und $3\frac{4}{5}$ Millionen mit andern Deutſchen gemiſcht (doch vor=
wiegend bayeriſch). Im dermaligen Königreich Bayern befinden ſich
ebenfalls $1\frac{1}{2}$ Millionen Abkömmlinge des alten Stammes (Altbayern).
Somit iſt der bayeriſche Stamm in Oeſterreich ſogar bedeutend
ſtärker vertreten wie im eigentlichen Bayern: ſchon auf jeden Alt=
bayer kommt drüben (trotz Nicolsburg) genau ein „ungemiſchter"
Bruder, und es bleibt dabei außerdem ein bedeutender Reſt für
Oeſterreich. Bayern liegt alſo (der Raſſe nach) weit mehr
in Oeſterreich, wie im Lande dieſes Namens. (O Hohen=
lohe! Auch Dieſes noch!) Der ſchwäbiſche Stamm iſt ebenfalls ſtark
in Oeſterreich vertreten; doch hält er meiſt entlegene Sprachinſeln
beſetzt, weshalb ihm mehr Gefahren drohen.

Der Gedanke einer Zuſammengehörigkeit der Deutſchen in Oeſter=
reich und dem großen germaniſchen Ganzen iſt ſomit Nichts wie die
Sprache der Stammes-Gleichheit und des Blutes. Welcher
Lotterbube reſpectirt ſie nicht? Sie iſt ſo mächtig und ſo durch und
durch vom Herzſchlag kommend, daß alle zufälligen Verſchiedenheiten
in Landesgrenzen, in Religion, in Staatsform und in Völkerſchickſalen
ſie nie zum Schweigen bringen können. Am allerwenigſten bewirkt
dies ein diplomatiſcher Vertrag, von deſſen Unterzeichnern Einer ſeine
deutſche Herkunft nicht einmal beweiſen kann. Das ganze Denken,
Streben, Fühlen, Hoffen iſt zu viel Seelen-Rhythmus, zu viel Har=
monie. Ein Verſuch, hier zu trennen und zu ſpalten, wo die Natur
ſo feſt zuſammenband: Das iſt ein Kinderwerk und doch zugleich ein
unumſtößlicher Beweis von einem Todeshaß, der nur dem Deutſch=
thum gilt. Dieſer Sitz der 18 Millionen, dem ſchon der Schöpfer
in ſeinen wolkenhohen Bergen von fern das Anſehn einer Rieſen=
Feſte gab, wird des Germanenthumes ſchärfſte Klippe werden, an der

das schwanke Schiff des Nordbunds scheitern muß . . . Die Deutschen
in Oesterreich gehören zum besten und edelsten Theil der ganzen
Rasse. Sie haben alle ihren Geburtsschein von der Nation. In
nationaler Hinsicht ist es hundertmal gerechtfertigter, den ganzen
Staat Preußen (die annectirten, von unvermischten Germanen be=
setzten Länder natürlich abgerechnet) aus Deutschland hinauszuwerfen,
wie gerade sie, worüber im nächsten Abschnitt gleichfalls einige
interessante statistische Andeutungen folgen werden.

Die Bevölkerung Oesterreichs zu 36 Millionen Einwohner an=
genommen, bilden die Deutschen dieses Staates zwar nicht die Mehr=
zahl überhaupt, aber sie bilden sie ganz entschieden jeder einzelnen
anderen Nationalität gegenüber. Denn die verschiedenen slavischen
Zweige des Reiches kann man unmöglich als eine Nationalität be=
trachten, da sie theils unter sich örtlich getrennt sind, theils sich so
fremd oder gleichgültig gegenüberstehen, wie z. B. Deutsche und Fran=
zosen. Von jenen 36 Millionen sind 9 Millionen Deutsche, 5½
Millionen Magyaren, 6½ Millionen Czechen, Mährer und Slovaken,
2⅓ Millionen Polen, 3 Millionen Ruthenen, 2¾ Millionen
Rumänen, 3 Millionen Kroaten. Selbst wenn die 9 Millionen
Deutschen in Oesterreich national auf sich allein angewiesen wären,
würde der Bestand des österreichischen Staates immer in erster Linie
von ihnen abhängig sein, und zwar aus folgenden wichtigen Gründen:
1) weil sie nach obigen Ziffern unter allen Umständen geschlossen die
weitaus stärkste und zahlreichste Nationalität im Kaiserstaat
bilden; 2) weil sie erwiesenermaßen als Rasse Träger einer höheren
und solideren Kultur sind, während alle übrigen Nationalitäten
(wie ihre Geschichte beweist) bis heute eigentlich noch gar nicht
wissen, was Kultur ist, indem sie gerne einer humanistischen Stag=
nation dienen oder höchstens einer mit Freiheitsphrasen verbrämten
Barbarei; 3) weil sie in Folge ihrer großen Vorzüge als mehr be=
gabte und mehr vollkommene Rasse der einzige Stamm Oesterreichs
sind, der regieren kann, ohne zu drücken oder zu gebieten;
4) weil ihr geographischer Hauptsitz das Centrum Oesterreichs von
der oberen Donau her mehr beherrscht, wie jeder der übrigen Natio=
nalitäten, und weil sie selbst dort, wo letztere sprachlich gebieten, wie
keine andere Rasse als zahllose kleine nationale Pünktchen im ganzen
Kaiserstaat vertheilt und gewissermaßen darin eingesprenkelt sind;
5) weil Oesterreich durch und durch ein Donau=Staat ist, und
dieses mächtige Stromgebiet in seinem ganzen oberen und mittleren
Theil der germanischen Rasse gehört. (Dieser letzte Punkt reicht
allein hin, über das Schicksal der übrigen Nationalitäten in Oester=
reich zu entscheiden, wenn auch nicht sogleich. Die längs der Donau

bis in's Banat und bis in die Baczka mitten unter Magyaren und Slaven vorgeschobenen deutschen Sprachinseln sind die Vorläufer dazu.)

Aber so wichtig und entscheidend alle diese Dinge sind: sie verschwinden sogleich gegen die eine Thatsache, die mit hundertfach verstärktem Gewicht genau Dasselbe verlangt, nämlich vor dem Umstand, daß die 9 Millionen Germanen Oesterreichs nur ein Vortrapp sind des großen europäischen Germanenheeres von 54 Millionen, die dicht hinter ihm stehen! Der beispiellose Unsinn, daß der Zerfall des deutschen Reiches oder Bundes, sowie die Vorgänge von 1866, überhaupt die vorübergehenden Schicksale des politischen Deutschlands, den nationalen Verband der 9 Millionen mit dem gesammten Germanenthum unterbrochen hätten, widerlegt sich einfach durch folgende Betrachtung, die namentlich österreichischen Staatsmännern schon längst eingefallen sein sollte. Die österreichische Diplomatie rechnet tiefsinnig, als mit einem Factor ersten Ranges, mit der Stammesverwandtschaft zwischen den Slaven Oesterreichs und den Slaven Rußlands, der Türkei ꝛc. Die Wichtigkeit des Factors soll nicht geleugnet werden. Aber es steht fest, daß jene Beziehungen zwischen den Slaven einzig auf nationalen Sympathieen beruhen. Denn die Staaten Oesterreich, Rußland und die Türkei waren seit Jahrhunderten politisch geschieden, wie keine andern; auch hat man nie gehört, daß die Slaven Oesterreichs und Rußlands, sowie Oesterreichs und der Türkei sich je zu einer großen gemeinsamen Action erhoben hätten. In der ganzen Geschichte steckt also Nichts wie allgemeine nationale Träumerei und Einbildung. Wie kommt es nun, daß in Oesterreich überhaupt ein Staatsmann denkbar ist, der diese vagen slavischen Beziehungen für so maßgebend, die Beziehungen Deutsch-Oesterreichs zu Deutschland aber für so gleichgültig hält? Zu Deutschland, mit dem Oesterreich Tausend Jahre aufs Innigste (nicht blos national, sondern auch politisch) verbunden war in Noth und Tod? Eine slavische und selbst eine magyarische Geschichte giebt es nicht; allein es giebt eine deutsche Geschichte, an der Oesterreich mehr Antheil hat, wie irgend ein deutscher Staat, und die nur für einen Reichskanzler v. Beust genau mit Königgrätz abgeschlossen hat. Andre Leute glauben, daß sie von da an erst recht beginnt. Gerade weil das Germanenthum seit 1866 kein eigentliches politisches Vaterland mehr hat, weil es in einer elenden Barracke wohnen soll, in der es nicht wohnen kann und mag: gerade deshalb sollte Oesterreich aus zehn- und zwanzigfach verstärkten Gründen hier strengere Fühlung halten, die das Volk hüben wie drüben verlangte

damit Oesterreich um so mehr in den Plan des Neubaues hinein=
zureden hat, wenn die Barracke — abgebrochen wird. Zwischen den
Slaven in Oesterreich, in Rußland und der Türkei liegen verschiedene
Staaten, verschiedene historische Schicksale, Vorurtheile, Dusel, Fana=
tismus, theilweis ungeheure Räume, Berge, Thäler, Flüsse und Moräste,
und Tausend andere Hindernisse. Zwischen den Germanen in Oester=
reich und in Deutschland liegt nur diplomatische Vornirtheit und —
ein Stück Papier! Derselbe österreichische Staatsmann, der un=
ablässig mit dem Kometenschweif einer rumänischen, czechischen
und selbst magyarischen Macht rechnet (der magyarische Kometenschweif
wird später, zumal an der Erhebung von 1848 und 49, und zwar
vom entschieden anti=reactionären Standpunkt aus, characterisirt wer=
den): der ist gewiß um so heiliger verpflichtet, die große und keines=
wegs nebelhafte Sonne des Germanenthums ganz besonders in das
Bereich seiner Rechnungen zu ziehen, nicht nur zum Vortheil des
österreichischen Volks, sondern auch zu dem des österreichischen Staats
und selbst dem seiner Dynastie. Welchen unerhörten Erfolg würde
es z. B. haben, wenn in der jetzigen Krisis Baierns und Württem=
bergs, gegenüber Preußen, Oesterreich diplomatisch intervenirte zum
Schutz des Südens, wie es schon der Prager Frieden und Oester=
reichs eigenstes höchstes Interesse bedingt? Eine einzige Note reichte
dazu aus. Aber ein millionenfacher Freudenschrei würde von einem
Ende Deutschlands bis zum andern gehen, und Oesterreich gewönne
darin an einem Tage mehr Einfluß wieder, wie es durch die Zer=
störung des kranken Bundes verlor. Was die Magyaren und die
Czechen dazu sagten, verlöre sich im europäischen Concert, wäre auch
sehr gleichgültig. Höchst wahrscheinlich würden sie sogar etwas artiger
werden, denn sie erführen so, daß sie allein nicht Oesterreich sind.
Das wäre so ein klein wenig ächte Reichskanzler=Politik . . . Bisher
sah man Nichts wie Magyaren=, Czechen= und — Boccheseu=
Politik . . .

Außerordentlich wichtig und instructiv für eine wirkliche, auf
lebendigen Kultur= und Volks=Elementen beruhende Staatskunst in
Oesterreich sind dort auch gewisse Sprach=Verhältnisse der germanischen
Rasse, die beweisen, wie intensiv die Kraft dieser Rasse ist, und daß
sie selbst dort, wo sie sich in der auffallendsten Minderheit befindet,
in der That den verhärtenden, bindenden Mörtel zwischen losen Bau=
steinen bildet. Einige Andeutungen machen dies klar.

Von den böhmischen Kronländern (Böhmen, Mähren und Oester=
reichisch=Schlesien) gehören $\frac{2}{7}$ zum großen zusammenhängenden deut=
schen Sprachgebiet. Unter den Einwohnern befinden sich nur $\frac{1}{2}$ bis
1 Procent Czechen. Ganz anders verhält es sich aber jenseits auf

dem zusammenhängenden c z e ch i s ch e n Sprachgebiet! Nach Abzug
obigen Gebietes verbleiben den Czechen in den böhmischen Kron=
ländern 950 Quadratmeilen mit etwa 5 Millionen Einwohnern,
worunter aber mindestens $1/12$ eingestreute Deutsche oder reichlich
8 Procent. Aehnlich ist es mit dem g e s a m m t e n czechischen Sprach=
gebiet (auch preußischem Antheil in Schlesien). Dasselbe umfaßt
1580 Quadratmeilen mit $6^3/4$ Millionen Einwohnern, davon neben
6 Millionen Czecho=Slaven $1/12$ oder $8 — 9$ Procent eingestreute
Deutsche. Deutsche giebt es in a l l e n Theilen Böhmens, nicht aber
giebt es in allen Theilen Deutsch=Oesterreichs oder Deutschlands
Czechen. Es findet sich in Böhmen kaum e i n größerer Ort, in
welchem nicht Deutsche festen Wohnsitz hätten.

Im geschlossenen p o l n i s ch e n Sprachgebiet hat man dieselbe
Erscheinung. Hier beträgt unter 1,650,000 Einwohnern die Zahl
der eingestreuten Deutschen $1/8—1/10$ der ganzen Bevölkerung.

Das Nämliche gilt vom geschlossenen r u m ä n i s ch e n Sprach=
gebiet innerhalb der österreichisch=ungarischen Grenze. Es umfaßt auf
1820 Quadratmeilen 4 Millionen Einwohner, wovon $1/10$ Deutsche,
$5/8$ Rumänen selbst, $1/6$ Magyaren rc. sind.

Desgleichen gilt es vom geschlossenen s e r b i s ch e n u n d s l o =
v e n i s ch e n Sprachgebiet. Sein Umfang beträgt 1450 Quadrat=
meilen mit $3^1/3$ Millionen Einwohnern, die zu $3/4$ Serben und Kroaten
sind, während die Zahl der Deutschen etwa $1/10$ beträgt.

Weiter findet es in dem geschlossenen r u t h e n i s ch e n Sprach=
gebiete statt, das auf 1025 Quadratmeilen $3^1/3$ Millionen Ein=
wohner zählt, davon $1/14$ Deutsche in 16 reindeutschen Gruppen mit
41 Dörfern und 34 einzelnen deutschen Ortschaften.

Dasselbe ist endlich auch beim geschlossenen m a g y a r i s ch e n
Sprachgebiet der Fall, das auf 1960 Quadratmeilen $5^1/3$ Millionen
Einwohner enthält. Davon sind nur $3/4—4/5$ Magyaren, $1/11$ sind
Deutsche, neben denen noch 400,000 Slaven wohnen. Diese Deut=
schen bilden im Innern des geschlossenen magyarischen Sprachgebietes
zwei große Gruppen von Sprachinseln, von denen die eine nordwest=
lich des Platten=Sees im Bakonyerwalde (den einst die deutsche Art
gelichtet hat) bis Waitzen, die andere südöstlich jenes Sees gegen die
untere Donau hinzieht, wo sie den Anschluß an die deutschen An=
siedlungen in der Baczka findet. Sogar Ofen und Pest liegen auf
einer deutschen Sprachinsel. Beide Städte sind mindestens zur
Hälfte deutsch. Im Banat und in der Baczta befinden sich unter
$1^1/2$ Millionen Einwohnern 384,000 Deutsche, von welchen letzteren
auch Colonieen in der Banater Militär=Grenze bestehen.*

* Die 384,000 Deutschen im Banat und in der Baczta sind zu $7/8$, die

Diese Angaben beziehen sich natürlich nicht auf die Zahl der Deutschen in Oesterreich überhaupt, da hierbei von dem geschlossenen deutschen Sprachgebiet, zumal in Böhmen und Ungarn, abgesehen ist. Es folgt daraus wohl, daß das germanische Element in ganz Oesterreich vorhanden, und daß es selbst in den Kernländern der Czechen, Magyaren ꝛc. tausendfältig, wenn auch vielfach nur wie Atome oder Inselchen, vertheilt ist. Diese merkwürdige und wichtige Erscheinung sollte keine österreichische Regierung auch nur einen Augenblick lang übersehen.

Die Stellung, welche die früheren österreichischen Regierungen gegenüber dem Germanenthum eingenommen haben, läßt sich aus zwei Gesichtspunkten betrachten.

Gegenüber den Deutschen in Oesterreich, denen nach Allem erst die Gründung, dann aber der Bestand und Zusammenhalt des großen, weitschichtigen Reiches zugeschrieben werden muß, haben viele jener Regierungen schwere Sünden auf dem Gewissen. Sie haben es erst viele Jahrhunderte lang arg vernachlässigt oder haben es gar hie und da durch fremde Nationalitäten zu paralysiren gesucht. Wo man es bevorzugte, da geschah es meist in einer Weise, die ihm in der Folge nur nachtheilig werden konnte, denn man muthete ihm die Rolle eines Werkzeugs für Reaction und Despotismus zu. Wenn man bedenkt, wie gerade der germanische Stamm zu solchen Verrichtungen weniger Neigung und Geschick hat, wie andere Stämme, so vermehrt dies das Gewicht der Schuld. Ein großer Theil der gefährlichen Verlegenheiten, mit denen die österreichische Regierung jetzt zu kämpfen hat, rührt von solcher Vernachlässigung und von solchem Mißbrauch des germanischen Elementes im Staate her. Aber es muß, als wichtiges historisches Faktum (dem namentlich die dermaligen Minister Oesterreichs besondere Beachtung schenken sollten), hervorgehoben werden, daß die genannten unverzeihlichen und anhaltenden Fehler früherer österreichischer Minister den Gesammtstaat Oesterreich wohl in der Entwickelung aufgehalten, ihn aber nie, auch nur einen Augenblick lang, in seiner Existenz bedroht haben. Das Räthsel löst sich sehr einfach, wenn man einen Blick auf die mehr-

---

in der Banater Militärgrenze ausschließlich vom schwäbischen Stamm, der überhaupt unter den Deutschen Oesterreichs vielfache Vertretung findet, so namentlich auch im geschlossenen deutschen Sprachgebiet Ungarns, wo das Comitat Wieselburg durch schwäbische Einwanderung zu Anfang des 16. Jahrhunderts fast ganz deutsch geworden ist. Von den übrigen deutschen Stämmen setzten sich die Alemannen, Bayern und Franken schon vor dem Jahr 1000 in Süd-Oesterreich fest. Der Zutritt der Schwaben schob die deutsche Sprachgrenze bedeutend weiter auf ungarischem Gebiete vor.

hundertjährigen innigen und starken Beziehungen zwischen Oesterreich,
und der großen germanischen Mitte in Europa wirft. Diese Be=
ziehungen wurden zumal von da an sehr nachhaltig und mächtig,
wo die Fürsten Oesterreichs auf eine lange Epoche deutsche Kaiser
waren. Man muß sich vorstellen, daß dieses Kaiserreich damals auf
die Dauer einiger Jahrhunderte die einzige Großmacht Europa's
war, die diesem Gesetze gab, daß es am Horizont des Welttheils
glänzte als erster Stern. Es bildete, im Vergleich mit jetzt, ein
wirkliches Wohnhaus des Germanenthums. Die Rücklehnung an's
deutsche Kaiserreich stärkte und sicherte einestheils den deutschen Kern
Oesterreichs, anderntheils bewirkte sie zum Vortheil der Kultur, daß
sich daran ostwärts herrenlose Staaten krystallisirten, die nur vor=
übergehend ein selbständiges Dasein führen konnten. Uebrigens kommt
hierbei ein wichtiger Umstand in Betracht. Wenn Oesterreich An=
fangs Vortheil aus dem Rückhalt an Deutschland zog, so hat später,
vor Allem in der Zeit des sinkenden Kaiserreichs, Deutschland unge=
heuren Vortheil vom Rückhalt an Oesterreich gehabt. Schon seit
länger als 150 Jahren gab Oesterreich dem Reich und der Reichs=
Idee ungleich mehr, als es empfing. (Türkenkriege; Kriege gegen
den Reichsrebellen Friedrich II.; Kriege gegen Frankreich von 1792—
1815.) Daraus sind zwei bedeutsame Schlüsse zu ziehen: 1) daß
das germanische Element in Oesterreich bereits stark genug war, dessen
Säulen zu bilden; 2) daß Oesterreich schon lange vor Zerstörung
des Bundes (1866) und des Reiches (1806), Deutschland gegenüber,
vorzugsweise mit moralischen und nationalen Factoren ge=
rechnet hat, nicht aber mit materiellen und politischen, die sich bei der
Kläglichkeit vieler Reichsfürsten und Reichsstände meist von selbst ver=
boten. War dies Klugheit oder Verblendung? Klar ist, daß Oester=
reich als Staat zurückgegangen ist, seit diese Rechnung (die ihm
auch heute Niemand verwehren kann) nicht mehr besteht. Klar ist
ferner, daß Oesterreich nach Auflösung des Reiches 1806 von Deutsch=
land politisch weit mehr getrennt war, wie jetzt. Und das ganze
Elend dauerte damals neun lange Jahre!

Muß man den früheren österreichischen Fürsten und Ministern
Vieles verwerfen, was sie im Thun oder Unterlassen an Oesterreich
und speciell an Deutsch=Oesterreich verbrachen, so gebührt ihnen im
Allgemeinen um so mehr Anerkennung, wo nicht ihr Land, sondern
die Gesammtheit der Nation in Frage kam. Der schwere
Druck, den Oesterreich oft und dauernd auf die inneren freiheitlichen
Regungen Deutschlands ausübte, soll hier nicht entschuldigt werden,
obwohl es lächerlich ist, hierfür Leute wie Metternich allein anzu=
klagen, da selbst ein Metternich nicht im Stande war, 8 Tage lang

Reaction zu machen, wenn nicht der allgemeine deutsche, ja, europäische politische Luftzug dahin inclinirte. Uebrigens war dieser Mann viel zu gescheidt; und heute als jüngerer Mann an Beust's Platz gestellt, würde er mindestens eben so „freisinnig" wie dieser sein, ohne dessen Fehler zu begehen. Für unsern Zweck handelt es sich um die Beziehungen Oesterreichs zum Germanenthum als Ganzes, sowie zu seiner Existenz. Und hier muß man Oester= reich das Zeugniß geben, daß es beinahe ununterbrochen mit einer seltenen Ausdauer und Consequenz treu, hingebend, rücksichtslos und selbst aufopfernd der Sache gedient oder zeitweilig ihr wenigstens nicht positiv geschadet hat. Von keinem andern deutschen Staat läßt sich dies auch nur sehr entfernt sagen, ganz besonders nicht von Preu= ßen. Man gehe auf eine Reihe von Jahrhunderten alle österreichischen Minister und Fürsten durch, die guten wie die schlechten, die begabten wie die nicht begabten, vergesse dabei keinen, Mann für Mann. Dann wird man folgende unglaublich scheinende Entdeckungen machen, die das deutsche Volk nie vergessen darf: 1) Es hat nie ein öster= reichischer Minister eine Sendung ausgeführt wie die Bismarcks zu Biarritz; 2) es hat nie ein österreichischer Kaiser die Hand hinaus= gestreckt über die Grenzen des Reichs zum verbrecherischen, bruder= mörderischen Bündniß mit den Fremden oder Feinden gegen das größere Vaterland, mochte Oesterreich auch selbst in höchster Bedräng= niß sein, mochte es am Rand des Untergangs stehen; 3) Oesterreich hat nie die Länder deutscher Bundesgenossen annectirt oder die Miene angenommen, es zu thun; 4) Oesterreich hat nie trotz colossaler und in langer Reihe fast beständiger Kriege, und ungeachtet es selbst in seinem eigenen Innern oft pfäffisch oder reactionär gegängelt war, gegen das Germanenthum als Gesammtheit und bezüglich seiner Existenz, auch nur einen Schuß abgefeuert. Um dieser großen und beispiellosen Leistungen willen muß Oesterreich viel, sehr viel von der deutschen Nation verziehen werden. Es bleibt sogar noch ein be= trächtlicher Ueberschuß zu seinen Gunsten.

Es liegt ein gewisses großartiges und anziehendes Etwas in der Art und Weise, wie Oesterreich seine Beziehungen zum Reich 2c. pflegte und endlich zu Grabe trug. In seinem Innern oft freiheitsfeindlich und reactionär, hatte es doch vor eigentlichen lebensgefährlichen An= griffen auf das Germanenthum eine heilige Scheu. Es ist an ihm nie, auch nur eine Stunde lang, zum Verräther geworden, hat selbst dem Traum der glorreichen Kaiserzeit noch unermeßliche Opfer gebracht. Habsburg war oft gegen die Freiheit, doch immer deutsch. Aus dieser letzteren Rolle fiel es nie, trotz aller Miß= stände und Noth im eigenen Land. Hohenzollern an seiner Stelle:

was wäre aus Deutschland geworden? Die Annexionen im Innern. hätten kein Ende genommen, und das Großpreußenthum kam dreihundert Jahre früher zur Welt! Hätten die Andern nur halb so viel für's Reich gethan, wie Oesterreich, so besäßen wir Belgien,. Holland, Elsaß und Lothringen heute noch; und der König von Preußen wäre wahrscheinlich noch Kurfürst von Brandenburg. Oesterreich vergrößerte sich gewaltsam nie in der Richtung nach Deutschland hin, sondern höchstens in jener nach Süden und Südosten, was gerade im Hinblick auf die Sicherheit Deutschlands und auf die Kultur ein Vortheil war. Sogar die sogenannten Freiheitskriege von 1813—15 kommen überwiegend auf Oesterreichs Rechnung. Bedenkt man, daß Oesterreich vorher von Preußen schmachvoll im Stich gelassen worden war, dessen egoistische Pläne auch ihm kein Geheimniß sein konnten, daß es seit 1793 zehnmal mehr Menschen, Blut und Geld gegen Frankreich aufgewendet hatte, wie eine andere Macht, und daß es speciell zu Napoleon sogar in verwandtlichen Beziehungen stand: so ist sein Beitritt zu den Verbündeten trotz alledem bewunderungswerth, er ist es um so mehr, als Oesterreich ungeachtet der früheren Kriege sogleich dieselbe Streitmacht zur Verfügung stellte, wie Preußen und Russen zusammengenommen. Ohne diesen raschen und entscheidenden Zutritt Oesterreichs wären die von Preußen zu seinem überwiegenden Vortheil (auch historisch) ausgebeuteten Freiheitskriege einfach unterblieben. Die Preußen und Russen allein hätten noch zwei Lützen oder Bautzen auf den Kopf bekommen und wären von Napoleon innerhalb 4 Wochen in die polnischen Sümpfe gejagt worden.

Man wirft Oesterreich vor, daß seine Kriege meist dynastisch waren. Welches Gesicht hatten denn die Kriege der übrigen Mächte? Indem Oesterreich für sich kämpfte, kämpfte es in den meisten Fällen zugleich für den Bestand Deutschlands nach Außen. Das ist gerade ein Vorzug seinerseits, daß bei der Abwehr äußerer Feinde sein Interesse mit dem Interesse des Gesammtvaterlandes oft zusammenfiel. Von den preußischen Kriegen kann man dies fast niemals sagen. In den Kriegen gegen Frankreich seit 1792 stemmte sich Oesterreich (wie auch Preußen x.) allerdings zunächst gegen die französische Revolution; allein sehr bald wurde ein Kampf um Deutschlands Integrität daraus. Wenn Oesterreich damals, statt jene riesigen Anstrengungen zu machen, sich Preußens elendes Auftreten und seinen echt deutschen Baseler Frieden zum Muster genommen hätte, so würden die Franzosen den ganzen linken Rhein als Republikaner genommen haben, um ihn bei rasch veränderter Etiquette noch heute als kaiserliche Eroberer und Freiheitsverächter zu behaupten ...

Endlich ist auch die eigentliche Reaction Oesterreichs, Deutsch=
land gegenüber, selten praktisch=gewaltthätig geworden. In
den Jahren 1848 und 49 ist im nichtösterreichischen Deutschland kein
einziger Volkskämpfer durch österreichisches Blei gefallen, wohl aber
fielen durch preußisches Blei sehr viel. Die Executionen der Oester=
reicher in Ungarn werden durch die der Preußen in Baden vollständig
in Schatten gestellt. Denn es ist zu erwägen, daß die badische Er=
hebung sehr gemäßigt und klein, dabei noch nicht gegen Preußen ge=
richtet war. Dagegen war die ungarische Erhebung radical und groß;
auch bedrohte sie den Kaiserstaat direct in seiner politischen Existenz.
Was die Oesterreicher in Arab ausführten, ist verhältnißmäßig und
selbst numerisch noch ganz harmlos zu nennen im Vergleich mit
den preußischen Thaten zu Rastatt und anderwärts. Es muß auch
berücksichtigt werden, daß die Magyaren (von der österreichischen Re=
gierung ganz abgesehen) vorher Tausende von Deutschen, Rumänen
2c. wegen ihrer anti=magyarischen Gesinnung verfolgt und hinge=
richtet hatten! Sehr bezeichnend und lehrreich war bei dieser Ge=
legenheit, daß das vom Kampf gegen die Revolution noch fieberhaft
aufgeregte und zitternde Oesterreich die Preußen, welche sich nach den
Füsiladen und der Pacification in Baden häuslich niederlassen
wollten, durch diplomatische Drohung und Aufstellung von Truppen
im Vorarlberg 2c. zwang, Baden sogleich zu räumen. So trat hier
bei Oesterreich, Deutschland gegenüber, die reactionäre Tendenz
vor der nationalen wieder zurück.

Sogar 1866 schlug sich Oesterreich (leider nicht unter der rechten
Fahne) gegen die Feinde und für die Reminiscenzen des Germanen=
thums.

Ganz anders war von je die Stellung Preußens zum Ger=
manenthum. In seiner inneren Politik stellte es sich deutsch, weil die
Mehrzahl seiner Bewohner aus Deutschen bestand; allein in seiner
äußeren Politik war es in der Regel Deutschlands Feind. Sein
staatliches Aufkommen ist ein ununterbrochenes Zerstörungswerk am
Germanenthum, soweit das politische Deutschland diesem entsprach).
Preußen hat die Grenzen Deutschlands nicht erweitert; es hat immer
nur Fetzen vom Reich abgerissen, um sich dadurch zu vergrößern.
Dieser Zerstörungsarbeit von Innen heraus verdankte Deutschland
hauptsächlich den völligen Verfall des ohnehin schon sehr gelockerten
Reiches, sowie die Schande, die Leiden und die namenlosen Opfer
der Franzosenherrschaft von 1792—1813. Preußen vertheidigte
Deutschland als Ganzes nie gern; es versagte ihm oft die nöthigste
Hilfe in großer Noth, wenn es für sich Nutzen aus der allgemeinen
Bedrängniß ziehen konnte. Seine Kriege gegen Frankreich in den

neunziger Jahren waren Schein=Kriege; die gepriesenen Kriege Friedrichs II. waren Bürgerkriege, über die das politische Vater= land des Germanenthums vollends zu Grunde ging. Kein deutscher Staat hat mit dem Ausland so viel verderbliche Bündnisse gegen Deutschland geschlossen, wie Preußen. Seine Fürsten und Minister waren fast ohne Ausnahme anti=deutsch. Sie bedienten sich freiheit= licher Formen und Worte, um insgeheim zu demselben Despotis= mus zu gelangen, den man in Oesterreich offen und ehrlich betrieb. Preußen hat sich im Lauf der Zeit immer mehr vom Deutschthum abgewendet. Friedrich II. stand in schweren urd langen Kriegen gegen das Reich; allein er respectirte und anerkannte selbst nach diesen Kriegen immerhin noch die Reichs=Idee. Seit 1866 steht das Preußenthum dem Germanenthum fast gerade gegenüber, sodaß Beide sich wie in's Auge schaun.

III.

**Rückwirkungen der Ereignisse von 1866 auf das Ger=
manenthum überhaupt und auf das Germanenthum in
Oesterreich insbesondere. — Ein großes Rassen=Geheim=
niß. — Germanenthum und Preußenthum.**

Es lag in der Natur der Sache, daß die Ereignisse von 1866
auf die Zustände der germanischen Welt merkbar zurückwirken mußten.
Aber diese Rückwirkungen waren immerhin nicht so groß, wie ihre
äußere Form vermuthen ließ. Dies kam daher, weil die Ereignisse
selbst ein überwiegend p o l i t i s c h e s Gepräge trugen, und weil gleich=
zeitig das politische Deutschland von 1815—66 keineswegs mit d e m
Deutschland übereinstimmte, das die deutsche Nation sich nicht nur
w ü n s c h t e, sondern das sie f o r d e r n konnte, ja, das sie in den
besseren Zeiten des Reiches einst annähernd wirklich b e s a ß. Man
zerstörte 1866 Etwas, woran jene Nation nicht einmal mit dem
kleinsten Bruchtheil ihrer Liebe und ihrer Hoffnung hing. Sie zer=
störte nicht selbst; sie ließ es mehr geschehen. Bei alledem mußten
ehrlose Bündnisse mit dem Ausland, mußten planmäßige innere Ver=
schwörungen, geheimer, fortgesetzter Bundesbruch im Laufe von 51
Jahren von Seite Preußens, mußte endlich dessen ungeheures Wag=
niß bei Königgrätz, das Nöthige besorgen. Damit soll keineswegs
gesagt sein, daß Das, was auf 1866 folgte, im Sinne der Nation
geschah. Das Reich hatte, ehe es verfiel, immerhin viel Volks=
Sympathieen besessen; der deutsche Bund (nicht zu verwechseln mit
dem Bundestag), besaß auch noch einige; der Nordbund endlich wird
für Nichts oder für schädlich gehalten in den Augen der germanischen
Rasse als Ganzes. Alle diese Zerstörungen führten deutsche F ü r=

sten oder ihre Minister, gewöhnlich im Bunde mit dem Ausland aus, wobei ihnen immer, passiv oder activ, Oesterreich gegenüberstand. Bei alledem sind wir seit 1866 nach Außen bedeutend schwä= cher geworden, wie wir vorher waren. Das Reich besaß in den besseren Zeiten ungleich mehr Macht wie der Bund; der Bund wieder war offenbar um Vieles stärker wie der jetzige Nordbund, was schon daraus folgt, daß der letztere sogleich Länder und Stellungen fahren lassen mußte, die der Bund ohne Mühe 51 Jahre lang festgehalten hatte. Das deutsche Reich (Grenzen von 1848) enthielt noch 41 Mil= lionen Germanen; der deutsche Bund (nach 1838) noch 38 Millionen; dagegen ist der norddeutsche Bund auf nur 25¹/₂ Millionen beschränkt, d. h. er umfaßt nicht einmal die Hälfte der deutschen Nation. Es kommt noch in Betracht, daß unter dem Reich und unter dem deut= schen Bunde namentlich die außerdeutschen österreichischen Länder in= direct und für äußerste Fälle zur Verfügung standen, sodaß die Ge= sammtmacht Mittel = Europa's einer Bevölkerung von 70 Millionen entsprach. Im Vergleich damit ist die Macht des Nordbundes vollends nur ein Drittel. Da es dieser Nation an und für sich ganz gleich= gültig sein kann, ob ein Einzelstaat derselben größer oder kleiner ist, nicht aber, ob sie im Ganzen ihr Gebiet behauptet, oder ob sie davon verliert, so folgt schon hieraus, daß das Jahr 1866 die deutsche Nation schwer geschädigt hat.

Die Hauptsache besteht darin, daß seit 1866 die germanische politische Mitte, über deren ungeheure Bedeutung und Nothwendigkeit im Sinne eines wirklichen europäischen Gleichgewichts vorn gesprochen wurde, vollends zersprengt wurde, und daß nun ein gewaltsam zusammengepreßter Staat, der sogar namhaft schwächer wie das ein= zelne Frankreich ist, diese enorm gefährliche Stelle gezwungen be= haupten muß. Der Nordbund hielt sie bisher einige Jährchen, oder vielmehr er markirte sie wie ein gebucktes Kaninchen, keineswegs aber durch die hier allein genügende, nach allen Seiten überlegene Kraft. Daß es überhaupt nur vier Jahre dauern konnte, war rein eine Gnade des Himmels und des Zufalls, an die nur Narren eine lange und kühne Rechnung knüpfen können. Die Krankheit L. Na= poleons und die innern Zustände Frankreichs wiegen auf dieser Waage und an diesem Drehpunkt schwerer, wie 500,000 Zünd= nadeln des Nordbunds. Uebrigens ist das Alles nur eine Galgen= frist. Der hier wie von einer höhern Voraussicht im Interesse Europa's angebrachte Riesenhebel der germanischen Macht läßt nicht ungestraft solche Nordbunds=Spielereien zu. Schon die nächste Folge wird es lehren. Im Augenblicke wirken noch eine Menge vorüber= gehender und unnatürlicher politischer Potenzen heftig auf die Politik der Staaten ein; insbesondere bezieht sich dies auf Alles, als dessen politische Incarnation L. Napoleon gelten kann. Diese Potenzen muß man sich wegdenken, um klar zu sehen. In demselben Augenblick, wo die größern Kräfte des Nationalen und Staatlichen wieder frei balanciren können, drückt schon der allgemeine politische Luftzug Europa's alle vier Wände des Nordbunds ein . . .

Man zeigt, um die Kläglichkeit unserer Gegenwart zu beschönigen, auf die einstige Preisgebung Lothringens durch Oesterreich. Die Sache erledigt sich durch eine Frage. Wenn Oesterreich einen Verrath an Deutschland beging, indem es vor 200 Jahren in politischer Bedrängniß, ohne Armee, ohne Geld, und nachdem es sich Jahrhunderte lang, vielfach verlassen von den Reichsfürsten, in endlosen Kriegen für das Reich geschlagen, Lothringen mit seinen 89 Quadratmeilen und 296,000 Einwohnern fahren ließ: was ist dann die Preisgebung Luxemburgs mit seinen 47 Quadratmeilen und 198,000 Einwohnern durch Preußen im Jahr 1866, also zu einem Zeitpunkt, wo Preußen eben den Bund zerstört hatte, wo es im Namen Deutschlands sprechen zu können vorgab, wo es eine schlagfertige Armee von 500,000 Mann bereit hatte und dicht daneben einen gefüllten Schatz??? Denn es ist dabei zu erwägen, daß Oesterreich damals nur einen kleinen Theil Lothringens (mit 60,000 Einwohnern) aus den Händen gab: das Uebrige kam vorher und nachher ohne sein Zuthun vom Reich. Auch trat es diese 60,000 Einwohner nicht direct an Frankreich ab; sie fielen durch andere politische Zufälle an diesen Staat.

Desgleichen beruft man sich auf die Verzückungen, in die einige Unzurechnungsfähige jenseits des Meeres gerathen sind, als sie die neue Nordbunds-Flagge erblickten, die sie für ein Symbol der deutschen Einheit nahmen. Solche Kindereien beweisen Nichts gegen den Ernst der Lage; wohl aber beweist das eben citirte Beispiel mit Luxemburg, daß, wenn die Landmacht Preußen nachgiebig war gegen eine andere Landmacht, sie schwerlich bereit sein wird, mehr gegen eine Seemacht zu wagen. Auch war im deutschen Bunde, Bundestreue natürlich vorausgesetzt (die aber auch der Nordbund sehr nöthig hat), die Marine Oesterreichs und Preußens zusammen viel stärker wie die des Nordbunds. Uebrigens muß man Preußen wegen Luxemburgs in Schutz nehmen. Es läßt sich nicht behaupten, daß es ihm an Muth gebrach. Aber dafür sollte man offen sein, der Wahrheit die Ehre geben und sagen, daß man wohl Macht genug besessen habe, den Bund zu sprengen, doch nicht genug, ihn zu ersetzen. Nebenbei kann man hier ausrufen: „Was muß das für eine gewaltige Nation sein, die so unerhörte Kämpfe in ihrem Innern aushält, ohne dabei in der Existenz als Ganzes sehr erschüttert zu werden?" Die Kämpfe sind Frevel am Heiligsten, sind unsühnbare Verbrechen gewesen: und doch waren sie ein Zeichen unermeßlicher Kraft. Man denke sich beispielsweis in der Mitte Frankreichs einen selbständigen Staat von der Größe Bayerns, — und die ganze Macht dieses Kaiserthums ist gelähmt!

Der unselige Einfluß der Ereignisse von 1866 auf die germanischen Ländergebilde zeigt sich nirgends so klar wie an Oesterreich. Schon die Bedingung Preußens, daß Oesterreich aus dem politischen Verband mit dem übrigen Deutschland treten müsse, beweiset den völlig undeutschen Charakter dieses Krieges. Eine solche Bedingung stellt nur ein deutschfeindlicher Staat. Denn es steht in nationalen Dingen nicht Preußen zu, den Umfang des Germanenthums zu bestimmen; wohl aber entscheidet Letzteres darüber, ob Preußen ein Recht hat, sich deutsch zu nennen, oder nicht. Da das Germanenthum schon den deutschen Bund nicht kannte, so weiß dasselbe natürlich auch vom Austritt Oesterreichs aus diesem Bunde Nichts. Alles Uebrige, wie der Friede zu Nicoloburg, ist Privatvergnügen der Diplomaten, das ihnen auf eine Spanne Zeit das Siechthum Bonaparte's schenkt.

Eine schwere Schädigung der Nation waren die Vorgänge von 1866 jedenfalls. Aber sie wurden erst zu einer solchen durch die großen Fehler der österreichischen Staatsmänner, die das Nationale nur bei Magyaren, Czechen, Polen ꝛc. anerkennen, um zunächst selbst einen Popanz zu haben, der sie erschreckt, wunderbarerweise jedoch nicht bei den Germanen, wo gerade dieses Nationale der höheren und tieferen Kultur wegen einen viel ernsteren Sinn hat wie dort! Sie vergaßen, daß die Verbindung Oesterreichs mit Deutschland schon lange vor 1866 lediglich eine nationale war, daß sie aber demungeachtet den Gesammtstaat Oesterreich mächtig stützen half. Der Vorsitz Oesterreichs am Bunde war nur ein Ehrenposten; die Bundesstellung aber kostete Oesterreich nur fortwährend schweres Geld (Bau der Bundesfestungen, Bundesbesatzungen ꝛc.). Bei alledem mußte Oesterreich seit 1859 und schon lange vorher genau, daß Preußen eine Bundesaction zu seinen Gunsten stets hintertreiben werde. Nebenbei mußte Oesterreich sich von Preußen am Bunde fortwährend in die Karten sehen lassen: ein gewisses Vertrauen bedingte schon der politische Anstand. Im Jahr 1866 kam nur praktisch zum Austrag, was Oesterreich seit zehn und zwanzig Jahren voraussetzen mußte, ja, vorausgesetzt hat. Hieraus sieht man deutlich, daß Oesterreich nicht aus politischen, sondern lediglich aus nationalen Gründen bei Deutschland blieb. Politische Gründe allein hätten es eher aus der unfruchtbaren Bundesstellung drängen müssen, denn sie zwangen dasselbe, seinen Todfeind fortwährend in der Nähe seiner — Gurgel zu dulden. Es war durchaus richtig und klug von Oesterreich, daß es trotz dieses Bundes-Elends treu zum Bunde hielt, bis Preußens Hand ihn zerstörte. Es war gut im deutschen, aber auch im österreichischen Interesse. Aber ein genialer Staatsmann in Oesterreich hätte sogleich erkannt, daß dieser Staat im Jahre 1866 von seinen Beziehungen zu dem halb vogelfreien Deutschland nur den Schatten verloren hatte, daß es dagegen deren Lichtseiten nun um so mehr verwerthen konnte. Am Bunde hatte die Stimme Oesterreichs oft nicht mehr Gewicht wie die Stimme Badens oder Württembergs. Die jetzige Action des Volkes in Württemberg und Bayern beweist nur, welche natürlichen Kräfte hier im Boden stecken. Die inneren Verhältnisse Oesterreichs entschuldigen die Unterlassung nicht. Sie mußten eben in ganz anderer Weise geordnet werden, wobei sie zugleich viel schneller geordnet wurden. Mit der verkehrten Beust'schen Politik ist man jetzt im Kreiseldrehen genau wieder auf demselben Fleck angekommen wie vor drei Jahren!

Preußen hat im Jahre 1866 dem Germanenthum schwere Wunden beigebracht. Nicht auf ein Paar Zucker- oder Kaffeeschiffe mit der Nordbundsflagge, nicht auf die weinglänzenden Gesichter einiger geschwollener Philister, welche die deutsche Einheit mit faden Toasten fertig bringen wollten, auch nicht auf die allerdings vergrößerte geographische Fläche für Steuer- und Soldatendruck in Nord-, Mittel- und Süddeutschland darf man blicken: der Fluch des genannten Jahres und seine unseligen Folgen für die gesammte Nation wird erst klar, wenn man seine Rückwirkungen auf Oesterreich übersieht. Wo da etwas „Nationalität" im germanischen Sinne zu finden sein soll, ist geradezu unbegreiflich. Es hat noch kein Jahr in der deutschen Geschichte gegeben, das an sich und nach den Wirkungen so entschieden anti-national war, wie das Jahr 1866.

Vor Allem kann hier der kleinliche und beschränkte Standpunkt Preußens mit 22 oder der des Nordbundes mit 28 Millionen Menschen durchaus nicht maßgebend sein. Es handelt sich da einzig um die 54 Millionen Germanen Europa's überhaupt. Der ganze Nordbund ist nur ein vergrößertes Preußen. Er und das Germanenthum haben nicht das Geringste mit einander zu schaffen, ja, Beides steht sich offen feindlich gegenüber, denn wir sehen, daß seit mehr denn 100 Jahren die Vergrößerung Preußens (die eben nie auf Kosten des Auslandes, dafür aber immer auf die des deutschen Inlandes geschah) fortwährend mit der Schwächung der deutschen Nation nach Außen Schritt gehalten hat. Jene Vergrößerung Preußens ist also kein Zuschuß, sie ist im Gegentheil eine S ch m ä l e r u n g der germanischen Kraft; sie ist nicht etwa der organische Ansatz über= schüssiger Volks= und Lebenselemente, über den man sich blos freuen könnte, sondern eine gefährliche E i t e r b e u l e des Germanenthums von Innen heraus. Was hierbei blöde Augen für Wachsthum halten, das ist nur krankheitzeigende Geschwulst. Erst wenn sie aufbricht, wird das Germanenthum wie n e u g e b o r e n, es wird g e s u n d!

Das Germanenthum ist wie ein großes Heer mit ausgestellten Vorposten. Ob es v o r g e h t oder z u r ü c k w e i c h t: das sieht man zu allererst nicht an einer P a r a d e, die in der gesicherten Mitte abge= halten wird, sondern an dem Vorschieben oder Zurückziehen der V e = b e t t e n.

Die 9 Millionen Deutsch=Oesterreicher sind die in süböstlicher Richtung vorgeschobenen Vorposten des Germanenthums. Jahrhun= derte lang standen sie hier im Wind und Wetter der Geschichte, doch unablässig nach v o r w ä r t s strebend als treue Wächter der Kultur. Was hier geschah, ist viel zu wenig beachtet im Volk. Die öster= reichische Armee (gleichviel, ob sie der Metternich'schen oder einer andern Politik diente) hat, wenn auch rein mechanisch, mit ihrem d e u t s c h e n Exerzier=Reglement seit 50 Jahren mehr für die allge= meine Kultur gethan, wie alle preußischen Schulmeister zusammen= genommen. Das wird sofort klar, wenn man die Nationalitäts=Ver= hältnisse Oesterreichs in Erwägung zieht. Zu seinem größeren Theil mit dem germanischen Grundstock vereint, doch im Uebrigen in vielen größern oder kleinen Sprachinseln, sowie in zahllosen Punkten und Pünktchen über das ganze Kaiserreich zerstreut, hat hier das germa= nische Element eine Aufgabe erhalten, wie sonst nirgends in der Welt. Man wird von Staunen und Bewunderung, aber auch von Schmerz erfüllt, stellt man sich vor, was hier geschehen k o n n t e, und was geschehen i s t. Da oben in Berlin deutsch zu s p r e c h e n, das ist kein Kunststück; aber da unten in der Baczka, im Banat und in Sieben= bürgen deutsch zu b l e i b e n, das ist ein R u h m. Jahrhunderte lang hat in Oesterreich das Germanenthum seine Stellung fest behauptet, ja, es hat (nicht mit den Waffen, sondern im Dienste der Kultur) eine Menge Ausläufer, Zweige und isolirte Posten bis in die ent= legensten Winkel des Reiches vorgeschoben. In diesen stillen Vor= gängen liegt für die Zukunft der deutschen Nation vielleicht hundert Mal m e h r, wie Preußen nich etwa thun, sondern nur v e r s p r e = ch e n kann. Bei einem Zusammenfassen der germanischen Kraft bleibt nur d i e s e Richtung noch offen: der Norden, der Westen und der Osten ist verteilt. Schon die Kultur gebietet dies; Barbarenvölker wie Russen und Türken können da unten nur so lange eine Rolle spielen, als die kläglichen politischen Verhältnisse Central = Europa's ihnen dies gestatten. Dann treten aber auch sogleich mächtige politische, strategische und handelspolitische Gründe dazu. Deutschland und Oesterreich besitzen die ganze obere und mittle Donau; folglich kann die untere Donau nur zufällig und vorübergehend (historisch genommen) in russischem oder türkischem Besitze sein. Diese Dinge sind so wuchtig und durchschlagend, daß schon heute Ungarn im höchsten Grade bedroht erschiene, setzte sich mit Hilfe seiner Verträge Preußen in Süddeutschland und namentlich in Bayern fest. Kommt es je zu einer Zusammenfassung der germanischen Kraft, so wird ihre natürliche Operationslinie über Wien gehen, doch nicht über Berlin.

Seit 1866 ist das germanische Element auf die Vertheidigung beschränkt. Man kann nach Obigem ermessen, was das bedeuten will. Wer daran noch nicht erkennt, was Preußen wollte, was es ferner will, der ist ein Auswürfling der Nation. Jenes Element in Oesterreich ist in Gefahr, die Früchte jahrhundertelanger Kämpfe zu verlieren und theilweis erdrückt zu werden. Insbesondere gilt dies von seinen nationalen Vortruppen, den eigentlichen Pionieren des Germanenthums. Ueber diese Aermsten bricht jetzt eine wahre Völkerfluth herein. Es ist die Völkerfluth des Deutschenhasses und der Barbarei, mit der Preußen sich verbündet hat. Das Bündniß kann man Letzterem nicht wehren, wohl aber den Titel eines deutschen Staats. Da ist kein Funke da von deutschem Denken oder Fühlen. Glücklicherweise beruhen alle diese Thatsachen und Pakte seit 1866 nur auf einem Wechsel, der genau am Todestage Bonaparte's — zahlbar ist... Die Deutschen in Oesterreich haben jetzt eine schwere Prüfung durchzumachen; allein sie werden sie glorreich bestehen, wenn ihr Muth sie nicht verläßt. Aber Eins bleibt wahr: die aufgehißten Nordbundsfarben sind ein Frevel und ein Hohn, so lange das Germanenthum da unten mit Trauer seine Fahne senkt...

Der wahre Charakter der Ereignisse von 1866 tritt aber erst dann hervor, wenn man einen wissenschaftlichen (nicht politischen) Blick auf die Natur des preußischen Volkes, also auf dessen Abstammung und Rasse wirft. Da gewinnt man plötzlich einen ganz anderen Eindruck von jenen Ereignissen, ja, es erhellen sich auf Jahrhunderte rückwärts tausend dunkle Blätter der Geschichte. Eine Menge historischer und politischer Unbegreiflichkeiten erscheinen sogleich als ganz natürlich, wie umgekehrt wieder Naheliegendes zum Unbegreiflichen wird. Es ist ein riesiges Geheimniß, und doch ist es keins...

Preußen ist nach Ursprung und Entwickelung kein deutscher Staat...

Von den acht germanischen Urstämmen (Burgunder, Alemannen, Schwaben, Bayern, Franken, Thüringer, Friesen und Sachsen) ist in den eigentlichen preußischen Stammprovinzen kein einziger vertreten, während dies bei allen übrigen deutschen Ländern mehr oder weniger der Fall ist, wie z. B. bei den kleinen Staaten Baden und Hessen.

Die nationale Grundlage Preußens ist das Slaventhum, und dies ist es geblieben bis auf den heutigen Tag.

Noch im 12. Jahrhundert war das ganze jetzige Preußen (bis zur Elbe) reines Slavenland. König Heinrich I. baute zahlreiche Burgen auf dem linken Ufer der Elbe zum Schutze gegen die Einfälle der Slaven.

Der Stamm, von welchem Preußen noch jetzt den Namen führt (die Preußen) steht den Germanen gerade so fremd und ohne die geringste Blutsverwandtschaft gegenüber, wie die Mongolen. Den Letten und Litauern kommen die Preußen noch am nächsten. Ein früherer Preußenfürst bewarb sich beim deutschen Kaiser vergeblich um den Titel eines „Königs der Wenden" (Slaven).

Allmählig drangen vom Süden und vom Westen her deutsche Ansiedler (aber ohne Stammesverband, bunt durch einander geworfen) gegen die Gebiete der Slaven vor, mit denen sie sich bald vermischten. Sie trugen auf diese die deutsche Sprache über, doch um den Preis einer starken Vermischung mit slavischem Blut. Aus dieser slavisch-germanischen Völkermischung entstand der National-charakter des Preußenthums. Er ist seitdem von den Fürsten Preußens (ungeachtet die spätere Reihe derselben reindeutschen Ursprungs war) dem germanischen gegenüber, als etwas Abgesondertes, hart-näckig gepflegt und gestärkt worden. Friedrich II. nannte seinen Staat mit Recht „la nation prussienne" — da ist nicht eine fränkische, schwäbische oder bayerische Sylbe d'rin! Durch seine Kriege gegen das Reich gewann Preußen viel Land mit reindeutscher, es gewann jedoch daneben auch viel mit slavischer (polnischer) Bevölkerung. Es hat aber trotzdem seinen Geist niemals von diesen reindeutschen Ländern zu entlehnen, es hat umgekehrt diese letzteren immer mit seinem sla-vischen Geiste zu inficiren gesucht. Daran änderte sich auch Nichts, seitdem Preußen in Hannover, Hessen, Nassau und Holstein Länder mit reindeutscher Bevölkerung (Sachsen, Franken ꝛc.) erworben hat. Bezüglich dieses Punktes hat in Preußen immer eine erstaunliche Consequenz und Energie geherrscht. Die preußischen Regierungen mochten hie und da etwas verschieden sein: in der Aufrechterhaltung des nationalen Gegensatzes zwischen dem reinen Germanenthum und dem mit dünnen germanischen Elementen etwas verwässerten

Slaventhum des preußischen Staates stimmten sie alle wunderbar überein. Die Fürsten und Regierungen Oesterreichs gaben sich Jahrhunderte lang jede Mühe, **deutsch** zu sein, obwohl sie in ihren Ländern sehr viele Slaven hatten; die Fürsten und Regierungen Preußens aber kehrten gerade das **Bastardartige** zwischen Slaventhum und Germanenthum, als einen **besonderen preußischen Geist**, nachdrucksvoll heraus. Das geschieht noch diese Stunde, ja, jetzt mehr wie einst.

Diese slavisch=germanische Mischung bildet die eigentliche **Grundlage** des preußischen National=Charakters. Was wir „preußisches Wesen" nennen, darf man eigentlich dem preußischen Volk nicht zum Vorwurf machen: **es ist das slavische Blut, das es einmal besitzt und das es nicht wieder los wird.** Von den Germanen haben die Preußen die Tapferkeit und die Intelligenz; von den Slaven haben sie die Unterwürfigkeit und den Knechtssinn nach Oben, die Anmaßung nach Unten, die Verehrung der höheren Autorität und die Anbetung des Erfolgs. Man sieht diese letzteren Züge sogar deutlich durch die preußischen Ständekammern gehen, die, was Volksrechte betrifft, eine Lauheit und Gleichgültigkeit zeigen, wie sie nie bei reindeutschen, wohl aber bei slavischen Volksvertretungen angetroffen wird. Auch die verknöcherte preußische Bureaukratie, das preußische Junkerthum und eine Menge andere Dinge, die nur in Preußen angetroffen werden, sind lediglich Symptome slavischen Blutes. Der preußische Adel ist überhaupt **sehr stark** slavisirt, ungeachtet der deutschklingenden Namen. Die Sprache darf überhaupt nicht täuschen; es ist da in Preußen genau wie mit den **deutschen Juden.** Sie sprechen deutsch, und sind doch eine ganz andere Nationalität.

Preußen ist also keineswegs ein **reindeutscher** Staat; noch weniger ist es der **größte** reindeutsche Staat. Viel richtiger wäre, zu sagen: er sei ein germanisirter **Slavenstaat.** Denn das Charakteristische zwischen Preußen und den eigentlich germanischen Staaten ist, daß in den letzteren die germanischen Urstämme fest bei einandergeblieben sind, daß sich höchstens ein solcher germanischer Urstamm mit einem andern mischte; alle zwischenliegende fremde Elemente wurden somit total aufgesaugt, germanisirt, sodaß der Masse ihr Charakter blieb. Das war sogar in Oesterreich der Fall. In Preußen aber trat gar kein germanischer Urstamm auf; es erschienen gewissermaßen nur Splitter des Germanenthums ohne alle stammliche Verbindung, die sich dann mit dem Slaventhum in einen großen Völkerbrei auflösten, diesem allerdings theilweis seine Eigenschaften mittheilend, aber auch von diesem Eigenschaften übernehmend. Daß dies in Oesterreich nicht ging, obwohl dort gleichfalls viel Slaven

und andere nichtgermanische Völker vorhanden waren, beweist eben
die ganz andere Qualität des dortigen Germanenthums, das in
der Reinheit und Festigkeit seiner Stämme einen Stützpunkt fand.
Preußen spricht überwiegend deutsch und besitzt nach der Statistik
wenig Slaven als Individuen; aber es enthält eine ungeheure
Masse slavischen Blutes, welches im ganzen Volk und fast in allen
Familien vertheilt ist. Das ist freilich eine Art Homogenität, aber
eine solche, welche den germanischen Ur = Character eben so gründlich
verändern mußte. Es entstand eben der preußische Character
daraus als Mittelding zwischen Slaven= und Germanenthum.

Der größte reindeutsche Staat ist also, der Abstammung
oder der Rasse nach, Deutsch=Oesterreich. Der am wenigsten rein=
deutsche Staat ist unter derselben Voraussetzung Preußen; auf dessen
Größe kommt es folglich nicht an. Ein viel größerer reindeut=
scher Staat wie Preußen ist z. B. das kleine Großherzogthum
Hessen. Es enthält unter seinen 819,000 Germanen allein 790,000
Abkömmlinge des fränkischen Stammes. Eine solche einfache
Stammtafel des Germanenthums läßt sich von Oester=
reich und von allen übrigen deutschen Ländern machen,
doch von keiner einzigen älteren Provinz des preußi=
schen Staates. Darüber schweigt die Geschichte: sie weiß wohl
warum. Die neuen eroberten oder annectirten preußischen Provinzen
aber zählen nicht, da man ja vorhat, sie zu entgermanisiren, soweit
dies noch nicht geschehen.*

Die acht germanischen Stämme haben einst den Grund zum
heutigen Deutschland gelegt. Die Preußen, ohnehin keine Germanen,
halfen dabei nicht im Geringsten mit. Erst später drängten sie sich
als Fremde in den germanischen Staat, dem sie, schon der Rasse
und des Blutes wegen, ewig Fremde oder Feinde bleiben mußten.
Warum zerbricht man sich doch über die preußische Politik so sehr den
Kopf? Das ist ja Alles nur natürlich; es wäre unnatürlich,
wenn es anders wäre. Der Widerwille des deutschen Volkes gegen
Preußen, zumal der des Südens, beruht keineswegs auf dem Poli=
tischen oder Religiösen allein, sondern weit mehr auf dem in=
stinctiven Massengefühl der Stammes= und Bluts=Ungleich=
heit, die eben oben wissenschaftlich nachgewiesen ward. Die öster=

---

* Der bekannte Gegensatz zwischen den preußischen Rheinländern
und den übrigen Preußen beruht ebenfalls auf bedeutender Rassen=Ver=
schiedenheit, da die Rheinlande von ächtdeutschen Stämmen, nämlich von
Friesen, Sachsen und Franken besetzt worden sind. Dem Stamme nach sind
die Rheinländer den Holländern, Belgiern, Hessen, und selbst den Deutsch=
Oesterreichern viel näher verwandt, wie den Altpreußen.

reichische Politik kann sich ändern, da Oesterreich verschiedene Rassen, aber noch in großer Reinheit enthält; die preußische Politik kann dies nicht, da es dort keine Stämme giebt, sondern nur vermischtes Blut. Preußen kann, auch wenn es dies erstrebt, gar nicht deutsch sein; die Blutmischung des ganzen Volkes verhindert es. Dieses hat von den Germanen das Intellectuelle, von den Slaven aber den Charakter. Da der Charakter bei allen Thaten entscheidet, so begreift man, warum es Preußen und seinen Königen immer so leicht geworden ist, Deutschland zu bekriegen. Diese Kriege waren von preußischer Seite keine Bürgerkriege. Wir waren nur so thöricht, ihnen diesen Namen zu geben. In den Augen Preußens war Deutschland immer Ausland. Noch heute giebt es Narren und Verräther, die uns hindern wollen, mit gleicher Münze zu zahlen. Preußen wird auch beim besten Willen nie dahin kommen, das germanische Wesen ganz und voll zu begreifen. Man ahnt dort so ein Bischen von diesem Wesen: das ist der Tropfen germanischen Blutes. Aber es bleibt nur bei der halbrichtigen Ahnung, und praktisch handelt man ihr immer zum Trotz: das ist der Tropfen slavischen Blutes. Blut hin, — Blut her. Darum Königgrätz...

Und ein solches Volk soll berufen sein, an der Spitze des reinen Germanenthums zu stehen? Nimmermehr! Preußen kommt nicht zu diesem Ziele, so wahr es einen Gott im Himmel giebt, und ein deutsches Volk auf Erden!

IV.

Statistik der Nationalitäten in Oesterreich. Statistik dieser Nationalitäten nach Kultur und nach Moral. — Die deutsche, die slavische und die magyarische Gruppe. Ihre Brauchbarkeit als Staatsfundament. — Die politische Bedeutung der Nationalitäten, gemessen an ihren Sprachgebieten. — Deutsche Sprache und deutsche Sprachinseln in Oesterreich.

Unzweifelhaft spielen, wie die Dinge sich in Oesterreich nun einmal entwickelt haben, die Nationalitäts-Verhältnisse dieses Staats für dessen Gedeihen oder für dessen Verderben eine wichtige Rolle. Um sie einigermaßen beurtheilen zu können, mögen zunächst einige statistische Angaben folgen über die Bevölkerung des österreichischen Staates überhaupt, sowie im Besonderen über diejenigen politischen oder nationalen Ländergruppen desselben, welche bei den Nationalitäts-kämpfen Oesterreichs mehr oder weniger genannt werden.

Nach den neuesten Ermittelungen hat man bezüglich der Bevölkerung Oesterreichs, sowie jener der einzelnen Gruppen Folgendes:

1) Bevölkerung des Gesammtstaates Oesterreich nach den Nationalitäten.

Deutsche	9,180,000
Czechen, Mährer und Slovaken . .	6,730,000
Polen	2,380,000
Ruthenen	3,104,000
Zu übertragen	21,394,000

Uebertrag 21,394,000

Serben, Kroaten, Slowenen . . .	4,230,000
Rumänen	2,902,000
Magyaren	5,506,000
Italiener	599,000
Juden, Zigeuner ꝛc..	1,367,000

Zusammen etwa 36 Mill. auf 10,816 Qu.=M.

2) Bevölkerung der ehemaligen deutschen Bundes=
länder nach Nationalitäten.

Deutsche	7,020,000
Czechen, Mährer und Slovaken . .	5,055,000
Slovenen, Kroaten ꝛc.	1,342,000
Rumänen	6,600
Italiener	536,400
Magyaren	10,000
Juden, Zigeuner ꝛc..	207,000

Zusammen . . 14,177,000 auf 3448 Qu.=M.

3) Bevölkerung der eigentlich österreichisch=deutschen
Länder mit Ausschluß der Länder böhmischer Krone
nach den Nationalitäten.

(Unter= und Ober=Oesterreich mit Salzburg, Steiermark, Kärnthen,
Krain, Küstenland, Tyrol und Vorarlberg.)

Deutsche	4,234,000
Czechen, Slovaken ꝛc. (Nordslaven) .	136,000
Slovenen, Kroaten ꝛc.	1,341,000
Rumänen	538,000
Magyaren	10,000
Juden, Zigeuner ꝛc..	53,000

Zusammen . . 6,312,000 auf 2069 Qu.=M.

4) Bevölkerung der Länder böhmischer Krone nach den
Nationalitäten.

a) Das eigentliche Böhmen.

Deutsche	2,000,000
Czechen	3,200,000
Juden, Zigeuner ꝛc..	100,000

Zusammen . . 5,300,000 auf 903 Qu.=M.

b) Mähren.

Deutsche 530,000
Czechen, Mährer und Slovaken . . 1,480,000

Zusammen . . 2,060,000 auf 386 Qu.-M.

c) Schlesien.

Deutsche 256,000
Polen 165,000
Czechen, Mährer und Slovaken . . 74,000
Juden, Zigeuner 5,000

Zusammen . . 500,000 auf 90 Qu.-M.

Im Ganzen enthalten also die unter a, b und c aufgeführten sogenannten Länder der böhmischen Krone:

Deutsche 2,786,000
Czechen, Mährer und Slovaken . . 4,754,000
Polen 165,000
Juden ꝛc. 155,000

Zusammen . . 7,860,000 auf 1379 Qu.-M.

5) **Bevölkerung der Länder ungarischer Krone nach den Nationalitäten.**

a) Das eigentliche Ungarn mit Banat und Woiwodina.

Deutsche 1,500,000
Czechen, Slovaken, Polen, Ruthenen 2,200,000
Serben, Kroaten, Slovenen . . . 600,000
Rumänen 1,301,000
Magyaren 4,820,000
Juden, Zigeuner 499,000

Zusammen . . 10,920,000 auf 3728 Qu.-M.

b) Kroatien und Slavonien.

Deutsche 30,000
Slovaken 8,000
Kroaten, Serben, Slavonier . . . 908,000
Magyaren 15,000
Juden, Zigeuner ꝛc. 8,000
Uebrige 1,000

Zusammen . . 970,000 auf 335 Qu.-M.

c) Siebenbürgen.

Deutsche 235,000
Rumänen 1,200,000
Magyaren 573,000
Juden, Zigeuner 105,000
Uebrige 3,000
Zusammen . . 2,116,000 auf 954 Qu.=M.

d) Militärgrenze.

Deutsche 45,000
Slovaken 12,000
Kroaten, Serben, Slavonier . . . 932,000
Rumänen 147,000
Magyaren 5,000
Juden, Zigeuner ꝛc. 1,000
Zusammen . . 1,142,000 auf 583 Qu.=M.

Faßt man die Länder a, b und c (die sogenannten Länder der ungarischen Krone) zusammen, so ergiebt sich das Total ihrer Bevölkerung wie folgt:

Deutsche 1,765,000
Czechen, Slovaken, Polen, Ruthenen 2,208,000
Serben, Kroaten, Slovenen . . . 1,508,000
Rumänen 2,501,000
Magyaren 5,408,000
Juden, Zigeuner 612,000
Uebrige 4,000
Zusammen etwa 14,000,000 auf 5017 Qu.=M.

(Die Militärgrenze, von der neuerdings so oft die Rede, wurde nur Scherzes wegen mit unter den ungarischen Kronländern aufgeführt, zu denen sie bekanntlich nie gehört. Aber die Magyaren reclamiren sie, nicht nur, um sie zu beherrschen, sondern auch, um ihren Holzreichthum — auszubeuten. Obige Ziffern der Bevölkerung lehren, welche Prügel die magyarischen Diebe da unten empfangen würden, ließ ihnen nicht der Staats= und Kronverräther Beust österreichische Hilfe, deren Genialität nur spätere Jahrhunderte werden begreifen können.)

6) Bevölkerung Galiziens und der Bukowina nach den Nationalitäten.

Deutsche 210,000
Polen 2,225,000
Zu übertragen 2,435,000

$$\text{Uebertrag} \quad 2{,}435{,}000$$

Ruthenen	2,542,000
Rumänen	205,000
Magyaren (nur in der Bukowina) .	8,000
Juden, Zigeuner :c.	535,000

$$\text{Zusammen} \quad . \quad . \quad 5{,}725{,}000 \text{ auf } 1546 \text{ Qu.=M.}$$

Dalmatien enthält im Ganzen 450,000 Einwohner auf 222 Quadratmeilen, wovon 392,000 Slovenen, Serben :c., und 56,000 Italiener. Die Magyaren erheben auch auf dieses Land überirdische Ansprüche; doch wohnt zufällig nicht ein Magyar darin.

Aus allen diesen ziffermäßigen Angaben folgt die Richtigkeit Dessen, was früher schon über die Stellung des germanischen Elementes in Oestereich gesagt wurde. Die Germanen sind nicht nur der Zahl nach jeder andern einzelnen Nationalität überlegen; sie sind überhaupt selbst dort, wo sie sich in der Minderheit befinden, meist unverhältnißmäßig stark vertreten. Es giebt kein österreichisches Land, in welchem sie nicht in vergleichsweis merkbarer Anzahl vorhanden wären. Sie sind nicht nur der stärkste, sondern auch der allgemeinste Stamm. Welche Tragweite liegt z. B. in folgenden Thatsachen! Die einzigen beiden Nationalitäten, die eine solche Stärke besitzen, daß sie neben den Deutschen einige Ansprüche erheben können, sind die Magyaren und die Czechen. Nun befinden sich aber im eigentlichen Kernland der Magyaren neben $5\frac{1}{10}$ Millionen Magyaren fast 2, im eigentlichen Kernland der Czechen neben $3\frac{1}{5}$ Millionen 2 Millionen Deutsche. Dagegen sind im Kernland der Deutsch=Oestereicher neben $4\frac{1}{4}$ Millionen Germanen nur 136,000 Czechen und gar nur 10,000 Magyaren vorhanden! In Schlesien, das die Böhmen auch mit zur Wenzelskrone rechnen, entfallen gar mehr Deutsche wie Czechen. Sogar auf Kroatien kommen doppelt so viel Deutsche, wie Magyaren, die von 15,000 der Ihrigen das Recht ableiten, über fast 1 Million anderer Nationalitäten den Herrn zu spielen! Desgleichen sind Banat und Woiwodina fast um die Hälfte stärker mit Deutschen wie mit Magyaren besetzt. Die Militärgrenze enthält 9 mal mehr Deutsche wie Magyaren, deren aus 5000 Köpfen bestehende klägliche Minorität Riesen=Mäuler besitzen muß, wenn sie die $1\frac{1}{7}$ Millionen Kroaten, Serben :c. verschlingen will. Am grellsten ist das Mißverhältniß in Galizien und in der Bukowina. Dort befinden sich unter $5\frac{3}{4}$ Millionen Einwohnern gar keine Czechen, nur 8000 Magyaren (die übrigens auch lediglich auf die Bukowina entfallen), doch über 200,000 Deutsche. In verschiedenen österreichischen Ländern giebt es gar keine Czechen oder Magyaren in der Art und Weise, wie Deutsche sich dort befinden, wohl aber sind letztere überall seßhaft. Man sieht hieraus klar, daß die nach den Germanen relativ stärksten Nationalitäten der Magyaren und Czechen doch ungleich schwächer wie jene sind. Schon in der unmittelbarsten Nähe ihrer bezüglichen Kernländer unterliegen national Magyaren wie Czechen stets unfehlbar dem Germanenthum. Dabei geht letzteres ihnen in ihren eigenen Kernländern ganz anders auf den Leib, wie diese ihm auf den Leib gehen können. Es gehört Blindheit auf beiden Augen dazu, um als österreichischer Reichskanzler solche Dinge nicht zu sehen. Man gebe einem chine= sischen Staatsmann, der Oesterreich gar nicht kennt, nur die obigen trocknen Ziffern der Nationalitäten dieses Staates und fordere sein Urtheil über eine neu zu entwerfende Staats = Organisation. Fügt man ihm vollends bei, daß die zahlreichste Nationalität zugleich die höhere Cultur vertritt, so sind Millionen gegen Eins zu wetten, daß der Chinese mit den Magyaren keinen Beust'schen Ausgleich macht! Noch weniger wird er für die Folge mit einer ganzen Portion ähn= licher staatsgefährlicher Ausgleiche schwanger gehen.

Oesterreich hat ferner $1\frac{1}{4}$ Millionen Juden. Die Gesellschaft ist zwar im Uebrigen größtentheils keinen Schuß Pulver werth; in= dessen bedient sie sich meist der deutschen Sprache, mit der sich in Reichthum und Gehalt keine andere Sprache des Kaiserreichs ver= gleichen kann.

Noch ein anderer Umstand verdient die höchste Beachtung. Es ist die unverhältnißmäßig starke Zunahme des deutschen Elements in Oesterreich, gegenüber den andern Nationalitäten. Nach der Zählung von 1857 gab es damals in Oesterreich: 7,878,000 Deutsche, 6,133,000 Czechen, Mährer und Slovaken, 4,948,000 Magyaren, 3,955,000 Serben, Kroaten und Slovenen, 2,752,000 Ruthenen, 2,643,000 Rumänen und 2,160,000 Polen. Dagegen betrug um 1861 die Bevölkerung Oesterreichs: 8,400,000 Deutsche, 6,446,000 Czechen, Mährer und Slovaken, 5,206,000 Magyaren, 4,118,000 Serben, Kroaten und Slovenen, 2,906,000 Ruthenen, 2,774,000 Rumänen und 2,276,000 Polen. Die Zunahme der Bevölkerung betrug also für diesen kurzen Zeitraum bei den Serben, Kroaten und Slovenen $1\frac{5}{8}$, bei den Czechen, Mährern und Slovaken $4\frac{5}{6}$, bei den Polen $4\frac{6}{7}$, bei den Rumänen 5, bei den Magyaren $5\frac{1}{5}$, bei den Ruthenen $5\frac{1}{2}$, bei den Deutschen aber 7 Procent. In diesen Ziffern allein liegt das Todesurtheil aller Beust'= scher Projecte, welche gegen das deutsche Element in Oesterreich und auf Bevorzugung der Magyaren, Czechen ꝛc. gerichtet sind. Denn die Erscheinung bleibt dieselbe, wenn man die Bevölkerungsstatistik Oesterreichs auf 20, 30 und noch)

mehr Jahre vergleicht, obwohl die früheren Volkszählungen in Oester=
reich sehr mangelhaft waren. Auch dann ist die Zunahme der deut=
schen Bevölkerung eine größere; sie ist zugleich sichtbar nicht blos im
Ganzen, sondern in jedem einzelnen Kronland, also selbst dort, wo
die Deutschen sehr schwach vertreten sind. Bei den andern Natio=
nalitäten aber ist nicht nur die allgemeine Zunahme eine geringere;
es tritt auch zuweilen eine Art Stagnation, ja hie und da, wo sie
als Minderheit bestehen, ein Rückgang ein. So hat es im Jahr
1851 in der Militärgrenze 37,875 Deutsche und 4985 Magyaren
gegeben; im Jahr 1857 war die Zahl der Deutschen auf 38,400
gestiegen, die der Magyaren auf 4900 gesunken. Und doch liegt die
Militärgrenze hart am Kernland der Magyaren! Im Jahr 1857
befanden sich in der Bukewina 37,703 Deutsche und 7480 Magyaren.
Vier Jahre später (1861) war die Zahl der Deutschen auf 40,517,
die der Magyaren auf 7900 gestiegen, also jene um $7\frac{1}{2}$, diese blos
um $5\frac{1}{3}$ Procent. Aehnliche Erscheinungen hat man fast in ganz
Oesterreich, z. B. in österreichisch Schlesien. Dort betrug im Jahr
1846 die Zahl der Deutschen etwa 222,000, die der Czechen und
Slovaken etwa 93,000, während im Jahr 1857 die Ziffer der
Deutschen auf 234,000 gestiegen, die der Czechen und Slovaken aber
auf 92,300 zurückgegangen war. In den eigentlich österreichisch=
deutschen Ländern finden noch stärkere Contraste zum Vortheil des
germanischen Elementes statt. So enthielten die ehemaligen öster=
reichisch=deutschen Bundesländer (mit Ausschluß der Länder böhmischer
Krone) im Jahr 1857 neben 3,784,000 Deutschen etwa 163,000
Czechen und Slovaken, sowie etwa 20,000 Magyaren. Gegenwärtig
befinden sich in diesen Ländern neben $4\frac{1}{4}$ Millionen Deutschen nur
noch 136,000 Czechen, Slovaken 2c., sowie nur 10,000 Magyaren.
   Die Gründe für dieses im Großen wie im Kleinen sich gleich=
bleibende und ganz gesetzmäßige stärkere Anwachsen des germanischen
Elementes sind sehr einfach. Die Deutschen in Oesterreich führen
als höherstehendes Kulturvolk ein ganz anderes sociales und zum
Theil auch sittliches Leben, wie die übrigen Nationalitäten. Die
Verbrechen gegen Leben und Gesundheit sind bei ihnen viel seltener.
Sie haben weit mehr Sinn für Arbeit, Ordnung und Reinlichkeit.
Höchstwahrscheinlich verbrauchen sie allein mehr Seife, wie alle
übrigen Nationalitäten Oesterreichs zusammengenommen: nach Liebig
der beste Maßstab der Kultur. Man vergleiche z. B. einmal ein
magyarisches, polnisches oder czechisches Dorf mit einem deutschen:
und obige schlagende Ziffern=Unterschiede erscheinen nur als Ausfluß
eines eben so friedlichen und humanen, wie höhern Gesetzes der
Kultur!

Die Statistik der Kindersterblichkeit, der Verbrechen, der Vergehen, der Schulen ꝛc. in Oesterreich läßt einen tiefen Blick in die Nationalitäts = Verhältnisse dieses Reiches thun. Anstatt Witze zu machen und gewissenlos Comödie zu spielen in einem Augenblicke, wo durch seine Schuld Oesterreich am Abgrund steht, sollte dieser Reichskanzler von Beust lieber die Fundamente der Regierungskunst studieren, die ihm, wie die Thatsachen lehren, noch völlig fremd sind. Nachstehend folgen einige Ziffern, vor denen dieser Pseudo=Staatsmann e r b l e i c h e n wird, denn sie sind ein Stabbruch über sein ganzes, sinnloses System, wenn man Systemlosigkeit so nennen kann. Die Angaben beruhen auf offiziellen österreichischen Mittheilungen, sind also unanfechtbar.*

1) K i n d e r s t e r b l i c h k e i t. Im Jahrgang 1866 starben im Ganzen 567,664 Kinder im Alter von der Geburt bis zu 5 Jahren. Denkt man sich Oesterreich nach den wichtigsten und überwiegenden Nationalitäten in drei Hauptgruppen getheilt, nämlich a) in das eigentliche U n g a r n (11 Millionen Einwohner), b) in die S l a v e n = l ä n d e r Böhmen, Mähren und Galizien mit Bukowina (13 Mill. Einwohner) und c) in die d e u t s c h e n Länder als Rest (12 Mill. Einwohner), welche drei fast gleich große Gruppen dann zusammen genau den Gesammtstaat Oesterreich ausmachen, so entfallen von obiger Ziffer nach den Detail = Ausweisen der Statistik auf die ungarische Gruppe 172 000, auf die slavische 228,000 und auf die deutsche oder den Rest 167,000 verstorbene Kinder bis zu 5 Jahren. Man sieht sogleich, daß die d e u t s c h e Gruppe sich auffallend durch g e = r i n g e Kindersterblichkeit auszeichnet. Legt man ihre Ziffer (167,000 auf 12 Millionen Einwohner) zu Grunde, so müßten bei derselben Mortalität in der ungarischen Gruppe 154,000, in der slavischen aber 181,000 Kinder pro Jahr gestorben sein. F o l g l i c h s i n d i n d e r u n g a r i s c h e n G r u p p e 18,000, i n d e r s l a v i s c h e n

---

* Statistisches Jahrbuch der österreichisch-ungarischen Monarchie für das Jahr 1867. Herausgegeben von der k. k. statistischen Central = Commission. Wien, 1869. S. 21—69. S. 74. S. 267—335 u. ff. — Damit man mich bei etwaigen Vergleichen mit dem citirten Original nicht etwa der Fälschung beschuldigt, bemerke ich, daß die nachfolgenden Daten zwar auf dem angezogenen Werke beruhen, daß man sie darin aber meist vergeblich suchen wird. Das statistische Jahrbuch läßt seine Ziffern, da es einen andern Zweck verfolgt, mechanisch wie Soldaten hinter den Ländern und Provinzen aufmarschiren, natürlich ohne alle Rücksicht auf Nationalität ꝛc., sodaß sie dort gewöhnlich einen ganz harmlosen Eindruck machen. Durch einfache Umrechnung nach Gruppen und überwiegenden Nationalitäten bekommen zwar diese Ziffern des Jahrbuches ein viel ausdrucksvolleres, ernsteres, ja theilweis abschreckenderes Gesicht; sie sind aber demungeachtet nur eine genaue Darstellung der Original= angaben.

aber 47,000, zuſammen alſo 65,000 Kinder pro Jahr mehr geſtorben, wie in der deutſchen!!! Es kommt dazu, daß die Gruppen nicht rein ſind, daß alſo das ſtarke deutſche Ele= ment der ungariſchen und ſlaviſchen Gruppe dieſe in der Mortalität etwas verbeſſert, daß umgekehrt das ſlaviſche Element die deutſche Gruppe hierin etwas verſchlechtert hat. Dieſe Ziffern beweiſen, daß bei den jetzigen Nationalitäts=Kämpfen in Oeſterreich die poli= tiſchen Beſchwerden oft weniger maßgebend ſein dürften, wie das dunkle Gefühl der Magyaren und Slaven, daß ſie als Raſſe, dem Germanenthum gegenüber, im Niedergang begriffen ſind. Es entſteht aber die Frage, ob dieſen Nationalitäten lediglich deshalb ein Vorrecht über die Deutſchen eingeräumt werden ſoll, weil ſie mehr Kinder wie dieſe im Schmutz erſticken laſſen? Es ſcheint das die Logik des Herrn von Beuſt zu ſein, der hieran erkennen mag, daß ihn zuletzt die deutſchen — Kinderwärterinnen beſiegen werden!

2) Verbrechen und Vergehen (theils von 1866, theils von 1867). Ermordet wurden 798 Menſchen, davon in Ungarn allein 321 (²/₅!), in Böhmen, Mähren und Galizien 196, in Dal= matien 81, im übrigen Oeſterreich 200. Erſchlagen wurden 889 Menſchen, davon in Ungarn 268, in Böhmen, Mähren und Galizien 189, im übrigen Oeſterreich 432. Hingerichtet wurden 59 Menſchen, davon 28 in Ungarn (½!), 12 in Böhmen, Mähren und Galizien, 6 in der Militärgrenze, 13 im übrigen Oeſterreich. Bezüglich des Jahres 1867 liegen nachſtehende Ermittelungen vor: Kindesmord: 232 Fälle, davon 139 auf Ungarn (⁷/₁₂!), 55 auf Böhmen, Mähren und Galizien, 38 auf das übrige Oeſterreich. Sonſtiger Mord: 389 Fälle, davon 212 auf Ungarn (³/₅!), 75 auf Böhmen, Mähren und Galizien, 20 auf Dalmatien, 25 auf Kroatien, Slavonien und Siebenbürgen, 47 auf das übrige Oeſter= reich. Todtſchlag: 764 Fälle, davon auf Ungarn 486 (⁵/₇!), auf Böhmen, Mähren und Galizien 103, auf Kroatien, Dalmatien und Siebenbürgen 98, auf das übrige Oeſterreich 77. Raub: 380 Fälle, davon auf Ungarn 122, auf Böhmen, Mähren und Galizien 116, auf Dalmatien, Kroatien, Slavonien und Sieben= bürgen 66, auf das übrige Oeſterreich 76. Schwere körper= liche Beſchädigung: 5065 Fälle, davon auf Ungarn 2708 (über ½!), auf Böhmen, Mähren und Galizien 1064, auf Dalmatien, Kroatien, Slavonien und Siebenbürgen 1049, auf das übrige Oeſter= reich 244. Uebertretungen gegen die Sicherheit des Lebens: 4154 Fälle, davon auf Ungarn 3172 (³/₄!), auf Böhmen, Mähren und Galizien 449, auf das übrige Oeſterreich 533. Ueber= tretungen gegen die körperliche Sicherheit: 7485 Fälle,

davon auf Ungarn 7082 ($^{14}/_{15}$!), auf Böhmen, Mähren und Galizien 237, auf das übrige Oesterreich 165. Uebertretungen gegen die Sicherheit des Eigenthums: 11,143 Fälle, davon auf Ungarn 10978 (fast $^{99}/_{100}$!), auf Böhmen, Mähren und Galizien 116, auf das übrige Oesterreich 49. Uebertretungen gegen die öffentliche Sittlichkeit: 8481 Fälle, davon auf Ungarn 8138 Fälle ($^{20}/_{21}$!), auf Böhmen, Mähren und Galizien 105, auf Siebenbürgen 140 (Siebenbürgen ist zu fast $^1/_3$ von Magyaren be= wohnt!), auf das übrige Oesterreich 98. Oeffentliche Herab= würdigung der Ehe, der Familie: 20 Fälle, davon auf Un= garn allein 17 ($^6/_7$!). Münzfälschung: 23 Fälle, davon auf Ungarn 12 ($^1/_2$!), auf Böhmen und Bukowina 8, auf das übrige Oesterreich 3. Zwiefache Ehe: 12 Fälle, davon auf Ungarn 10 ($^5/_6$!) Verbrechern geleisteter Vorschub: 254 Fälle, da= von auf Ungarn 200 ($^4/_5$!), auf Kroatien, Slavonien und Sieben= bürgen 26, auf Böhmen und Galizien 14, auf das übrige Oester= reich 14. Mißbrauch der Amtsgewalt und Geschenkan= nahme in Amtssachen: 102 Fälle, davon auf Ungarn 43, auf Galizien 28, auf das übrige Oesterreich 31. Verleitung zum Mißbrauch der Amtsgewalt: 19 Fälle, davon auf Ungarn 13 ($^2/_3$!), auf das übrige Oesterreich 6. Gewaltsamer Ein= fall in fremdes, unbewegliches Eigenthum: 371 Fälle, davon auf Ungarn 174, auf Böhmen, Mähren und Galizien 153, auf das übrige Oesterreich 44. Brandlegung: 268 Fälle, da= von auf Ungarn 108, auf Böhmen, Mähren und Galizien 111, auf das übrige Oesterreich 50. Boshafte Beschädigung frem= den Eigenthums: 300 Fälle, davon auf Ungarn 210 ($^2/_3$!), auf Böhmen, Mähren und Galizien 48, auf das übrige Oesterreich 42. Uebertretungen gegen die öffentliche Ruhe und Ordnung: 10,123 Fälle, davon auf Ungarn allein 10,055 ($^{99}/_{100}$!), auf das übrige Oesterreich nur 68. Uebertretungen der Un= mündigen: 3389 Fälle, davon auf Ungarn 3266 ($^{16}/_{17}$!), auf Böhmen, Mähren und Galizien 50, auf das übrige Oesterreich 73. Uebertretungen überhaupt: 74,386 Fälle (17,415 Weiber), davon auf Ungarn 49,957 oder $^2/_3$ (11,067 Weiber), auf Böhmen, Mähren und Galizien 15,580 (4283 Weiber), auf das übrige Oesterreich 8849 (2065 Weiber). Verbrechen überhaupt: 38,353 Fälle, davon auf Ungarn 12,793, auf Böhmen, Mähren und Galizien 13,976, auf Dalmatien, Kroatien, Slavonien und Siebenbürgen 2113, auf das übrige Oesterreich 9471. Geld= strafen: zusammen 2,863,688 Gulden, davon auf Ungarn 2,159,566 ($^7/_9$!), auf Böhmen, Mähren und Galizien 359,836, auf das übrige

Oesterreich 344,286 Gulden. Von 20,720 wegen Verbrechen Verurtheilten, die des Lesens und Schreibens unkundig waren, entfielen auf Ungarn 8229, auf Böhmen, Mähren und Galizien 6619 und auf das übrige Oesterreich 5872.

3) Schulen nach der Nationalität der Schüler. (1867.) a) Realschulen. — Böhmen. Von 3515 Schülern sind 1312 deutsch, 2199 czechisch-slavisch, 1 italienisch, 2 magyarisch. Mähren. Von 1645 Schülern sind 1033 deutsch, 610 czechisch, 2 polnisch. Schlesien. Von 436 Schülern sind 364 deutsch, 60 czechisch-slavisch, 12 polnisch. Galizien. Von 701 Schülern sind 199 deutsch, 448 polnisch, 50 ruthenisch. Bukowina. Von 292 Schülern sind 153 deutsch, 85 polnisch, 25 ruthenisch, 27 rumänisch. Zusammen in Oesterreich (außer den Ländern ungarischer Krone und der Militärgrenze) 11,239 Schüler, davon 6736 deutsch, 2984 czechisch-slavisch, 559 polnisch, 182 ruthenisch, 284 serbisch = croatisch = slovenisch, 389 italienisch, 37 rumänisch, 59 magyarisch. Ungarn. Von 2404 Schülern sind 1416 magyarisch, 808 deutsch, 112 serbisch-croatisch-slovenisch, 41 czechisch-slavisch, 16 rumänisch. (Es giebt mehr Rumänen in Ungarn als Deutsche!) Kroatien und Slavonien. Von 133 Schülern sind 111 ruthenisch, 17 deutsch, 3 czechisch-slavisch, 2 polnisch, keiner magyarisch. Siebenbürgen. Von 414 Schülern sind 381 deutsch, 17 rumänisch, 16 magyarisch. Militärgrenze. Von 262 Schülern sind 171 serbisch-croatisch-slovenisch, 73 deutsch, 11 rumänisch, 3 czechisch, 3 polnisch, keiner magyarisch.

b) Gymnasien. Böhmen. Von 7732 Schülern sind 3037 deutsch, 4689 czechisch-slavisch, 2 polnisch, 2 serbisch-croatisch, 1 italienisch, 1 magyarisch. Mähren. Von 3048 Schülern sind 1579 deutsch, 1467 czechisch = slavisch, 1 italienisch, 1 magyarisch. Schlesien. Von 1082 Schülern sind 654 deutsch, 285 czechisch-slavisch, 143 polnisch. Galizien. Von 6933 Schülern sind 626 deutsch, 4568 polnisch, 1719 ruthenisch. Bukowina. Von 779 Schülern sind 223 deutsch, 140 polnisch, 194 ruthenisch, 206 rumänisch. Zusammen in Oesterreich (ohne die Länder der ungarischen Krone und der Militärgrenze) 30,238 Schüler. Davon sind 13,182 deutsch, 6556 czechisch-slavisch, 4894 polnisch, 1917 ruthenisch, 2045 serbisch-croatisch-slovenisch, 1310 italienisch, 216 rumänisch, 70 magyarisch. Ungarn. Von 23,637 Schülern sind 2863 deutsch, 1804 czechisch-slavisch, 31 polnisch, 301 ruthenisch, 613 serbisch-croatisch-slovenisch, 1 italienisch, 989 rumänisch, 17,035 magyarisch. Kroatien und Slavonien. Von 1391 Schülern sind 57 deutsch, 14 czechisch-slavisch, 3 polnisch, 3 ruthenisch, 1292 serbisch-croatisch-slovenisch, 2 italienisch, 14 magyarisch, 6 Andre.

Siebenbürgen. Von 3578 Schülern sind 950 deutsch, 1 czechisch-slavisch, 5 polnisch, 1 ruthenisch, 3 serbisch-kroatisch-slovenisch, 1334 rumänisch, 1234 magyarisch, 60 Andere. Militärgrenze. Von 432 Schülern sind 48 deutsch, 380 serbisch-kroatisch-slovenisch, 1 italienisch, 2 rumänisch, 1 magyarisch.

c) Universitäten (Sommer 1867). Von 8289 Studirenden der österreichischen Universitäten sind 3351 deutsch, 1134 czechisch-slavisch, 694 polnisch, 379 ruthenisch, 345 serbisch-kroatisch-slovenisch, 1993 magyarisch, 92 Andere.

d) Technische Lehranstalten (1867). Von 2678 Schülern sind 1034 deutsch, 665 czechisch-slavisch, 449 polnisch, 17 ruthenisch, 76 serbisch-kroatisch-slovenisch, 94 italienisch, 17 rumänisch, 319 magyarisch, 7 Andere.

e) Volksschulen (1866). Gesammtzahl der Schulen in Oesterreich: 29,623, von denen 25,101 ungemischt und 4522 gemischt. Von den ungemischten sind 7827 deutsch, 5364 magyarisch, 5088 czechisch, 2755 rumänisch, 1306 serbisch-kroatisch, 1010 italienisch, 872 ruthenisch, 444 polnisch, 434 slovenisch. Von den 4522 gemischten Schulen des Reiches sind 3260 oder über ¾ deutsch- und nur 1262 nicht deutsch gemischt. Von den 1341 gemischten Schulen Ungarns ist mehr wie die Hälfte (777) deutsch gemischt. Selbst in der Militärgrenze sind von den 879 ungemischten Schulen 242 (oder $^3/_{11}$ aller ungemischten Schulen) deutsch, und von den 15 gemischten Schulen sind 14 (oder $^{14}/_{15}$) deutsch gemischt, obwohl dort neben 1,100,000 Kroaten, Serben und Rumänen nur 45,000 Deutsche wohnen.*

---

* Die hie und da beträchtliche Schülerzahl der magyarischen und czechischen Schulen beruht, wie die kritische Statistik genau ermittelt hat, theilweis auf Magyarisirungs- und Czechisirung-Tendenz. Es sind vielfach Schüler als solche aufgeführt, die nur eingeschrieben wurden, ohne daß man streng erforschte, ob der Schulbesuch wirklich stattgefunden hat, wie das bei den Deutschen selbstverständlich ist. So wird man, trotz der vielen todten Kinder, eine „große“ Nation! Ueberhaupt spielt das Nationale häufig in die Statistik Oesterreichs hinein, immer zum Nachtheil der Deutschen, weil sie nie terrorisirt haben, der Terrorismus aber, namentlich bei Zählung gemischter Bevölkerung, sehr wesentlich die Ergebnisse beeinflussen kann. So zeigen die sonst vorzüglichen Angaben Czörnigs die auffallende Erscheinung, daß nach ihnen die Zahl der Deutschen (den Czechen, Magyaren ꝛc. gegenüber) oft verhältnißmäßig bedeutend geringer ist, wie bei andern Statistikern. Auch giebt er einzelne Orte als czechisch an, die von Anderen gerade überwiegend deutsch gefunden worden sind. Höchstwahrscheinlich hat er eben Jahre zum Anhalt genommen oder nehmen müssen, in denen die Czechen ꝛc. das deutsche Element möglichst zu unterdrücken suchten. Auf jeden Fall haben Czechen und Magyaren keinen Grund zur Klage, daß bei Abfassung dieser Schrift die Angaben Czörnigs theilweis benutzt worden sind.

Alle diese Ziffern beweisen mehr, als dicke Bücher beweisen können. In ihnen ist das Urtheil der Zukunft über die drei wichtigsten Nationalitäten Oesterreichs (die germanische, die slavische und die magyarische) unerbittlich gesprochen. Und die Zukunft kommt hier allein in Frage. Die Weltgeschichte lehrt, daß Zustände auf 5, auf 10 und sogar auf 25 Jahre für das Völkerleben nur Augenblicke sind. Ein Volk darf erst dann hoffen, eine historische Rolle zu spielen, wenn es in sich selbst die Keime sittlicher, moralischer, geistiger und physischer Kraft enthält, die wie ein ewiger Quell fort und fort das Verbrauchte wieder ersetzt, daneben aber noch einen bedeutenden Ueberschuß für neue Ansätze der Entwickelung gewährt. Sowie dies nicht stattfindet, kann ein Volk wohl vorübergehend eine bevorzugte oder imponirende politische Stellung einnehmen; allein auf die Dauer ist das nicht, und zuletzt wirft jede größere politische Naturkraft so ein Volk wieder von der angemaßten Höhe herab. Die wahre Grundlage der Macht ist für jedes Volk seine Sittlichkeit und seine Moral. Nur darin liegt Gesetz und Dauer; alles Uebrige ist Zufall oder Conjunctur. Gerade jetzt haben wir eine Menge kleiner Völker in Europa, die sich lärmend eine Wichtigkeit beilegen, welche ihr inneres sittliches und moralisches Gefüge furchtbar Lügen straft und welche gleichwohl von unfähigen Staatsmännern für einen Ausfluß primitiver Kraft gehalten wird. Es beruht dies auf der Unnatur und der Ungeheuerlichkeit aller politischen Verhältnisse Europa's im Großen, die wir Louis Napoleon verdanken, die aber gerade deßhalb mit dem Sturz oder dem Hintritt dieses Mannes unfehlbar verschwinden werden. Diese Verhältnisse sind ein schauerlicher Rattenkönig von cäsaristischer Onanie, von dynastischer Verblendung, von ministerieller Verrücktheit, von volksthümlicher Fäulniß und von socialistischer Epilepsie. Wir sehen das Delirium des neunzehnten Jahrhunderts vor uns.

Ein Magyar (Fényes) trieb gleichfalls Statistik, d. h. über Ungarn, und zwar mit solchem Erfolg, daß nach seinen auf Kirchenmatrikel gestützten Angaben im Jahr 1840 etwa 6,251,000 Magyaren vorhanden waren, während die Zählung im Jahr 1857, also 17 Jahre später, nur 5,018,000 Magyaren ergab! Man sieht, es ist immer gefährlich, ein winziges Volk durch nationale Aufschneiderei zahlreicher machen zu wollen, wie es wirklich ist. Diese Ziffern mögen jeder loyalen Regierung Oesterreichs zur Warnung dienen; denn gegenwärtig ist der Nationalitätsschwindel der Magyaren und Czechen viel ärger wie einst. Welcher ungeheuren Aufschneiderei bezüglich ihrer Schulen sich z. B. die Magyaren schuldig machen: das bewies eine neuliche Mittheilung eines größern österreichischen Blattes. Darnach ist in Siebenbürgen der Csiker Stuhl von 106,038 Szeklern (Magyaren) bewohnt, unter denen sich bloß 7482 Männer und 1646 Frauen befinden, die lesen und schreiben können! Die Bevölkerung ist im Rückgang.

Natürlich ist das die goldne Zeit für das Gewürm, auch für das Gewürm kleiner, barbarischer, sittlich verkommener **Nationalitäten** und **Völker**. Diese Czechen, diese Magyaren, diese Slaven, wie sie sich schlängeln, wie sie fressen, wie sie dicker werden! Aber der **Weltgeist** wird kommen, zürnend und im Namen der ewigen Gerechtigkeit; er wird auf das ekle Treiben — **Salz und Pfeffer** streuen. **Dann sind die Würmer todt...**

Kommt es auf's Schlechte und Schlimme an, so haben also von jenen drei großen Ländergruppen mit je einer überwiegenden Nationalität, die ziemlich gleiche Bevölkerung besitzen, und die zusammengenommen Oesterreich bilden (die magyarische mit 11, die slavische mit 13 und die deutsche mit 12 Millionen Einwohner), die magyarische und die slavische, kommt es aber auf's **Gute** und auf's **Höhere** an, so hat die deutsche Gruppe den **Vortritt**. Da sich dies an Hunderten von Dingen, auf denen der Staat beruht, nachweisen läßt, und da nicht **eine** Ausnahme dagegen verstößt, so hat man es hier nicht nur mit einem edlen und gewaltigen **Gesetz**, sondern auch mit einem förmlichen **Staatsfundament** für jede politische Organisation Oesterreichs zu thun. Ein Staatsmann, der dies verkennt, handelt nicht nur **barbarisch**, sondern auch **unsittlich** und **verstandesschwach**. Sein Bau muß einstürzen, schon zum Ruhme der Kultur und der Vernunft!

Im Vordergrunde steht beim Schattenbilde die **magyarische** Gruppe. Nach obigen unangreifbaren und offiziellen Ziffern ist es zweifelhaft, ob das in Räuber- und Mördergeschichten berüchtigte Calabrien sich mit dem glorreichen Ungarn messen kann. Es macht in dieser Hinsicht dem ganzen österreichischen Kaiserstaate den Rang streitig. Man muß bedenken, daß die dortigen Zustände **neuerdings** noch um Vieles ärger geworden sind. Seit der Magyar „**Herr**" in Ungarn geworden ist, übt er auch Attila'sche Justiz, d. h. dem Magyar selbst wird durch die Finger gesehen. Schandthaten, welche zum Himmel schreien, und die in jedem civilisirten Staate streng bestraft würden, bleiben jetzt da unten vielmals trotz aller Wissenschaft der Behörden ungesühnt. Die Unsicherheit des Lebens und Eigenthums hat eine unglaubliche Höhe erreicht. Noch ganz neulich mußte über mehrere Comitate der Belagerungszustand verhängt werden: hätte die **österreichische** Regierung das gethan, so schrie Alles über verkümmerte Freiheit! Auf den frequentesten Straßen werden Posten am hellen Tage ausgeraubt. Dafür geht das Bißchen Geistesleben vollends zurück. Die ohnehin spärlich vorhandenen, früher von Oesterreich aber immerhin gepflegten Schulen, sind ganz im Verfall. Man beschimpft die deutschen Lehrer und

5

jagt sie fort. Der Magyar, der, wie der Slave Oesterreichs, ohne die Deutschen noch bis an die Nasenspitze in asiatischer Barbarei stäke, hat von diesen Deutschen gerade so viel gelernt, um auf sie schmähen und schimpfen zu können: der Zweck ist erfüllt. Glaube man nicht, daß sich dies mit der Zeit bessert! Alle rohen, ungebildeten und sittenlosen Völker haben das Gemeinsame, daß sie die Gifte der Hypercultur nie durch eigene Kraft auswerfen, sondern daß sie ihnen vielmehr zum großen Sammelbecken dienen. Sie spielen immer den Neger, der die Kultur gesehen hat, ohne sie zu begreifen, und der kein Hemd oder sonstiges Unterkleid trägt, sondern (als Geschenk der Fremden) einen Cylinder, eine Cravatte und — einen Frack! Die ganze magyarische Kultur ist so ein Neger mit deutschem Kleider-Ausschuß! Derlei Völker haben noch das Eigenthümliche, daß sie die wirkliche Kultur hassen, weil sie fühlen, daß sie damit Nichts anfangen können, und daß diese Kultur ihnen ihre einzige Waffe, ihre naturwüchsige Rohheit, nimmt. Aber sie scheuen sich, dies auszusprechen. Und so kehren sie das Nationale heraus, das bei ihnen nur eine Maske vorstellt für das Widerstreben gegen die Bildung. Denn das Verständniß des Nationalen setzt gerade ein sehr fein gebildetes Gefühl voraus, wenn das Nationale selber frei von solchem Anhängsel ist. Das größte Glück für die Magyaren besteht darin, daß Ungarn weit nach Osten in einem abseitigen, verborgenen Winkel liegt. Läge es im Herzen Europa's, etwa an der Stelle der Schweiz, so würden seine barbarischen innern Zustände, die kaum in der Türkei und in Asien ihres Gleichen finden, allsogleich im Interesse der europäischen Gesittung zu einer allgemeinen Intervention der umliegenden Mächte führen. Das Magyarenthum würde sogleich aus Gründen der Humanität und der guten Sitte cassirt.

Die zweite oder slavische Gruppe hätte, in derselben geographischen Lage, unzweifelhaft das nämliche Geschick. Die slavische Rasse steht als solche fast noch tiefer wie die finnische, wozu der agyarische Stamm gehört; sie stehen also beide sehr tief unter der germanischen. Die ganze Geschichte slavischer Reiche beweist, daß es nicht möglich ist, die Slaven in der Kultur über eine gewisse niedere Grenze emporzuheben. In dieser Rasse spricht sich immer etwas Kindisches, etwas Greisenhaftes und etwas Thierisches aus. Nennenswerthe eigene Kultur hat sie nirgends erworben, was sie von Kultur besitzt, ist fast durchweg fremder Lack. Dabei griff sie auch immer eher nach dem Schein, nach dem Sinnlichen und nach dem Blendenden, wie nach dem Wahren, dem Soliden und dem Praktischen. Das gesammte Slaventhum hat die Maitressen und

die Bordelle zeitiger gekannt, wie die Schulen und die Klein=
kinderbewahrungs=Anstalten! Der hervorstechende Zug des
Slaventhums ist seine Passivität als Masse. Es läßt sich
stets leicht wie ein Teig kneten, wenn nur hierbei auf seine Eigen=
heiten Rücksicht genommen wird. Die slavischen Völker sind
die geborenen Völker des Despotismus. Auch wenn man
ihnen eine Constitution giebt, verunstalten sie dieselbe doch bald zur
Carricatur. Wir sehen es an Polen, an Griechenland, an den Donau=
fürstenthümern. Das unaufgeklärte Slaventhum ist eine schlafende
Heerde; das etwas aufgeklärte ist politisches Sprengpulver, ist poli=
tisches Glycerin. Es zerstört die Umgebung. Doch kann es
nur zerstören, sonst kann es Nichts. So groß die Zahl der Slaven
ist: bis zu dieser Stunde hat es noch keinen einzigen Slavenstaat
gegeben, der den Namen „Staat" verdiente. Sie sind als Menge
absolut unfähig zum Regieren; sie müssen immer regiert werden.
Auch sind sie ganz unfähig zum positiven politischen Schaffen.
Große Actionen hat das Slaventhum als Ganzes noch nie ausge=
führt, obwohl es seit Jahrhunderten zum größten Theil centralisirt
in einigen Händen war. Slavische Revolutionen haben (mit einziger
Ausnahme Polens) niemals stattgefunden, sondern höchstens un=
bedeutende Insurrectionen oder Revolten, bei denen aber auch das
Nationale, wie bei der polnischen Revolution, (als Grund oder als
Illusion) die Hauptrolle spielte; dabei war auch Alles ohne klares
Ziel und ohne tiefern Zusammenhang. Das Schicksal Polens beweist
unwiderleglich, daß slavische Völker, wenn sie ihr eigner Herr sein
wollen, unrettbar der Anarchie und der Zerrüttung verfallen. Der
Slave kann eben den Begriff „Staat" nie erfassen, da er wohl die
Eigenschaft des Leibeigenen, doch nicht die des Staatsbürgers besitzt.
Nennt doch das Slaventhum die Tartaren seine Brüder, weil es selber
tartarischen Ursprungs ist! Keine Rasse ist so gespalten und so un=
vereinbar wie die slavische, folglich ist auch bei keiner schon die Idee
einer solchen Vereinigung so unsinnig wie hier. Schon die Nord=
slaven (Czechen, Polen, Russen 2c.) sind, wie das Verhältniß zwischen
Polen und Rußland beweist, durch ewige Schranken geschieden, viel=
fach mehr, wie z. B. Deutsche und Franzosen; von den Südslaven
(Serben, Kroaten, Dalmatiner 2c.) weiß vollends Keiner, was ihm
praktisch und politisch das Czechen=, Polen= und Kosakenthum ver=
schaffen soll! Das Alles ist nur eine dunkle Vorstellung, wie der
Glaube an das Jenseit, die sofort zur Narrheit wird, wo sie Leben
bekommen soll. Man denke sich Löwe, Panther, Tiger, Hyäne, Ele=
phant, Klapperschlange, Reh, Hund, Katze 2c. in einen einzigen
eisernen Käfig gesperrt: und man hat ein Bild des praktisch gewor=

benen **Panslavismus!** Das Slaventhum hat keine humanitäre, zusammenhaltende innere Kraft. Es bleibt nur beisammen wie Lehm, wenn es gedrückt wird, übe den Druck nun ein einheimischer Despot aus oder ein fremder Staat. Sowie das Slaventhum **frei** wird, zerfleischt es sich selbst.

Dieses Slaventhum ist der **Hauptfeind** der Civilisation, weil es in der Barbarei seine eigentliche Bestimmung erkennt. Hätte das Slaventhum eine große Zukunft, so würde es, dem politisch zerrissenen Deutschland gegenüber, längst andere Erfolge errungen haben. Aber es ist behaftet mit dem Fluche der **niederen** Rassen-Construction, die wie Blei seine plumpen Füße an der Schwelle Asiens hält. Macht das Slaventhum sich in Europa mehr vernehmlich, oder bringt es gar gegen Westen oder Süden vor, so ist das ein Zeichen vom Zurückweichen unserer Civilisation; wird es gen Osten zurückgeworfen, so ist das deren Triumph. Slaventhum und europäische Kultur sind unvereinbar für alle Zeit. Der Hauptkampf gegen das asiatisch-barbarische Slaventhum steht unfehlbar dem Germanenthum bevor. Er wäre längst entbrannt, hätte Deutschland die erforderliche politische Form besessen. Allein es ist eben nur die **Form**, die das bisher verhinderte. Sowie sie da ist, muß der unvermeidliche Zusammenstoß von der Sulina bis zur Weichsel beginnen, der die Stumpfnasen und die Asiaten ihrem Asien wieder zurückgeben wird. Nicht eher bekommt Europa Ruhe vor diesem Völker-Gesindel, das 10,000 Jahre Zeit braucht, um seine öden, weiten Flächen nothdürftig zu bevölkern, und das dabei gleichwohl eine **Ländergefräßigkeit** besitzt, als würde es von schwerster Uebervölkerung gedrückt . . .

Die slavische Ländergruppe Oesterreichs steht noch auf einer tieferen Stufe der Kultur, wie die magyarische. Wie sehr diese Länder all' das Wenige, das sie in dieser Hinsicht zur Schau tragen können, dem Germanenthum verdanken: das erhellt deutlich aus der Kulturverschiedenheit der slavischen Länder selbst. So steht Böhmen in der Kultur vergleichsweis noch am höchsten, weil es fast rings vom Germanenthum eingeschlossen ist. Galizien, Kroatien ꝛc. liegen zwar dem eigentlichen Slaven-Centrum (Rußland) näher, oder sie sind fester mit ihm verbunden; allein sie liegen vom Germanenthum weiter ab, und so zeigen sie eine naturwüchsige — Barbarei. Hieraus erkennt man sogleich, daß eben der eigentliche Grundzug des Slaventhums die Unbildung ist. Wäre das nicht der Fall, so müßte die slavische Bildung um so intensiver hervortreten, je mehr man sich dem Slaven-Centrum nähert. Allein es findet gerade das Gegentheil statt: in Podolien und der Ukraine ist es völlig **dunkel** und weiter hinein in's Herz des Slavenlandes wird Alles **rabenschwarz**.

Man sieht, die Slavenländer zeigen um so mehr Kultur, je besser sie dem slavischen Kern entfremdet worden sind. Die ganze slavische Kultur ist also nicht aus dem Innern des Slaventhums heraus= gewachsen wie bei den Germanen und Romanen aus ihrer Völker= Individualität; sie ist nur importirt, geborgt. Man gebe den Czechen und Galiziern ringsum reine slavische Umgebung: und in fünfzig Jahren haben beide Länder weniger Schulen wie jetzt.

Ganz ähnlich ist es mit den Magyaren, den Rumänen, den Ruthenen, den Kroaten und andern Nationalitäten. Sie sind um so uncivilisirter, je weniger sie mit dem germanischen Element in Be= rührung kamen, je unvermischter sie sich also erhalten haben. So findet man in den stark germanisirten Bezirken von Preßburg und Pesth=Ofen ungleich mehr Bildung, wie im magyarischen Kern= und Stammland bei Debreczin. In den erstgenannten Gegenden erleuchtet ein wenn auch mattes germanisches Dämmerlicht das Fortkommen; allein in dem zuletzt genannten magyarischen Vollblut=Eldorado kommt man auch bei Sonnenschein ohne Laterne nicht mehr zurecht. Hier bilden Kehrichthaufen die Meilensteine, grundlose Wege genial er= sonnene Fallgruben für die naseweis vordringende Kultur. Dieselbe Erscheinung trifft man in Böhmen an. Wo auf den drei Seiten (Böhmer Wald, Erz= und Riesengebirge) und auf der halben vierten Seite (von Süden und Südosten her) das germanische Element zwischen zwei und zehn Meilen Breite über die Gebirgskämme bis in die Tiefe des Kessels vorgedrungen ist, dort kann das Land für ganz oder theilweis civilisirt gelten. Aber weiter nach der Mitte zu, in der Heimath des eigentlichen Stock=Böhmens, wo fast jeder deutsche Laut erstirbt, da hört Europa auf und Asien beginnt. Dort ge= hören Seife und Taschentücher zum Luxus. Hätten die jetzigen Führer der czechischen Opposition (die Rieger, Palacky, Graf Leo Thun, Graf Clam Martiniß, Fürst Lobkowiß ꝛc.) nicht von den Deutschen den Gebrauch dieser Dinge gelernt, so würden sie sich heute noch auf national=czechische Weise in die Finger schneuzen! Das ver= haßte Germanenthum hat demnach doch sein Gutes! Wiener Aus= gleichslustige würden übrigens gut thun, dieses Stock=Böhmen einmal zu bereisen. Sie würden bald wahrnehmen, daß das ächte Czechen= thum ein erbarmungswürdiges, geduldetes Dasein in Europa führt, daß es ganz ungeeignet ist zu einer selbständigen politischen Rolle oder gar zur Revolution, endlich daß das Czechenthum der Herren Rieger, Graf Thun, Martiniß und Fürst Lobkowiß ein künstlich gemachtes, unächtes und nur auf dem Papier vorhandenes, praktisch unmögliches und ganz unausführbares Phantom darstellt!

Die dritte oder deutsche Gruppe vertritt für Oesterreich ohne Frage das eigentliche Macht- und Kultur-Element. Dies spricht deutlich aus jenen statistischen Angaben, obwohl hierbei die deutsche Nationalität immerhin noch viel zu kurz gekommen ist, weil zu dieser Gruppe aus praktischen Gründen Länder mit überwiegender oder stark gemischter anderer Nationalität gerechnet worden sind, wie z. B. Dalmatien, Militärgrenze, Siebenbürgen ꝛc. Diese deutsche Gruppe steht in allen guten Dingen regelmäßig weit vorn; in allen schlechten bildet sie das hinterste Glied. Dies allein sichert ihr, trotz der Fehlgriffe eines blödsinnigen Reichskanzlers, eine ebenso natürliche wie große, nachhaltige und vom Standpunkt der Humanität aus erfreuliche Ueberlegenheit, gegenüber den andern Nationalitäten. Aber eben so wichtig ist, daß das germanische Element in Oesterreich numerisch jede andere einzelne Nationalität überwiegt. Endlich ist das vergleichsweis bedeutend stärkere Anwachsen dieses Elementes vom höchsten Belang. Jedes Jahr fast 50,000 verstorbene Kinder weniger wie die andern Nationalitäten: das ist für diese Nationalität mehr werth, wie ein gewonnenes Königgrätz.

Aeußerst wichtig für die Beurtheilung der Nationalitäts-Verhältnisse in Oesterreich ist die geographische Lage, die Beschaffenheit und die Größe der abgeschlossenen größeren Sprachgebiete, weil diese Dinge den Nationalitäten selber wesentlich zur Grundlage dienen. Es lassen sich daraus die werthvollsten genetischen, nationalen, politischen, kulturhistorischen und selbst strategischen Schlüsse ziehen. Obwohl über diesen Gegenstand zu anderem Behufe schon weiter vorn einige allgemeine Angaben gemacht wurden, ist es doch dringend nothwendig, zur Gewinnung eines Totalüberblickes jene entscheidenden Daten hier nochmals zu wiederholen, sie zu vervollständigen und in neue Beziehungen zu bringen. Es handelt sich in diesem Falle vornehmlich um das deutsche, das magyarische, das rumänische, das serboslovenische, das ruthenische, das polnische und endlich um das czechische Sprachgebiet.

1) Das geschlossene deutsche Sprachgebiet. Es springt als ein mächtiges Bastion, dem Lauf der Donau folgend, über Wien bis Preßburg und bis an die March vor, rückwärts in immer breiter werdender Basis unmittelbaren Anschluß findend an das ungeheure centralisirte Sprachgebiet des übrigen Germanenthums, das in demselben Sinn als große Festung zu betrachten ist und das, wie schon erwähnt, geschlossen zusammen auf 12,400 Quadratmeilen 50 Millionen Menschen umfaßt, neben 4—5 Millionen, die von dieser Masse abgeschnitten sind. Rechts breitet es sich bis an die Drau und an die italienische Grenze aus, links bis südlich von

Brünn und Budweis bei einer vordern Breite von 38 Meilen. Von hier zieht es als ein schmäleres oder breiteres Band erst nordwärts, dann ostwärts und zuletzt südwärts um Böhmen und Mähren, indem es das czechische Sprachgebiet von drei Seiten bis nach Schlesien vollständig umschließt. Auf der vierten (südlichen) Seite hat das deutsche Sprachgebiet das czechische von Schlesien und von der Donau her auch fast ganz eingeschlossen: bei Brünn und Olmütz (genauer auf der Linie Branewitz-Brünn-Brüsau) ist das czechische Sprachgebiet Böhmens und Nordungarns nur noch wie durch einen dünnen, 9 Meilen breiten Hals verbunden, während Böhmen und Mähren an dieser Stelle 34 Meilen Breite besitzen. Von den böhmischen Kronländern (Böhmen, Mähren und Schlesien) gehört dem geschlossenen deutschen Sprachgebiet ein beträchtlicher Theil; von Ungarn gehören ihm 100 Quadratmeilen mit 380,000 Einwohnern. Dem geschlossenen czechischen und magyarischen Sprachgebiete aber gehört auf eigentlich deutschem Boden — Nichts! Das geschlossene deutsche Sprachgebiet greift in die thatsächliche Nationalgrenze der Czechen und Magyaren mit 554 Quadratmeilen und 3,750,000 Einwohnern vor. (Die Sprachgrenze zwischen Deutsch-Oesterreich und Ungarn liegt bis zu 7 Meilen jenseits der Leitha in der Richtung auf Pesth.) Diese Eroberungen beruhen übrigens nicht auf Gewalt. Sie begannen namentlich gegen Ungarn schon vor mehr denn 800 Jahren, wo die Deutschen als Kolonisten mit Art und Pflug vordrangen, während die damaligen Magyaren, ihre Fürsten an der Spitze, das Räuberhandwerk einträglicher fanden.

Von den Deutschen Oesterreichs gehören 2 Millionen nicht zum geschlossenen deutschen Sprachgebiet. Sie liegen in zahllosen größern und kleinern Sprachinseln in allen Theilen des Reiches zerstreut; namentlich in Ungarn, Siebenbürgen, Böhmen ꝛc.; von den 1,800,000 Deutschen, welche in den Ländern der ungarischen Krone wohnen, entfallen nur 21 Procent auf das geschlossene deutsche Sprachgebiet, während die übrigen 79 Procent (1,440,000 Einwohner) auf Sprachinseln wohnen. Viele dieser Inseln bestehen nur aus einigen, andere aber bestehen aus Hunderten von Ortschaften mit zusammen 100- bis 200,000 Seelen. Im Allgemeinen haben selbst diese wie im Weltmeer schwimmenden Deutschen, trotz mehrhundertjähriger Isolirung, bis heute ihre Sprache und Nationalität gewahrt. Sie sind, begünstigt durch einsichtige Fürsten Oesterreichs, als Pioniere der Kultur vorgeschickt worden; ihre Isolirung bedeutet also keinen Rückgang des Germanenthums. Wie schon früher bemerkt wurde, haben aber die im geschlossenen deutschen Sprachgebiet zurückgebliebenen Sprachinseln der Magyaren, der Czechen, der Polen ꝛc. überall die entgegen-

gesetzte Bedeutung. Es sind keine Vorposten; es ist der Nach=
trapp.

Das geschlossene deutsche Sprachgebiet, in welchem sich, be=
zeichnend genug für die Schwäche dieser Rassen, nur 10,000 Magyaren
und 136,000 Czechen (von letzteren übrigens auch 80,000 allein in
Wien) befinden, gewinnt, wie die Statistik lehrt, noch jetzt von öster=
reichisch und preußisch Schlesien, von Posen ꝛc. aus Boden gegen das
Polnische. Auch die deutschen Sprachinseln behaupten sich immer mit
unglaublicher Zähigkeit, solange nicht materielle Gewalt und Terroris=
mus gegen sie geübt wird, wie leider gegenwärtig von Seiten der
Magyaren, der Czechen, der Polen und anderer Fanatiker gegen die
Sacktücher geschieht.

2) Das geschlossene magyarische Sprachgebiet liegt
ziemlich in der Mitte Ungarns und wird annähernd begrenzt durch
die Flüsse Drau und Maros, sowie durch die Städte Arad, Groß=
wardein, Munkacs, Kaschau, Preßburg und Güns. Seine größte
Länge beträgt 70, seine größte Breite 30 Meilen. Es enthält
1960 Quadratmeilen mit 5⅓ Millionen Einwohner, wovon ¾ bis
⅘ oder 4= bis 4¼ Millionen Magyaren, 475=—480,000 Deutsche,
215,000 Juden und Zigeuner, etwa 400,000 Slaven. Außerdem
gehört zum ungarischen Sprachgebiet ein Theil der Woiwodina
(die Baczka) mit etwa 100 Quadratmeilen und ¼ Million Ein=
wohnern. Dieses magyarische Sprachgebiet ist nach allen Seiten von
andern Sprachgebieten vollständig eingeschlossen: nach Westen vom
deutschen, nach Süden vom serbo=slovenischen, nach Norden vom pol=
nisch=ruthenischen und nach Osten vom rumänischen. Letzteres trennt
sogar als langer und breiter Keil die im äußersten Osten Sieben=
bürgens wohnende halbe Million Magyaren vom geschlossenen ma=
gyarischen Sprachgebiet und verwandelt so ihr Land in eine große
magyarische Sprachinsel.

Die meisten deutschen Sprachinseln des magyarischen Sprach=
gebiets liegen in den Ländern rechts der Donau. Von den größten
sind zu nennen: 1) die Insel um Ofen und Pesth, 6 Meilen
lang, 3 Meilen breit. Außerdem befinden sich eine Menge deutscher
Orte im nordwestlichen Ungarn zwischen Veszprim bis Waitzen und
der genannten Insel bei Pesth. Der ganze Strich ist von etwa
225,000 Deutschen bewohnt. In Pesth=Ofen bilden die Deutschen
die Ueberzahl. 2) Die große Insel zwischen Tolna, Fünfkirchen
und Essegg, im Winkel des Zusammenflusses von Donau und
Drau; bis zu 11½ Meilen lang und bis zu 4 Meilen breit, mit
200,000 Einwohnern. 3) Die Insel bei Arad, die aus ver=
schiedenen Gruppen zwischen der Maros und der Baczka gebildet ist,

mit zusammen 80,000 Einwohnern. In den nördlichsten Comitaten des magyarischen Sprachgebiets (Abauj, Torna, Zemplin und Beregh) sind die am weitesten vorgeschobenen kleinen Sprachinseln der deutschen Ansiedler ebenso magyarisirt worden, wie die westlich angrenzenden slovakisirt wurden (s. unten). Von 1840—50, namentlich in den Jahren der „Freiheit" 1848 und 49, griffen die Magyaren selbst zu gewaltsamen Mitteln, das Deutsche durch das Magyarische zu erdrücken, so daß letzteres selbst dort eine gewisse Verbreitung erlangte, wo gar keine Magyaren sich befanden (!). Dies wurde wieder auf= gewogen durch das sechste Jahrzehnt, wo die österreichische Regierung sich die Hebung der Volkssprachen, und namentlich der deutschen als Kultursprache des Landes, angelegen sein ließ. Seit 1866 findet aber wieder die entgegengesetzte Strömung zu Gunsten des Magyarischen statt.

3) Das geschlossene serbo=slovenische Sprachgebiet stößt links bei Triest und Prebil an's italienische, bei Klagenfurt und Marburg an's deutsche Sprachgebiet und zieht sich dann an der Drau und Sau zur Theiß und Donau bis nahe bei Szegedin, Temesvar und Weißkirchen hinab, wo es mit den großen Sprachinseln der Deutschen in Ungarn und Siebenbürgen zusammenstößt. Es umfaßt ganz oder annähernd die Länder Dalmatien, Kroatien, einen bedeu= tenden Theil der Militärgrenze, Theile vom Banat und von der Baczka, von Steiermark, Kärnthen, Krain und Küstenland. Seine größte Länge in der Richtung der deutschen und magyarischen Sprach= grenze beträgt 80 Meilen, wobei dann 52 Meilen auf die Berührung mit der letzteren kommen. Seine geringste Breite beträgt hier 8, seine größte 22 Meilen. Es enthält auf 1450 Quadratmeilen 3,430,000 Einwohner, davon ³/₄ oder 2,580,000 Serben, Kroaten ꝛc., daneben 320,000 Deutsche. (Eine nationale Merkwürdigkeit ist in Krain die ganz von Slaven dicht umschlossene deutsche Sprachinsel Gottschee, die fast den gesammten Bezirk Gottschee nebst 10 Gemeinden anderer Bezirke mit 23,000 ländlichen Einwohnern umfaßt.) Zum ge= schlossenen Sprachgebiet der Serbo=Slovenen gehört ferner jenseits in der Türkei das Fürstenthum Serbien mit 2½ Millionen Ein= wohnern. Das Sprachgebiet der Serbo=Slovenen ist also noch etwas größer wie das magyarische, was allein hinreicht, die Lächerlich= keit aller „nationalen" Ueberschwenglichkeiten der Paar Millionen Magyaren zu beweisen.

4) Das geschlossene rumänische Sprachgebiet schließt sich links im Banat bei Temesvar an das serbo=slovenische Sprach= gebiet und zieht sich zwischen Großwardein und Karlsburg in nord= östlicher Richtung als der genannte Keil durch Ungarn und Sieben=

bürgen bis an den Dniester nach der Bukowina und nach Bessarabien. Es erreicht von der Donau bei Orsova bis zum Dniester eine Länge von 70, eine mittlere Breite von 20 Meilen, es hat also beinahe die Größe des geschlossenen magyarischen Sprachgebietes. Indem es links das südslavische Sprachgebiet berührt, stößt es rechts in Galizien und der Bukowina an das nordslavische, die Einschließung des magyarischen Gebietes vollendend. Es liegt zu beiden Seiten der Grenze zwischen Ungarn und Siebenbürgen, indem ihm von jenem Lande beträchtliche, von diesem überwiegende Theile gehören. Auf seinen 1820 Quadrat= meilen leben 4,100,000 Einwohner, davon $^5/_8$ oder 2,500,000 Ru= mänen, $^1/_6$ oder 680,000 Magyaren (hierbei sind die vom geschlossenen magyarischen Sprachgebiet abgeschnittenen Szekler in Siebenbürgen), $^1/_{10}$ oder 408,000 Deutsche, $^1/_{15}$ von verschiedenen slavischen Stämmen. Es muß hervorgehoben werden, daß die in diesem Sprachgebiet ein= geschlossenen Deutschen sich hier unter den günstigsten Umständen ent= wickeln können. Rumänen und Deutsche halten hier zusammen, da die gerade an dieser Stelle in der ungeheuersten Minderheit sich befindenden Magyaren ihre Unterdrücker sind.

Besonders im äußersten Nordosten des geschlossenen rumänischen Sprachgebietes, in der Bukowina, scheinen die Verhältnisse zwischen Rumänen und Deutschen vorzügliche zu sein, indem hier Erstere sich fast als Freunde deutscher Bildung erweisen. Seit 1775 hat das deutsche Element in der Bukowina eine solche Ausdehnung erlangt, daß alle Städte und Flecken nach und nach den deutschen Typus, deutsche Sitten und Gebräuche, sowie die deutsche Sprache ange= nommen haben. Unter den 326 Dörfern befinden sich 34 reindeutsche Kolonien; auch ist die Hälfte der nationalen Bevölkerung der deutschen Sprache mächtig. Die 40,000 Deutschen leben mit den Rumänen und Ruthenen in bester Eintracht. In der Landeshauptstadt Czerno= witz befinden sich unter 30,000 Einwohnern 8000 Deutsche; doch sprechen auch die 14,000 Rumänen und Ruthenen sammt den 5000 Juden durchweg deutsch. Sogar die 3000 Angehörigen anderer Nationalitäten sind der deutschen Sprache mächtig. Diese ist über= haupt vorherrschend, Rumänisch wird selten und Ruthenisch nur von den aus Galizien eingewanderten Dienstleuten gesprochen. Doch ent= wickeln die seit 3 Jahren aus Galizien eingewanderten polnischen Elemente große Rührigkeit zu Gunsten des Polnischen.*

* Ganz neuerdings hat sogar die Handelskammer von Czernowitz um Verlegung der Lemberger deutschen Universität nach Czernowitz nachgesucht. (Die Polen wollen diese Universität los sein, da sie sich für dumm genug halten, die russische Knute genießen zu können.)

Von größeren deutschen Sprachinseln auf diesem Gebiete sind folgende namhaft zu machen: 1) die Inseln der Sachsen in Siebenbürgen, die seit dem Jahre 1141 auf dem Königsboden bestehen. Das Ganze bildet drei nahe bei einander liegende größere Gruppen um Hermannstadt, Kronstadt und Bistriß. Die erstere Gruppe ist die weitaus bedeutendste; sie besitzt 16 Meilen größte Länge und 5 Meilen mittle Breite. Die beiden andern Gruppen stellen fast zwei gleichgroße Dreiecke vor von etwa 6—7 Meilen Seitenlänge. Westlich von der ersten Gruppe befinden sich die kleinen deutschen Sprachinseln um Mühlbach und Weingarten. Alle drei Gruppen enthalten zusammen 110 Quadratmeilen mit 217,000 Einwohnern. Sie berühren auch sämmtlich das magyarische Sprachgebiet der Szekler. 2) Zwei große, auf einige Meilen von einander getrennte Sprachinseln befinden sich ferner im Banat und in der Baczka, die eine zwischen Arad und Temesvar, die andere in der Banater Militärgrenze um Weißkirchen. Erstere ist etwa 15 Meilen lang und bis zu 8 Meilen breit, letztere 12 Meilen lang und 3—6 Meilen breit. Beide Gebiete machen zusammen 130 Quadratmeilen mit 384,000 Einwohnern aus. Die Lage dieser letztern Inseln ist sehr kühn: sie liegen genau in dem Winkel, in welchem die drei großen Sprachgebiete der Magyaren, der Serbo-Slovenen und der Rumänen zusammenstoßen. Sie sind zu $^7/_8$ mit Schwaben besetzt.

5) Das geschlossene ruthenische Sprachgebiet. Dasselbe erstreckt sich von der Bukowina durch ganz Ostgalizien bis an die große Wisloka bei Dukla und in die Zips, bei einer größten Länge von etwa 55 und einer größten Breite von 35 Meilen. Es greift von Galizien aus über die Karpathen bis in die Höhe von Kaschau und Munkacs, 5—10 Meilen weit in's eigentliche ungarische Gebiet vor. Es umfaßt in Galizien 1025 Quadratmeilen mit 3,320,000 Einwohnern, davon $^2/_3$ oder 2,200,000 Ruthenen, $^1/_5$ oder 664,000 Polen, etwa $^1/_{33}$ oder 90,000 Deutsche. Von Letztern bewohnt ein Theil 16 reindeutsche Gruppen mit 41 Dörfern und 34 einzelnen deutschen Ortschaften. Außerdem befinden sich in 19 größeren Städten zahlreiche Deutsche. In der Hauptstadt Lemberg machen die Deutschen mit den Juden über die Hälfte der Einwohner aus. Der auf ungarischem Gebiete befindliche Theil des geschlossenen ruthenischen Sprachgebietes erreicht etwa $^1/_4$ des in Galizien vorhandenen.

Als größere deutsche Sprachinsel ist die bei Munkacz von 4—6 Ortschaften zu nennen. Außerdem giebt es 8—10 einzelne deutsche Orte.

6) Das geschlossene polnische Sprachgebiet schließt sich östlich an das ruthenische Sprachgebiet an und reicht westlich etwas über die galizische Grenze hinaus bis nach Oberschlesien, in einer größten Länge von etwa 30 und in einer größten Breite von etwa 12 Meilen. Der polnische Theil dieses Sprachgebietes umfaßt 521 Quadratmeilen mit 1,650,000 Einwohnern, wovon $^6/_7$ oder 1,414,000 Polen, $^1/_{27}$ oder 60,000 Ruthenen, $^1/_{33}$ oder 50,000 Deutsche. (Obwohl hier also die Sprachgebiete der Polen und Ru=thenen, die dazu noch beiderseits Slaven, also Verwandte, sind, hart an einander grenzen, wohnen in dem Gebiete der erstern doch nur 10,000 Ruthenen mehr wie Deutsche, deren Sprachgebiet unmittelbar gar nicht in der Nähe ist!). Wird das russische Polen, Posen und Schlesien mit eingerechnet, so entspricht das gesammte geschlossene polnische Sprachgebiet einer Fläche von 3570 Quadratmeilen mit 8,850,000 Einwohnern, wovon 7 Millionen Polen, 730,000 Deutsche und 333,000 Ruthenen. (Hier ist die Stellung der Deutschen zwischen den beiden Slavenvölkern noch viel merkwürdiger: man sieht daran die grelle Feindschaft der Slaven unter sich!)

Eine größere deutsche Sprachinsel von 5 Dörfern befindet sich bei Mielce an der großen Misloka; 8 andere Dörfer liegen weiter östlich bei Legecsk. Etwa 14 Städte und größere Ortschaften sind deutsch gemischt. Krakau enthält $^2/_3$ Polen, $^1/_3$ Deutsche.

Jenseits der Karpathen liegt vor dem polnischen Sprachgebiet auf ungarischem Territorium in derselben Höhe, in welcher weiter öst=lich (wie erwähnt) das ruthenische Sprachgebiet nach Ungarn vor=greift, also östlich an dieses letztere, nördlich an das polnische und südlich an das magyarische Sprachgebiet angrenzend, das ge=schlossene slovakische Sprachgebiet, etwa von Kaschau bis in die Nähe Preßburgs reichend, also ungefähr 35 Meilen lang und 10—12 Meilen breit. Dieses Sprachgebiet der Slovaken (ein gleich=falls slavischer, den Czechen verwandter Stamm) erreicht eine Größe von 610 Quadratmeilen mit 1,700,000 Einwohnern, davon etwa $^4/_5$ oder 1,360,000 Slovaken und 152,000 Deutsche. Beide slavische Sprachgebiete (ruthenisches und slovakisches) im nördlichen Ungarn begreifen zusammen annähernd 940 Quadratmeilen mit reichlich 2$^1/_4$ Millionen Einwohnern.

Dieses slovenische Sprachgebiet enthält einige sehr bedeutende deutsche Sprachinseln: 1) Die Insel der Zipser Sachsen in den Karpathen um die überwiegend deutsche Stadt Käsmark (d. h. Kaisermark). Dazu gehören die meisten der 16 Zipser Kronstädte und 22 Dörfer, davon 7 gemischt. Diese Sprachinsel ist bis zu 8 Meilen lang und breit. Die Zahl dieser Zipser Sachsen beträgt etwa 58,000. 2) Westlicher liegt eine zweite Insel (der Krikehayer) um die überwiegend deutsche Stadt Kremnitz mit 10—12 deutschen Orten im Comitate Neutra. Dazu kommen die überwiegend deutschen Städte Kaschau, Neusohl ꝛc. Ein Fingerzeig für die Deutschen Oester= reichs mag die Thatsache sein, daß in den hier südlich und südöstlich angrenzenden Comitaten Lirtau, Thurecz, Arva und Gömör ein be= deutender Theil der Bevölkerung (89,000) deutscher Abkunft ist, in= dem er früher den Zusammenhang der dort vereinzelten deutschen Gruppen vermittelte, daß es aber scheint, als sei er jetzt — slova= kisirt. Ein merkwürdiges Zusammentreffen der Umstände hat es be= dingt, daß in Folge der vor 200 Jahren begonnenen Streitigkeiten zwischen der deutschen und magyarischen Parthei jede dieser Partheien (wenn auch aus verschiedenen Gründen) diese Deutschen zu ent= nationalisiren suchte.

7) Das geschlossene czechische Sprachgebiet. Von allen geschlossenen Sprachgebieten Oesterreichs ist das czechische geo= graphisch das am wenigsten glücklich arrondirte und auch das am wenigsten glücklich gelegene. Ein einziger Blick auf die Sprachkarte lehrt, daß dieses Gebiet unmöglich die Grundlage eines selbständigen, von der Gnade der Umgebung einigermaßen unabhängigen Staates werden kann. Der Haupttheil dieses Sprachgebiets befindet sich in Böhmen, und zwar ziemlich in dessen Mitte. Es erreicht nur an einer einzigen Stelle (zwischen Braunau, Nachod und Reichenau) in der Breite von 6 Meilen die äußere, hier preußische, Grenze zum Anschluß an einige Ueberbleibsel czechischen Sprachgebiets in der preußischen Grafschaft Glatz, die früher zu den Ländern der czechisch= böhmischen Krone gehörte.* An allen übrigen Punkten ist die äußere Grenzlinie (die hier fast durchweg mit der dominirenden Gebirgslinie läuft) in der Gewalt der Deutschen. Das czechische Sprachgebiet in Böhmen bildet so eine rings vom germanischen Element eingeschlossene Halbinsel, die nur in südöstlicher Richtung durch die schon genannte schmale sprachliche Landenge bei Brünn mit dem czechischen Sprach= gebiet in Mähren und Schlesien und weiterhin an der March und Waag in Nordungarn mit dem verwandten slovakischen Sprachgebiet zusammenhängt. Somit bildet das czechische Sprachgebiet (im All= gemeinen) eine größere Hälfte in Böhmen und eine kleinere in Ungarn, deren Verbindung das Sprachdefilée bei Brünn vermittelt. Auffallend

---

* Preußen hat somit auch das Vergnügen, 143,000 Czechen und Wenden zu besitzen. Der Bevölkerungszahl nach berechnet, haben sie das Recht, ¹/₃₂ des Lärms gegen den preußischen Staat zu machen, den die böhmischen Co= horten Riegers, Palacky's ꝛc. gegen den österreichischen Staat unterhalten, was aber bis jetzt sonderbarerweise nicht geschehen ist.

und für den slavischen Völkerbusel höchst bezeichnend ist, daß die zu Ungarn gehörenden 1²/₅ Millionen Slovaken, die von den Czechen zur Gewinnung einer imponirenden Ziffer stets mit zu den Ihrigen ge=rechnet werden, trotz jenes noch gangbaren Verbindungscanals czechi=firender Laute von solcher Zusammengehörigkeit nicht viel zu wissen scheinen. Sie könnten ja, ihrer Zahl nach, auch sehr viel, nämlich über ein Drittel so viel Spektakel machen, wie die Czechen in Böhmen. Aber es geschieht ebenfalls nicht, obwohl die Slovaken bei den Ungarn eben so wenig die erste Flöte blasen dürfen wie die czechischen Brüder oben im Norden. In Böhmen wird das czechische Sprachgebiet annähernd durch die Punkte Budweis, Klattau, Pilsen, Theresienstadt, Turnau, Braunau, Wildenschwert, Iglau und Neuhaus begrenzt. Es besitzt in der Richtung von Klattau nach Josephstadt etwa 35 Meilen größte Länge, in der Richtung von Theresienstadt nach Iglau 20 Meilen größte Breite. Vom eigentlichen Böhmen, das 903 Quadratmeilen mit 5,300,000 Einwohnern enthält, gehören nur 576 Quadratmeilen mit 3,578,000 Einwohnern zum czechischen, 327 Quadratmeilen mit 1,722,000 Einwohnern dagegen gehören zum deutschen geschlossenen Sprachgebiet. Von den böhmischen Kronländern (Böhmen, Mähren und Schlesien), sowie von Preußisch=Schlesien, ge=hören 950 Quadratmeilen mit 11,360 Ortschaften und 4,960,000 Einwohnern zum czechischen, 454 Quadratmeilen mit 5260 Ort=schaften und 2,376,000 Einwohnern zum deutschen geschlossenen Sprachgebiet. Das czechische geschlossene Sprachgebiet im Ganzen (einschließlich der Slovaken in Ungarn) begreift 1580 Quadratmeilen mit 6,800,000 Einwohnern, davon 6 Millionen Czecho=Slaven und 625,000 oder ¹/₁₀ Deutsche. Die Zahl der Deutschen in Böhmen beträgt überhaupt 39¹/₂ Procent, also ²/₅ der ganzen Bevölkerung. Wie schon früher bemerkt wurde, befinden sich im geschlossenen czechi=schen Sprachgebiet der böhmischen Kronländer noch 400,000 Deutsche, oder ¹/₁₂, während die Zahl der Czechen im geschlossenen deutschen Sprachgebiet nur ¹/₂—1 Procent oder ¹/₂₀₀—¹/₁₀₀ ausmacht.

Es giebt einige namhafte deutsche Sprachinseln im geschlossenen czechischen Sprachgebiet. Früher war das seit dem 11. Jahrhundert von Deutschen bewohnte Prag überwiegend deutsch, also deutsche Sprachinsel; man muß bezweifeln, ob dies bei dem jetzigen Treiben der Czechen noch der Fall ist. Dagegen giebt es zwei andere große deutsche Sprachinseln zu Budweis mit 13 deutschen und 5 ge=mischten Dörfern, und Iglau mit dem westlichen Bezirk Polna und einem Theil des Bezirkes Deutschbrod. In Mähren ist außer Iglau Olmütz deutsche Sprachinsel mit 7 deutschen und 6 gemischten Dörfern, Brünn mit 10 deutschen und 2 gemischten Dörfern. Zwei andere deutsche Inseln mit 4 und 5 deutschen Dörfern befinden sich um Austerlitz und Wischau. (Die Sprachinsel Iglau ist 6½ Meilen lang und bis zu 2 Meilen breit. Sie ist in nationaler Hinsicht von der größten Wichtigkeit für das germanische Element, da sie genau an dem schmalen Sprachdefilée liegt, das die beiden größern czechischen Sprachgebiete in Böhmen und weiter südöstlich verbindet, welche Verengung gerade durch jene Insel von 9 auf 6 Meilen verkleinert wird. Die Deutschen müssen um jeden Preis diese Insel zu behaupten suchen, denn die Czechen haben dasselbe hohe Interesse, sie zu beseitigen.) Die deutsche Sprache galt in Böhmen und Mähren noch vor kurzer Zeit entweder als Muttersprache eines größern oder geringern Theils, oder als Umgangssprache in den meisten namhaften Städten, selbst mitten im czechischen Sprachgebiet. Außer Prag werden noch 7 andere Städte genannt. Aber die Czechen begannen schon im vorigen Jahrzehnt durch Rührigkeit ihrer Parthei, durch die Hilfe der Geistlichkeit und des größern Grundbesitzes, das deutsche Sprachgebiet zu bedrohen, die slavische Beimischung vorher gemischter Orte und Bezirke zu verstärken, sowie das deutsche Element in großen czechischen Orten des czechischen Sprachgebietes und in vereinzelten deutschen Niederlassungen durch Entnationalisirung zu vermindern. Hoffentlich übt eines Tages das Germanenthum für diese Frevel an der Kultur die wohlverdiente Vergeltung!

Der Reichskanzler von Beust gründet also sein neues Staatsgebäude auf kleine Nationalitäten, die jeden Augenblick in der beliebigsten Weise drei-, vier- und mehrfach von andern benachbarten Nationalitäten aufgewogen werden können und die für äußerste Fälle nicht einmal sich selber, geschweige denn den Gesammtstaat Oesterreich stützen können! Er gründet es ferner auf größere Kindersterblichkeit und geringeren Schulbesuch, auf Todtschlag, Mord, Kindsmord, Raub, auf Vergehen gegen die Sicherheit des Lebens, gegen die Sicherheit des Körpers und des Eigenthums und gegen die Sittlichkeit, auf Betrug, Münzfälschung, Bestechung und Brandstiftung.

Wenn es noch einen Gott giebt, vereitelt er diesen wahnwitzigen Bau . . .

V.

Nationalitäts= und Revolutions=Strategie. — Oester= reich, Ungarn, Siebenbürgen: ein Bild. — Föderation oder Centralifation?

Um Oesterreich in Zeiten wie die jetzigen regieren oder neu or= ganifiren zu können, ist vor allen Dingen eine genaue Sprach= karte dieses Reiches nothwendig. Vereinigen sich mit diesem Besitz militärische und namentlich strategische Kenntnisse, so gelangt man zu Ergebnissen, welche der großartigste Hohn sind auf die zehnfach ver= rückten Pläne eines Reichskanzlers von Beust, sowie auf das Fistel= Geschrei der Magyaren, der Czechen und der andern nichtdeutschen Nationalitäten. Hier gäbe es, wäre die Lage nicht doch ernst, uner= schöpflichen Stoff zum Lachen und zum Bauchhalten, aber nicht im Sinne jenes reichskanzlerischen Thuns, sondern im schneidendsten Gegensatze dazu.

Es stellt sich nämlich sogleich heraus, daß nach geographischer Lage, nach strategischen Linien und nach wirklichem Machtumfang keine einzige der nichtdeutschen Nationalitäten im Stande ist, ohne die aus= drückliche Duldung oder gutmüthige Erlaubniß der überlegenen nationalen Umgebung einen kleinen Sonderstaat (als Ungarn, Böhmen, Polen ꝛc.) zu bilden, noch viel weniger aber dem Gesammt= staat Oesterreich zum politischen Krystallisationskern zu dienen. Es geht so weit, daß nicht einmal die Magyaren und die Czechen einen beschränkten ungarischen oder böhmischen Staat zu schaffen ver= mögen, wenn die übrigen Nationalitäten dies nicht gütigst gestatten, und wenn sie nicht unter unglaublicher Selbstverleugnung in dem= selben Grade sich die Eigenschaft als Staaten mit berechtigter, selb= ständiger Politik absprechen, als die Magyaren und Czechen eben in ihren Ländern „Staatchens" spielen. Solche Spielerei ist ein

Ergebniß der **Garantie** des Gesammtstaates Oesterreich, wenn sie stattfinden soll; sie ist ein Beweis von elender Reichskanzlerei und von verkehrter Oberleitung Oesterreichs, wenn sie stattfinden **kann.** Dieser Gesammtstaat Oesterreich ist der große Baldachin, der all' diese kleinen Nationalitäten vor **sicherer** Vernichtung und vor Ab= sorbtion durch die umliegenden größeren Nationalitäten schützt, nament= lich vor der germanischen und der russischen, welche letztere, **politisch** betrachtet, eine gesonderte Nationalität darstellt, wie die Polen als Slaven gern bestätigen werden.

Die einzelnen Nationalitäten Oesterreichs kommen hier unter zwei Gesichtspunkten in Betracht: einestheils insofern, als man sie voraussetzungsweis zur Grundlage des österreichischen Gesammtstaates macht, andermtheils aber insofern, als man sie in **Opposition** an= nimmt gegen denselben Gesammtstaat, d. h. in **Revolution.** Letz= terer Gesichtspunkt ist der eigentlich entscheidende; denn er bezeichnet die Grenze, bis zu welcher der Gesammtstaat in Concessionen an die Nationalitäten zu gehen braucht, sobald hierbei für jenen die Gefahr einer Machteinbuße vorhanden ist. Nach den Proben, welche Magyaren, Czechen und Polen bisher von ihrem **Verständniß des Ge= sammtstaates** gaben, und von ihrer Liebe zur **Freiheit** (die regelmäßig in die schenßlichste Unterdrückung der andern Nationali= täten, namentlich der Deutschen umschlug, wodurch der ganze Freiheits= schwindel dieser rohen Völker sich sogleich gerichtet hat), ist es schon heute heilige Pflicht der österreichischen Regierung, **an diese Na= tionalitäten nicht mehr Concessionen zu machen, als sie im Nothfall auf revolutionärem Wege ertrotzen können.** Ihr Czechen, Ihr Polen, Ihr Magyaren, Ihr Zerstörer des Reichs: nehmt die jammervollen Landkarten Eurer Nationalitäten, geht damit in den Kaufladen Europa's, und laßt Euch dort durch das Mindergebot der Kenner sagen, wie elend Ihr seid...

1) **Die Czechen.** Ihr Nationalitätsgebiet kann nie Fun= dament Oesterreichs werden. Dasselbe liegt so zu sagen von allen Seiten unter den Kanonen des Germanenthums. Es ist von diesem eingeschlossen und ringsum überhöht. hat nur die Tiefe, während jenes fast alle Höhen besitzt. Die Nationalitätsfrage der 5 Millionen Czechen steht nie und nimmermehr gegen die 9 Millionen Germanen in Oesterreich: **sie steht immer gegen die 54 Millionen Ger= manen Europa's!** Das ganze czechische Sprachgebiet ist nur ein Pfahl im Fleische dieses Germanenthums mit 54 Millionen. So lange Oesterreich besteht, duldet es den Pfahl; aber in demselben Augen= blick, wo Oesterreich zerstört werden sollte, reißt das Germanenthum den Pfahl **aus!** Wahnsinnig genug, arbeiten aber die Czechen an

ſolcher Zerſtörung. „Wen Gott verderben will, den verblendet er".
Denn es iſt doch klar, daß, wenn Oeſterreich als Staat verſchwände,
unmittelbar darauf auch die politiſchen und diplomatiſchen Linien ver=
ſchwinden müßten, welche das Germanenthum ſeither verhindert haben,
ſeinem Vertrapp von 9 Millionen in Oeſterreich beizuſtehen! In=
dem die Czechen aus nationalen Gründen Oeſterreich unterwühlen,
ſtechen ſie einen ungeheuren Damm durch, der ſie bisher vor rieſigen
Waſſermaſſen ſchützte. Sie werden, Opfer der unbeſchreiblichſten Ver=
blendung, in dieſem Meer — ertrinken!

Auf die Czechen kann Oeſterreich ſich durchaus nicht ſtützen,
weil das czechiſche National= und Sprachgebiet nur eine geduldete
Oaſe im Germanenthum iſt. Das würde die Deutſchen in Oeſter=
reich am empfindlichſten verletzen, denn es lähmte ſie am meiſten, da
ſie mit den Czechen eine allgemeinere und nähere Berührung haben
wie z. B. mit den Magyaren und Polen. Es wäre aber gleichzeitig
auch eine Kriegserklärung Oeſterreichs gegen das Germanenthum, das
ſie einfach durch Beihilfe an der Zerſtörung dieſes nämlichen,
nun nutzloſen und kulturfeindlichen Staates, beantworten
würde. Schon aus geographiſchen und ſtrategiſchen Gründen hat das
czechiſche Nationalgebiet bedeutende Beziehungen nur zu Böhmen;
die Beziehungen zum Ganzen ſind nahezu gleich Null. Aber auch
ſeine Stellung in Böhmen beruht nicht auf nationalen, ſondern weſent=
lich auf zufälligen und politiſchen Factoren, die es aber in
einem unbegreiflichen Delirium eben vernichten will.

Dieſelben Urſachen bedingen auch, daß das Czechenthum gegen
den Geſammtſtaat Oeſterreich beinahe gar keine revolutionäre Chance
hat. Es beſitzt keine Gebirge, iſt faſt ganz abgeſchnitten und iſolirt.
Eine czechiſche Erhebung in Böhmen iſt deshalb immer leicht nieder=
zuſchlagen. Zuletzt muß ſie in der Iſolirung ſchon von ſelbſt er=
löſchen, wenn ſie von Süden her blokirt wird. Neben einer Reihe
verkehrter und falſcher Inſtinkte ſcheint dieſe Erkenntniß die einzig
richtige des czechiſchen Volkes zu ſein. Es weiß, daß es Nichts
mit Gewalt gegen Oeſterreich durchſetzen kann. Die
Geſchichte Böhmens beſtätigt dies. Die Erhebung der Huſſiten war
religiös; aber eine eigentliche Nationalbewegung der Czechen hat noch
nicht ſtattgefunden bis auf den heutigen Tag. Sie wird auch nie
ſtattfinden. Man hat alſo wohl zu unterſcheiden zwiſchen dem czechiſchen
Geſchrei und der czechiſchen That.

2) Die Polen. Deutſche Schulkinder und polniſche Volks=
führer, wie Smolka und ſeine Geſinnungs=Verwandten, mögen fol=
gende Fragen beantworten: 1) Welche Ausſicht auf ſtaatliche Selb=
ſtändigkeit haben die 2 Millionen Polen in Galizien gegenüber den

drei Großmächten Oesterreich, Preußen und Rußland (zusammen über 130 Millionen Menschen), die sie sämmtlich erst zertrümmern müßten, wenn historisch feststeht, daß alle 8 Millionen Polen in Europa nicht einmal stark genug gegen das eine Rußland waren? 2) Welcher Grad von Undank und Verblendung gehört dazu, die vergleichsweis freisinnige österreichische Verfassung mit der russischen Knute zu ver= wechseln?

Ju ganz Europa giebt es nur eine Nation, welche nicht blos die Macht, sondern auch ein besonderes Interesse hat, zur Wieder= herstellung Polens bei künftigen größeren politischen Wendungen mit= zuwirken. Es ist die deutsche.* Ohne diese Mitwirkung bleibt Polen im ewigen Grab. Indem die Polen Galiziens unter Ab= forderung von Sonderrechten Oesterreichs Verlegenheiten vermehren, handeln sie in einem furchtbaren Wahn, denn sie gewinnen ohne die jetzt unmögliche Wiederherstellung Gesammt = Polens doch nichts Dauerndes, wohl aber ersticken sie im deutschen Volk alle Keime irgend einer Sympathie, die wenigstens der Idee eines solchen Ge= sammt=Polens einst günstig werden könnte. Die Polen in Galizien arbeiten an ihrem eigenen sechsfachen Sarg. Er wird ihnen bleibende Ruhe verschaffen, wenn nicht das Germanenthum künftig trotz aller Insulten groß denkt und den — Heiland spielt...

Galizien ist absolut ungefährlich für Oesterreich. Einige Ba= taillone besorgen Alles. Man muß eben erwägen, daß die 8 Millionen Polen, die es überhaupt giebt, unter drei Großmächten vertheilt sind, die wahrscheinlich nicht Lust haben, gleichzeitig unterzugehen. Gerade die Polen haben von allen Nationalitäten Oesterreichs jetzt das größte Interesse am Bestehen dieses Staates. Sowie derselbe verschwindet, ist Galizien — russische oder preußische Provinz. Die Polen sollten nie ver= gessen, daß die Wiederherstellung ihres Vaterlandes bei günstiger Gelegenheit im Programm des deutschen Volkes steht. Selbst deutschen Staatsmännern und Fürsten ist der Gedanke mehr wie einmal durch den Kopf gegangen, weil er das beste Mittel gegen das Ausgreifen Rußlands enthält. Was andere Nationen, z. B. die

---

* Den Beweis haben die Polen bereits. Im Jahr 1848 war die deutsche Nationalversammlung daran, Posen in zwei gesonderte Theile zu zer= legen, in einen deutschen und in einen polnischen, letztern mit eigner, nationaler Verwaltung ꝛc. Es ändert Nichts an der Sache, daß spätere Ereignisse Alles umwarfen. Immerhin bleibt es von Seiten der deutschen Nation ein Act na= tionalen Edelmuthes, für die es nirgends ein Seitenstück giebt; denn die 2 Millionen Polen in Posen konnten auch Nichts ertrotzen. Aber die Polen scheinen Das vergessen zu haben. Sie sind eben immer Polen, wie ihre Ge= schichte zeigt: im Glück stets unbrauchbarer wie im Mißgeschick!

Franzosen, den Polen bieten können, das ist — Phrase und ober=
flächliches Mitleid. Nur für Deutschland treten bei dieser Sache
wichtige politische Gründe hinzu. Aber mit Gewalt läßt sich
hier Nichts machen. (Hat doch das deutsche Volk auch noch keine
Gegenwart, wie es sie haben wird und muß!) Wenn die Polen
Galiziens sich mit den Czechen und Magyaren gegen den Gesammt=
staat Oesterreich verbinden, so werfen sie, wie man zu sagen pflegt,
den Schinken nach der Wurst, opfern für eine momentane und schein=
bare Genugthuung die ganze Zukunft auf. Uebrigens sind auch die
Czechen und Magyaren keine Bankhalter, sondern nur unbemittelte
Makler und Agenten, die sogleich bankerott werden, wenn das
Bankhaus Oesterreich fallirt. Kein Pole, der die Sache seines Vater=
landes liebt, kann also Haß säen zwischen Polen und Deutschen.
Nur diese letzteren können die Hoffnungen der Polen begreifen und
können aus Politik noch am ehesten die Hand bieten zu ihrer Ver=
wirklichung.

3) Die Magyaren. Da das abgerundete magyarische Natio=
nalgebiet fast genau in der Mitte des österreichischen Gesammtstaates
liegt, so könnte es aus diesem Grunde allerdings zu einer Art poli=
tischen Mittelpunktes für diesen Staat gemacht werden. Aber das
ist nur ein Scheingrund, der sogleich einer Menge ernster Betrach=
tungen weicht. Jenes Nationalgebiet bildet mit seinen 1960 Quadrat=
meilen und 4 Millionen Magyaren nur $^1/_{16}$ vom Flächenraum und
gar nur $^1/_9$ von der Bevölkerung (Gesammt=Oesterreichs. Eine so
schwächliche Mitte würde schon bei völliger Passivität Oesterreichs zer=
rieben und zerdrückt werden; bei einer Action desselben würde vollends
die Centrifugalkraft der Umgebung so zunehmen, daß Alles stückweis
auseinanderflöge. Dies würde sogar stattfinden, wenn sich an der=
selben Stelle statt der 4 Millionen Magyaren 4 Millionen Ger=
manen (d. h. in der nämlichen Isolirung, und ohne Vorhandensein
der übrigen 50 Millionen Germanen als nationalen Rückhalt) be=
fänden, die in ihrem Character, in ihrer Verträglichkeit und in ihrer
überlegenen Kultur immerhin noch weit mehr zu leisten vermöchten.
Aber die Magyaren mit ihrer nationalen Anmaßung, Herrschsucht
und Unverträglichkeit, womit ihre geringe Kulturfähigkeit im schreiendsten
Widerspruch steht, würden, auf ihre eigene Kraft angewiesen, dem
übermächtigen Druck von allen Seiten sogleich erliegen. Gerade ihre
centrale Lage und ihr Mangel an Rückenfreiheit würden dieses Ver=
nichtungswerk sehr begünstigen. Ein Oesterreich auf magyarischem
Fundament ist undenkbar. Die Richtigkeit dieser Behauptung würde
der baldige Einsturz lehren, wenn man wirklich das Unmögliche er=
proben wollte.

Die Nationalmacht der Magyaren reicht nicht einmal aus, das eigentliche Ungarn zu beherrschen. Dasselbe enthält gegen 11 Millionen Einwohner, wovon $4^4/_5$ Millionen Magyaren: letztere sind also sogar hier mit $^4/_9$ in der Minderheit. Diese Ziffern beweisen, daß die Magyaren unter Umständen sogar im eigenen Land einer gegen sie gerichteten Revolution erliegen könnten. Rechnet man die sogenannten Länder der ungarischen Krone hinzu, so wird das Verhältniß noch gefährlicher für die Magyaren: hier kommen auf 14 Millionen Einwohner $5^2/_5$ Millionen Magyaren, also $^3/_8$. Bei Einrechnung der Militärgrenze (die magyarische Gefräßigkeit gleichfalls haben will) kommen auf $15^1/_7$ Millionen Einwohner wieder nur $5^2/_5$ Millionen Magyaren, letztere sind also fast nur $^1/_3$ und haben beinahe $^2/_3$ andere Nationalitäten gegen sich. Die ganze magyarische Schwindelwirthschaft beruht also auf folgendem übermenschlichen Blödsinn, den nur ein Reichskanzler von Beust acceptiren kann: 1) Ist es den Magyaren angenehm, so denken sie sich die ganze unbequeme Umgebung ihres Landes weg. Namentlich hat Kossuth eine so riesige Phantasie, daß deren Hauch allein hinreicht, 54 Millionen Germanen, 50 Millionen Russen, 20 Millionen Italiener sogleich — verschwinden zu machen. So wie diese Gespenster weg sind, ist der Magyar — groß! 2) Ist es dem Magyar im andern Fall angenehm, so bringt dieselbe Kossuth'sche Phantasie jene Germanen, Russen ꝛc. wieder heran, um in Befolgung der allerneuesten reichskanzlerischen Humanitäts-Religion für die Magyaren diejenigen Prügel in Empfang zu nehmen, die den Magyaren von ihren unterdrückten, ausgesaugten und entnationalisirten Völkern zugedacht sind, und die sie tausendfach verdient. Der Magyar ist trotz alledem immer noch „groß", wie sein gewichster Schnurrbart beweist. Man kann einen Staat für kurze Zeit auf's Laster gründen; aber auf Hanswurstereien gründet man ihn nicht. Das ganze Treiben dieses Magyarenstaatchens im Staate Oesterreich erinnert unwillkürlich an Ausverkauf und Trödelbude. Es ist, als ahnten sie, daß ihnen beim nächsten großen Sturm der Genius des Jahrhunderts ihren ganzen Krempel wie Kinderspielzeug um die Ohren werfen würde.

Beladen mit einer Masse fremder und widerwilliger Nationalitäten, die es für äußerste Fälle mit eigner Kraft nie bändigen kann, steht das Magyarenthum jetzt da wie ein schwächlicher Mensch, der sich aus Eitelkeit und Ueberschätzung mit einer überschweren Rüstung beladen hat. Sie schützt weniger, als sie hemmt und drückt. In einer solchen Lage ist dieses Magyarenthum eigentlich auch ganz unfähig zur Revolution gegen den Gesammtstaat, obwohl es sich einfältigerweise mit dem Gedanken einer Zerstörung desselben trägt, wie eine Menge Handlungen (im Gegensatz zu schönen Redens= arten) beweist. So lange Oesterreich nicht gewisse colossale Fehler wieder begeht, die es bis 1848 begangen hat (und die später erörtert werden sollen), ist das heutige Ungarn ein Land, das von der Revolution zehnmal mehr zu befürchten hat, wie die Hofburg in Wien. Es giebt ein österreichisches Universalmittel gegen jede magyarische, czechische und andere An= maßung oder Reichszerstörung, das sich gut conserviren läßt, das aber doch in der Apotheke des Reichskanzlers nicht zu finden ist. An ihm crepiren sogar, wenn eingegeben, augenblicklich alle magyarischen, czechischen ꝛc. Volksvertretungen, dafern sie sich reichsfeindlich benehmen. Das Mittel ist höchst einfach: In den deutschen Ländern dies= seits der Leitha müssen immer solche politische Zu= stände herrschen, daß es z. B. den Magyaren unmög= lich ist, unter der Maske der Freiheit wie 1848 und 49 versteckt für das Magyarenthum zu kämpfen und die andern getäuschten Völker zu ihren Gunsten in den Kampf zu ziehen. Nur wenn Oesterreich nicht dieses Mittel besitzt, ist es den Magyaren möglich, den zu einer Revolution spott= schlecht geeigneten magyarischen Kriegsschauplatz nach dem Bei= spiel von 1848 und 49 in einen ungleich bessern ungarischen Kriegsschauplatz zu verwandeln, zu dem eben die anderen, nicht= magyarischen Nationalitäten ihr gutes Theil abgeben müssen ...

3) Die Südslaven ꝛc. Von einer Fundirung des Staates auf diese Nationalitäten kann keine Rede sein. Ein Theil davon (besonders die Kroaten und die Bewohner der Militärgrenze) kann aber unter Umständen leicht zu einer Kräftigung des ersteren benützt werden. Sie flankiren das Magyarengebiet sehr unangenehm, des= gleichen spalten sie es theilweis über Siebenbürgen in zwei ungleiche Theile. Der Revolutionskrieg von 1848 und 49 beweist, daß von diesen Gebieten aus einem insurgirten Ungarn, sei es auch nur in der Form des kleinen Krieges, schwere Steine auf die Bahn geworfen werden können. Diese Gebiete sind geographisch und strategisch ganz ungeeignet zur Schaffung selbst der jämmerlichsten selbständigen Staatengebilde. Sie haben nur Werth in ihren Beziehungen zum Gesammtstaat; sie haben keinen oder sogar negativen (Schwächungs=) Werth für Ungarn. Wie die Dinge jetzt dort liegen, kann eine ge= schickte österreichische Regierung sie politisch oder militärisch sehr fühl= bar gegen Ungarn verwenden, dafern es den Gesammtstaat gefährdet.

Aber bisher wurde von einer verblendeten Reichskanzlei Alles versäumt. Der hohle Titel der ungarischen „Kronländer" war wichtiger, wie der Bestand des Reiches ... Die nur mit diesem Reich direct in Verbindung stehenden, sonst aber ganz von der Souverainetät der Magyaren erlösten Länder Kroatien, Militärgrenze und Siebenbürgen wären nicht nur redende Zeugen einer wirklichen Freiheit in Oesterreich geworden, sondern auch ein Daum für das Auge der Magyaren, das auf die Zerstörung Oesterreichs gerichtet war und ist. Gerade diese kleinen Länder mußten emancipirt werden. Das fesselte sie dreifach an das Reich und lähmte die Aggression der Magyaren. Allein Leute frei machen auf Feindes Unkosten, und dabei noch Dank zu ernten und Zuwachs an Macht: das war zu tief für einen flachen Reichskanzler von Beust ...

4) Die Deutschen. Ihr Nationalgebiet ist, wie schon früher entwickelt wurde, nicht nur der Sockel gewesen, auf dem sich Oesterreich als europäische Macht seit vielen hundert Jahren entwickelte; es muß dieser Sockel auch für die Zukunft bleiben, wenn Oesterreich nicht in Trümmer gehen soll. Das kann man schon empirisch beweisen. In der ganzen Natur ist die Stufenleiter der organischen Entwickelung umgekehrt auch jene des organischen Verfalles. Der karge Zweig, der an einem Baum im Sommer oder Spätherbst angesetzt wird, ist wohl entbehrlicher wie eine Sprosse, die schon dem ersten Keim entstammt! Ein großer deutscher Fürst hat Oesterreich gegründet mit deutscher Kraft. Damals wußten die Czechen und Magyaren sich kaum ...

Alles vereinigt sich glücklich, das germanische Element in Oesterreich zum entscheidenden Trumpf zu machen im Guten, wie im Schlimmen. Es ist der Zahl nach die stärkste Nationalität, und schon deshalb gebührt ihr die erste Stelle. Aber es ist auch das einzige Kultur-Element Oesterreichs. Ohne die Deutschen wären die Magyaren, Czechen und Polen noch heute Nichts, wie österreichische — Albanesen, Moldauer und Wallachen! An den Polen sieht man Das sehr deutlich. Die Polen in Posen und Galizien sind den russischen Polen theilweis fast um fünfzig Jahre voraus: und doch ist es der nämliche Stamm! Das hat die kurze deutsche Herrschaft und die Berührung mit Deutschland gethan! An den Czechen, Magyaren ꝛc. kann man Aehnliches wahrnehmen. Hätten alle diese Völker eigene Kultur, so würde diese Kultur natürlich um so heller und kräftiger leuchten, je weiter man in das Innere des reinen Czechen- und Magyarenthums vordringt, weil hier die deutsche Beimischung immer schwächer wird, bis sie zuletzt ganz aufhört. Aber man hat gerade die entgegengesetzte Erscheinung. Die czechische und magyarische Kultur (wenn man so sagen darf) ist regel-

mäßig dort am größten, wo das Czechen= und Magyarenthum sich
am meisten mit dem Germanenthum vermischt oder berührt hat,
also gewöhnlich am äußern Umfang der betreffenden czechischen und
magyarischen Nationalgebiete, allein durchaus nicht in dem reinen
Kern derselben. Das beweist unumstößlich, daß diese
Czechen, Magyaren, Polen, Slovenen, Serben 2c.
ohne Ausnahme keine Kulturvölker, daß sie keine
Planeten oder Firsterne, sondern höchstens Monde
sind, die vom entfernten seitwärtigen Abglanz der
großen germanischen Sonne ihr mattes Licht und ihre
matte Wärme beziehen. Es beweist endlich, daß diese Völker
bei ihrem Wüthen gegen das Deutschthum sich zunächst die eigene
Pulsader der Zukunft bedrohen (was übrigens Niemand zu beklagen
braucht), sowie, daß der Reichskanzler von Beust ein eben so be=
schränkter Kopf, wie treuer Freund der Rohheit ist.

Das deutsche Nationalgebiet Deutsch=Oesterreichs ist zugleich von
allen Nationalgebieten Oesterreichs dasjenige, von wo aus sich der
Gesammtstaat strategisch am besten zusammenhalten läßt. Von hier
aus ist man nicht nur nahezu vollständig im Besitz der obern Donau,
sondern man ist auch für innere österreichische Kämpfe völlig rücken=
frei. Sogar die Flanken müssen da größtentheils für frei gelten,
denn Böhmen flankirt nur scheinbar, da es selber mehr wie flankirt,
nämlich umfaßt ist. Die Wichtigkeit dieser Position, die eben gleich=
zeitig eine deutsch=nationale ist, bekunden die Feldzüge Oesterreichs.
Diese Feldzüge, obwohl sie nach den verschiedensten
Richtungen geführt wurden, waren gleichwohl schon
seit mehreren Jahrhunderten fast ausschließlich auf
Deutsch=Oesterreich basirt. Auf Ungarn, Böhmen 2c. ist
beinahe niemals oder höchstens in zweiter Linie basirt worden. Da
hierbei nur rein=strategische, nicht im Entferntesten aber nationale
Rücksichten maßgebend waren, so ist dieses häufige Zurückdeuten streng
wissenschaftlicher und strategischer Erwägungen, die für Gesammt=
Oesterreich Geltung haben, auf das nationale Gebiet der Deutsch=
Oesterreicher ein eben so wichtiger wie merkwürdiger Umstand. Deutsch=
Oesterreich ist eben beinahe immer die strategische Citadelle Oester=
reichs überhaupt auch nach der Theorie des Krieges. Von hier aus
kann Oesterreich am längsten und besten vertheidigt, von hier aus
kann das etwa verlorene Gebiet am sichersten wieder gewonnen werden.
Alle Kriege Napoleons gegen Oesterreich verliefen in dieser Richtung;
die Türkenkriege, obwohl von der entgegengesetzten Seite kommend,
verfolgten dennoch auch die Linie der Donau über Wien. Dabei
waren die Pascha's so einfältig, die Einnahme von Ofen oder Pesth

für — Nichts zu halten; sie gingen weiter bis Wien. Auch Na=
poleon gerieth bei seinen Stößen, die er gegen Oesterreich führte,
stets auf Wien, oder in die Richtung davon, und zwar nicht lediglich
aus politischen Gründen. Bei einer inneren Vertheidigung Oester=
reichs liegt der Schwerpunkt derselben, nach welcher Seite es auch
sei, unbedingt in den deutschen Ländern.

Ein anderer Grund, warum das deutsche Element in Oester=
reich sich weit mehr wie jedes andere zur Stütze des Gesammtstaates
eignet, ist die wunderbare und höchst wichtige Vertheilung dieses
Elementes in allen Theilen des Reiches, selbst in solchen, die andern
Nationalitäten fast ausschließlich gehören. Es giebt nicht ein Land
Oesterreichs, in welchem die Deutschen nicht wenigstens in zahllosen
kleinen Theilchen und Pünktchen vertheilt wären, während umgekehrt
die andern Nationalitäten in Deutsch=Oesterreich nur sehr ungleich
vertheilt und dabei vielfach gar nicht vorhanden sind. Man sieht
dies sogleich an jeder Detailkarte von Oesterreich. Da findet man
mitten in Böhmen, in Ungarn rc. unter einer Menge czechischer oder
magyarischer Ortsnamen plötzlich einen deutschen. In der Regel
sind es deutsche Sprachinseln oder gemischte Orte. Wer über die
Sache nachdenkt, muß finden, daß sie von höchster Bedeutung ist;
denn das germanische Element hat sich auf solche Weise nicht mit
Gewalt in fremdes eingedrängt (dem widerspricht schon seine Ver=
einzelung), sondern es ist einfach als Ableger der Colonisation und
Kultur furchtlos vorwärts gegangen wie eine Erdbeere, die ihre
Ranken ausstreckt. Die überwiegend czechischen, magyarischen, pol=
nischen, rumänischen rc. Gebiete sind mit Tausenden solcher deutscher
Tüpfelchen bedeckt. Viele derselben sind jetzt in größerer Gefahr, ent=
nationalisirt zu werden; und diese eine Thatsache von riesigem Ge=
wicht beweist mehr wie alles Andere, daß der preußische Sieg von
1866 Nichts weiter wie ein Sieg Anti=Deutscher über das Deutsche
gewesen ist. Das werden nach dem Lesen dieser Schrift sogar An=
hänger Preußens begreifen. Glücklicherweise hat dieser Sieg nur eine
Verschiebung der politischen Verhältnisse, doch keine Entscheidung
gebracht.

Die eigenthümliche und allgemeine Vertheilung des germanischen
Elements in allen österreichischen Ländern hat natürlich auch Einfluß
auf die Kriegführung im Innern Oesterreichs. Die größeren Sprach=
inseln der Sachsen in Siebenbürgen haben im Kriege gegen Ungarn
1848 und 49 den österreichischen Truppen vielfach genützt.

Selbstverständlich kann das jeder andern Nationalität Oester=
reichs weit überlegene nationale, kulturgeschichtliche und militärische
Gewicht Deutsch=Oesterreichs nur zu Gunsten des Gesammtstaates

in Anschlag gebracht werden. Die Annahme, daß es sich je gegen diesen Gesammtstaat wenden werde, ist keinen Augenblick statthaft und wäre für diesen Theil Oesterreichs eine Beleidigung. Den Czechen, Magyaren rc. freilich ist so Etwas zuzutrauen. Die Deutschen in Oesterreich haben selbst in den bewegten Zeiten von 1848 und 49 sich unerschütterlich Eins gefühlt mit dem Gesammtstaat. Sie werden auch künftig den Glauben daran trotz Beust und Compagnie nicht aufgeben, so lange ein Gesammtstaat noch besteht. Das ist schon deshalb gar nicht anders möglich, weil sie die einzige Nationalität in Oesterreich sind, die wirklich eine klare Idee vom „Staate" Oesterreich hat. Die politischen Hanswurstereien der Magyaren, der Czechen rc. erklären sich nur dadurch, daß diese uncivilisirten Nationalitäten in ihrer Bornirtheit selbst heute noch nicht wissen, was Oesterreich ist und was es historisch soll.

Es treten übrigens noch zwei wichtige Dinge hinzu, die Oesterreich trotz aller Beust'schen Fehler heute theilweis sogar als mächtiger, die Magyaren, Czechen rc. aber als ohnmächtiger erscheinen lassen wie selbst 1848 und 49. Oesterreich hat nämlich jetzt ein vollständig einheitliches Heer, was es damals nicht besaß, und dann ist es im ausschließlichen Besitz aller Festungen. Man bedenke, über welche Vortheile z. B. die Magyaren 1848 und 49 in beiderlei Hinsicht geboten: man hatte ihnen unklugerweise ein starkes reguläres Nationalheer gelassen; auch waren sie im Besitze wichtiger ungarischer Festungen, namentlich Komorn's. Ohne das Letztere wären die Ungarn schon damals, trotz ihres Nationalheeres, in 3 Monaten nach — Vilagos gekommen. Da sie heute auch das Nationalheer vermissen, so sieht Jeder, daß nur ungarische Kinder noch mit einer Revolution drohen können. Selbst zehn Kossuths reichen da nicht aus. Und sie haben von dem einen Kossuth gerade nur noch die Schwächen und Fehler; die Stärken und Vortheile sind dahin. Man sieht auch hieraus, welcher Verbrechen der Reichskanzler von Beust sich gegen den Gesammtstaat schuldig gemacht hat. Eine kleine Nationalität von 5 Millionen Menschen, die im besten Fall nicht über das Maulheldenthum hinauskommen kann, behandelt er als — revolutionsgefährliche Macht; er traut ihr in seiner Beschränktheit mehr Macht zu, wie dem Gesammtstaat, ohne den Ungarn nicht 24 Stunden existiren könnte!

Betrachtet man Oesterreich in seiner Eigenschaft als Gesammtstaat, so lassen sich zwischen ihm und Ungarn einige bedeutungsvolle und sehr praktische politische Schlüsse ziehen. Sie sind für die magyarischen Flunkereien höchst unbequem, ja, vernichtend.

Es springt nämlich sofort in die Augen, daß, was geographische Lage, politische Umgebung, Zusammensetzung der Nationalitäten ꝛc., also was das Charakteristische und die Hauptsachen betrifft, Ungarn beinahe mathematisch genau Nichts wie ein — kleines Oester= reich ist! Die Aehnlichkeiten sind nach allen Richtungen massenhaft und frappant. Wo aber Ungarn mit Oesterreich Unähnlichkeit zeigt, da ist es zum entschiedensten Nachtheil des ersteren. ($5^1/_2$ Millionen Magyaren allein in Europa; 9 Millionen Deutsche in Oesterreich nur eine Vorhut von 54 Millionen Germanen in Europa überhaupt.) Man kann noch weiter gehen. Das zu den ungarischen Kronländern gehörige Siebenbürgen ist in verjüngtem Maßstab wieder nur ein — kleines Ungarn! So stellt hier Alles eine dreifache Kapsel vor, in der nach Innen die nächste immer kleiner wie die umschließende vorige ist.

Nun behaupteten aber die Magyaren: 1) Obwohl die Deutschen die zahlreichste Nationalität in Oesterreich bilden, dürfen sie doch Oesterreich nicht beherrschen; 2) der Centralismus in Oesterreich ist verwerflich, ein bischen Föderation (und sei es nur Dualismus) ist besser. Damit haben die Magyaren selbst erklärt: 1) Obwohl die Magyaren die zahlreichste Nationalität in Ungarn vorstellen, kommt ihnen doch über Ungarn keine Herrschaft zu, um so weniger, als sie nicht einmal wie die Deutsch=Oesterreicher einen mächtigen Rückhalt an einer großen Nationalität haben und als sie auch nicht wie diese ein hochstehendes Kulturvolk sind; 2) Ungarn darf nicht centralistisch regiert werden; eine Art Dualismus ist besser; 3) aus denselben Gründen verbietet sich auch die Herrschaft der Magyaren in Sieben= bürgen.

Es lebe der Reichskanzler und — der magyarische Blödsinn!... Ein Staat, der auf solche Dummheit gegründet wird, der fällt von selber, ohne Windstoß ein...

Bei solchem Widerstreit der Nationalitäten ist es schwer, dem Gesammtstaat Oesterreich eine gute Organisation zu geben. Dem= ungeachtet ist es nicht zu schwer. Es hat noch viel schwierigere Probleme der Staatskunst gegeben, und sie sind glücklich gelöst worden. Vor Allem ist hier ein Punkt von der größten Wichtigkeit, der gleichwohl von den österreichischen Staatsmännern gänzlich übersehen wurde. Da nämlich von den zahlreicheren Nationalitäten besonders die Magyaren und die Czechen mit dem Gesammtstaat bereits bis zu einer Art gelindem Kriegsverhältniß gediehen sind, wie das rücksichtslose Hervorstellen ihrer nationalen Individualität (der Ge= sammtstaats=Idee gegenüber) beweist, so ist ein staatliches Abfinden mit diesen Nationalitäten ohne schwersten Schaden für das Ganze nur dann möglich, wenn Jemand an entscheidender Stelle da ist, der die czechische und magyarische Phrase von der czechischen und magyarischen Macht zu unterscheiden weiß. Wehe dem österreichischen Staatsmann, der diese Nationalitäten nach ihrem Partheigeschrei und nach dem Lärm ihrer corrumpirten Presse tarirt! Wehe ferner demjenigen, der insbesondere den Magyaren wegen ihrer Revolution von 1848 und 49 für künftig mehr zutraut, wie — die Faust im Sack! Mit Ausnahme der deutschen kann keine Nationalität in Oesterreich auch nur einen Tag lang als selbständiges Staatswesen bestehen, ohne die Erlaubniß der anderen. Mit dieser Erkenntniß fängt die Reorganisation Oesterreichs an.

Die Hauptfrage selber ist die, ob hierbei die Form der Föderation oder der Centralisation gewählt werden soll? (Eigentlich ist schon diese Unterscheidung ein Uebel, das wir der Verhunzung des Staatsbegriffs durch die Romanen verdanken. Streng genommen, handelt es sich bei allen staatlichen Gebilden nur um den Begriff „Staat". Der Staat braucht aber sowohl föderative, wie centralisirende Eigenschaften. Es ist wie mit der Natur, die man doch nicht in Luft, Erde und Wasser zerlegen darf, wenn sie auch sämmtlich wichtige Elemente sind.)

Was man gewöhnlich unter Föderation versteht: das ist in Oesterreich, wenigstens für jetzt, unmöglich. Es genügt zu wissen, daß diese Föderation das Feldgeschrei aller derjenigen Nationalitäten ist, die sich vom Gesammtstaat losreißen wollen, sowie derjenigen alten und finstern Partheien, die den Sturz der Verfassung erstreben, also des Feudaladels, der Geistlichkeit 2c. Die Sache ist sehr einfach. Jede Föderation setzt ein starkes, wenn auch unsichtbares Band voraus, welches alle Glieder eines Volkes umschlingt, und welches gestattet, den Theilen eine große Freiheit zu geben, ohne daß der Staat darüber zerbröckelt. Dieses Band muß überall in bedeutender Stärke vorhanden sein, bestehe es nun in der Nationalität (dem vorzüglichsten Mittel) oder in sehr freien Institutionen. Letztere können zum Theil die Nationalität ersetzen, doch nie ganz: die Schweiz wäre wahrscheinlich trotz ihrer republikanischen Einrichtungen längst auseinandergefallen, besäßen ihre drei Nationalitäten gleiche Stärke; und in Nordamerika schützte die Republik vor dem Bürgerkriege nicht. Die Schweiz hatte den ihrigen noch besonders. Das sind unbedingt Ausflüsse der Föderation. (Ebenso entsprang der Krieg von 1866 der förderativen Grundlage des deutschen Bundes.

Gerade dieser letztere Krieg beweist überaus schlagend, wie höchst gefährlich eine föderative Staatseinrichtung werden kann, sobald nicht alle Glieder dem Gesammtverband mit gleichen Gefühlen anhängen. Die republikanische Staatsform mildert die Gefahr etwas, beseitigt sie aber nie ganz, wie man eben an den Beispielen Nord= amerika's und der Schweiz erkennt.

In Oesterreich könnte, da es an einem gemeinsamen nationalen Bande fehlt, das Gefühl der politischen Nothwendigkeit Oester= reichs dieses einigermaßen ersetzen. Allein das setzt sehr gebildete Völker voraus: blos die Deutschen begriffen es, und sie begreifen es in der That vortrefflich, wie ihr neueres Verhalten gegenüber den Experimenten mit dem Gesammtstaat offenkundig macht. Die Frei= heit allein aber bindet nie. Je tiefer ein Volk in der Kultur steht, desto mehr stellt es das Nationale über die Freiheit, ja, desto mehr glaubt es, frei zu sein, wenn es national sein kann. Wieder nur das deutsche Volk von allen steht hier so hoch, daß es beide Gottesgüter gleich werth und heilig hält. Es behandelt beide wie zwei verschiedene Dinge, die sich nicht mit einander verwechseln, nicht durch einander ausdrücken lassen. Alle andern Völker, selbst die Franzosen und Italiener, vermögen dies nicht. Noch viel weniger vermögen es die Magyaren, die Czechen ꝛc. Diese Völker machen, giebt man ihnen die Freiheit, augenblicklich eine Waffe für ihre Nationalität da= raus! Das ist das Thierische in diesen Völkern; denn auch das Vieh stellt die Rasse über Käfig und Napf... Ihre Freiheit heißt also immer Knechtung und Unterdrückung der übrigen Nationalitäten! Nur bei den Deutschen heißt die Freiheit nicht so. Von allen Gründen ist dies der furchtbarste und durchschlagendste, der dafür angeführt werden kann, daß Oesterreich staatlich auf dem deutschen Elemente stehen muß. Merkt Herr von Beust denn endlich, wohin sein Staatsschiff fährt? Jede Freiheit, die er in seiner Weise spendet, wird in der Hand der Magyaren und der Czechen ein teuflisch Mittel zur Knechtschaft Anderer und zur Zer= störung des Reichs! Die Leute wollen nicht frei, sie wollen national sein, und zwar sehr: wie könnten sich sonst die Czechen ꝛc. alliiren mit dem Feudaladel und mit den Pfaffen? Und wie könnten sich sonst umgekehrt Pfaffen und Feudaladel sorglos alliiren mit den Czechen trotz deren „Demagogie" und Freiheitsgeschrei? Man weiß recht gut, daß dies blos Vorwand ist, daß es Nichts zu bedeuten hat. Glänzend bestätigt wird dies Alles durch des Reichskanzlers eigene Erfahrung. Seine Concessionen haben, statt Frieden zu stiften, den Nationalitätenbrand nur noch mehr angefacht! Es kann gar nicht anders sein. Und diese Nationalitäten in Dreck und Windeln fragt Herr von Beust um Rath, wie Oesterreich neu zu bauen sei!...

Unter den jetzigen Umständen bedeutet also Föderation in Oesterreich Unterdrückung des deutschen Kultur=Elements und Herrschaft der uncivilisirten Nationalitäten über die einzige civilisirte Nationalität. Sie bedeutet ferner Stärkung der mittelalterlich = reactionären Gewalten in den Einzelländern auf Kosten des ohnehin schon sehr geschwächten Gesammtstaates. Das Schlagwort „Freiheit" wird auch hier für die Föderation angeführt, und in der That liegt diese Freiheit vor. Nur ist es die Freiheit der Dunkelmänner, ihr dunkles Princip mit neuer Kraft zu verbreiten zum größten Schaden der Volkssache, deren Freiheit eben die beklagte Unfreiheit der Dunkelmänner ist! Im übrigen Deutschland, namentlich im Süden, liegen die Dinge ganz anders, weil da das Nationale gar nicht in Frage kommt. Dagegen ist es in Oesterreich jetzt das Wesentliche. Man kann sagen: Jede Freiheit in Oester= reich, die sich nicht auf die Deutschen stützt, dient dort in letzter Consequenz der Unfreiheit Aller. Das wissen die Pfaffen und Feudalen. Diese merkwürdige Thatsache kann an einem schlagenden Beispiel erhärtet werden. Der verrufene Bach erkannte die Bedeutung des deutschen Elementes. Er that z. B., obwohl Reactionär, für Hebung deutscher Schulen in Ungarn ꝛc. außerordentlich viel, während jetzt die „liberale" ungarische Regierung gerade in der gewaltsamen Unterdrückung deutscher Schulen eine ihrer Hauptaufgaben erkennt. Was folgt daraus? — Daß der reactionäre Bach, indem er den Kindern lesen und schreiben lehrte, in der Folge der Freiheit mehr genutzt hat, wie diese „liberale" ungarische Regierung ihr nützen wird, die vor lauter (magyarischer) Freiheitsliebe eine Finsterniß anbahnt auf Jahrhunderte hin!

Erkenne man doch die Gefahr! Selbst eine etwas autokratische Regierung in Oesterreich, die sich, um Ordnung zu schaffen, auf das deutsche Element stützte, würde auf die Dauer der freiheitlichen Entwickelung nicht schaden. Es wäre Alles nur eine Durchgangs= epoche wie in gefährlichen Zeiten bei der römischen Dictatur. Denn diese Regierung müßte, da sie sich auf Deutsche stützte, deren un= verwüstliche Nationaleigenschaften, also wenigstens die Bedingungen späterer Freiheit dulden, wie sich dieß herrlich an Bach mit den Schulen zeigt. Aber eine Regierung der Czechen und Magyaren wird gerade diese Bedingungen späterer Freiheit zuerst vernichten; und deshalb wird es unsäglich lange dauern, bevor nach ihrer Herrschaft die Freiheit wiederkehrt. In Zeiten der Reaction streuen die Deutschen, den Blick in die Ferne gerichtet, wenigstens die Saaten der Freiheit. Aber Czechen, Magyaren ꝛc. denken nicht an die Zukunft:

sie verbacken jenes Saatkorn zu — Pasteten und Brot... Daß
überhaupt diese Nationalitäten heute noch an ihre Freiheit denken
können: das verdanken sie nicht sich, sondern dem germanischen Element
in Oesterreich. Stelle man sich vor, was das heißen will! Denn
im Grunde haben die Fürsten Oesterreichs doch Jahrhunderte lang
ihren Staat wesentlich mit Hilfe jenes Elements, wenn auch vielfach
unter Mißbrauch desselben (der ihm selbst unlieb war), beherrscht.
Czechen und Magyaren mehrere hundert Jahre Muster Oesterreichs
(vorausgesetzt, daß dies überhaupt möglich gewesen wäre): sie hätten
gewiß dafür gesorgt, daß heute alle Spatzen und Gimpel in diesem
Staat nur ihre Freiheit von den Aesten pfiffen. Das Freiheits=
geschrei der Czechen, Magyaren ꝛc. ist den Deutschen in Oesterreich
vielfach lästig. Aber es ist, vom höheren und vom Menschheits=
Standpunkt aus betrachtet, ihr größter Ruhm...

Die Centralisation ist in Oesterreich vielfach mißbraucht
worden, und das hat sie, wiewohl mit Unrecht, für diesen Staat in
Verruf gebracht. Nicht die Centralisation war das Uebel; dieses
bestand vielmehr darin, daß sich die Centralisation fast niemals
volksthümlicher, sondern gewöhnlich reactionärer Mittel
bediente. Nun wird aber Niemand behaupten wollen, daß die
Centralisation eines wie Oesterreich gestalteten Staates nur re=
actionäre Mittel zur Verfügung habe. Blicke man auf die Demokratie!
Sie ist principiell viel despotischer wie die Aristokratie, was
Viele für Unsinn halten werden; und doch ist es so. Despotischer
wie der französische Convent hat schwerlich je ein Fürst gehaust. Auch
liegt es im Wesen der Demokratie, daß sie mehr Gewalt brauchen
muß, wie eine andere Form, da sie ohne Principienstrenge die Sache
bis auf den Namen verliert. Dies gilt namentlich von unserer Zeit.
Es kommt freilich sehr viel auf den Zustand eines Volkes an. Aber
bei den Verhältnissen, wie sie jetzt in Oesterreich herrschen, wird auch
ein Gott darauf verzichten müssen, daß er die ganze Masse des
österreichischen Volkes für Dieses oder Jenes überzeugt. Eine
gewisse Gewalt und Willkür ist dort unvermeidlich, weil der
Fanatismus roher Nationalitäten den höchsten Grad erreicht hat. Die
Hauptsache ist nur, daß die Regierung Oesterreichs sich auf den
bessern Theil des Volkes stützt und daß sie ihm durch ganz eclatante
Handlungen die Sorge verscheucht wegen Rückfall in die Reaction.
Vorstehende Schrift beweist wohl, welches der bessere Theil dieses
Volkes ist.

Die neuesten Experimente des Reichskanzlers werden vollends
den Beweis erbringen, daß Oesterreich ohne Centralisation absolut
nicht zu regieren ist. Diese „Ausgleiche" sind nur Föderation.

Sie können zwei große Uebel bringen: 1) den Verlust der Freiheit; 2) den Zerfall des Reiches. Auch die größten Feinde der Centralisation können dieser nur vorwerfen, daß sie die Freiheit geschädigt. Aber sie hielt wenigstens das Reich zusammen. Ich dächte, ehe die Freiheit kommen kann, muß erst die Existenz des Staates aus dem Allergröbsten gesichert sein! Unter Ruinen gedeiht auch die Freiheit nicht.

Die Vortheile der Centralisation und der Föderation lassen sich in Oesterreich ganz gut mit einander vereinigen. Man halte die erstere fest in den großen und allgemeinen Dingen, die letztere in den kleinen und besonderen. Das ist sehr einfach: man giebt den Ländern weniger Freiheit, den Gemeinden aber desto mehr. Dadurch bricht man zugleich dem Nationalitätenhaber die Spitze ab. Im Grunde genommen, ist das sogar die wirkliche und die vollkommendste Föderation. Auf diese Art wird die Freiheit einestheils am meisten als Wohlthat empfunden, anderntheils schadet sie dem Zusammenfassen der Kräfte für größere Staatszwecke nicht so sehr. Die Freiheit kann dann auch nicht so leicht verloren gehen; desgleichen ist sie weniger in Gefahr, von Partheiführern oder Zwischengewalten corrumpirt oder falsch verwendet zu werden. Noch eine Menge anderer vortrefflicher oder ausgezeichneter Folgen ergeben sich daraus. Es gestattet dies, ein sehr hohes Maß von Freiheit zu bewilligen, ohne daß gleichwohl die Regierung sonderlich bedrängt wird. Eine Masse Kräfte paralysiren sich dadurch schon im Kleinen, die außerdem sich gegen die Regierung wenden würden oder könnten. Die Magyaren und Czechen stellen sich nur föderalistisch, so lange es sich darum handelt, die Obervormundschaft des Gesammtstaates los zu werden oder abzuschwächen. Aber sie sind sogleich für die äußerste Centralisation im Umkreis ihrer sogenannten Kronländer, die ihnen nicht einmal gehören. Die Anwendung eines politischen Systems wie das angedeutete, würde diese magyarischen und czechischen Schwindeleien augenblicklich zur Unmöglichkeit machen. Man eifert gegen die Centralisation des österreichischen Gesammtstaates, vergißt aber, daß er lauter centralisirte magyarische, czechische Kräfte gegen sich hat! Es liegt auf der Hand, daß dies den Gesammtstaat, besonders in Zeiten des Kampfes wie jetzt, sehr benachtheiligen muß. Soll der Gesammtstaat decentralisiren, so mögen erst die Magyaren, Czechen ꝛc. im Decentralisiren den Anfang machen!

Es war auch ein Wahnsinn für Oesterreich, Centralisation und Reaction für gleichbedeutend zu halten, weil beides vielfach, aber nur zufällig, neben einander auftrat. Es kann auch eine sehr freiheitliche Centralisation geben, und in Oesterreich gerade liegen die Dinge darnach. Unser entnervtes und feiges Zeitalter hält die Ge= walt für schädlich, weil es sich in seiner Trägheit gewöhnt hat, sie fast ausschließlich Despoten zu überlassen. Das ist kinderhaft; und das Schmähen des Zeitalters auf die Gewalt soll Nichts weiter sein, wie Entschuldigung seines matten Zurücksinkens vom Entschluß zum Nichtsthun, von der That zur Phrase. Joseph II. mußte auch Gewalt brauchen bei seinen Reformen. Sie hätten unterbleiben müssen, hätte er sich auf das Mittel der Ueberredung beschränkt. Die Gewalt an sich ist weder gut, noch schlecht. Sie kann zum schönsten Triumph der Humanität werden, wird sie zur Waffe für Wahrheit und Recht. Zumal in einer niedergehenden Zeit wie der jetzigen ist sie deren einzige Hoffnung, deren einziger Trost. Wenn doch die Menschen mehr Gewaltthat übten im Namen der Sitte, der Tugend, der Freiheit und der Kultur! Für diese Dinge können jeden Augenblick Millionen sterben, und sie leben für die Idee in Gott!

VI.

Die Verlegenheiten Oesterreichs nach ihrer wahren und einzigen Quelle. — Die magyarische Macht. — Der ungarische Revolutionskrieg von 1848 und 49 in neuer Deutung und neuer Beleuchtung. — Ungarn kein Eigenthum der Magyaren. — Geborgte Bajonette. — Der große Kossuth. — „Kajim Kintel — Nix als Schwindel."

Studirt man die inneren Krisen, welche Oesterreich namentlich seit 50 Jahren durchgemacht hat, so kommt man sehr bald zu der Ueberzeugung, daß sie nur Ausflüsse desselben Uebels gewesen sind. Dieses Uebel war langjährige Mißregierung und Reaction. Beides hat nach und nach Zustände geschaffen, welche auch der besten Regierung auf lange hin alle Reformarbeit außerordentlich erschweren muß. Es ist, als wäre das geistige und moralische Blut des Volkes vergiftet. Nun muß man zwar zugeben, daß ganz ähnliche oder noch schlimmere Erscheinungen fast allen anderen größeren Staaten eigen sind; insbesondere sieht es in Frankreich noch zehnmal schlimmer wie in Oesterreich aus. Allein das Verhängnißvolle ist, daß diese Dinge auf den Bestand Oesterreichs als Gesammtstaat äußerst nachtheilig eingewirkt haben, wie das bei der Zusammensetzung dieses Staates unvermeidlich war. Der Despotismus ist in Preußen, Rußland und Frankreich theils eben so stark, theils noch stärker wie in Oesterreich gewesen; gleichwohl hat er allen diesen Staaten durchaus nicht so viel in ihrer Existenz geschadet, wie gerade Oesterreich. Das lag daran, daß in den genannten Staaten die Freiheitsfrage immer für sich auftauchte, während sie in Oesterreich mit der Nationalitätenfrage ent=

weder zusammenfiel oder (was noch häufiger der Fall war und was zumal jetzt der Fall ist) nach den Berechnungen der Partheitaktik zusammen fallen sollte.

Nach den früheren Andeutungen hat die Gestaltung Oesterreichs zum politischen Körper wesentlich mit stattgefunden unter dem Druck einer äußeren Compression, wie sie damals in den Verhältnissen Europa's lag und wie sie vor Allem durch das Osmanenreich unwillkürlich ausgeübt wurde. Es war klar, daß das Nachlassen dieser Compression mit der Zeit lockernd auf die ungleichen Nationalitäten Oesterreichs einwirken werde. Ein weitsichtiger Staatsmann hätte Das erkannt. Aber die Minister Oesterreichs wirthschafteten über hundert Jahre lang, als sei Nichts vorgefallen.

Offenbar mußten gerade deshalb Mittel angewendet werden, die von Innen heraus wirkten und die den Staat um so fester machten. Solche Mittel konnten nur gute Staatseinrichtungen und gute Gesetze sein. Man lief hierbei um so weniger Gefahr, als der sehr verschiedene Kulturstand der einzelnen Nationalitäten extreme Ausschreitungen leicht hintenhalten ließ. Das später mehrere Generationen hindurch angewendete Schaukelsystem mit den Nationalitäten war an sich gar nicht verwerflich, da es ganz und gar der Natur des österreichischen Staates entsprach; auch war es, genau erwogen, den österreichischen Regierungen mehr durch die Verhältnisse aufgezwungen, als daß sie für seine Erfinder hätte gelten können.

Aber die österreichischen Regierungen warfen sich auf die Dunkelmännerei und auf die Reaction. Dadurch schwächten sie die Macht des deutschen Elements in Oesterreich und gaben umgekehrt den weniger gebildeten Nationalitäten Waffen in die Hand gegen den Gesammtstaat. Dieses System mußte auch die Nationalitäten mehr mit einander verfeinden, da häufig (und zwar vielfach mit Recht) von den Werkzeugen des Despotismus auf die betreffenden Nationalitäten geschlossen wurde. Es muß hervorgehoben werden, daß während dieser langen, traurigen Reactionsperiode in Oesterreich von allen Nationalitäten die Czechen das meiste Material zu den betreffenden Polizei-, Schergen- und Verfolgungs-Apparaten geliefert haben. Das ist eine erwiesene Thatsache. Sie läßt einige Schlüsse auf die Befähigung der Czechen zur Herrschaft zu ... Die Reaction in Oesterreich hat grundsätzlich den Glauben aller Besserdenkenden an das Vaterland zerstört; sie hat im Bunde mit den Pfaffen dafür gesorgt, daß innerhalb hundert Jahren die edleren Volkskräfte gewaltsam niedergehalten wurden, daß der Friede ganze Massen unfähiger Minister und Beamte, der Krieg Feldzug um Feldzug Generale für — Rückzüge erzeugte. Das ganze System sah aus, als sei es für die Unsterblichkeit; und doch war es nur eine Beleidigung der Gottheit. Durch die Reaction sind überhaupt alle edleren Verbindungsfäden im Volke theils unterbunden, theils mit Absicht zerrissen worden. Jetzt fehlen sie; daher das Streben zum Auseinanderfallen. Die Reaction fußte auf einem fürchterlichen Schlagwort, das leider auch die Massen glaubten („Oesterreichs Glück"). Dazu kam, daß Oester= reich sich wirklich unzähligemale von schweren Schlägen rasch wieder erholt hatte. Das bewies nur, was eine gute Regierung aus dem Land hätte machen können, bewies aber nicht, daß das schlechte System gut sei und zu einem guten Ende führen müsse. Jenes Glück Oesterreichs ist sein Unglück geworden. Hätte Oesterreich doch öfterer gründliches Unglück gehabt! Das hätte zum Nachdenken und zum Einhalten geführt.

Die Reaction fuhr sich in Oesterreich wie anderwärts so fest, weil sie sah, daß es eben so lange ging. Aber das war nur eine Folge des zufälligen materiellen Wohlbefindens, dessen sich die Völker erfreuten. Seit das sociale Gespenst drohend sein Haupt er= hebt, sind diese gemüthlichen Zeiten fort. Uebrigens muß zur Be= schwichtigung unnützer Befürchtungen bemerkt werden, daß gerade der Socialismus auf die entgegengesetzte Seite drängt. Die sociale Frage kann nur mit Hilfe des Absolutismus gelöst werden. Das ist ein gewaltiger Hebel, dessen Benutzung auch die schwersten politischen oder nationalen Lasten eines Staates spielend auf die Seite wirft. Aber es gehört, ihn zu ergreifen, ein Titan dazu . . .

Wesentlich verschärft wurden die schlimmen Folgen des reac= tionären Systems durch die in der letzten Zeit erschreckend häufigen Experimente mit Personen und Methoden der Regierung (ein eigentlicher Wechsel des Systems fand erst seit 1867 statt). Da= durch wurde mit aller Gewalt der politische Pessimismus zu einer Art österreichischer National=Eigenschaft gemacht, der nun auch der besten Regierung als ein furchtbarer Feind gegenübersteht. Man kann wohl sagen: Soweit die verschiedenen Nationalitäten Oester= reichs vernünftige Wünsche hatten, waren sie in Allem uneins; nur im Pessimismus stimmten sie überein. Er bildete das große, geheimnißvolle Erkennungszeichen der Oesterreicher als solcher, ähnlich wie man es bei den Freimaurern findet. Es ist der schwerste Ein= wurf, den man gegen jede auch nur mittelmäßige Befähigung des Reichskanzlers von Beust erheben kann, daß er, vom Kaiser berufen, diesen entscheidenden Punkt nie in's Auge gefaßt hat. Es galt, den gesunkenen moralischen Kredit Oesterreichs wieder zu heben. Das konnte nur durch eclatante Thaten geschehen, deren Tragweite

an sich Bürgschaft gegen den Widerruf bot. Im Nothfall decre-
tirte man: die Nothlage entschuldigte Alles; und noch nie hat ein
Volk gegen gute Maßregeln revoltirt.* Aber der Reichskanzler be-
gann, statt den Kredit zu heben, sogleich mit — Ausverkauf
und Liquidation. Er meinte dadurch wieder Kredit zu schaffen.
Die Folge lehrt, daß gerade dadurch die wahren oder eingebildeten
Gläubiger nur noch ungestümer geworden sind, daß der Kredit des
Staates noch tiefer gesunken ist.

Oesterreich hat also nur eine große Gefahr: die Reaction.
Sie bringt, wie die Dinge jetzt dort liegen, sogleich alle Schäden und
Gebrechen dieses Staates zum Vorschein. Für einen Theil der Völker
ist sie wirkliches Uebel; ein anderer nimmt sie zum Vorwand, um
an der Zerstörung des Reiches zu arbeiten. Sie ist also für
Oesterreich lebensgefährlich wie Nichts. Wird sie vermieden, so kann Oesterreich zwar noch manche Stürme durchmachen
müssen; allein zu vernichten ist der Staat nicht. Denn in diesem
Fall verstärkt man gewissermaßen künstlich die von der äußerem Umgebung Oesterreichs wirkenden politischen Druckkräfte, die eben im
Lauf der Zeit etwas schwächer geworden sind, die aber dann nicht
noch mehr durch reactionäre, von Innen wirkende Gegenkräfte abge-
schwächt werden. Aus alle Dem ergibt sich in erhöhtem Maße die
Nothwendigkeit Oesterreichs als Staat. Das ist freilich nur
ein Beweisgrund für die Deutschen in Oesterreich. Die Magyaren,
Czechen, Polen 2c. sehen, wie ihre zum Theil unverschämten Anfor-

---

* Es giebt Zeiten, in denen für Monarchieen die Initiative des Fürsten
Alles ist. Hätte der Kaiser von Oesterreich, vor dem unseligen Ausgleich mit
Ungarn, ohne die Volksvertretungen erst zu fragen, mittelst eines einzeiligen
Decretes aus seinem Cabinet das Concordat abgeschafft: er würde dadurch
eine Macht bekommen haben, die ihm erlaubte, unter dem Beifall des Volkes
nöthigenfalls den Magyaren 80,000 und den Czechen 50,000 Mann „Aus-
gleichstruppen" auf den Hals zu werfen. Die Beust'schen Kunststücke waren
dann überflüssig. Und dieses Concordat hat doch nicht gehalten werden können!
Aber seine nachträgliche Preisgebung hatte eben keine Tragweite mehr.
Mit den politischen Actionen ist es wie mit den Feuerwaffen: das Pulver gehört hinter die Kugel, nicht davor. Die verspätete Durchlöcherung des
Concordats ist so ein verkehrter Schuß, der mehr nach rückwärts, wie nach vorwärts wirkt. Gerade wenig civilisirten Nationalitäten, wie z. B. den Magyaren
und den Czechen gegenüber, ist es immer die höchste Regierungsweisheit, gute
und auf die Dauer schon des Allgemeinen wegen unaufschiebliche Maßregeln
vorzeitig zu geben, statt sie sich später in Verlegenheit abtrotzen zu lassen. Hätten
einst Concordats-Fesseln dem deutschen Kaiser Rudolph von Habsburg die Hände
gebunden: er würde seine Riesen-Aufgabe (dem zerrütteten Reich Ruhe und
Ordnung zu verschaffen), die er so glänzend durchführte, nimmermehr gelöst
haben. Und doch war dieser große Kaiser trotz seiner ungeheuren Thatkraft sehr
religiös!

berungen an den Gesammtstaat beweisen, diese Nothwendigkeit nicht
eher ein, bis sie unter den Trümmern desselben begraben sind ...

Ueber die magyarische Macht curiren sonderbare Mährchen.
Vor Allem ist ein wichtiger Umstand bezüglich der Macht aller
Staaten hervorzuheben.

Wer die Geschichte durchblättert, wird finden, daß im Laufe der
Jahrhunderte die politische Macht kleiner Völker oder Staaten auffallend abgenommen hat, und daß es diesen bei der größten Kraft-
anstrengung nicht mehr möglich ist, entfernt die Rolle zu spielen, die
sie vor drei=, zwei=, ja, noch vor hundert Jahren vielfach gespielt
haben. Man denke an die Niederlande, an Dänemark, an Schweden,
selbst an die Schweiz. Von keinem einzigen dieser Staaten läßt sich
behaupten, daß sie durch inneren Verfall unbedeutender geworden
wären: sie sind jetzt im Ganzen eben so kräftig wie einst. Aber das
Verhängnißvolle ist Folgendes. Ehedem lag der Schwer-
punct der Staatenmacht häufig nicht in den Massen
der Bevölkerung, sondern überwiegend in einzelnen
Persönlichkeiten, sowie anderen zufälligen politischen
Verhältnissen. Daher kam es, daß so kleine Staaten unter
einem tüchtigen Fürsten oder Feldherrn häufig weit größere Staaten
besiegten, ja daß sie ihnen zeitweilig Provinzen abnahmen. Im
Grunde waren dies freilich doch nur unnatürliche und haltlose Zustände, wie auch das regelmäßige Herabsinken aller dieser kleinen
Staaten von ihrer zeitweiligen Höhe beweist. Zwei Dinge sind es
gewesen, die nach und nach einen völligen Umschwung dieser Erscheinungen in's gerade Gegentheil zu Stande brachten: 1) das
Schießpulver; 2) die Conscription, die endlich in die allgemeine
Wehrpflicht überging. Diese mächtigen Anlässe haben bewirkt, daß allmählich die Schwerpunkte der politischen
Macht in die großen Macht=Complexe, d. h. in die
großen Staaten oder Staatenverbindungen, gefallen
sind, aus denen sie sich nie wieder entfernen können,
weil dies physisch und moralisch unmöglich ist.

Das mögen sich die Kossuth, die Tisza, die Andrassy, die
Paladu, die Rieger, die Smolka 2c. gesagt sein lassen, deren ganze
Zukunfts=Planmacherei durch diese unangreifbaren historischen Grundsätze bis auf Knochen und Mark zerschmettert wird! Der Beweis
ist mathematisch zu führen. Das Pulver gab den ersten Stoß; doch
erlaubte es immer noch ein gewisses Dominiren der qualitativ guten
Minderheit. Erst die Conscription emancipirte die großen Staaten
von den mittlen und kleinen. Die allgemeine Wehrpflicht aber machte
in Europa die völlig selbständige politische Existenz von Staaten

unter 20 Millionen Menschen fast zur Unmöglichkeit. Es geht noch, wenn allenfalls geographische Lage (Spanien und Portugal, England, Schweden), oder politische Eifersucht der Mächte (Schweiz, Belgien, Holland, Dänemark), oder endlich der Zufall des status quo zu Hilfe kommen. Aber eine gesicherte und hinlänglich freie Staaten-Existenz für die Zukunft ist Das nicht. Ohne Schießpulver nur waren denkbar: die meisten Heldenthaten des Alterthums, Herrschaft Macedoniens über Griechenland, Raubzüge Attila's und seiner Nachfolger in Ungarn, Losreißung der Schweiz von Oesterreich. Ohne Conscription nur waren denkbar: die meisten Siege kleiner Staaten im Mittelalter über größere, Matthias Corvinus von Ungarn, Carl X. von Schweden, Friedrich II. von Preußen. Ohne allgemeine Wehrpflicht nur war denkbar: eine theilweis siegreiche Revolution in Ungarn gegen Oesterreich 1848 und 49. Jetzt liegt Alles in den großen Massen. Kleine Staaten oder staatliche Gebiete mit kleiner Nationalität, also ohne Gemeinschaft mit einer größeren Nationalität (wie sie beispielsweis alle deutschen Staaten besitzen), haben jetzt einzig noch Schutz in ihrer Unselbständigkeit (Donaufürstenthümer, Griechenland), in ihrem factischen Bestehen (Schweiz, Belgien, Holland), in ihrer Verbindung mit anderen Nationalitäten zu einem Staat (Oesterreich).

Sogar Preußen, ein eben siegreicher Staat von 22 Millionen Einwohnern, der aus dem Sieg doch Selbstbewußtsein und Kraft zog, hat unmittelbar darauf die furchtbare Gewalt des europäischen politischen Massendruckes an sich empfunden. Die Aufopferung Luremburgs ist nur ein Opfer, das diesem Massendruck gebracht werden mußte. Die Scheu vor dem Ueberschreiten der Mainlinie ist ein zweites. Wenn die vehemente, scharfe europäische politische Zugluft den glattfrisirten und wenigstens auf preußischem Haarboden gewachsenen Scheitel jener Großmacht so kräuselt: welches Schicksal droht dann erst den aufgeklebten Perrücken der oben genannten magyarischen, czechischen und polnischen Volksführer???

Das sicherste Mittel, 5- bis 6-Millionen-Staaten, wie Magyaren und Czechen sie bilden könnten, gründlich zu zerstören, ist also, ihnen die volle staatliche Selbständigkeit zu geben. Sie haben nicht im Mindesten die Macht zur Eristenz auf vier Wochen... Daß sie Alles nur ihrer Verbindung mit dem Gesammtstaat Oesterreich verdanken, lehrt ein Blick auf Bayern. Dieser Staat enthält auch ziemlich so viel Menschen, als es Magyaren giebt; desgleichen ist er fast genau so groß wie das Nationalitätsgebiet der Magyaren. Die

Bevölkerung Bayerns ist der Raſſe und der Bildung nach, und ſogar phyſiſch, den Magyaren weit überlegen. Bayern hat ſogar ſeine eigene Armee, die Ungarn fehlt. Es tritt hinzu, daß Bayern dem Germanenthum gehört, daß es alſo nicht wie das Magyarenthum von allen Seiten durch andere Nationalitäten bedroht iſt. Wie kommt es nun, daß Bayern auch beim beſten Willen nicht im Stande iſt, in Europa die Rolle zu ſpielen, die Ungarn in Oeſterreich ſich angemaßt hat? — Weil die oben angegebenen vernich=tenden geſchichtlichen Argumente unumſtößliche Wahr=heit enthalten, und weil die ganze Macht der Magyaren in — der Einbildung beſteht! Wie entſetzlich raſch ſind im Jahr 1866 die von ſehr kräftigen und tüchtigen Volksſtämmen be=wohnten Staaten Holſtein, Hannover, Kurheſſen, Naſſau und Frank=furt politiſch zuſammengebrochen, obwohl dieſelben Staaten früher Jahrhunderte lang, ſelbſt in den heftigen Stürmen des dreißigjährigen Krieges, ſich behauptet, ja, ſich vielmals als Mächte geltend gemacht haben? Man ſieht hier die immenſe Zunahme des poli=tiſchen Maſſendrucks, den die Einfaltspinſel der Magyaren, der Czechen, der Polen ꝛc. nicht begreifen, den ſie aber ſogleich fühlen werden, wenn ſie ſich nur wenige Zoll über das ſchützende Dach Oeſterreichs hinaus auf die europäiſche Heerſtraße vorwagen ſollten. Für ſolche ſelbſtändige Ma=gyaren= und Czechenſtaaten von 5—6 Millionen Einwohner, die dazu noch ſittlich arg verfallen ſind, giebt es jetzt nicht im Entfernteſten Zweck oder Raum. „Geh' weg, Kleiner: hier wird geſchoſſen!" Die Bühne Europa's hat nach und nach ſolche Dimenſionen ange=nommen, daß künftighin ſo kleinen, herumziehenden Provinzial= und Winkel=Schauſpieler=Truppen, wie ſie ſich hiſtoriſch mehrere Jahr=hunderte lang in der magyariſchen, czechiſchen ꝛc. Geſchichte herum=getrieben haben, abſolut keine Gelegenheit zum Auftreten gegeben werden kann. Man wird höchſtens aus Pietät ihre Decorationen, die Textbücher und Noten zu ihren Spuk= und Rinaldo=Stücken unter dem Sparrwerk des Welttheaters aufbewahren. Damit ſie nicht Alles verlieren, läßt man ihren Souſleuren vorläufig das — rieſige Maul . . .

Die magyariſche Macht iſt durch und durch negativ, d. h. ſie beſteht nur, wenn vorher etwas Anderes beſteht, ſie verſchwindet, wenn dieſes Andere verſchwindet. (Daſſelbe gilt auch von der czechi=ſchen, der polniſchen ꝛc. Macht.) Dieſes Andere iſt aber Nichts wie der Geſammtausdruck für Oeſterreichs Verlegenheiten, die in der Regel gleichbedeutend mit ſeinen Fehlern ſind. Beide Dinge corre=ſpondiren ſo regelmäßig mit einander, wie ein Körper und ſein

Schatten, bei welchem Bild jene Verlegenheiten oder Fehler den
Körper verstellen, die magyarische Macht aber den Schatten abgiebt.
Oesterreich hat es also glücklicherweise meist in der Gewalt, den ma=
gyarischen Schatten zu verkleinern. Ist dies richtig, so war der
Ausgleich mit Ungarn ein verfehltes Mittel: er schwächte Oesterreich,
mehrte seine Verlegenheiten, steigerte also die Gefräßigkeit. Ungarns.
Die Ereignisse bestätigen dies vollkommen, denn Ungarn,
obwohl überreichlich befriedigt, zeigt nicht die geringste Theilnahme
an der Kräftigung des Reichs, streckt sogar seine Langfinger nach der
Militärgrenze, Dalmatien ꝛc. aus! Die gefährlichste Lage für
Oesterreich ist die, wenn es durch seine Fehler die Magyaren in die
Stellung eines Freiheitskämpfers drängt, wie schon mehrfach
geschehen. Dann kann sogar die bis dahin negative magyarische
Macht positiv werden, denn sie verwandelt sich in eine ungarische.
Theilweis war dies 1848 und 49 der Fall. Allein es gehört eigent=
lich immer eine gewisse Täuschung dazu, deren das Magyarenthum
dann sich schuldig machen muß. Es ist nämlich seiner Natur nach
selber freiheitsfeindlich, ja, es muß freiheitsfeindlich sein von dem
Augenblicke an, wo es seinen Nationalitätsboden verläßt, wo es
Ungarn oder gar die Länder der ungarischen Krone beherr=
schen will, weil es, zum Unglück nicht einmal Träger einer höhern,
versöhnenden Kultur, die viel zahlreichern Nationalitäten einzig durch
Unterdrückung bewältigen kann. (5 Millionen Magyaren; fast
9 Millionen Andere.) Zuletzt muß natürlich auch ohne fremdes
und namentlich ohne Oesterreichs Zuthun an dieser scharfen Kante
allemal die magyarische Seifenblase zerplatzen; sie wäre auch beim
Sieg der Magyaren 1849 daran zerplatzt, welcher Sieg eben des=
halb aus inneren Gründen und auf die Dauer unmöglich war.
Allein Oesterreich hat das Mißgeschick gehabt, daß die Magyaren nie
bis zu diesem Punkte gekommen sind, um sich für alle Folgezeit un=
möglich zu machen. Im Jahr 1849 verschwanden leider die ma=
gyarischen Haupt=Acteure schon im dritten Act dieses magyarischen
Nationalstückes, das freilich einen ungarischen Titel trug, noch ehe
der Vorhang fiel. Jetzt hat Kossuth gut schwätzen über die mög=
lichen Schönheiten des vierten und fünften Actes . . . Aber ich
glaube, diese beiden Acte waren keineswegs demokratisch=ungarisch,
sondern sehr aristokratisch=magyarisch angelegt! Wir sehen es
heute, was die Magyaren unter Freiheit verstehen. Sie verstehen
darunter die Freiheit des Edelmannes (vermeinen doch alle Magyaren
Edelleute zu sein!), sich zahlreiche Diener zu halten, die man
beliebig prügeln und treten kann!

Eine Krankheit, die so einfach ist wie diese, läßt sich leicht kuriren. Es steht ganz bei Oesterreich, die Magyaren in ihren gemeinschädlichen Ueberschwenglichkeiten, die (wie bei den Czechen, Polen ꝛc.) auf eine Art politischer Mondsucht hinauslaufen, so lahm zu legen, daß sie dem Gesammtstaat nützen, aber nicht schaden können. Ohne grelle und unverzeihliche Fehler Oesterreichs ist die Macht der Magyaren nur Papiergeld. Wer es für voll nimmt, kann hieran nicht gehindert, wer es für einen Wisch hält, kann nicht des Gegentheils überwiesen werden. Der Reichskanzler nimmt den Wisch immer für voll, obwohl Niemand weiß, wo die Umwechselungskasse und die Deckung liegt!

Sorge Oesterreich vor Allem dafür, daß die Magyaren nie als Reklamanten und als Anwälte der Freiheit vor ihm erscheinen, d. h. nicht der magyarischen Freiheit (die ein eigenes Parfüm hat und ungefährlich ist), sondern der ungarischen, noch mehr aber der österreichischen im Allgemeinen! Dahin darf es nie kommen. Denn man muß wissen, daß das die eigentlichen Kraftleistungen des Magyarenthums sind, gerade wie gewisse Schauspieler sich um die Rolle des Macbeth, des Hamlet oder des Karl Moor reißen! Um's Leben gern geben die Magyaren sich als großes Sprachrohr der österreichischen Opposition. Sie stellen sich dabei auf den höchsten Söller, wissen auch durch Kunst des Instrumentes und durch Benutzung aller akustischen Vortheile es dahin zu bringen, daß ihr Mundstück vielfach verstärkte Töne erzielt! Man kann als Grundsatz annehmen, daß die Magyaren um so leidenschaftlicher für die Freiheit eintreten, je mehr Andere die Kosten zu bezahlen haben. Es wäre ganz verkehrt, zu glauben, daß die Magyaren die ihnen gewährte Freiheit nun ebenfalls den ihnen preisgegebenen Nationalitäten zu Theil werden ließen. Jeder Tag liefert die Belege, daß Dem nicht so ist. (Unterdrückung und Bevormundung des deutschen, rumänischen, slovenischen ꝛc. Elements; Vertilgung deutscher Sprache, deutscher Schulen und selbst der so nothwendigen deutschen Polizei.) „Ja, Bauer, das ist ganz was Anderes". Die Freiheitsliebe der Magyaren ist Nichts wie abscheulicher politischer Jesuitismus, politische Heuchelei. Nur eine kopflos in Beust'scher Manir geleitete oder mit schlechten Hintergedanken schwanger gehende österreichische Regierung fürchtet sich davor. Jede andere — lacht darüber! Uebrigens hat sich das Magyarenthum schon jetzt furchtbar verrannt. Lasse man es sich erwürgen in seinen eigenen Schlingen! Wenn morgen da unten eine Revolution ausbricht, so wendet sie sich nicht gegen den

Gesammtstaat, sondern gegen die Magyaren! Beachte man Das wohl in Wien!

Man wird einwerfen: „Aber der ungarische Revolutionskrieg von 1848 und 49!" — Ja, der liefert gerade die stärksten Beweise für die Richtigkeit obiger Ausführungen und Behauptungen. Man muß ihn nur mit kaltem, historischen und zugleich mit wissenschaftlichem Auge betrachten, nicht mit Leidenschaft und Phantasie, was gleichwohl bisher fast ohne Ausnahme geschehen ist. Ein bloßer Militär kann ihn nicht richtig beurtheilen, auch ein bloßer Politiker kann es nicht. Man muß beide Standpunkte vereinigen. Das giebt dann ein ganz anderes Bild. Ich bemerke ausdrücklich, daß ich 1848 und 49 als junger Mensch begeistert für die ungarischen Siege, erfreut über die österreichischen Niederlagen war. Meine politische Gesinnung hat sich niemals verändert: ich habe nicht das Geringste je gegen das Volk gethan. Aber in der Zwischenzeit habe ich viel gelernt. Ich weiß jetzt, daß die Freiheit eine Himmelsblume ist, der immer eine besondere Stelle und eine besondere Behandlung gebührt, daß sie aber schwer entweiht wird als Futter für das — Vieh... Ich weiß jetzt auch, daß die 5 Millionen Magyaren, um einen selbständigen Staat zu gründen und für den Augenblick zusammenzuhalten, einen viel furchtbareren despotischen Druck auf die zugehörigen 9 Millionen anderer Nationalitäten ausüben müßten, wie der war, den sie Oesterreich bei ihrer Revolution zum Vorwurf machten. Endlich weiß ich jetzt auch, daß der Staat Oesterreich eine viel größere deutsche Nothwendigkeit wie Preußen, und eine viel größere europäische wie Frankreich ist. Also meine Gesinnung habe ich nicht gewechselt; aber meine Einsicht nahm zu. So wird es Vielen ergangen sein.

Das Charakteristische der ungarischen Revolution von 1848 und 49, das nur von sehr Wenigen erkannt und nutzbar angewendet wird, bestand in Folgendem. Schält man den Kern des Ganzen von der trügerischen Hülle los, so erkennt man, daß jener Erhebung, genau wie der heutigen subtilen Loslösung vom großen Staatskörper, das Nationale, also das Magyarenthum, zu Grunde lag. Die ungarische Revolution von damals war nach Ursache, nach Anlage und nach Ziel durch und durch magyarisch. Man kann es aus den Episoden des Aufstandes und selbst aus dem Verlauf der kriegerischen Vorgänge genau nachweisen.

Da das Magyarenthum mit seinem kleinen und militärisch sehr ungünstig gelegenen Nationalgebiet durchaus nicht im Stande war, es allein mit Oesterreich aufzunehmen, so alliirte es sich mit andern Elementen. Die Gunst der Zeit und die großen Fehler Oesterreichs trieben ihm auch eine Menge Verbündete zu. Die ganze Luft war ja revolutionär, und die österreichische reactionäre Wirthschaft hatte noch viele der andern Nationalitäten auf's Aeußerste erbittert, vor Allem die deutsche. So kam es, daß der ungarische Aufstand wie von selbst das Ansehen einer kühnen Erhebung von allgemeinerer Tragweite gegen Finsterniß und Despotismus erhielt. Dadurch verwandelte sich das magyarische Kampf= und Nationalgebiet in ein ungarisches, hie und da griff es sogar über diesen Umfang hinaus. Das vermehrte sogleich die Kraft und Gefährlichkeit der ungarischen Erhebung um's Zwei= bis Dreifache. Es genügt, auf die wichtige Thatsache hinzuweisen, daß die nach Besiegung des Aufstandes in Wien zersprengte (deutsche) akademische Legion später theilweis in den Reihen der Ungarn gegen ihre Landsleute focht. Auch sonst enthielt das ungarische Heer ganze Massen nichtmagyarischer Elemente, vom Feldherrn an bis zu dem Gemeinen herab. Sie hatten sich natürlich größtentheils freiwillig angeschlossen, da sie der Meinung waren, es handle sich um einen Kampf für Freiheit und Recht.

Ihrem eigentlichen Wesen nach war also die ungarische Revolution von 1848—49 magyarisch. Aber das Magyarenthum nahm zur Täuschung der Verbündeten vor sein wirkliches Gesicht (das Alle verscheucht haben würde) die Maske der Demokratie und des Ungarthums. Mit dieser Maske vor dem Gesicht leitete Kossuth die weit über ihr Verdienst glorificirte Bewegung, siegten in den Zeiten des höchsten Impulses die ungarischen Heere. Hätten die Akademiker der Legion gewußt, daß nach der Zerstörung Oesterreichs durch Görgey oder Perczel die Magyaren jene Maske unfehlbar herabzunehmen gezwungen waren, daß sie ferner aus Selbsterhaltungstrieb einen viel schrecklicheren Unterdrückungs= und Rassen=Krieg gegen die numerisch stärkeren übrigen Nationalitäten beginnen mußten, bei dem unfehlbar jede Spur deutscher Bildung und deutschen Lebens im ganzen Umfang der Stephanskrone auf ewig vertilgt worden wäre: sie würden die Waffen fortgeworfen haben, um wenigstens die Kultur zu retten, nachdem die Freiheit so wie so verloren ging!

Der Nachweis, daß die ungarische Revolution von 1848—49 innerlich eine ganz magyarische war, daß sie nur dazu dienen sollte, ein centralisirtes Magyarenreich herzustellen, in dem 9 Millionen Deutsche, Slaven ꝛc. die Lakaien und die Fußschemmel werden sollten für 5 Millionen sittlich und moralisch verkommener Magyaren, ist leicht zu führen.

Schon die ganze politische und militärische Leitung des Aufstandes hatte einen bestimmten Zuschnitt auf's Magyarische, wobei nur so nebenbei, um den Schein zu retten, äußerliche Concessionen an das Ungarische überhaupt gemacht wurden. Fast alle Maßregeln Kossuths bekunden, daß er unter Freiheit lediglich die magyarische verstand. Mit der Volksvertretung in Debreczin war es ähnlich.

Das Magyarenthum spiegelt sich ferner sehr deutlich ab in der Besetzung des Armee-Commandos. Im Anfang, als die Dinge sehr schief gingen und man wenig Auswahl unter den militärischen Führern hatte, machte man aus der Noth eine Tugend und vertraute sogar eine Weile dem ganz unbedeutenden Polen Dembinsky die Oberleitung an. Aber als Erfolge im Felde kamen, wurde man wählerischer und stellte aus politischen Gründen das Magyarenthum voran. Das ist erkennbar an der Rolle, die man Bem als Führer spielen ließ. Dieser Pole war unbestritten der Fähigste von allen Generalen, die Kossuth zur Verfügung standen. Seine hervorragende Bedeutung trat auch sogleich zu Tage durch die glänzende Wendung, die er dem Feldzug in Siebenbürgen gab. Obwohl um dieselbe Zeit in der ungarischen Hauptarmee bereits schwere Zwiste ausbrachen, die für die Folge Unheil verkündeten, und obwohl die Führung der Nord=armee gar keinen Vergleich aushielt mit der Führung Bem's in Siebenbürgen, ließ Kossuth Letzteren doch lange Monate in diesem Land, wo keineswegs die Entscheidung lag. Erst als die Sache der Ungarn im entschiedensten Niedergang begriffen, als auch ihr Haupt=heer völlig demoralisirt war, rief Kossuth Bem aus Siebenbürgen herbei und übergab ihm das Oberkommando. Allein es war zu spät. Bem konnte, kurz vor der Capitulation von Villagos, mit dem durch Verluste und Desertion furchtbar zusammengeschmolzenen ungarischen Hauptheer nur noch die Schlacht bei Temesvar verlieren, die unter solchen Umständen auch jeder Andere verloren hätte. Das lange Zurückstellen Bem's trotz aller Gefahr und trotz aller warnenden Stimmen selbst aus dem ungarischen Heer kann nur mit nationalen Gründen erklärt werden. Das Magyarenthum fühlte sich bereits; und so stellte man Freiheit und Demokratie (für die man zu fechten vorgab) zum eigenen Schaden gegen das Magyarenthum zurück. Uebrigens hätte auch Bem Alles nur etwas hinausgezogen; das Facit blieb dasselbe. Bem konnte nämlich trotz seiner Genialität das nothwendige Wunder nicht vollbringen: zur Consolidirung eines Magyarenstaates aus 5 Millionen Magyaren 15 oder 20 Millionen zu machen!

Noch deutlicher erkennt man die geheimen Absichten des Ma=gyarenthums während der Erhebung an den Kriegs=Operationen Görgey's. Es kommt hier hauptsächlich sein Siegeszug von Isaszeg auf Pest über Waitzen und Komorn, sein dortiges fast vierwöchent=

liches Temporifiren, die Erstürmung Ofens, endlich Görgey's Rückzug über die Bergstädte, durch die Zips bis an die Theiß in Betracht. Der Höhepunkt der ungarischen Erfolge war offenbar der, wo Görgey vom linken Donauufer durch das entsetzte Komorn nach dem rechten Donauufer debouchirte. Um diese Zeit stand er dem geschlagenen österreichischen Heer, das sich vor Pest zu lange hatte hinhalten und täuschen lassen, fast im Rücken. Er konnte ihm den Rückzug nach Wien sehr leicht verlegen. Die Lage Oesterreichs war sehr schlimm. Den Ungarn stand der Weg nach Wien offen. Zwar zogen aus Böhmen ꝛc. Verstärkungen heran; allein sie waren noch fern. Die russische Hilfe konnte gleichfalls erst in einiger Zeit erwartet werden.

Wie kam es nun, daß Görgey die zurückgehende österreichische Armee entschlüpfen ließ? Daß er sie nicht lebhafter verfolgte? Daß er genau an der ungarischen Grenze die Verfolgung einstellte? Daß er vier Wochen fast unthätig blieb, in der Zwischenzeit blos das ganz nutzlose Ofen wie zum Zeitvertreib erstürmen ließ? Daß er zusah, wie neue überlegene österreichische Heeresmassen sich gegen die Leitha wälzten, die Russen aber von Galizien her in Nordungarn einfielen? Daß er dann, von Westen und Norden her bedroht, langsam den Rückzug über Ofen antrat, ohne Aussicht auf einen großen Sieg?

Soviel Fragen, soviel Räthsel, wenn man Alles vom militärischen Standpunkt aus beurtheilt, der aber hier der falsche ist. Der richtige Standpunkt zur Beurtheilung Görgey's ist der politische und nationale.

Man hat Görgey einen Verräther gescholten, was er gewiß nicht war. Er sah nur politisch viel weiter, wie Kossuth mit seinem beschwindelten Magyarenthum sah. Auf seinem Vormarsch bis Komorn war Görgey Ungar. Von da an fiel er in die Rolle des Magyaren. Er war Magyar, indem er die Oesterreicher entschlüpfen ließ; er war Magyar, indem er nicht auf Wien marschirte; er war Magyar, indem er an der Grenze stehen blieb. Alle diese Dinge werden klar, wenn man fragt: „Was waren die Folgen eines Vormarsches der Ungarn auf Wien?" Hier beginnt ein furchtbares Etwas, das selbst den Phrasenmacher Kossuth ernüchtern und Görgey entschuldigen muß. Jene Folgen mochten sein, welche sie wollten: sie waren in den Consequenzen verderblich für das maskirte Magyarenthum. In demselben Augenblick, wo die Bewegung sich nach Wien fortpflanzte, traten ganz andere Mächte auf, und das Magyarenthum wurde trotz seiner Siege zur untergeordneten Macht. Man gab nicht mehr wie Alles aus der Hand, folglich auch die Hauptsache der ganzen Bewegung: den magyarischen Traum! Die Lawine rollte mit zehnfach verstärkter Gewalt wieder rückwärts auf die Magyaren — sie wären trotz demokratischer Devise und unter den Trümmern derselben Monarchie begraben worden, die sie eben gestürzt. Denn der Kampf war bereits zu einem Rassekrieg geworden, zu dem die Magyaren selber das Signal gegeben; und zuletzt wäre auch eine demokratische Regierung in Wien mit den aristokratischen Herrschergelüsten der Magyaren in Conflict gerathen auf Leben und Tod.

Das wußte Görgey. Die Beseitigung des Throns erledigte die Sache gar nicht. Sie rief aber neue ungeheure Kräfte auf den Kampfplatz, die ganz Ungarn überfluthet hätten. Die Beiziehung der Russen von Seiten Oesterreichs (übrigens ein großer politischer Fehler) beschleunigte nur die Abwicklung der Dinge, die somit, wäre Oesterreich allein geblieben, zuletzt denselben schiefen Ausgang genommen hätte. Es lag das eben im Zuschnitt aller tieferen und allgemeineren Verhältnisse. Damit ist bewiesen, daß selbst die unter den günstigsten Verhältnissen begonnene ungarische Erhebung von 1848 und 49 für die letzte Instanz ganz aussichtslos war. Und sie war aussichtslos, obwohl die Magyaren damals, gestützt auf das allgemeine europäische Revolutions-Fluidum, sowie auf die Fehler Oesterreichs, über eine Macht verfügten, die ihnen nie wieder zu Gebote stehen wird, schon aus dem Grunde, weil jetzt die Magyaren in nationaler Hinsicht noch viel schlimmere Despoten in Ungarn spielen, wie Oesterreich einst in politischer: die schrecklichen slavischen Aufstände gegen die Magyaren während jener Revolution in Ungarn selbst sind eine sehr schlechte Perspektive für das Magyarenthum! Das lag eben an der Kleinheit der Nationalität. Um einer großen Umgebung zum Trotz einen selbständigen Staat zu gründen, braucht man ein Volk, das dieser Umgebung mindestens gewachsen ist. Wäre Ungarn stark genug zu einem selbständigen Staat, so würde er sich schon vor Jahrhunderten von selbst gebildet und erhalten haben. Was damals nicht ging, ist jetzt vollends Chimäre; denn der politische Druck der großen Massen (zu denen aber die Paar Millionen Magyaren nicht gehören) hat sich nach den oben gegebenen Andeutungen jetzt vielleicht verzehnfacht gegen Mathias Corvinus Zeit! Ungarn hat nur die Größe einer Provinz. Das wird es auch bleiben, wenn es keinen Kaiser von Oesterreich mehr gäbe, ungeachtet alles Geflunkers mit Demokratie. Aber dieser Kaiser von Oesterreich kann der Provinz Ungarn gutwillig eine größere Selbständigkeit geben als ein großes demokratisches Deutschland ihr je anbieten würde.

Endlich verräth sich noch das Magyarenthum in der ungarischen Erhebung von 1848 und 49 durch die wahrhaft scheußlichen Gewaltthätigkeiten und Hinrichtungen, welche zahlreiche ungarische Agenten und Commissäre in allen Theilen Ungarns fast ausschließlich an Angehörigen anderer Nationalitäten, namentlich an Slaven und Deutschen, vollzogen. Die Zahl der durch solche magyarische Hetzjagd Umgekommenen beträgt viele Tausende. Das ganze Verbrechen derselben bestand gewöhnlich darin, daß ihr Herz nicht magyarisch schlug. Oft genügte die leichteste elendeste Angeberei, Jemand dieser sauberen Justiz zu liefern. Diese Schrift beweist, daß es einem Deutschen, Slaven ꝛc. damals in Ungarn wohl möglich war, frei= sinnig zu sein, ohne sich aber der Revolution anzuschließen. So haben z. B. fast ausnahmslos die Sachsen in Siebenbürgen gehandelt. Ihr heutiger zäher Widerstand gegen die Entnationalisirungs=Versuche der Magyaren läßt erkennen, daß diese Deutschen es mit der Freiheit halten und daß bei ihnen das föderative Leben bedeutend ausgebildet ist. Sie werden also auch 1848 und 49 keine sonderlichen An= hänger des Absolutismus gewesen sein. Aber sie haben wahrscheinlich hinter der Larve der ungarischen Freiheit das häßliche Gesicht des Magyarenthums gesehen. Das war genug. Aus jenen niederträch= tigen Verfolgungen und Hinrichtungen der Magyaren folgt, was die Freiheitsphrasen dieser Nationalität zu bedeuten haben. Sie sind hoffentlich eine Warnung für künftige Fälle. Wenn später nach Nieder= werfung des Aufstandes österreichischerseits einige Dutzend Hinrich= tungen zu Arad ꝛc. stattgefunden haben, so wird sich gewiß Niemand darüber freuen. Aber wie steht es bezüglich der Humanität zwischen der absolutistischen österreichischen Regierung mit einigen Dutzend Opfern, die als Sühne zu betrachten sind, und der so= genannten demokratischen ungarischen Regierung mit einigen Tausend Opfern, die nur der magyarischen Gemeinheit und Wuth geschlachtet wurden??? Uebrigens fingen die Magyaren an; die Oesterreicher folgten blos nach.

Eine ungarische Erhebung wie damals wird sich nie wiederholen. Alle Verhältnisse sind dagegen. Vor Allem haben Oesterreich und die Magyaren die Rollen gewechselt. Oesterreich hat den Ma= gyaren in Ungarn fast ganz freie Hand gegeben. Sie ist so frei, daß die 5 Millionen Magyaren in Sprache, Nationalität und fast in allem Uebrigen die 9 Millionen anderer Nationalität in einer Weise knechten und unterdrücken, daß ohne das Vor= handensein österreichischer Truppen wahrscheinlich längst eine Revolution gegen die Magyaren ausgebrochen wäre, deren Zündstoff übrigens, neueren Nachrichten zufolge, fortwährend wächst, wie die Haltung der Kroaten seit Kurzem beweist. Von einer ungarischen Revolution wie 1848 und 49 kann also für künftig keine Rede sein. Dafür haben die freigelassenen Herrschergelüste der Magyaren seit 3 Jahren hinlänglich gesorgt. Genau betrachtet, sind sogar die 5 Millionen Magyaren schon jetzt in der Defensive gegen die 9 Millionen ihrer Kronländer. Also nicht Oesterreich, sondern das Magyarenthum hat jetzt da unten die Revolution zu fürchten. Die Magyaren haben sich durch ihr brutales Herrschersystem nicht nur die Hände, sondern auch die Füße gebunden. Erkenne man das doch endlich in Wien, um sich nicht mehr vor einer — Vogelscheuche zu fürchten! Das Magyarenthum ist nicht einmal stark genug, ohne Oesterreich's Hilfe seine sogenannten Kronländer zu behaupten; noch viel weniger kann es wie 1848 und 49 diese Kronländer, die es gegen sich selbst erbittert hat, mitnehmen zu einem gemeinsamen Gange gegen Oesterreich! Der Plan wäre selbst für den dummen Kossuth zu dumm.

Uebrigens hat auch die deutsche Demokratie keine Erhebung der Magyaren mehr zu wünschen. Einestheils kann, wie hundertfache Erfahrung bestätigt, die Freiheit nie von so kleinen Mittelpunkten aus erobert werden, wenn die größeren Ländermassen in Unthätigkeit verharren. Aber diese Schrift giebt wohl auch Aufschluß, wie es mit der vorgeschützten Freiheit der Magyaren aussieht. Jene Demokratie sollte schon dadurch stutzig werden, daß die Magyaren (ganz ähnlich wie die Czechen) ihre Freiheit nie in föderativem Sinne nehmen. Wären die Magyaren wirkliche Freiheitsmenschen, so würden sie sich mit ihrer eigenen Freiheit begnügen, d. h. der Freiheit ihres Nationalgebietes von 5 Millionen Menschen. Sie würden dann die nämliche Freiheit den Deutschen, Slaven ꝛc. gönnen, die auf anderen Gebieten Ungarns die Mehrzahl bilden. Allein so meinen die Magyaren die Freiheit nicht. Sie verlangen das Recht, die 9 Millionen anderer Nationalitäten zu beherrschen, als wäre jeder einzelne Magyar ein König! Kann es eine scheußlichere Profanation der Begriffe „Demokratie" und „Freiheit" geben? Ein Volk, das so denkt, steht Louis Napoleon, Bismarck und den norddeutschen Junkern viel näher, wie dem zahmsten Fortschrittsphilister! Wenn aber je wieder von einer ungarischen Demokratie die Rede ist, so hat künftighin die Welt zu — lachen! Sollte sich je unter den 5 Millionen magyarischen Junkern ein wirklicher Demokrat finden, so verdiente er, daß man ihn als ungeheure Rarität im Glaskasten sehen läßt. Auf die Freiheitsphrasen ist nicht das Mindeste zu geben; auch der Junker ist für die Freiheit der Selbsthilfe und der Prügel. Dazu kommt, daß sich ein politischer Druck, der von einer Dynastie oder von einer Regierung ausgeübt wird, viel leichter ertragen läßt, wie ein nationaler Druck, den 5 Millionen verkommene rohe Asiaten auf 9 Millionen anderer Nationalitäten ausüben, von denen ein

8

großer Theil einem hochstehenden Kulturvolk angehört. Die Frei=
heit der 5 Millionen Magyaren ist die verstärkte
(weil national gewordene) Knechtschaft von 9 Millionen
Deutschen und Slaven. Jene Freiheit ist deshalb keine
Freiheit. Sie führt aber sicher zur Barbarei und
zum allgemeinen Despotismus (besonderer magyarischer
Despotismus ist sie schon), da sie durch Unterdrückung der
deutschen Schulen ꝛc. eine Finsterniß anbahnt auf Jahr=
hunderte hin.

Bedenkt man außerdem, daß jetzt die allgemeine Wehrpflicht den
Gesammtstaat Oesterreich wesentlich gestärkt hat, während in der
Revolution von 1848 und 49 Ungarn ausschließlich von dieser
großen Hilfe Gebrauch machte, was Oesterreich numerisch sehr be=
nachtheiligte und auch die Herbeiziehung der russischen Hilfe bewirkte;
daß Oesterreich 1848 und 49 gleichzeitig in Italien schwer be=
schäftigt war, welche Last dasselbe nun nicht mehr drückt; daß die Ma=
gyaren heute nicht wie damals über 80,000 Mann Nationaltruppen,
die sich im Lande befanden, verfügen; daß sie noch weniger Herren
verschiedener wichtiger Festungen auf dem ungarischen Kriegsschauplatz
sind, namentlich von Komorn, ohne dessen Besitz allein jede ungarische
Revolution von vern herein völlig aussichtslos ist, weil sie dadurch
zur strikten Defensive verurtheilt wird; daß die österreichische
Regierung sich nach 1850 einen großen Theil der Bevölkerung
Ungarns zur Erkenntlichkeit verpflichtete, indem sie die Bauern viel=
fach von dem ehemaligen Druck des Adels befreite; endlich, daß schon
ein flüchtiger Blick in das heutige Regierungs= und Parthei=Treiben
der Magyaren, sowie hinter die Coulissen ihrer Presse, (im theil=
weisen Gegensatz zu 1848 und 49) die völlige, wahrhaft er=
schreckende Abwesenheit aller tieferen sittlichen und moralischen
Kräfte erkennen läßt, ohne die eine so kleine Nationalität nicht ein=
mal ihr eigenes Nationalgebiet dauernd behaupten, noch viel we=
niger aber die räumlich, mehrfach sogar durch Kultur und Volkskraft
weit überlegenen fremden Nationalgebiete der Umgebung auf natür=
liche Weise auch nur kurze Zeit beherrschen kann: so ergiebt
sich daraus mit mathematischer Gewißheit die voll=
ständige Ohnmacht und Hilflosigkeit des Magyaren=
thums. Was dieses Magyarenthum über die Grenze des eigenen
politischen und nationalen Geduldetseins hinaus leistet, leistet es
mit fremder, d. h. mit gesammtösterreichischer Kraft. Kann es einen
größeren politischen Wahnsinn geben als den: dem an sich ganz
ohnmächtigen Magyarenthum mit österreichischer Hilfe
das Ansehen und die Bedeutung eines Halb=Staates

zu verschaffen, damit es dann, zwanzigfach teuflischer wie der Teufel selber und Undank zum Danke stem= pelnd, dasselbe Oesterreich zerstören hilft???

Den Magyaren gehört also nicht einmal das eigentliche Ungarn mit 11 Millionen Einwohnern, wovon 5 Millionen Magyaren; noch weniger gehören ihnen die sogenannten Länder der ungarischen Krone mit 14 Millionen Einwohnern, wovon nicht ganz 5½ Millionen Ma= gyaren. Nebenbei bemerkt: ist es nicht hochkomisch, daß diese Ma= gyaren, die sich für Demokraten und Freiheitshelden ausgeben, zur Motivirung ihrer Unterdrückungs= und Herrschergelüste sich auf alte dynastische Pergamente 2c. berufen, die vor Jahrhunderten ge= schrieben sind, und woraus sie ein Scheinrecht für ihre Oberhoheit ableiten wollen? So ist es mit dem Titel der Länder ungarischer, aber auch mit dem böhmischer Krone. Zum Henker mit einer solchen asiatischen After=Demokratie, die zu ihren An= schlägen und Zukunftsplänen — fürstliche Archive braucht!

Die Magyaren herrschen unter der Phrase der Freiheit, doch zum notorischen Ruin der Kultur wie der Freiheit Anderer im eigent= lichen Ungarn, noch mehr aber in den Ländern der ungarischen Krone, mit — — — geliehenen österreichischen Bajonetten. Man entziehe ihnen diese Bajonette: und es ist ein Raubstaat weniger auf der Welt . . . Die Raubstaaten Algier, Tunis und Tripolis sind zur Freude der Menschheit untergegangen; aber sie tauchen an anderer und viel gefährlicherer Stelle als Magyaren= und Czechen= staaten wieder empor . . .

Zum höchsten Erstaunen wird man hingerissen, überdenkt man die Rolle, die bei dieser Gelegenheit Kossuth spielt. Um diesen Mann zu begreifen, dazu genügt ein irdischer, menschlicher Stand= punkt nicht; wahrscheinlich ist der richtige Standpunkt auf dem — Mond. Der Mann will einen selbständigen Magyarenstaat gründen (den er zur Täuschung Anderer freilich auch Ungarn benennt; aber er weiß gar nicht, welche Elemente zum Aufbau eines Staates gehören. Sonst müßte er die ganz unbeschreibliche Verrücktheit seines Strebens sogleich erkennen. Er würde schon aus Scham, sich in der Geschichte und bei der Nachwelt als größter Narr der Zeit zu brandmarken, von seinen entsetzlichen Phantasieen ab= stehen. Der Magyarenstaat Kossuths ist, wie diese Schrift hundert= fach dargethan hat, (von einer Menge anderer Gründe abgesehen) schon eine reine Ziffern=Unmöglichkeit. In demselben Augen= blick, wo Kossuths unsterblicher Blödsinns=Plan einer Zertrümmerung Oesterreichs in Erfüllung geht, stehen die 5 Millionen

8*

Magyaren nach Osten 54 Millionen Germanen, nach Norden aber 50 Millionen Russen gegenüber!!! Es ist gleichgültig, welche Regierung in Wien existirt. Klar ist aber, daß eine Explosion, wie die Zertrümmerung Oesterreichs, sofort colossale Völkergeschiebe in Central- und Nord-Europa in Bewegung setzt. Und da sollen sich die 5 Millionen Magyaren (die sich in der Zwischenzeit durch ihr Entnationalisirungs- und Unterdrückungs-System noch den grünblichen Haß der Germanen und vieler Slaven aufgeladen haben) unversehrt erhalten, ja, da soll, damit Kossuth placirt werde, Raum sein für einen Magyarenstaat??? Nicht auf vier und zwanzig Stunden! Diese Kossuth'sche Idee ist so grandios verrückt, daß sie nur so lange wie ein Papierdrache in der Luft des Traumes schwebend erhalten werden kann, als man sie nicht verwirklicht. Sowie man sie thatsächlich ausführen will, bricht sie in ihrer eigenen Unnatur und Ungeheuerlichkeit sogleich zusammen; denn sie ist ja durch und durch eine colossale Verneinung aller großen logischen, historischen und selbst physischen Naturgesetze! Nur ungebildete und denkfaule morgenländische Völker glauben an solchen Spuk. Die Idee ist wie ein ausgestopfter Hasenbalg, den man Kindern zum Spielen giebt. Diesen allerdings läßt sich weißmachen, daß das Ding einmal lebendig werden könnte. Daß viele von den Magyaren diesen Kinderglauben haben, konnte den Reichskanzler von Beust allein unterrichten, wen er hier eigentlich vor sich habe.

Wie Alles auf Erden, läßt sich auch das politische Delirium Kossuth's auf Gründe zurückführen. Höchstwahrscheinlich weiß der Mann gar nicht, wie viel Magyaren es in Europa giebt. Bekanntlich gehören die Magyaren zu den allerkleinsten Nationalitäten, die überhaupt vorhanden sind. Sie sind der größere Theil vom finnischen Stamm, der in Europa ec. zusammen nur $9^1/_2$ Millionen Menschen zählt. Die nationalen Brüder der Magyaren sind die Finnen, die Lappen, die Permier und die Wolga-Finnen. Man erkennt hieran sofort, daß die Magyaren kein Kulturvolk, daß sie tiefstehende, zur Barbarei neigende Asiaten sind, die höchstens für die europäische Kultur dankbar sein, nicht aber sie bekämpfen sollten. Eigentlich gehören sie gar nicht nach Europa. (Mit den Czechen ist es ähnlich, wie ihre Verwandtschaften in — Moskau beweisen.) Man lese in den Reisebeschreibungen die schauderhaften Schilderungen, die von den obengenannten, aus demselben Holz geschnitzten Brüdern der Magyaren gemacht werden: und man erkennt, was die Magyaren der Berührung mit deutscher Kultur verdanken, die sie jetzt verfolgen. Gerade in dieser Verfolgung liegt aber das sichere Prognostikon ihres nationalen Unterganges!

Kossuth, der sammt Deak, Andrassy und anderen Kern-Magyaren ohne die Deutschen eben noch so eine Art Permier oder Wolga-Finne wäre, wird diese wichtigen Sachen schwerlich kennen. Er wird auch nicht wissen, daß er seine Hoffnung auf 5 Millionen Magyaren setzen muß. Möglicherweise hilft er sich bei seinem Exempel damit, daß er sich selber für 20 Millionen rechnet. Das wäre ächt magyarisch, und machte mit einem Schlag 25 Millionen aus! Dann ließe sich schon eher Etwas unternehmen. Es sieht aus, als schlügen wirklich sehr viele Magyaren Kossuth zu 20 Millionen, die ganze „grrrrrunde nation" aber zu 25 Millionen an. Das erklärte auch plötzlich die große Feindschaft der Magyaren gegen die deutschen Schulen. Denn in diesen Schulen lernt man richtige Ziffern; der ganze Magyarenschwindel aber ist auf die Dummheit der Massen gebaut. Ist denn Niemand so barmherzig, Kossuth und gewissen Reichstags-Abgeordneten in Pesth eine deutsche Kinderfibel zu senden, damit sie endlich erkennen, wie unsäglich klein und schwach das von der europäischen Kultur nur geduldete magyarische Häuflein ist, das einzig der Gesammtstaat Oesterreich vor der unvermeid- lichen nationalen Zermalmung zwischen 54 Millionen Germanen und fast eben so viel anderen Nationalitäten schützt?

Es kann keinen furchtbareren Hohn auf einen sogenannten Volks- mann geben wie diesen: Kossuth will Oesterreich zerstören. So lange er das nicht vermag, ist er mit seinen Phantastereien geborgen. So wie er aber seine Absicht erreicht, ist es mit ihm vorbei und mit seinen politischen Gaukeleien dazu ... Vielleicht erklärt eben auch bei Kossuth das Asiatenthum und die Rasse solche uns ganz unbegreifliche Ausflüsse eines menschlichen Gehirns!

Jedes edeldenkende und feinfühlende Herz wird sich freuen, wenn den Heroen der Freiheit und des Rechts in der Geschichte ihr Denk- mal werde. Aber es müssen auch Heroen sein und keine mit Flittergold aufgeputzten falschen Götzen. Eine wahre Größe erkennt ihre Zeit. Sie drängt sich der Geschichte nicht auf. Schon ein berühmter Tragödist wird eher vom Publikum Abschied nehmen, bis man ihn als alten, gedächtnißschwachen Mann auf denselben Brettern auspfeift, wo er einst Lorbeeren gesammelt hat. Kossuth ist nicht rein. Das wiederhole ich, nachdem wahre ungarische Patrioten es behauptet haben. Er hat auch keinen historischen Inſtinct: ſonſt würde er, die Geſchichte in der Hand, erkennen, daß das Völkerſchickſal noch nie einen nah am Grabe ſtehenden hochbe= jahrten Mann unter zehnfach ſchwierigeren Umſtänden genau an der Stelle gewaltſam und mit Hilfe großer Ereigniſſe hob, wo es ihn 21 Jahre früher als geiſt= und körperkräftigen Mann fallen ge= laſſen hat ... Was dieſer ſogenannte Volksmann treibt, erregt halb Mitleid, halb Aerger. Koſſuth ſteht da wie mit dem Leierkaſten Europa's. Man hört immer die nämlichen Melo= dieen; es werden mechaniſch immer die alten Walzen gedreht, die ſchon ſeit Jahrhunderten im Kaſten ſtecken. „Ungariſche Kron= länder" ... Wie man nur den Namen noch ausſprechen kann, da Koſſuth ja den König von Ungarn entthronte ... Uebrigens war es wohl nicht ſo bös gemeint. Koſſuth iſt Alles, nur kein Demokrat.* Wenn man den Leierkaſten hört, denkt man an einen blinden Mann. Man möchte ihm ein Almoſen geben. Hört auf mit der Muſik ...

Das Magyarenthum mit ſeinen weit über die natürlichen Grund= linien der eigentlichen Nationalitätskraft hinausgreifenden Anmaßungen und Herrſcher=Gelüſten iſt Nichts wie eine große aufgetriebene Blaſe. Man ſteche hinein: es kommt Luft heraus, und das Ganze fällt zuſammen!

* Ich fuße hier zum Theil auf authentiſchen Berichten. Ein deutſcher Flüchtling, der ſich in den Jahren 1848 und 49 politiſch ſchwer compromittirt hatte, und der nach England fliehen mußte, wo er zehn Jahre lebte, hat mir Vieles über Koſſuth mitgetheilt. Dieſer Flüchtling, ein ſehr gebildeter Mann, der vorher Studien gemacht, war nämlich in London längere Zeit bei Koſſuth Hauslehrer. (Nebenbei bemerkt, ſieht man auch daraus, daß das Magyaren= thum das deutſche Wiſſen und die deutſche Bildung unter keinen Um= ſtänden entbehren kann.) Obwohl daſſelbe herbe Geſchick hier zwei Exilirte zuſammenführte, gab ſich nach der Erzählung des Flüchtlings Koſſuth doch nie anders, wie ein in den Wolken ſchwebender, erhabener Gouverneur von Ungarn. Er ſtieg trotz des gemeinſamen Elends nie auf das Niveau des Menſchlichen herab. Selbſt ſeine Umgebung, die Einrichtung ſeines Hauſes ꝛc. habe eine Art dynaſtiſchen Anſtriches gehabt. Der Flüchtling ſprach in den herbſten Ausdrücken von Koſſuths Stolz, Dünkel und angemaßtem Herrſcher=Hochmuth. Koſſuth iſt auch fortwährend in den Londoner Flüchtlings= kreiſen mißachtet geweſen. — Das Alles iſt ſehr natürlich. Jeder Ma= gyar iſt ja ein geborner Junker. Ihre Demokratie hat ſehr viel Aehnlichkeit mit der Pommer'ſchen und der Bismarck'ſchen! Sie wenden nur, um ihre Zwecke zu erreichen, oft demokratiſche Mittel an, was eben auch Bismarck zuweilen thut.

VII.

Der Ausgleich mit Ungarn. — Fünf Millionen Magyaren gegen vier und fünfzig Millionen Germanen. — Der Seiltänzer Blondin als Staatsmann in Wien.

Die österreichischen Staatsmänner haben schon viel Fehler gemacht. Allein es giebt deren, so lange Oesterreich besteht, nicht viele, die nach Bedeutung und Tragweite den letzten Fehler überträfen oder gleichkämen: dem Ausgleich mit Ungarn.

Vor Allem ist es eine niederträchtige Lüge, die Abmachungen mit den Magyaren einen Ausgleich zu nennen. Es ist der erste schwere Streich zur Zerstörung Oesterreichs als Gesammtstaat. Auch handelt es sich dabei gar nicht um Ungarn als Land, sondern um die Magyaren als Rasse. Oesterreich hat mit dieser Rasse als solcher paktirt. Die Magyaren hatten ja gar kein Recht und keinen Auftrag, im Namen Ungarns, das ihnen nicht, und im Namen der ungarischen Kronländer, die ihnen noch viel weniger gehörten, zu unterhandeln. Sie kamen als Nationalität, ließen sich die übrigen Nationalitäten Ungarns und der ungarischen Kronländer überantworten, um sie zu entnationalisiren und zu beherrschen.

Jener unselige „Ausgleich" ist also nicht einmal ein Ausgleich. Wohl aber ist er die staatsrechtliche Legitimation und die staatsrechtliche Aufmunterung desselben National-Zwiespaltes, den er beseitigen sollte!!!

Er giebt nicht nur einer Nationalität, welche die Freiheit ausschließlich national (in ihrem Sinne) deutet, eine Macht in die

Hände, welche man dem Gesammtstaat Oesterreich ab sp r a ch, indem man sie ihm eben ent riß; er ist auch ein verhängnißvolles Bei= spiel für die übrigen Nationalitäten, vom Gesammtstaat, ohne Rück= sicht auf sein Bestehen, zu erpressen, was irgend möglich scheint!

Dieser „Ausgleich" mußte verderblich wirken: nach rechts, nach links, nach Oben, nach Unten. Hätte er a n d e r s gewirkt, so wäre dadurch eine total verkehrte Staatsmarime als heilbringend erwiesen worden. Die Folgen sind schlimm; aber sie haben wenigstens d a s Gute, daß sie noch die Wirksamkeit höherer politischer Gesetze be= funden, an die man dann für die Folge mit um so mehr Zuversicht appelliren kann.

Schon in formeller Beziehung ist der Ausgleich ein Wider= sinn, der sich eigentlich von selbst um's Leben bringt. Der Gesammt= staat Oesterreich kann die Provinzen Ungarn und Böhmen morgen ganz aus dem Staatsverband entlassen, kann sie in der Eigenschaft völlig selbständiger Länder freigeben, um ihnen, als a u s l ä n d i s c h e und nun u n b e q u e m e Staaten, übermorgen den K r i e g zu erklären, wobei sich dann ihre B e r e c h t i g u n g zur Staaten=Eristenz sogleich zeigen wird; aber er kann die politischen und staatlichen Naturgesetze nicht wegbekretiren, indem er ein Staatengebilde mit z w e i K ö p f e n schafft. Alle lebendigen Dinge mit zwei Köpfen heißen — M i ß = g e b u r t e n. So ist es überall. Man zeigt sie als A u s n a h m e n für Geld, conservirt sie zuletzt in Spiritus und läßt sie als Belege dienen, daß die Natur sich auch hie und da einmal — v e r i r r e n kann. So lange es eine Geschichte giebt, hat man noch nie einen solchen doppelköpfigen Staat gesehen. Er ist eben ein l e b e n s u n = f ä h i g e s Monstrum. Als wenn es gegolten hätte, die s i a = m e s i s c h e n Zwillinge in's Staatliche überzutragen! Erkennt man nicht an diesen bedauernswerthen Geschöpfen, daß sie nur eristiren können, wenn sie sich z e h n f a c h als Brüder fühlen, wenn eins sich immer genau in Allem nach dem Andern richtet? Und die Ma= g y a r e n s c h l o s s e n d e n P a k t, n i c h t, u m d e m G e s a m m t = s t a a t z u n ü t z e n, s o n d e r n u m s i c h i h m z u e n t f r e m d e n!!!

Jene Zwillinge schuf übrigens die Natur schon von Haus aus; der Reichskanzler koppelte ein Staats=Individuum mit einem Körper= glied zusammen, von denen Beides schon vorher vorhanden war. Die Natur ist also in ihren Mißgeburten immer noch ungleich erhabener, wie Herr von Beust . . . An diesem staatlichen Monstrum ist auch keine Grenzlinie für die beiden Individuen zu finden; alle Versuche, sie abzuzirkeln, sind vergeblich. I n d e m N i c h t a u f f i n d e n d e r G r e n z l i n i e l i e g t j a e b e n d a s e i g e n t l i c h C h a r a k t e r i s t i s c h e d e s M o n s t r u m s selber! Es ist also nur logisch, wenn in den drei Jahren, die seit dem Ausgleich verflossen sind, die Unklarheit zwischen den beiden Theilen nicht ab-, sondern zugenommen hat.

Der Ausgleich gereicht den beiden Ministern, die ihn fertig gebracht, zur ewigen Schande, nicht nur vom politischen, sondern auch vom rein wissenschaftlichen Standpunkt aus. Der Reichskanzler Graf Beust und der ungarische Minister Graf Andrassy lassen sich „Staatsmänner" nennen. Der Ausgleich beweist aber, daß Beide keine Idee haben vom Staat! So ein Ausgleich ist nicht einmal in kleinen bürgerlichen Verhältnissen durchführbar; eine Großmacht muß auf die Dauer darüber zu Grunde gehen. Derlei staatsverderbliche Machwerke bringen nur elende politische Pfuscher zu Stande. Da ist auch nicht ein Merkmal daran, welches wirkliche Staatskunst verräth. Alle entscheidenden Factoren sind übersehen; dafür sieht es aus, als habe man die ganze Stoppelei nach dem Vorschlage ordinärer Zeitungsartikel gemacht.

Zunächst konnte ein „Ausgleich" zwischen Oesterreich und Ungarn principiell gar nicht stattfinden. Oesterreich ist ein Staat; Ungarn ist kein Staat, steht zu Oesterreich in dem Verhältniß der Provinz. Nur ebenbürtige Staaten oder politisch legalisirte Mächte schließen Vergleiche mit einander; nur sie können, und Oesterreich konnte Ungarn höchstens Concessionen machen. Was darüber hinausging, negirte Oesterreich als Gesammtstaat, war also an sich rechtsunverbindlich, weil es im Grunde selbst über die Competenz einer österreichischen (und auch ungarischen) Volksvertretung hinausging. Daß hier Dinge vorliegen, die jene Competenz unbedingt überschreiten, mag Folgendes beweisen. Wenn zwei unabhängige Staaten einen Vergleich schließen, der dem einen Staat Opfer auferlegt, so wird im Allgemeinen der eine Das an Macht rc. gewinnen, was der andere verliert. Beim Ausgleich mit Ungarn hat man aber ein noch viel scheußlicheres Resultat. Oesterreich ist dadurch als Gesammtstaat ungemein geschwächt worden, ohne daß dafür Ungarn auch nur entfernt (in staatlich-selbständigem Sinne) um eben so viel gewonnen hätte. Die ganze Procedur ist also staatsvernichtend. Das liegt eben daran, daß Ungarn bei dem Vergleich als eine Art selbständiger Staat figurirt, der es doch entfernt nicht ist. Keine Volksvertretung hat das Recht, sich zu solchen Betrügereien herzugeben. Schon die gewöhnlichste Kaufmanns-Praxis zeigt das Unsinnige des Paktes mit den Magyaren. Diese sind im europäischen Sinne und politisch so zu sagen nicht wechselfähig, da sie keine Armee, keine Festungen rc. haben, für sich allein auch gar keinen selbständigen Staat bilden können. Oesterreich hat unklugerweise die Unterschrift der Magyaren in vielen Dingen für die seinige er-

klärt. Das muß bei der Wirthschaft der Magyaren zum gemein=
schaftlichen Bankerott führen. Am deutlichsten sieht man dies aus
dem Verhältniß der 9 Millionen anderer Nationalitäten in den
ungarischen Kronländern, welche die 5 Millionen Magyaren keine
acht Tage niederhalten könnten, stünde nicht Oesterreich hinter ihnen.
Oesterreich wird also hier gegen sein eigenes nächstes
Interesse Mitschuldiger bei diesem nationalen Des=
potismus!

Das eigentliche Grundverderben des „Ausgleiches" besteht
aber darin, daß dadurch die Großmacht Oesterreich mit der Provinz
Ungarn, die Kultur mit der Nichtkultur, die politische Macht mit der
politischen Ohnmacht, das hochstehende und starke germanische Element
mit dem niedrigstehenden und schwachen magyarischen Element, die
nationale Toleranz mit der nationalen Intoleranz, die Knechtschaft
Vieler mit der Freiheit Weniger, die Freiheit überhaupt mit der
Pseudo=Freiheit einer rohen, sittlich und moralisch verfaulten Adels=
Clique, das Politische mit dem Nationalen, das Mündige mit dem
Unmündigen, die volkswirthschaftliche und gewerbliche Entwickelung
mit dem Rückfall in's Mittelalter, die Sicherheit der Landstraßen
mit der Organisation nationaler Räuberbanden, die Sittlichkeit mit
der Unsittlichkeit, die Ordnung mit der Corruption, die Gerechtigkeit
mit der Willkür, die Herrschaft des Bürgerthums mit jener des Adels,
endlich die Zukunft einer Großmacht mit der Gegenwart eines un=
bedeutenden Landes und Stammes vertragsmäßig auf eine
Linie gestellt wird. Dieser jammervolle „Ausgleich" ist ein
Faustschlag in's Gesicht der Humanität, ein Fußtritt für die Freiheit
selber, eine Ableugnung und Verhöhnung aller Grundsätze, auf denen
die Organisation eines großen Staates beruht, sowie eine Negation
aller höheren Gesetze der Geschichts= und Welt=Entwickelung. Er
setzt zu Gunsten seiner Dauer die Dummheit und Gefügigkeit der
Massen (den Magyaren gegenüber) voraus, ist also cäsaristischen
Ursprungs.

Sollte dieser Ausgleich Oesterreich nicht unbedingt schwer schä=
digen, so war vor Allem erforderlich, daß auch die Magyaren ihn
zu dem Zwecke schlossen, den Gesammtstaat dadurch neu zu kräftigen.
Ohne solche Absicht der Magyaren war der Ausgleich Unsinn, denn
er bewirkte dann das Gegentheil. Nun beweisen aber hun=
derte von Thatsachen, daß die Magyaren den Ausgleich
blos als einen Anfang betrachten, um sich von Oester=
reich ganz loszumachen. Man studire ihre Tagespresse, die
Reden ihrer Volksvertreter ꝛc. Alles läuft auf dieses Ziel
hinaus. Ihre völlige Gleichgültigkeit gegen das Geschick des Ge=

fammtſtaates in der gegenwärtigen Kriſis, ja, ihre beßfallſige Schaden=
freude, nicht minder ihr wahrhaft niederträchtiges und banditenmäßiges
Beſtreben, dieſe Verlegenheiten Oeſterreichs zu ihren Gunſten auszu=
beuten, ſind wuchtige Belege für die politiſche Falſchheit und die
politiſchen Hintergedanken der Magyaren. Nur die jetzige Kriſis nach
allen Seiten in Betracht gezogen: ſo benimmt ſich kein loyaler
Theil, wenn das Ganze derartige Gefahren bedrohen! Wer zwei
geſunde Augen hat, der ſieht das Tag für Tag; die Magyaren
nehmen ſich auch gar nicht die Mühe, ſich zu verſtellen.

Der unſelige Ausgleich beruht alſo öſterreichiſcher=
ſeits auf einem furchtbaren Wahn. Die Magyaren
ſind entſchloſſen, Ungarn mit ſeiner Hilfe von Oeſter=
reich loszureißen. Wer an ihre Loyalität und an ihre
Liebe für den Geſammtſtaat glaubt, iſt ein — Thor!
Genau Daſſelbe gilt von den Czechen!

Die ſchlimmen Folgen des Ausgleichs werden für Oeſterreich
weſentlich vergrößert durch den Umſtand, daß es dabei eine un=
civiliſirte, aſiatiſche Raſſe vor ſich hat.* Wer ſolchen Raſſen gegen=
über lediglich auf Vernunftgründe baut, wird ſich oft verrechnen.
Da hilft kein Predigen. Sie haben keinen Sinn für Ziffern, für
Beweiſe, für Logik, ſchlagen ſelbſt die ſchwerwiegendſten Thatſachen
leicht in den Wind, wenn ſie ihnen unangenehm, klammern ſich ver=
zweiflungsvoll an lächerliche und verderbliche Illuſionen, die ihnen
theuer ſind. Für ſie giebt es nur zwei maßgebende Factoren:
Autorität und Furcht. — Wehe Dem, der ſie anders
nimmt!

Genau Daſſelbe gilt wieder von den Czechen!

Jene ſchlimmen Folgen des Ausgleichs wären zu Gunſten Oeſter=
reichs weſentlich gemildert worden, wenn an Stelle der Magyaren

---

* Wie herb viele Urtheile dieſer Schrift oft auch ſind: ſie beruhen alle
entweder auf unumſtößlicher Wiſſenſchaft oder auf notoriſchen Thatſachen. Zum
Ueberfluß liefern die Magyaren ꝛc. Einem ſelbſt mehr Material, als man
braucht und als man verwenden kann. So hat vor Kurzem ein ſogenannter
ungariſcher Profeſſor einen tiefſinnigen Vortrag über die Analogie der ma=
gyariſchen Sprache zu unſerer und zu Attila's Zeit gehalten.
Der Mann hat alſo bewieſen, daß die Magyaren in der Sprache ſeit 1420 Jahren
nicht vom Fleck gekommen ſind! Und Deſſen rühmen ſie ſich noch!
Wenn Das kein Aſiatenthum iſt, ſo giebt es keins. Das räumte übrigens ein
anderer ſogenannter ungariſcher Profeſſor (Dr. Polya) ein, der ebenfalls kürzlich
in der ſogenannten ungariſchen Akademie unter höchſt unklugen nationalen
Prahlereien einen Vortrag hielt über den aparten Bau des magyariſchen
Gehirns. Ganz recht! Das ſind eben die finniſchen, die aſiatiſchen
Schädel, die freilich ganz anders beſchaffen ſind, und die auch ganz
anders behandelt werden müſſen, wie die germaniſchen!

— Deutsche gestanden hätten! Sie waren die einzige Nationalität in ganz Oesterreich, mit der so ein Shylok-Vertrag ohne Ruin des Gesammtstaates abgeschlossen werden konnte. Bei ihnen allein trat die Nationalität aus edlern Gründen in den Hintergrund; noch weniger wurde sie gemeine Waffe zur Unterdrückung anderer Nationalitäten. Bei ihnen allein kam der Bestand des Reiches zuerst in Frage; alles Andere stand zurück. Sie würden sogar, an Stelle der Magyaren, die Nothlage des Reiches lieber zum Anlaß genommen haben, ihrerseits auf Manches, was sie erzwingen konnten, zu verzichten, als daß sie das Reich im Ganzen geschwächt hätten. Wer das nicht glaubt, ist ein Hundsfott... In der Rolle, die beim Ausgleich die Magyaren gespielt, liegt politisch etwas Streichartiges und Gaunerhaftes. Es erinnert im Großen lebhaft an die neuliche Räubergeschichte bei Athen!

Uebrigens vollzieht sich schon bezüglich dieses Punktes am Reichskanzler von Beust eine schreckliche Nemesis. Dieser Reichskanzler nahm für seine unseligen Pläne die Deutschen in Oesterreich als Opfer, als Lockspeise für die rohen, gefräßigen andern Nationalitäten. Er ist von diesem Plan nie abgewichen. Jetzt erhebt sich für diese Deutschen ein eigener Racheengel. Die Pläne Beust's scheitern schmählig, und zwar lediglich deshalb, weil er, der Mißächter und Unterdrücker der Deutschen, die politischen, geistigen und moralischen Vorzüge derselben an ihnen selber praktisch nicht verwerthet, dafür aber dieselben Eigenschaften der Deutschen (die ihm wohlbekannt sind) bei den Magyaren, Czechen ꝛc. fortwährend voraussetzt. Jenes Nichtverwerthen einer schönen und nothwendigen Frucht an der Stelle, wo sie gedieh, dieses Voraussetzen der nämlichen Frucht an einer Stelle, wo sie absolut nicht gedeihen konnte: das ist der Zug der Vergeltung im Reichskanzler'schen Traum!

Die übrigen großen Nachtheile des „Ausgleichs", von denen schon jeder für sich einen gehangenen Minister werth ist, sind folgende: 1) Die Einheit des Reiches, ohne welche in ganz Europa kein Staat weniger wie Oesterreich bestehen kann, ist verloren gegangen. Daraus folgt ein fortwährendes Schwanken aller inneren Verhältnisse, was unter Zutritt der ohnehin zersetzenden nationalen Bestrebungen zu einer immer größer werdenden Schwächung des Gesammtstaates führen muß. Selbstverständlich wird gerade dadurch auch jede Kraftäußerung desselben nach Außen wesentlich beeinträchtigt. Um sein Steckenpferd reiten, um äußere Politik treiben zu können, begann der beschränkte Reichskanzler damit, sie von vorn herein unmöglich zu machen! Es giebt nur sechs Politik machende Staaten in Europa: England, Frankreich, Italien, Oesterreich, Preußen und Rußland; alle übrigen zählen nicht. Die Politik machenden sind sämmtlich centralisirt, bis auf Oesterreich, das sich seit dem Aus= gleich zum Dualismus, also zu einer Art Föderation, gewendet hat. Die Föderation vertragen ohne sonderliche Gefahr nur Republiken, zumal, wenn das Nationale als Bindemittel benutzt werden kann. Ist Letzteres nicht der Fall, so kann auch die Republik von der Föderation bittere Früchte erndten, wie der Sonderbundskrieg in der Schweiz und der Losreißungskrieg des amerikanischen Südens gegen die Union beweisen. Träten übrigens in der Schweiz und in der Union die Nationalitäten so geschlossen, abgerundet und anspruchs= voll auf, wie in Oesterreich Magyaren und Czechen auftreten, so würden beide Republiken aus Gründen der Selbsterhaltung unfehlbar zur Centralisation greifen müssen, um so mehr, wenn z. B. die Union große centralisirte Monarchieen wie Frankreich, Rußland ꝛc. zu Nach= barn hätte, von deren Bevölkerung gar ein Theil rassenverwandt wäre mit den Einwohnern des Freistaates. Auch hat kein Staat der Union und kein Kanton der Schweiz nur die Hälfte der staat= lichen Selbständigkeit, welche die Magyaren sich erschwindelt haben, und welche die Czechen sich noch erschwindeln wollen. Beide Re= publiken könnten nicht dabei bestehen. Wie die Dinge in Oesterreich und vorläufig noch in Europa liegen, mußte die Zerstörung der Staatseinheit für die Macht= stellung Oesterreichs nach innen und nach Außen höchst nachtheilig werden.

Es genügt, zu wissen, daß Ungarn seine eigene Regierung, sein eigenes Ministerium und seine eigenen Finanzen hat, um sofort zu begreifen, daß das keine Freiheit mehr ist, sondern halbe Losreißung vom Gesammtstaat. Wollte ein Staat der amerikanischen Union oder ein Kanton der Schweiz sich unter denselben eigenthüm= lichen Umständen (eine aufgeblasene Rasse als unbefugter Vormund eines Landes) derartige „Freiheiten" ertrotzen, so wäre die Ant= wort aus Washington wie aus Bern gewiß: „Krieg". Mit Recht würden diese Republiken folgern, daß einer Rasse, die sich nicht mit der eignen Freiheit begnügt, die im Gegentheil dynastische Erb= und Herrscherrechte über andere Nationalitäten geltend machen will, Nichts an der Freiheit und am Gesammtstaat liegt. — Und die in viel schwierigerer Lage befindliche Monarchie Oesterreich soll sich derartige Gaunerei gefallen lassen?

2) Die Einheit ist nicht mehr da; folglich ist auch der Begriff „Vaterland" schwer geschädigt worden. Das will viel heißen bei der ungleichen Zusammensetzung und Bildungsstufe der Nationalitäten in Oesterreich, besonders dann, wenn der Gesammtstaat große An=

ſtrengungen nach Außen machen muß. Jetzt ſuchen Magyaren, Czechen ꝛc. ihr eigenes Vaterland in ihrer Nationalität: der beſte Beweis, daß der Geſammtſtaat die Koſten dieſer Hirngeſpinſte bezahlt. Die Geſchichte lehrt, wie ſchwer es iſt, rohe, ungebildete Völkerſchaften für bedeutende Kraftleiſtungen zu brauchen, deren höherem Zweck nationale Sondergelüſte und Sonderchimären entgegenſtehen.

3) Der „Ausgleich‟ ſchließt ſogar in gewiſſem Sinne die Un=möglichkeit einer ſtreng conſtitutionellen Regierung ein. Das liegt an der Unbeſtimmtheit der Grenze zwiſchen der beider=ſeitigen Competenz. Hier giebt es immer einen neutralen Boden für Willkür, die der Reichskanzler (noch mehr aber der ungariſche Miniſter=präſident Graf Andraſſy) trefflich benutzt. Dieſer hat ſich hier eine Lage geſchaffen wie jene Beduinenſtämme zwiſchen Algier und Tunis, mit denen die Franzoſen nach der Beſitznahme Algier's in Berührung kamen. Forderten die Franzoſen Tribut von den Beduinen, ſo be=haupteten dieſe, ihr Gebiet gehöre noch zu Tunis; begehrte aber Tunis den Tribut, ſo meinten die Beduinen, ihr Boden gehöre zu Algier. So waren ſie ſteuerfrei, wenigſtens half der Schwindel eine Weile. Das wahrhaft Schändliche der Sachlage beſteht namentlich darin, daß der Kaiſer von Oeſterreich hier große perſönliche Opfer gebracht, daß er auf ſeine Willkür beinahe vollſtändig verzichtet hat, daß aber demungeachtet die frühere Willkür vielfach fortbeſteht, ja, daß ſie dem Ausgleich nach, fortbeſtehen muß. Die Opfer, welche der Kaiſer von Oeſterreich brachte, haben weder ihm, noch (was die Hauptſache iſt), dem Volk im Allge=meinen, viel genützt. Man betrachte die vage Grenzlinie der Com=petenz zwiſchen beiden Reichshälften: und man wird finden, daß ſie ewig ein Tummelplatz für Willkür ſein wird, was gar nicht zu ändern iſt; die Willkür wird nun aber von untergeordneten Perſonen, ſelbſt von ehrgeizigen, unreifen Peſther Partheiführern und Schreiern, die ſämmtlich nicht das Volk ſind, ausgeübt.

4) Der „Ausgleich‟ iſt eine Art Prämie für ſchlechte Volks= oder Nationalitäts=Eigenſchaften. Sie wird zur Aufmunterung dienen. Die Deutſchen in Oeſterreich hatten gewiß ſeither das Meiſte für den Geſammtſtaat gethan; ſie hatten auch das beſte Verſtändniß hinſicht=lich der Reichs=Bedürfniſſe an den Tag gelegt; endlich hatten ſie als ungleich höherſtehende und gebildete Nationalität die frühere Miß=regierung und Reaction in Oeſterreich viel mehr gefühlt und be=dauert, wie die andern Nationalitäten (der Gebildete empfindet den Abgang gewiſſer Kleidungsſtücke weit ſchmerzlicher, wie ein Holz=hacker oder der Neger). Dennoch kümmerte man ſich um die Deutſchen gar nicht: der beſte Beweis, daß die ganze Reform von grundfalſchen

Marimen ausging. Man wendete sich nicht an die Nationalitäten, welche die Freiheit am nöthigsten hatten und die sie am besten verwenden konnten, sondern an die, welche am lautesten tobten und brüllten, also zunächst an die Magyaren. Dadurch wurde das Toben und Brüllen selber, sowie der allgemeine Dispens vom Begreifen der Staats=Nothwendigkeit, zum allerneusten staatsrechtlichen Grundsatz in Oesterreich gemacht. Natürlich muß die Sache nun um so mehr ihren Fortgang haben! Die ganze Geschichte war wie eine Waffelbude, wo diejenigen ungezogenen und zerlumpten Buben die ersten Stücke bekommen, die am gemeinsten schreien und lärmen können.

5) Der „Ausgleich" läuft nicht auf Volksfreiheit im Ganzen, sondern auf Rassenherrschaft hinaus. Er ist also gerade vom Standpunkt der Demokratie aus durch und durch verwerflich. Mit Hilfe dieses Ausgleichs werden 9 Millionen nichtmagyarische Nationalitäten durch 5 Millionen Magyaren förmlich beherrscht. Die furchtbare volksfeindliche Wirkung des Ausgleichs geht am besten daraus hervor, daß die Magyaren, obwohl etwa nur $1/3$ der Gesammtbevölkerung ausmachend, mit Hilfe eines scheußlichen Wahlgesetzes im ungarischen Reichstag stets die erdrückende Majorität besitzen, da dieses Wahlgesetz die andern Nationalitäten von der Wählbarkeit vielfach ausschließt, die Magyaren aber fast dreißigfach begünstigt!!! Nur ungarischer Adel ist wählbar!!! Die ganze Erde besitzt keinen größeren und niederträchtigeren Despotismus, wie diese magyarische — Freiheit... Man hat an die Stelle eines milden Despotismus, den Einer ausübte, der wenigstens das Ganze im Auge hatte, den Despotismus von 5 Millionen Asiaten gesetzt, die nur ihre Bornirtheit und Verblendung im Auge haben!

6) Der „Ausgleich" repräsentirt fortwährend einen unfertigen Staatszustand, weil eben, je nach den Plänen und Stimmungen hüben wie drüben, verschiedenen Auslegungen Raum gelassen ist. Daraus ergiebt sich in der Folge häufiger Anlaß zu Personen= und Ministerwechseln, was bei dem ohnehin schon vorhandenen mächtigen Pessimismus die Gefahren des Staates vermehrt.

7) Der ganze Dualismus ist überhaupt eine künstliche Maschine, die nur von bestimmten Personen leidlich im Gang gehalten werden kann. Ohne diese Personen stehen sogleich Stockungen bevor. Es ist ein Glück für Oesterreich, daß der Nordbund sogar in noch höherem Grade an diesem Uebel leidet. Dadurch wird das Uebel aber zu keinem Vortheil.

8) Der „Ausgleich" führt, seinem Namen zum Trotz, noth=
wendig dahin, daß nach und nach fast alle Theile dem Reich ent=
fremdet werden. Einestheils muntert er zu Losreißungsgedanken
auf (die äußerste magyarische Linke hält ihn für eine magyarische
Demüthigung, auch haben die Czechen seitdem ihre Forderungen höher
gespannt), anderntheils ist er für zahlreiche nichtmagyarische Natio=
nalitäten in Ungarn nur eine schändliche Druck=, Entnationalisirungs=
und Despoten=Presse, sodaß diese Nationalitäten alle Sympathie für
das Reich verlieren, gegen welches doch dieser Mephisto=Ausgleich
geschlossen ward!

9) Er bietet bequeme Handhaben für politische Intriguen des
Auslandes. Nebst verschiedenen andern Dingen und Thatsachen ist
die bekannte ungelesene gräfliche Wochenschrift in Pesth (mit preußischer
Tendenz), sowie das preußische General=Consulat in Pesth ein Beleg
hierfür.

10) Er kann Oesterreich zwingen, Aufstände niederschlagen zu
müssen, welche lediglich der magyarische Despotismus gegen andere
Nationalitäten hervorrief (Kroatien, Militärgrenze, Siebenbürgen ꝛc.)
Dann ist Oesterreich in der wundervollen Lage, zu Gunsten seines
Todfeindes seine Freunde bekämpfen zu müssen!!! Zu solchen
möglichen Unmöglichkeiten führt der elende Vertrag.

Schon zeigen sich Wolken an diesem Horizont. Die Rück=
wirkungen der österreichischen Wirren diesseits der Leitha auf Ungarn
sind unverkennbar. (Nebenbei beweist dies sehr drollig die aus
innerer Ohnmacht fließende totale Abhängigkeit aller magyarischen
Machtgebilde von einer gewissen, weit größeren Macht im Gesammt=
staat, die existirt, auch wenn Stockblinde sie leugnen wollen!) Die
Rumänen (Walachen) rühren sich schon. Es wird ihnen gerathen,
sich über die Köpfe der Magyaren weg (!) mit der Krone zu ver=
ständigen. In diesen Ländern kann überhaupt die südslavische Be=
wegung den Magyaren in Kurzem sehr gefährlich werden. Das
Schönste ist, daß Oesterreich dabei unmittelbar viel weniger zu be=
sorgen hat, wie die Regierung in Pesth, da eben der frühere öster=
reichische politische Absolutismus durch den magyarischen
nationalen Absolutismus und Despotismus abgelöst
worden ist. Man kann wohl behaupten, daß der Aufstand der Slaven
und Walachen Ungarns gegen die Magyaren nur deshalb noch nicht
ausgebrochen ist, weil Oesterreichs Macht hinter Ungarn steht. Ohne
diese Hilfe Oesterreichs (das sich dafür gleichwohl fast jeden Tag
von den Magyaren in der Presse und in der Kammer die größten
Flegeleien sagen lassen muß) wäre Ungarn längst eine Beute des

Bürgerkriegs! Das ist überhaupt die letzte Consequenz des genialen „Ausgleichs".

Desgleichen erheben sich drohende Wolken in Kroatien: einem andern sogenannten ungarischen Kronland, auf das die Magyaren ja so kostbare alte, ehrwürdige Rechte haben, von denen aber die Kroaten, die in ihrem eigenen Hause Herr sein wollen, leider keine genaue Kenntniß haben. Eine Art gelinden Bruches zwischen den Magyaren und den Kroaten hat schon begonnen. Im kroatischen Landtag wurde jüngst nur mit Mühe der Versuch abgewehrt, die im ungarischen (?) Reichstag befindlichen kroatischen Delegirten wegen Zustimmung zu gewissen Maßregeln zur Verantwortung zu ziehen. Zuletzt brach aber doch eine Revolte gegen Ungarn aus, indem das von der ungarisch-kroatischen Legislative in Pest beschlossene Gesetz über die Verzehrsteuer mit 42 gegen 10 Stimmen abgelehnt wurde. Da hat man nur den Anfang. Das Ende wird noch viel schöner sein! Das Alles ist um so auffallender, als Ungarn ausnahmsweis Kroatien=Slavonien eine größere nationale Selbständigkeit gegeben hat. Während in Ungarn die nichtmagyarischen Beamten vertrieben wurden, correspondirt die Pesther Regierung mit den kroatischen Behörden (von denen nur wenige kroatisch verstehen), bezeichnend genug, — — — deutsch!

Die Magyaren mögen den gegen sie gerichteten grauenvollen Aufstand der Walachen im Jahre 1848 unter dem Erzbischof Schaguna nicht vergessen. Wenn das damals möglich war, wo Oesterreich den Absolutisten spielte: was wird künftig möglich sein, wo die Rollen nahezu vertauscht sind, wo nun das Magyarenthum den Absolutisten spielt, und zwar den schlimmeren, nämlich den nationalen?

11) Der Ausgleich schwächt die Macht der Regierung Oesterreichs in hohem Grade, ohne daß dies im Geringsten einen Nutzen abwürfe für die eigentliche Volksparthei oder gar für die Demokratie, weil alle Concessionen nur an die Rasse gemacht wurden, die sie wieder in Bezug auf die Rasse verwendet. Hier wird eben an Stelle des politischen Druckes, den eine einzelne Regierung ausübt, der tausendfach schlimmere und moralisch verwerflichere Despotismus einer stupiden, fanatischen Nationalität gesetzt, die sich zur Beschönigung dieses Despotismus nicht einmal auf Gründe der Staatsnothwendigkeit berufen kann, der hierbei im Gegentheil viele solcher Gründe entgegenstehen, die unter der schamlosesten Profanation des Begriffes „Freiheit" den Cäsarismus zur nationalen Tugend erhebt und die, jedes politischen Fernblickes, ja sogar jedes politischen Verstandes bar, bei ihren Anläufen und bei

9

ihren Zukunftsplanen Alles für möglich hält, was sie überhaupt
wünscht.

Oesterreich hat sich dadurch in eine furchtbare Lage gebracht, es
hat sich so zu sagen mit doppelten Ruthen gepeitscht. Es fügte sich
nicht nur selbst unmittelbar den größten Schaden zu, sondern es
handelte auch schlecht, indem es, um mit 5 Millionen aufgeblasenen
Magyaren Frieden zu haben, diesen 9 Millionen anderer Nationalitäten wie eine Heerde Rindvieh preisgab. Zum Ueberfluß waren
die 9 Millionen weit bessere Reichselemente, wie die 5 Millionen
Magyaren; weiter haben die unerhörten Concessionen die 5 Millionen Magyaren (wie das ganz von selbst aus ihrem Asiatenthum
folgt) nur noch bockbeiniger und frecher gemacht; endlich haben jene
Concessionen dem Ansehen des Gesammtstaates nach allen Seiten
sehr geschadet. Schwere Fehler machen und unsinnigerweise den
Schein der Schlechtigkeit auf sich laden (die großen Opfer bewiesen,
daß es nur Schein war), auch noch drei Ohrfeigen hinter einander:
das ist zu viel für eine Großmacht ... Auch der entschie-
denste Demokrat wird seine demokratischen Maximen nicht dahin aus-
dehnen, daß er z. B. seine 5- und 6jährigen Kinder mittelst Stim-
menmehrheit über die Führung des Haushaltes, über die Wahl des
Mittagessens 2c. entscheiden läßt. Für ihn fangen, ist er ein
tüchtiger Erzieher, in der Familie die Grundrechte erst dort an, wo
die Kinderstrafen aufhören. Er kann sogar hie und da zum spanischen
Rohre greifen, ohne seine Eigenschaft als Demokrat zu verlieren.
Oesterreich soll nach den Grundsätzen einer Hyper-Demokratie regiert
werden. Es soll als Familie leben, streben, essen und trinken, wie
der Majoritätsbeschluß 3-—5jähriger Kinder-Nationalitäten weise ermittelt hat ... Daß die Magyaren, die Czechen 2c. solche Kinder-
Nationalitäten sind: das lehren ihre Tagesblätter, ihre Club- oder
Parlamentsredner; das lehren ihre Wünsche, ihre Hoffnungen, ihre
Anschläge, ihre politischen Augen- und Gesichts-Verzerrungen. Selbst
ein demokratischer Vater zöge hier in seiner Noth langen Decla-
mationen einen Riemen oder eine Haselstaude vor!

Sogar materiell ist Oesterreich durch den „Ausgleich" schwer
geschädigt, wo nicht förmlich betrogen worden. Die ungarischen
Kronländer enthalten 14, das übrige Oesterreich enthält 22 Millionen
Einwohner. Diesen Ziffern entsprechend, müßte zum gemeinsamen
Budget Ungarn 39, das übrige Oesterreich aber 61 Millionen bei-
tragen. Ungarn zahlt aber nur 30 Procent, sodaß das übrige Oesterreich mit 70 Procent belastet ist. Noch viel ärger ist es bei der
Staatsschuld, zu deren Zinsen Ungarn nur 30, das übrige Oesterreich aber mehr wie 90 Millionen beiträgt. Und bei alle Dem noch

eine zur Schau getragene Unzufriedenheit der Magyaren mit dem „Ausgleich"! Bei alle Dem die Frechheit, die Anmaßung, der Dünkel, die Jupiter-Beräucherung der Magyaren, ihr Pfauen-Hochmuth, ihre dumm-lächerliche Einbildung, sie seien die Herren und Meister des Reichs! Der ganze Ausgleich ist ein elender Juden-Handel, ein Shylok-Vertrag, und die Quoten-Vertheilung ist es auch. Die frühere Mißregierung und Reaction in Oesterreich war ein gemeinsamer Zustand, an dem gerade die nichtdeutschen Elemente durch ihre Beihilfe den größten Antheil haben. Wie kommen die Magyaren dazu, namentlich auf die Deutschen abzuladen, was auch ihr brüderliches Werk ist? Schon um der ungarischen Räuberbanden willen, die Oesterreich seit Jahrhunderten gewiß ein arges Loch in den Beutel gemacht, müßte Ungarn eine viel höhere Quote zahlen!

12) Der Ausgleich ist magyarischerseits in seinem letzten Absehen gegen das Germanenthum gerichtet. Man sieht es an den Bestimmungen des Ausgleichs an sich; nächstdem haben aber ganz neuerdings die Magyaren es unverblümt ausgesprochen. Magyarische Blätter declamiren fortwährend ohne Scheu und Scham, „daß man gerade im Ausgleich einen Riegel habe schaffen wollen gegen alle Versuche Oesterreichs, sich in die süddeutschen Verhältnisse einzumischen."(!) Das nämliche kecke Vorgehen Bismarck's gegen den deutschen Süden, zumal gegen Württemberg, beweist auch, daß die magyarische und czechische „Freiheit" ihren Zweck erfüllt: ohnedem würde Bismarck Das schwerlich gewagt haben. Als 3- bis 5jähriger Kinder-Nationalität muß man den Magyaren ihre Bornirtheit wegen Süddeutschlands schon ein wenig zu Gute halten. Als Kinder können sie freilich nicht wissen, was Erwachsene wissen: daß von da an, wo Preußen sich am Inn festsetzt, auch für das Magyarenthum die letzte Stunde bald geschlagen hat. Die Magyaren mögen einmal ihren General Klapka über diesen wichtigen Punkt befragen. Seine Antwort wird beweisen, daß er ausnahmsweis ein — Erwachsener ist! Hieran erkennt man eben wieder, daß die Magyaren (wie auch die Czechen) nur ganz untergeordnete, politische Potenzen sind, weil sie sich allemal sogleich eigenhändig zu Grunde richten, wenn sie ihre nationalen Vortheile über eine bescheidene Grenze hinaus ausbeuten wollen. Eine wirkliche politische Potenz verfolgt ihren Vortheil weiter, vielfach unaufhaltsam bis zum letzten Punkt.

Noch nie hat ein Act größerer nationaler Unverschämtheit und Frechheit stattgefunden wie hier. Fünf Millionen verloren gegangener Finnen aus Asien, die es nur der Güte Europa's zu danken haben, daß sie überhaupt noch bestehen, und deren einzige Bestimmung ihre Feindschaft gegen die nämliche Kultur ist, die sie freilich mehr formell wie materiell etwas über ihre Brüder an der Wolga und in Lappland erhebt: dieses Völker-Häuflein ohne Moral, ohne Sitte, ohne Wissen, ohne wahre innere Kraft wagt es, in die Geschicke der vier und fünfzig Millionen Germanen hemmend einzugreifen, ja, wirft diesen Germanen den Fehdehandschuh hin! Natürlich ist den Magyaren, als einer Kinder-Nationalität, hier wieder etwas sehr Kindisches passirt, das ihre sehr kindische Logik erklärt. Alle tiefstehenden, ungebildeten Völker wie Magyaren, Czechen ꝛc. haben das Eigenthümliche, daß sie ihre Macht enorm überschätzen, daß sie auch ihre nationalen Träume, Illusionen und Hanswursterereien für leicht ausführbar halten, obwohl denselben das Zeichen des Unrealisirbaren an die Stirn geschrieben steht, daß sie dagegen die wirkliche Macht ihrer Feinde, sowie die praktische Realität, die ihren Hirngespinsten im Wege steht, über alle Maßen leicht tariren. Dieser Zug geht mit ungeheuerer Consequenz durch diese niedrig stehenden Völker in allen Verhältnissen. Er ist Das, was man bei kleinen Kindern während des Essens „große Augen und kleinen Magen‟ nennt. Im Grunde ist dieser Standpunkt dem Thierischen viel näher wie dem Menschlichen. Noch heute stehen Magyaren, Czechen, Polen, Slovenen ꝛc. in Oesterreich auf diesem Standpunkt, der nur ein negativer Ausdruck ist für ihren Mangel an Begabung und Kultur. Man kann ihn Confusion der politischen, nationalen und andern größeren Verhältnisse, oder besser umgekehrte magyarische, czechische ꝛc. Regel de Tri nennen. Z. B. je ungebildeter ich bin, desto mehr muß ich Bildung verachten; je weniger Macht und Zukunft ich besitze, desto anmaßlicher trete ich auf; je weniger ich einen Staat unterstützen kann, desto mehr muß ich ihn zu zerstören suchen; je weniger ich nach Wissen und Begabung sprechen sollte, desto mehr muß ich schreien; je größer die wirkliche Macht, die Zukunft und die Kultur meiner Gegner ist, desto geringschätziger muß ich sie behandeln ꝛc. (Man sehe die czechischen, magyarischen, polnischen, slovenischen u. a. nichtdeutschen Tagesblätter in Oesterreich bis auf wenig Ausnahmen.) Natürlich sind solche Völker schon deshalb ganz unfähig, Säulen mächtiger Staaten zu bilden; sie sind sogar unfähig, überhaupt Rath zu geben, wenn es den Auf- oder Umbau eines großen Staates gilt. Wer sie fragt, der fragt eben — Kinder oder eine noch unzurechnungsfähigere Species! Man kann sogleich errathen, weßhalb die 5 Millionen Magyaren direct den 9 Millionen Deutsch-Oesterreichern, indirect aber den 54 Millionen Germanen den Krieg erklärt haben.

Diese Frechheit darf nicht imponiren. Der Hund fürchtet sich nicht, weil er nicht kalkuliren kann. Man gebe ihm den höheren Kalkul des Menschen, und er fürchtet sich ... Die Magyaren verwechseln das Germanenthum mit dem politischen Deutschland, welch' Letzteres allerdings seit 1866 um Vieles ohnmächtiger und gespaltener geworden ist. Aber sie vergessen die Hauptsache: daß gerade diese Zerbröckelung des politischen Deutsch=land (das der Rasse ohnehin längst nicht mehr genügte, ja, das ihr hinderlich war) einem gewaltigen Neubau des gesammten Ger=manenthums sehr vorgearbeitet hat, der in der Folge für Magyaren wie für Czechen höchst verderblich werden kann. Dem Germanen=thum gehört sein ungeheurer, historischer Boden, den es wie im Auftrag einer höheren Ordnung empfing und von dem alle Gewalt Europa's in fast 2000jährigen Kämpfen es nicht vertreiben konnte, weil es hier eine heilige und edle Aufgabe zu erfüllen hat, mit der das dunkle, ephemere Dasein der Magyaren und Czechen gar nicht zu vergleichen ist, ja mit der dieses in letztem Absehen todtfeindlich collidirt. Das Germanenthum kann von jetzt an bei allen größeren politischen Veränderungen im Herzen des Welttheils nur gewinnen. Es hat eben seinen Boden unter den Füßen. Was liegt an der flüchtigen Holzbarracke des Nordbunds? Was liegt daran, ob sie versichert ist in der Brandkasse der Welt? Was liegt daran, ob sie eines Tages aufgeht in Flammen und Rauch? — Das Germanenthum besteht doch. Ihm können Trümmer nicht schaden, weil es — Bausteine braucht ...

Einstweilen mag das Germanenthum die Kriegserklärung der Magyaren (und der Czechen) zu Protokoll nehmen. Die Zeit ist nahe, wo sie ihm nützt. Hoffentlich erkennt bei dieser Gelegenheit die deutsche Volkspartei und die deutsche Demokratie, was die von einigen Londoner und Genfer Narren projectirte europäische Völker=Association eigentlich zu bedeuten hätte. Es wäre die Herrschaft des Völker=Pöbels über die Kultur. Insbesondere müßten die Deut=schen Heloten der Magyaren, der Czechen 2c. werden. Da, wie die Ereignisse seit fast 2000 Jahren beweisen, ohne Erlaubniß der germanischen Rasse überhaupt keine Geschichte Europa's denkbar ist, so hätten wir trotz jener Londoner und Genfer Schafsköpfe vorläufig immer noch das Heft in der Hand. Wir werden es auch be=halten, weil es jeder anderen (also schwächeren) Hand entfallen müßte. Nebenbei folgt aus allen diesen Dingen, wie sehr in Deutschland die ungeheure Masse aller Derer Recht hatte, die den Krieg von 1866 als deutschfeindlich brandmarkte. Dieser Krieg hat nur den Feinden deutscher Kultur und der deutschen

Nationalität Vortheil gebracht, allerdings keinen dauernden. An diese Waage gestellt, wo das Zünglein im Geheimen von Bismarck zu den Magyaren und den Czechen, sowie umgekehrt, hinüberspielt, muß die Germania als Göttin der Gerechtigkeit ihr Schuldig sprechen. Bei alledem verrechnen sich die Magyaren und die Czechen sehr. Soweit die slavischen Blutstropfen in Bismarck und im Preußenthum reichen, geht es. Aber Bismarck behandelt auch diese Nationalitäten nur als Mittel zum Zweck, genau wie die allergnädigst concessionirten und privilegirten preußischen Socialdemokraten. Zuletzt ist auch hier Täuschung der Magyaren und der Czechen sicheres Loos. Zuletzt bliebe auch Bismarck in seinen politischen Sympathien weit vor Prag stehen, noch weiter vor Pesth. Aber er würde nach der Zerstörung Oesterreichs durch die Magyaren und die Czechen weder vor Prag, noch vor Pesth stehen bleiben aus Gründen der Eroberung.*

Der Ausgleich mit Ungarn ist ein Feuer, von dem das Magyarenthum die Flamme hat, Oesterreich aber den — Rauch!

Mit diesem unglückschwangeren Ausgleich ist auf's Innigste und Dauerndste verknüpft der Name des österreichischen Reichskanzlers von Beust. Auf magyarischer Seite freilich hat sich durch denselben Ausgleich der Graf Andrassy unsterblich und für die Zukunft Oesterreichs — unmöglich gemacht. Eigentlich liegt die schwerste Verantwortung für das an der Einheit und Macht des Reichs verübte schnöde Attentat jenseits der Leitha. Die Thaten des Reichskanzlers seit drei Jahren waren Nichts wie eine fortgesetzte Reihe von Handlungen der krassesten Verblendung; gleichwohl läßt sich zu seiner theilweisen Entschuldigung anführen, daß er den Ausgleich wenigstens in der guten Absicht schloß, Oesterreich zu nützen. Diese gute Absicht war bei keinem einzigen Magyaren verbunden, auch bei Deak und Andrassy nicht... Sie haben genau gewußt, daß Oesterreich schwächer werden mußte durch den Ausgleich. Ihr nachträgliches jesuitisch-shylokartiges Ausbeuten des Ausgleichs ist ein mathematischer Beleg dafür! Man kann sogar behaupten, daß manche große Gebrechen des Ausgleichs nicht oder nicht in dieser verhängnißvollen Weise zum Vorschein gekommen wären, hätten die Magyaren nach dem Abschluß

---

* Uebrigens entnationalisirt Preußen seine Paar Czechen, die es in Schlesien besitzt, auf ziemlich energische Weise. Das mögen die Czechen in Böhmen wissen. Preußen hat dazu auch ein Recht. Man sieht es an den Bewegungen in Böhmen, daß Jeder, der die Czechen nicht zu entnationalisiren sucht, seinerseits möglichst von den Czechen entnationalisirt wird. Sie fangen den Krieg an; so mögen sie sein Ende erleben.

Maß und Ziel gekannt. Aber diese niederträchtige Shylokmanier, dieses infame Haarspalten, dieses jüdische Knickern und Knausern um elende Magyaren-Vortheile, wofür weit größere Reichs-Vortheile geopfert werden mußten: das hat das Unheil des Ausgleichs auf den Höhepunkt gebracht. Sie waren eben Magyaren, obwohl der verblendete Reichskanzler ihnen nur Eigenschaften der Deutschen beimaß! Wenn, wie es jetzt glücklicherweise den Anschein hat, die sogenannten ungarischen Kronländer Kroatien, Militärgrenze und Siebenbürgen die Magyaren mit derselben Münze bezahlen wollen, die diese vorher Oesterreich zahlten, so vollzieht sich an dem herr= lichen magyarischen Windbeutelstaat ohne Armee, ohne Kanone und ohne Festung (nur an Großmäulern und an Räuber= banden fehlt es nicht) eine tausendfach verdiente Nemesis. Sie kann zu einer heilsamen „Revision" des Shylok=Ausgleichs führen!

Wie schon erwähnt, beurtheilt man den Reichskanzler noch am Mildesten, wenn man seine ungeheueren Fehler und Mißgriffe als Produkte einer fatalistischen, firen und falschen Idee, als Folgen einer zur Krankheit gewordenen Verblendung hinstellt. Doch das entschuldigt ihn nicht. Zu seinem Unglück treten im Verlauf der jetzigen Krisis scharfe Merkmale eines Charakters hervor, dem gegenüber die Kritik schonungslos verfahren muß. Wer gut ist, dem kann man um des Herzens willen geistige Schwäche nachsehen. Wer aber schlecht ist, der muß ein zwiefaches Genie sein, wenn er sich an verhängnißvoller Stelle als ein Genie ausrufen läßt.

Der Reichskanzler v. Beust ist mittelmäßig durch und durch. Ihn zeichnet weder Weite des Blickes, noch Tiefe des Gedankens, noch Stärke des Charakters aus. Er hat nicht eine einzige hervorragende Eigenschaft. Alle seine Talente sind untergeord= neter Art. Er ist wie ein Maler, dem es an jeder größeren, all= gemeineren Conception gebricht, und der durch allerlei kleine Mittel, durch Farbenreibung, durch technische Fertigkeit, durch geschickte Schau= stellung der Bilder ꝛc. sich zum Künstler hinaufzuschrauben sucht. Aber das hält nur eine Weile vor. Was ihn jetzt trifft, ist keines= wegs Unglück. Es ist, wie diese Schrift klar beweist, nur noth= wendige Folge wahnsinnigen Thuns. Wiederholte an des Reichs= kanzlers Stelle ein Anderer Dasselbe: er hätte ein gleiches Geschick!

Erschreckend ist sein Mangel an jeglichen Grundsätzen. Er handelt immer nach Zweckmäßigkeit. Man sieht dies an allen seinen Noten und Reden. Etwas Bestimmtes, Bewußtes und Festes tritt Einem darin fast niemals entgegen. Alles ist Gummi elasticum oder Regenwurm, Nichts Knochen! Wer ein Reich wie Oesterreich retten, und wer Nationalitäten wie Magyaren und Czechen imponiren

will, dem ziemt ein Blücher'scher Styl! Solches Honiglächeln, solche
Katzbuckeleien, solche Händedrücke und solche Complimente bewirken
da gerade das Gegentheil!

Wäre dieser Reichskanzler wirklich der Träger einer großen,
staatsrettenden Idee, so hätte er gar nicht Zeit zu solchem äußer=
lichen Firlefanz. Ganz in seiner Nähe hat ja der verdiente Finanz=
minister Prestel bewiesen, daß man Oesterreich sehr viel nützen kann,
ohne ein Salonheld oder Schwätzer zu sein. Wen eine große Idee
hebt und erfüllt, der tritt anders auf, wie dieser Reichskanzler
aufgetreten ist.

Da er die Dinge nie nach der Tiefe, nach ihren wirklichen
Elementen und nach dem Grundsätzlichen erfaßt, so muß er sich und
Andere täuschen. Die Welt, die ihm erscheint, ist nicht die wahre;
das ist eine Schein=Welt, zusammengerafft aus den Erträgnissen
der Oberfläche. Die weitere Folge ist, daß er mit solchen Mitteln
nur Empiriker oder Dilettant sein kann. Daher nahm er
von den Magyaren das Aeußerliche (die Turbulenz und das Ge=
schrei) als Anhalt, statt auf das Innere (die Rasse und die eigent=
liche Nationalitätskraft) zu sehen, wie er noch in diesem Augenblick
ganz ähnlich mit den Czechen verfährt; daher ist er so hartnäckig im
Einhalten des falschen Geleises trotz alles Mißerfolgs, dessen Ursache
er im Nebensächlichen, doch nicht an der rechten Stelle sucht; daher
endlich kam er zuletzt so in Unruhe und Verwirrung, obwohl sein
Mittel genau dasselbe (Ausgleichs=Manie) geblieben war. Ein Prin=
cipienmensch hätte den Weg des Ausgleichs gar nicht betreten; aber
einmal darauf gestellt, hätte er ihn zeitiger als Irrthum erkannt und
wieder verlassen. So lange den falschen Weg einhalten, wo Analogie
der allgemeinen Verhältnisse (Magyaren = Czechen) und Mißerfolg
(wachsende Verwirrung im Reich) ganz nahe bei einander lagen: das
thut nur ein Zweckmäßigkeitsmensch, der blos auf den Grund der
Verhältnisse schaut und der in Nebendingen, besonders in Personen
(statt im Fundament des Ganzen), die Entscheidung sucht.

Neben dem bittern und in seiner Lage dreimal unseligen Mangel
an Principien, an Tiefe, an Fernblick, an Schärfe, an höherer Logik,
an Menschenkenntniß und an Charakter hat dieser Reichskanzler einen
Ueberschuß an Eigenschaften, die sein Bild positiv sehr entstellen. Er
ist stolz, eitel, anmaßend, intolerant, hinterlistig, falsch, intriguant,
unsittlich und undankbar, wo es nicht seiner Person, sondern der
Sache gilt. Für alle diese Beschuldigungen legen seine eigenen Thaten
genügendes Zeugniß ab. Seine fortgesetzten Beziehungen zum Bürge=
ministerium, das er in exemplarischer Katzenfalschheit erst heranzog,
dann ruinirte, obwohl er es (wie der Erfolg lehrte) trotz seiner

Fehler und Schwächen nicht entbehren konnte, beweisen, daß er eben
so schlecht, wie kurzsichtig und gewissenlos ist. Seine Stellung zur
Presse und zur Börse ist eines Mannes unwürdig, der Ehre besitzt
und der Oesterreich regeneriren will. Obwohl Oesterreich in Folge
demoralisirenden Pfaffendruckes und verderblicher Mißregierung seit
Jahrhunderten sehr viel moralisches Gift in seinen Adern führte, hat
dieser Reichskanzler doch die Corruption und die Käuflichkeit des Ge-
wissens in Oesterreich auf den Höhepunkt gebracht. Es galt, das
Gift aus dem Körper zu treiben, nicht aber es zu vermehren. Der
Reichskanzler hat mit seinem verworfenen Preßbureau Oesterreich und
der öffentlichen Moral in drei Jahren mehr Schaden gethan, wie die
Reaction in 25 Jahren vorher! Fluch ihm und seinem Gesindel!
Einen Fürsten oder Minister, der die Schlechtigkeit und die Verworfenheit der Menschen zum Kitt machen will für seinen Bau, den
segnet kein Gott!

Unbegreiflich ist immerhin, wie man in Oesterreich besonders das
empörende, demoralisirende und schamlose Treiben des reichskanzler'schen
Preß-Büreau's fortwährend gewähren läßt. Die Welt weiß, daß
dieser Reichskanzler, der nur eine Clique, doch kein Volk hinter sich
hat und der wegen seiner Thaten alle Ursache hätte, um die Ver-
zeihung sehr vieler Oesterreicher zu betteln, die ihm vom Staat
Oesterreich für seinen übelriechenden Preßfond bewilligten Hundert-
tausende nur dazu verwendet, den überwiegenden und besseren Theil
des österreichischen Volkes fortwährend zu schmähen, zu verleumden
und zu beschimpfen. Seit wann giebt man große Geld-
summen aus, um Lumpen zu dingen, die Einem in's Gesicht spucken? ...

Als Ausfluß einer grenzenlosen, den Mann vor Mit- und Nachwelt bloßstellenden Eitelkeit, zugleich aber auch als ein evidenter
Beleg für seine geistige Nullität muß es gelten, daß dieser Reichskanzler höchst eilfertig schon bei Lebzeiten von bezahlten auswärtigen
Federn sich von Weihrauch qualmende Biographien „anfertigen" läßt.
Man bestellt sich Stiefel beim Schuhmacher; aber mit Biographien
ist es etwas Anderes. Die Alten überließen ihre Denkmäler der
Nachwelt, die sie nicht vergaß, wenn sie nöthig waren. Die Neuen
aber besorgen Das vorsorglich, so lange sie noch leben, wohl wissend,
daß ihre Kartenhäuser wahrscheinlich zusammenrutschen, bevor sie selber
in die Grube fahren. So denkt Bismarck mit seinem Hesekiel; so
denkt Beust mit seinem Londoner oder Pariser Biographen. In allem
Uebrigen kurzsichtig, ist dieser Reichskanzler wenigstens weit-
sichtig bezüglich seiner Biographie!

Den völligen Mangel eines Princips bei diesem Reichskanzler erkennt man auch an der ganzen Durchführung seines Ausgleichs mit Ungarn. Es beruht Alles auf persönlichen Einwirkungen, auf Worten, auf Ueberredungen. Wer ein richtiges Princip hinter sich hat, der weiß, daß dieß ihm zuletzt den Sieg verschafft, und Das giebt Ruhe. Er ist gar nicht außer sich, finden sich Anstände, denn er erwartet mit Recht die wohlthätige Einwirkung der Zeit, die zuletzt allen vorgreifenden Principien zu Hilfe kommt. Wenn man aber eilen, überreden und rasch verkleistern muß, da ist gewiß kein Princip da, sondern nur ein Coup, eine Zweckmäßigkeit. Es ist wie mit einer Convenienz-Heirath, ohne Liebe, die hier das Princip vertreten könnte. Da müssen oft Aeltern, Brüder, Schwestern, Tanten und Gevattern mit allen Künsten der Ueberredung das sich Abstoßende oder das sich nicht Anziehende eilig zusammenbringen. Das Princip (die Liebe) fürchtet auch die Folgen nicht und kann die Form entbehren; aber die Zweckmäßigkeit (die Convenienz) hält hier Alles schon für geborgen, wenn nur erst der Pfarrer den Segen über die Comödie gesprochen hat.

Da es sich beim Ausgleich mit Ungarn um keine Trauung handelte, so konnte man das Princip auch in etwas Anderem wie in Zuneigung finden, z. B. in einer gewissen Furcht, die man den Magyaren einflößte. Unterwürfigkeit von Seiten Oesterreichs war da freilich kein Princip.

Wie kopf- und sinnlos der Reichskanzler bei seinem Ausgleich verfuhr, das mögen folgende Ausführungen erhärten.

Oesterreich war politisch in derselben Lage, in der sich militärisch ein geschlagenes Heer befindet. Die Magyaren beuteten diese Lage genau so aus, als seien sie Oesterreichs Feinde. Sie begnügten sich keineswegs mit Forderungen der Freiheit, die ihnen ja zu gönnen war und die alle Anhänger des Volkes Oesterreich überhaupt wünschten. Sie forderten als Minderheit von 5 Millionen das Recht, 9 Millionen anderer Nationalitäten förmlich zu beherrschen, gleichzeitig Oesterreich die Verpflichtung zuschiebend, mit seinen Truppen diese pöbelhafte Rassenherrschaft zu befestigen, etwaige Revolutionen dagegen aber niederzuschlagen!!! Das Alles unbekümmert um die Folgen! Es war gleichgültig, ob der Gesammtstaat von 36 Millionen Einwohnern darüber zu Grunde ging: wenn nur die 5 Millionen Magyaren Mecklenburger Junker spielen konnten!!!

Eine solche Forderung konnte bloß ein Feind Oesterreichs, ja, der Freiheit, stellen. Sie durfte um keinen Preis bewilligt werden. Auch war es leicht, diese magyarische Frechheit zurückzuweisen. Man mußte die Nothwendigkeit des Gesammtstaates und die Freiheit Oesterreichs zur Waffe gegen die „Freiheit" der Magyaren machen!

Jeder geschlagene General sucht nach der Niederlage sein Heer wieder zu sammeln und zu ordnen, damit er sich nicht auf Gnade oder Ungnade ergeben muß. Genau so hätte Oesterreich politisch verfahren sollen, d. h. nicht im Bunde mit den Magyaren, sondern gegen dieselben, soweit sie nach ihren Forderungen Oesterreich zerstören wollten.

Vor Allem galt es, eine politische Basis zu schaffen, von wo aus man mit den Magyaren weiter verhandeln konnte. Es galt also durchaus nicht, sich Hals über Kopf mit den Magyaren zu verständigen, was capituliren hieße, sondern ein Gegengewicht zu schaffen, mit dem man ihre übertriebenen und reichsfeindlichen Forderungen abweisen konnte. Gerade die Freiheit der übrigen Nationalitäten bedingte dies!

Diese Basis konnten nur die Länder diesseits der Leitha sein. Die Magyaren blieben vorläufig ganz aus dem Spiel. Diese Länder mußten unbedingt das Fundament für den reorganisirten Staat werden aus folgenden Gründen: 1) Sie waren im Ganzen der Freiheit am bedürftigsten, waren dazu auch am meisten reif; 2) von ihnen war es längst erwiesen, daß sie überwiegend die Freiheit im bessern Sinne, daß sie dieselbe namentlich nicht als Mittel nationaler Propaganda verwenden würden; 3) sie waren der eigentliche Sitz des Herzschlags für den Gesammtstaat; 4) sie waren die historische Grundlage, auf denen sich seit fast 1000 Jahren der Staat Oesterreich aufgebaut hat; 5) sie umfaßten nicht nur die zahlreichste Nationalität, sondern auch in seiner größern Gruppe das ausschließliche Kultur-Element Oesterreichs; 6) die rückwärtigen nationalen Beziehungen dieses deutschen Kultur-Elementes zur großen Nationalität waren trotz 1866 genau die nämlichen geblieben, wobei in Betracht kommt, daß Oesterreich schon seit Jahrhunderten sich lediglich mit diesen nationalen Beziehungen begnügte, indem es weder vom Reich, noch vom Bunde für sich (als Oesterreich) je einen Mann oder einen Gulden bezog, dafür aber umgekehrt dem Reich und dem Bunde (Frankfurt) manchen Mann und manchen Gulden schickte! Als greller Gegensatz muß noch hervorgehoben werden, daß Oesterreich nach der Auflösung des deutschen Reiches von 1806—1815 (also 9 Jahre lang!) politisch weit mehr von Deutschland geschieden war wie jetzt, was namentlich ein Blick auf den damaligen Rheinbund lehrt, dessen Protector Napoleon war, daß es sich aber demungeachtet in jener trüben Zeit weder auf Magyaren, noch auf Czechen, noch auf Polen stützte! — Was muß das für ein „Staatsmann" sein, der von diesen durchschlagenden Gründen nicht einen erkennt, und der dafür wie ein Kind nach schillernden Seifen= blasen greift, die in der Luft zerspringen?

Jetzt galt es, in den Ländern diesseits der Leitha mit liberalen Reformen „aufzuräumen". Es würde für's Erste vollständig genügt haben, wenn man einen Theil von Dem sogleich bewilligt hätte, was später, hundertfach bornirt, diesen Ländern als eine Art Dessert des ungarischen Ausgleichs bewilligt wurde, also vor Allem Sicher= stellung der individuellen Freiheitsrechte und Außerkraftsetzen des Kon= kordats. Dadurch hätte man den Volksgeist wesentlich verbessert, hätte das Vertrauen in die guten Absichten der Regierung sehr ge= hoben. Der Hauptwerttheil des Beginns der Reformen von dieser Stelle aus bestand aber darin, daß man hierbei durch liberale fer= tige Thatsachen einen Rahmen für die gesammte Reichs=Organi= sation schuf, in dem später auch noch Magyaren und andere Ratio= nalitäten Platz fanden, der aber zugleich eine unübersteigliche Schranke gewesen wäre gegen reichsfeindliche Projecte. Im Nothfall hatte die österreichische Regierung nun einen starken Rückhalt hinter sich. Die Reichseinheit war gerettet und unantastbar. Kam es zum Aeußersten, so hätten jetzt die österreichischen Volksvertreter Geld und Truppen gegen die Magyaren votirt. Man hatte einen festen Boden unter sich, wußte genau, wo man stand. Die Kultur kam nicht in Frage. Der Nationalitätshader konnte nicht gefährlich werden. Die öster= reichische Regierung hatte ihren guten Willen gezeigt: was man sah, war nicht unmittelbar ertrotzt. Die Hauptstadt Oesterreichs blieb Wien.

Und was machte der Reichskanzler von Beust? — Er that von alle Dem das Gegentheil.

Er begann als Feldherr einer geschlagenen Armee damit, die Armee vollends aufzulösen. Dadurch glaubte er das Herz des bösen Feindes zu rühren. Er wußte überhaupt gar nicht, daß es einen Feind gab. Dann ging er, arm und machtlos wie ein Schneider, zu den Magyaren. „Thut mir Nichts, ich thue Euch auch Nichts". Er bewilligte natürlich in der Hauptsache Alles, was die Magyaren verlangten: Vernichtung Oesterreichs als Gesammtstaat; die Magyaren beherrschen Ungarn und die ungarischen Kronländer, obwohl sie gar keine Macht dazu haben; an Stelle der Herrschaft, welche seither der einzelne Kaiser von Oesterreich ausgeübt, tritt die Herrschaft von 5 Millionen Vollblut=Magyaren; die 9 Millionen anderer Natio= nalitäten sind National=Eigenthum der Magyaren; die deutsche Kultur wird abgeschafft; alle deutschen ꝛc. Beamten werden fortge=

jagt; die deutschen Schulen sind vom Uebel; Ungarn gehört dem Schmutz und den Räuberbanden; was Freiheit ist, weiß man nur zwischen Donau und Theiß; die ungarische Volksvertretung ist die beste Europa's, da sie fast ausschließlich aus Magyaren besteht, obwohl die Magyaren nur $1/3$ der Gesammtbevölkerung Ungarns ausmachen; die Attentate auf die Einheit des Reichs werden belohnt; der Nationalitätshader wird permanent; wenn Oesterreich Freiheit braucht, blickt es auf — Pesth.

Der Reichskanzler von Beust war glücklich, unter so günstigen Bedingungen wegzukommen! Er hatte Oesterreich gerettet. Aber wie! Er hat es so gerettet, daß es jetzt (nach drei Jahren) fast nicht mehr zu retten ist ... Klage man nicht über Unglück! Gerade in dem sich unablässig steigernden Durcheinander des österreichischen Staates liegt eine furchtbare Logik. Es liegt aber auch ein großer Trost darin, denn man sieht daran, daß die staatlichen Naturgesetze n o c h   r i c h t i g   wirken. Sie zermalmen nur Den, der sie in verkehrter Weise verwenden will; doch sie verleihen Jedem Riesenkraft, der ihr geheimes Wollen erlauscht. Die politischen Verhältnisse in Oesterreich sind wie ein ungeheurer Garnknäuel. Will man aufwickeln, so muß man vor Allem das   r i c h t i g e   Ende finden. Der Reichskanzler von Beust hat das   f a l s c h e.   Daher sein fortwährendes Rucken, Haspeln, Drehen, Stocken, Reißen, Zusammenbinden; daher die immer zunehmende Verwickelung und die stetig wachsende Unförmlichkeit des ganzen Knäuels. Gerade daran, daß das Vorrufen der tiefstehenden, uncivilisirten Nationalitäten auf den Plan des Staates diesen nach kurzer Zeit zu vernichten droht: gerade daran muß man erkennen, daß Oesterreich ungeachtet seiner frühern Reaction, und ungeachtet es viel niedrig stehende Elemente enthält, seiner eigentlichen Bestimmung nach, ein Kulturstaat ist! Hätte bei derselben Vertheilung der Nationalitäten der Beust'sche Ausgleich Alles ruhig gelassen, so war damit die Abwesenheit aller feineren politischen Nerven im Staatskörper bewiesen. Die jetzigen Fieberanfälle und Zuckungen verrathen wohl die Pfuschereien der Doctoren und das Vorhandensein gefährlicher Gifte, aber auch die Anläufe der besseren Natur.

Um seinem elenden Werk die Krone aufzusetzen und dessen verderbliche Folgen zu   v e r d r e i f a c h e n,   richtete der Reichskanzler es so ein, daß die Deutsch-Oesterreich gewährten Reformen nicht etwa als etwas Selbständiges, sondern als eine Art A n h ä n g s e l des ungarischen Ausgleichs erschienen. Es sah aus, als bekämen die Deutsch-Oesterreicher wie Lakaien die Ueberbleibsel der magyarischen Tafel. Wenn diese Deutsch-Oesterreicher, mit deren Vätern Rudolph von

Habsburg vor 600 Jahren den Staat Oesterreich gegründet hat, und deren Hilfe allein diesen Staat bis heute fest zusammenhielt, dem Reichskanzler von Beust diese magyarischen Kohl= und Salat= Ueberreste nicht empört vor die Füße warfen, wenn sie im Gegentheil, ihren Groll unterdrückend, einzig aus Rücksicht auf den Gesammt= staat jenen unwürdigen Ausgleich sanctionirten: so ist damit bewiesen, daß sie die einzige Nationalität sind, auf die bei großen staatlichen Reformen eine österreichische Regierung sich stützen kann! Der Fehler allein verdient den Galgen, daß man die Freiheiten Deutsch= Oesterreichs so zu sagen rückwärts von Pesth datirt! Das heißt dem magyarischen Schwindel eine Equipage kaufen, die Deutschen aber in den Schubkarren spannen. Es wird sich übrigens in Kurzem zeigen, daß jener todeswürdige Fehler der österreichischen Dynastie weit mehr geschadet hat, wie den Deutschen in Oesterreich. Was der Reichskanzler hier that, das war Hoch= und Staatsverrath oder — Narrenhaus! War er von Bismarck bestochen: er konnte nichts Anderes thun!

Von ihrem Privilegium der Kultur, von ihren geschichtlichen Reminiscenzen, von ihrer unlösbaren Verbindung mit dem Germanen= thum überhaupt, von der geographischen Lage ihres Landes und von vielem Anderem, so wichtig dies Alles sein muß, abgesehen, entschieden schon die Bevölkerungsziffern 9 Millionen der Deutschen gegen 5 Millionen der Magyaren. Der Reichskanzler hatte bei seinem Ausgleich den hohen Standpunkt eines Schankwirthes, in dessen Local durch die Schuld der Raufer und Betrunkenen Skandal entsteht. Er beachtete Die nicht, die als Gebildete sich ruhig entfernten. Aber Jene, die unter den Tischen sich wälzten, die fluchten, kotzten und brüllten: die imponirten ihm . . .

Wenn dieser Reichskanzler den Magyaren, die auf die Freiheit pochten, nur wenigstens wieder mit Freiheit gedient hätte, wo es den Vortheil des Gesammtstaates betraf! Er konnte sie dann mit der Freiheit der Kroaten, der Militärgrenze und Siebenbürgens be= glücken, d. h. schwächen. Aber dieser Mann war nur inconsequent, wo die Consequenz, und nur consequent, wo die Inconsequenz Oester= reich nützen konnte (Ausgleichs=Manie). Er hat auch den ganzen Ausgleich rein geschäftlich, keineswegs politisch und staats= männisch aufgefaßt, wie er denn überhaupt vom Politiker und Staatsmann blos die Formen hat.

Er versucht immer von Neuem wieder, die Kegel auf den Kopf zu stellen, statt auf die Basis, und verwundert sich wie ein Kind, daß sie eben so schnell wieder umfallen, wie er sie aufsetzen will. Man kann auch sagen, daß er ein Arzt sei, der das Uebel nur als

Symptom auffaßt, der es von einem Fleck auf den anderen treibt, z. B. von der rechten Schulter in's linke Knie, wo es noch gefähr= licher ist, vom linken Knie in den Unterleib 2c. Während so das Uebel wandert, während es scheinbar von einem Fleck weicht, braucht es immer eine kleine Weile, ehe es sich an einer anderen Stelle schmerzhaft wieder festgesetzt hat, und das verführt den Reichskanzler zu dem Glauben, er habe geheilt. Man kann ihn auch mit einem Spieler vergleichen, dem durch Luftspiegelung Sieben oder Neun immer in ein Daus als Haupttrumpf verwandelt werden. Auch die andern Karten und die Farben verwechselt er oft. Das gibt ein nettes Spiel!

Bezeichnend und unheilvoll ist es auch, daß der Reichskanzler, wie sich ohne Ausnahme aus allen seinen Schritten ergiebt, durchaus nicht an die Berechtigung und an die Kraft der moralischen, der sittlichen und der Kultur=Faktoren im Völkerleben glaubt. Damit spricht er sich selbst jede Befugniß zum Staatsmann und zum Re= generator Oesterreichs ab. Uebrigens wird er sammt seinem Flickwerk darüber auch sicher zu Grunde gehen.

Wahrhaft schofel und niederträchtig war sein Verhältniß zum Bürgerministerium. Es läßt sogar an seinen fünf gesunden Sinnen zweifeln. Dieses Ministerium hatte seine Fehler und Schwächen; aber es war, was hier sehr in die Waagschale fiel, ehrlich, dabei auch immerhin das verhältnißmäßig beste Ministerium, das sich im Augenblick finden ließ. Statt dieses Ministerium zu fördern und ihm Beistand zu leisten, suchte er es nur als Spielzeug für seine Eitel= keit und seine Intriguen zu benützen. Er hat dieses Ministerium keinen Augenblick so ernst genommen, wie es der Lage nach genommen werden mußte. Er zeigte sich aber auch hier als politischer Hans= wurst und Charlatan, ohne einen Funken von Gewissen und Gefühl. Die Bürgerminister suchten mit richtigem Instinct die im Ausgleich liegenden Keime der Zerstörung abzuschwächen; der Reichskanzler hielt dies für ein Vergehen gegen seine Eitelkeit und gegen seine Ver= blendung, und untergrub dieselben Leute, die jeder nicht ganz ver= worfene Mensch an seiner Stelle eher angespornt hätte. Nichts gleicht der grenzenlosen Frivolität, mit der hier der Reichskanzler das Ernsteste und Heiligste behandelte. Folgerichtig war er nur in seiner Nieder= tracht und Verblendung. Die Andern waren lediglich als Sünden= böcke für seine Verrücktheiten da. Er war die vollendete Cor= ruption. Oesterreich hat viel schlechte Minister gehabt; aber sie haben ihm meist nur einfach geschadet. Dieser Reichskanzler schadete aber oft zwei= und dreifach. Er glaubte, sich als Reichs= kanzler in die innern Verhältnisse der diesseitigen Länder viel ein=

mischen zu müssen. Wäre das richtig gewesen, so hätte er sich ungleich mehr in die ungarischen innern Verhältnisse einmischen sollen, da er ja Ungarn zur Folie Oesterreichs gemacht. Warum geschah es nicht, und wo bleibt auch hier dieses Reichskanzlers Logik? Nichts gleicht ferner an Cretinismus der Rolle, die dieser Mann mit dem genannten Ministerium gespielt. Er fuhr als Schiffer auf hoher, stürmischer See. Statt nach den Klippen zu sehen, bohrte er, wie zum Zeitvertreib, von Innen heraus fortwährend Löcher in die Planken, noch unter dem Wasserspiegel. Und da wundert er sich, daß Alles über Bord springt, daß er selber zuletzt ersaufen muß? Das ist die größte Narrheit des Jahrhunderts!

Eine politische Musterleistung des Reichskanzlers ist die Schmach in Dalmatien. Sie fällt allein auf sein Haupt. Daß es demselben bis heute möglich war, die große Schuld von sich ab= und auf Andere (namentlich auf die Bürgerminister, den Kriegsminister 2c.) zu wälzen, zeigt deutlich einestheils die vor Nichts zurückschreckende Immoralität des Reichskanzlers, anderntheils aber die bodenlos schlechte Organisation der Regierung Oesterreichs, die eben dieser Reichskanzler als sein unsterbliches Verdienst in Anspruch nimmt. Man sieht hier den Mangel jeder Verantwortlichkeit für sträflichstes Thun, wie ihn der Reichskanzler in seiner olympisch=unfaßbaren Wandelstellung, die sich wie ein Coulissen=Apparat vielfach verschieben läßt, weislich vorgesehen hat. Einem ehrlichen Mann, der Grundsätze und untadelhaften Willen hat, liegt gar Nichts an einem solchen unterirdischen Jesuiten=Schleichweg. Der stellt sich nöthigenfalls ganz freiwillig, und trägt die Verantwortung für seine Handlungen, selbst wo er in guter Absicht Fehler beging. Keinesfalls duldet er, daß seinetwegen Unschuldige von der Oeffentlichkeit angeklagt werden. Aber da hat man des Reichskanzlers schnöden Charakter in seiner ganzen Erbärmlichkeit! Die Sache war so: Der Reichskanzler ließ sich incognito an dem schmierigen Spieltisch einiger Czechen nieder, die übrigens als Falschspieler gekniffene Karten hatten, was er wohl wußte. Er wollte für sein Leben gern einen czechischen Kreuzer gewinnen. Um Das zu ermöglichen, setzte er eine Note von ungeheurem Werth, vielleicht von 10 Millionen Gulden, d. h. das Ansehen Oesterreichs und die Ehre seiner Armee... Er verlor natürlich, that, als sei Nichts geschehen, und schob später die ganze Schuld auf Andere. Pfui Teufel über so einen Kerl!...

Diese dalmatinische Affaire wirft übrigens auch einige hübsche Streiflichter auf die Czechen und die Magyaren. Erstere machten aus ihrer Sympathie für die Ohren= und Nasen=Abschneider der Bocchesen kein Hehl, priesen diesen Auswurf nationalen Räuber= und Diebs=

gesindels als Freiheitshelden. „Gleich und gleich gesellt sich gern", oder: „Sage mir, mit wem Du umgehst, und ich will Dir sagen, wer Du bist". Dadurch bestätigen die Czechen selber die Behauptung dieser Schrift, daß sie a s i a t i s c h e B a r b a r e n sind, die nicht nach Europa gehören. Da sie die Kultur schänden, so wird über lang oder kurz nicht etwa das germanische Element in Oesterreich, sondern das Germanenthum überhaupt sich mit G e w a l t von diesen Horden befreien. Ihre Beseitigung ist nur eine Frage der Zeit; durch ihren Fanatismus gegen die Deutsch=Oesterreicher aber graben sie sich selber das Grab. Die Magyaren zeigten bei derselben Gelegenheit, wie viel ihnen der Gesammtstaat werth ist. Zuerst meinten sie, der Auf= stand in Dalmatien sei eine Reichssache; allein später erklärten sie (um Concessionen wegen der Militärgrenze zu erpressen, auf die sie so viel materielles Recht haben wie auf Irland) in ihren ministeriellen Blättern, „daß Ungarn keine Verpflichtung zum Kriegskostenbeitrag habe". Das beweist wiederum, daß die Magyaren noch heute trotz Ausgleich die größten Reichsfeinde sind, und daß sie Gesammtöster= reich nicht eher lieben w e r d e n, bis sie es fürchten m ü s s e n.

Der Reichskanzler vor Beust war vorher 16 Jahre Minister in Sachsen. Niemand hielt ihn dort für bedeutend. Man behauptete, er rede meist in der Kammer der Abgeordneten „dumm". Es darf nicht behauptet werden, daß in Sachsen sein Wirkungskreis zu klein gewesen sei, sich zu zeigen. „Was eine Nessel wird, brennt bald"; und selbst in der Werkstatt wird das wirkliche Genie zeitig erkannt. In Oesterreich kam ihm als Ausländer V e r t r a u e n entgegen. Er hatte keine Verbindungen, namentlich auch nicht mit Partheien, war also nicht compromittirt. Oesterreich besaß ungeheuren Mangel an vertrauenerweckenden Staats= oder Partheimännern. Auch die besten davon hatten wenigstens, weil schon bekannt, mit einem gewissen Vor= urtheil zu kämpfen, theilweis freilich ohne Grund; doch das Factum war eben da. So kam es, daß dem Reichskanzler eine Menge Hoff= nungen, Erwartungen und Glückwünsche entgegengebracht wurden, die ihn lange Zeit sehr begünstigten. Bald zeigte sich freilich, daß an dem Mann Vieles für Talent und Fond gehalten worden war, was äußeren Umständen und zufälligen, günstigen Fügungen entstammte. In solchen Lagen hält nur das I n n e r e lange vor. Die Draperie ist rasch verbraucht.

Seine verhängnißvolle Ausgleichs=Manie beruht nicht einmal auf einer I d e e; sie beruht auf einem Hirngespinst. Die Schwäche geht noch weiter. Der Reichskanzler trägt auch nicht das Hirnge= spinst, sondern dieses trägt ihn. So ist er zum M i t t e l und zum B a l l a s t, das Hirngespinst ist zum Z w e c k und zum F a h r z e u g geworden, das durch die Fluthen treibt. Hieraus erklärt sich, warum er von seinem Hirngespinst nicht ablassen kann. Seine ganze Natur ist darin aufgegangen. Für Verweilen, Besinnen, Stillstand oder Umkehr, für einen wirklichen und neuen Gedanken giebt es nicht Zeit, noch Raum. Daraus erklärt sich auch, warum der Reichskanzler vor der besseren Erkenntniß förmlich die Augen verschließt. Man nehme z. B. das erste beste extreme czechische oder magyarische Partheiblatt eines beliebigen Tages seit drei Jahren. Dieses Blatt sagt offen und frei, daß es die Zerstörung Oesterreichs beabsichtigt, und daß jeder Versuch, sich mit diesen Leuten „auszugleichen", Verrücktheit sei. Was für halbwegs vernünftige Menschen Gründe sind: das existirt für den Reichskanzler längst nicht mehr. Er ist Nichts, wie der personificirte Fanatismus der Verblendung!

Die ungeheueren und folgenschweren Fehler des Reichskanzlers lassen sich auf zwei Begriffe zurückführen. All' sein Thun beruht hierbei, statt auf Erkenntniß, auf Verblendung. Vernichtend wurde für ihn und sein Werk, daß er bei seinem Kalkül nicht, wie es durchaus nothwendig war, bis auf die Rasse zurückging. Und verkündeten ihm doch die Magyaren, die Czechen ꝛc. mit Posaunen, daß sie einzig und allein auf dem Nationalitäten=, d. h. auf dem Rassen=Standpunkt stünden! So entging ihm das riesige Factum von unermeßlicher Tragweite, daß Oesterreich von Euro=päern und von — Asiaten bewohnt ist!!! Er glich somit auf's Haar einem Baumeister, der ein mächtiges Gewölbe aufführen will, der aber hierbei alle Steine ohne Auswahl nach Festigkeit und nach Tragvermögen verwendet hat. So kommt es, daß er gerade unten im Fundament mürbes, poröses Gestein einfügte, das sich selbst ohne Oberbelastung nicht einmal selber nothdürftig tragen kann! Das musterhafte Gewölbe ist beinahe fertig. Jetzt wirft man, wie zum Ausfüllen und wie zufällig, den deutschen Granit oben darauf...

Während der Reichskanzler nach Pesth ging, fand jedenfalls noch ein Ereigniß statt. Höchstwahrscheinlich erschien ihm unterwegs eine Vision und das Schreckgespenst der ungarischen Revolution von 1848 und 49. Der Eindruck dieses Ge=spenstes stak ihm sicher stark in den Gliedern. So hatte er einen Popanz vor sich, und da er vorher von Wien aus dafür gesorgt hatte, daß er Nichts hinter sich habe, so erklärt sich seine Rolle um so mehr. Ich habe freilich oben nachgewiesen, daß die Vision, die außer Vielen in Wien auch der Reichskanzler gesehen haben mag, nur eine — Vogelscheuche war!

Von höheren Standpunkten abgesehen, zeigt der „Ausgleich" selbst vom niederen Standpunkt aus eine Menge Gebrechen. Aus

Rücksicht auf den „Ausgleich" nöthigte der Reichskanzler erst dem österreichischen Abgeordnetenhause die Gruppenwahl auf, um durch diese Concession die Polen und die Slovenen zu gewinnen. Nun wird aber in Folge der neuesten Wendung in Wien das ganze Delegations-Institut (ohne welches der „Ausgleich" nicht aufrecht zu erhalten ist) in Frage gestellt. Nach dem Austritt der Polen aus dem Reichstag kann nämlich das österreichische Abgeordnetenhaus zur Delegation nur 30 Mitglieder wählen, statt 40. Nebenbei folgt auch aus diesem Vorgang, daß alle Freiheiten und alle Constitutionen Oesterreichs nur in deutschen Händen vor — Wagenschmiere sicher sind.

Der Ausgleich mit Ungarn ist für Oesterreich die Quelle vielen Uebels. Es ist wie ein Monstrum, das fort und fort neue Junge gebiert. Für die nichtdeutschen Nationalitäten Oesterreichs ist es das Symbol des geschwächten, gedemüthigten Gesammtstaates. Das genügt, sie wie eine Meute aufzustacheln, die gierigen Hunger zeigt. Die Magyaren sollen ja nicht glauben, daß sie an Dem, was jetzt geschieht, unschuldig sind. Sie haben mit ihren Attentaten auf die Autorität des Gesammtstaates den Grund zur jetzigen Verwirrung gelegt. Bald werden sie die Folgen auf ihren schwachen Schultern fühlen, Millionen Centner schwer! Das wüste und trotzige Geschrei, das vor drei Jahren die Magyaren von Pesth nach Wien ertönen ließen, kommt nun als Echo aus den böhmischen Wäldern zurück!

VIII.

Die magyarische und die czechische Freiheit.

Es wird höchste Zeit, daß die liberalen Partheien des deutschen Volkes, ja, daß selbst der deutsche Radicalismus und die deutsche Demokratie erfahren, was eigentlich magyarische und czechische Freiheit sei. Aus der Natur dieser Freiheit ergiebt sich auch die Beschaffenheit der slovenischen, der polnischen ꝛc. Freiheit im Gegensatz zur Freiheit des deutschen Elements. Man sollte es nicht für möglich halten, daß über diese wichtige Sache grundfalsche Ansichten so allgemein in Deutschland und Europa verbreitet sein könnten.

Wie schon früher hervorgehoben wurde, verstehen sämmtliche nichtdeutsche Stämme in Oesterreich (wie alle wenig oder nichtcultivirten Stämme) unter Freiheit zunächst ihre nationale Ungebundenheit. Da die nichtdeutschen Stämme in Oesterreich ohne Ausnahme keine Kulturvölker sind, wie die regelmäßige Zunahme der Unbildung und Verwahrlosung nach den unvermischt und rein gebliebenen Kernsitzen dieser Nationalitäten hin unumstößlich beweist, während Unbildung und Verwahrlosung regelmäßig abnehmen, je näher diese Nationalgebiete der deutschen Sphäre liegen, je weniger sie sich also rein und national erhalten haben, so folgt hieraus, daß die Freiheit dieser nichtdeutschen Stämme über eine sehr nahgesteckte Linie hinaus Nichts ist, wie die Freiheit der Barbarei.

Die freigemachte Barbarei beschränkt sich aber nicht auf Passivität. Gerade weil sie frei wurde, tritt sie sogleich in Thätigkeit, d. h. sie kämpft. Mit wem? — Mit ihrem natürlichen Widersacher, mit ihrem Todfeind, mit der Kultur! Sie verfährt hierbei um so rücksichtsloser, als sie hierbei mit verbundenen Augen kämpft. Ihr fehlen völlig höhere Ziele, sogar die formellen Streitmittel der Kultur fehlen ihr, obwohl sie hierbei, wie man am

Indianer sieht, durch mechanisches Absehen und Copiren 'noch am ehesten einige Geschicklichkeit zeigt.

Abstracte Freiheit ist Unsinn. Selbst die Republik setzt, um möglich zu sein, Republikaner voraus. Auch die schärfste, klarste, und beste Demokratie stellt einen schweren Examen für ihre Anhänger: die Erkenntniß. Gerade die Demokratie muß in diesem Punkte sehr viel fordern, denn sie ist überall dort, wo sie kein künstliches Produkt, keine Pseudo-Demokratie darstellt, ein Ergebniß der Kultur. Die Demokratie hat also die Kultur noch viel nöthiger als Lebens- lust, wie die Monarchie. Deshalb sind aber auch alle natio- nalen Bestrebungen, die ihre Spitze gegen die Kultur wenden, in der letzten Consequenz immer weit mehr gegen die Demokratie gerichtet, wie gegen die Autokratie. Das ist so richtig, daß man sich hierbei selbst nicht täuschen lassen darf, wenn die nationalen Freiseurs ihrem Kampf gegen die Bildung klüglich eine liberale oder gar demokratische Devise gegeben haben, wie man theilweis an den Magyaren, Czechen, Polen ꝛc. sehen kann.

Mit Recht hat die Demokratie auf ihrem Programm das Na- tionale in den Hintergrund gestellt. Was bedeutet Das? Sie setzt bei ihrem Examen schon so viel Kultur voraus, daß sie die primi- tiven Rassen-Bestrebungen durchaus nicht brauchen kann. Das hieße ABC-Schützen in ihre Hochschulen bringen! Die Rasse- Bestrebungen sind eben die niedrigsten Regungen einer Völker-Indi- vidualität: hat man sie ja doch schon beim Thier! Wenn nun aber gleichwohl uncultivirte Völker oder Nationalitäten unter dem Aus- hängeschild der Freiheit oder gar der Demokratie einen Anlauf nehmen, der unbedingt nur einen culturfeindlichen Charakter hat und der auch nur ein culturfeindliches Ziel haben kann, so handelt die Demokratie gegen ihr Princip, und folglich auch gegen ihr Interesse, wenn sie jenen Anlauf unterstützt. Allerdings mußte man, so lange Oesterreich ein reactionärer Staat war, der auch seinem Kultur- Element, den Deutschen, die Freiheit verweigerte, sich über die Fort- schritte der magyarischen ꝛc. Opposition freuen. Aber seit Oesterreich mit dem Absolutismus brach, hat sich die Sachlage dort völlig ver- ändert. Es hieße die Freiheit selbst in Frage stellen, wollte man die unter andern Umständen nützlichen Hilfstruppen der Magyaren ꝛc. plötzlich zum Hauptheer machen. Direct für die allgemeine Frei- heit, wie solche die Demokratie auffaßt, haben sie übrigens nie ge- kämpft; sie rangen immer um simple Rassen-Vortheile, um die Hegemonie ihrer Nationalität.

Die Demokratie aber erkennt keinerlei Hegemonie an. Sie verwirft schon die politische Hegemonie. Noch mehr muß sie die

Hegemonie einer Nationalität verwerfen. Vollends verdammlich muß
ihr jedoch die Hegemonie uncivilisirter Nationalitäten über civilisirte
erscheinen, wie sie in Oesterreich durch die Magyaren angebahnt ist,
und wie die Czechen ꝛc. sie weiter fortführen wollen. Die Demokratie
kann bei ihrem Princip nur die eine Hegemonie anerkennen: die der
höheren Begabung über die niedere, die der Kultur über die Barbarei.

Wie jetzt die Dinge in Oesterreich liegen, droht dort der be=
willigten allgemeinen Freiheit durch die Freiheit uncivi=
lisirter Nationalitäten große Gefahr. Diese bornirten Natio=
nalitäten kennen in ihrem Fanatismus keine Grenze. Die Nothwen=
digkeit des Gesammtstaates begreifen sie nicht eher, bis sie unter den
Trümmern desselben begraben werden. Schon hieraus ist abzu=
nehmen, daß nur ein Narr von Staatsmann sie bei
Organisirung dieses Gesammtstaates um ihren Rath
befragen kann! Das heißt Kinder und Betrunkene in einer
wichtigen Volksvertretung zulassen. Selbst ein Freistaat vermag das
nicht; noch weniger vermag es eine Monarchie.

Diese Schrift begründet u. A. wissenschaftlich, daß die
Magyaren, die Czechen ꝛc. ohne die Deutschen, und in ganz selb=
ständigen Nationalgebieten herrschend, schon aus zwingenden inneren
Gründen der Rasse sofort auf das Niveau der auch mit goldener
„Freiheit“ beglückten Musterstaaten Griechenland (Marathon!), Donau=
fürstenthümer, Serbien, Montenegro ꝛc. herabsinken würden. Diesen
erhabenen Zielen steuern also die Magyaren, die Czechen ꝛc. zu! Und
weil sie hierbei der Gesammtstaat noch etwas hindert, so muß er im
Namen der magyarischen, czechischen ꝛc. „Freiheit“ vollends zer=
stört werden! Man braucht nur die Zustände der genannten Muster=
staaten einigermaßen zu kennen, um zu bedauern, daß kein Soliman
oder Mahmud mehr in der Nähe ist! Es kommt dazu, daß jene
Staaten wenigstens gegen ihre Umgebung harmlos sind, daß aber
Magyaren, Czechen ꝛc. einen fortwährenden Krieg gegen die Kultur
führen müssen.

Es müssen jedem einigermaßen Urtheilsfähigen sogleich die
Schuppen von den Augen fallen, wenn er sich diese magyarische,
czechische ꝛc. „Freiheit“ etwas genauer besieht. Vor Allem kann da
von einer wirklichen Volks=Freiheit auch nicht im Entferntesten die
Rede sein. Der ganze Krempel dieser magyarischen und czechischen
„Freiheit“ duftet im Gegentheil sehr nach — Hinterindien, nach
Japan, nach China, nach den Kaffern= und Hottentotenländern! Einige
Proben genügen. Es muß dabei bemerkt werden, daß bezüglich
Ungarns die herrschende Nationalität (Magyaren) allein für die
Einrichtungen, Gesetze ꝛc. verantwortlich gemacht werden muß, da eben

Oesterreich in Folge des Ausgleichs von 1867 Ungarn eine beinahe unbeschränkte „Freiheit" gab. Sie geht so weit, daß der Gesammt=staat Oesterreich für viele Fälle in Ungarn kaum mehr zu sagen hat, wie Württemberg in — der Schweiz. Wie Ungarn sich heute dar=stellt: das ist also das eigentliche Werk der Magyaren und ihrer „Freiheit".

Die Herrschaft der Magyaren beruht auf dem vollendetsten Cen=tralismus. Er ist theilweis sogar noch viel vollendeter, wie der L. Napoleon'sche und der Bismarck'sche, was das Folgende lehren wird. So lange die Magyaren nicht „frei" waren (nach ihren Begriffen), stellten sie sich Oesterreich gegenüber auf den Standpunkt des Föde=ralismus. Er spaltete, und das war der Zweck! So setzten sie den Dualismus durch, der seiner Natur nach die erste Unterabthei=lung des Föderalismus ist. Kaum aber standen sie als zweite Reichs=hälfte (die sie sich schon beim „Ausgleich" selber vom genialen Beust an Händen und Füßen gebunden überliefern ließen), auf eigenen Füßen, so führten sie nicht nur im eigentlichen Ungarn, sondern auch in den sogenannten Ländern der ungarischen Krone eine Centra=lisationsmaschine ein, die in vieler Hinsicht Alles übertraf, was vorher Bach und andere österreichische Minister (die sich dabei übri=gens immerhin auf den Gesammtstaat und auf einen höheren Staats=zweck berufen konnten, der den Magyaren so lange fehlen wird, als sie keine wirkliche Macht in Europa sind) geleistet hatten.

Was magyarische „Freiheit" ist, das sieht man am besten aus der Art und Weise, wie die Magyaren ihre vermeintlichen „Rechte" auf die sogenannten ungarischen Kronländer geltend machten, (Sieben=bürgen, Kroatien, Militärgrenze). Sie beriefen sich hierbei auf alte Pergamente und Titel, die lediglich österreichischen Fürsten ihren Ursprung verdanken. Die österreichischen Kaiser hatten sich nämlich aus Gründen politischer Klugheit neben ihrer Stellung im deutschen Reich ein ansehnliches Gebiet als außerdeutsche Besitzungen reservirt. Die Geschichte lehrt, daß dies bei der allmähligen Auflösung des deutschen Reiches sehr heilsam war; denn die Kaiser von Oesterreich behielten dadurch eine bedeutende Uebermacht in den Händen, die sie, wie wiederholt gerühmt werden muß, nie gegen, wohl aber vielfach für das Reich, d. h. überhaupt für die wichtige Aufgabe Central=Europas verwendeten. Es ist somit klar, daß der Begriff „ungarische Kronländer" lediglich ein dynastischer, oder ein allgemein österreichischer, oder endlich ein geographisch=administra=tiver ist, keineswegs aber ein nationaler oder gar ein Rechtstitel für die Magyaren zur gemeinen Herrschaft über fremde Nationa=litäten. Allerdings ist richtig, daß vor der Einverleibung Ungarns in Oesterreich ungarische Fürsten zeitweilig über die genannten Kronländer, ja sogar über noch andere Länder, wie z. B. Dalmatien geboten. Allein das ist Alles durch die Einverleibung annullirt worden. Fest steht, daß der Begriff „ungarische Kronländer" von je ein lediglich dynastischer war, und daß selbst die Kaiser von Oesterreich, ungeachtet sie absolutistisch regierten, ihn nie anders wie in formeller, in politischer und administrativer Weise genommen haben. Wenn sie das thaten als Herrscher und als Dynasten, sowie als Schöpfer, als legitime Interpretirer und als Erhalter jenes Titels: wie kommen die Magyaren als Rasse dazu, dem Titel eine gefährliche, volksfeindliche und materielle Deutung zu geben, von ihm für sich ein Recht abzuleiten, weite Länder, die überwiegend von nichtmagyarischen Nationalitäten bewohnt sind und die denselben Anspruch auf Freiheit erheben können, wie die Magyaren, in rein dynastischem Sinne zu beherrschen, sie zu unterdrücken und zu entnationalisiren???

Man glaubt den Verstand verlieren zu müssen über diese magyarische „Freiheit". Sie ist das Niederträchtigste, das Infamste, das Inhumanste, das Verlogenste, das Despotischste und Volksfeindlichste, was in Asien ersonnen werden kann. Ein Europäer vermag es gar nicht zu begreifen. Mache man sich die Sache noch etwas klarer! Die deutsche Volkspartei und die deutsche Demokratie erheben die schwersten Anklagen gegen die preußische Feudal- und Junkerwirthschaft. Nun ist aber diese Macht der preußischen Feudal- und Junkerpartei einestheils immerhin nicht gesetzlich begründet, da sie mehr auf einer Art Gewohnheit beruht, die offiziell stets abgeleugnet wird, anderntheils tritt sie im ganzen Staat nicht als herrschende, sondern nur als sporadisch vorhandene, lediglich im Verborgenen wirkende und vor der Zeitrichtung immer mehr zurückweichende unbedeutende Größe auf. Was aber in Preußen angefeindete Ausnahme ist (die Zusammensetzung und die Prätensionen des Herrenhauses, die Ansichten der Kleiste, der Retzow's und anderer Junker, die Sobbe's, die Putzki's 2c.): das ist bei den Magyaren gesetzlich festgestellte, unantastbare Regel! Die magyarische „Freiheit" besteht also in der elendesten Rassen-Herrschaft. Sie besteht in der Freiheit der Magyaren, allen übrigen Nationalitäten gegenüber innerhalb der ungarischen Kronländer die Herren zu spielen, gewissermaßen Eigenthums- und Leibeigenschafts-Rechte geltend zu machen!!! Die Concessionen, welche man dem Kaiser von Oesterreich abzwang, sind keineswegs den 14 Millionen Einwohnern der ungarischen Kronländer, sondern nur den 5 Millionen Magyaren zu Gute gekommen, welche behaupten, Besitzer dieser Länder zu sein! Läge hier nicht der empörendste, völkerentwürdigendste Despotismus einer verkommenen asiatischen Raße vor, so könnten einfach die 5 Millionen Magyaren nicht einmal die 9 Millionen anderer Nationalitäten commandiren und beherrschen! Noch weniger könnten sie in solcher Lage Oesterreich mit der hohen Nase entgegentreten. Gerade die unnatürliche Dauer der Magyarenherrschaft beweist, daß hier von keiner Volksfreiheit im Allgemeinen, sondern nur von fluchwürdigem Raßen=Despotismus die Rede sein kann!

Und das Alles reclamiren die magyarischen „Freiheitshelden" und „Demokraten" auf Grund alter, fürstlicher Pergamente, die der Kaiser von Oesterreich selber als werthlos — weggeworfen hat! Selbst in der Militärgrenze wollen sie herrschen, obwohl dort unter 1 1/7 Millionen Einwohnern nur — — — 5000 Magyaren leben! Natürlich werden die an einem Morgen todtgeschlagen, wenn nicht Oesterreich so unbeschreiblich verblendet wäre, sie zu beschützen. Die Frechheit der Magyaren geht noch weiter. Da ihre asiatische „Demokratie" auf fürstlichen Archiven beruht, so verlangen sie von Oesterreich, daß dieses ihnen nach und nach alle Länder überliefert, in denen vor Jahrhunderten je einmal ein selbständiger magyarischer Räuberkönig zu Pferd erschienen ist!!! So verlangen sie als künftige „Abfütterung" ihrer klassischen Magen Dalmatien, obwohl nach den früheren statistischen Angaben dieser Schrift in ganz Dalmatien nicht ein Magyar aufgefunden werden kann! In der Folge wird Oesterreich um der Magyaren und um des „Ausgleichs" willen wahrscheinlich mit Frankreich, mit Preußen und mit Bayern Krieg führen müssen, da die Magyaren auch auf dortige Gebiete historisch wohlbegründete Ansprüche haben. Bei Chalons wurde nämlich im Jahr 451 der Hunnenkönig Räuberhauptmann Attila auf's Haupt geschlagen; desgleichen erlitten die Magyaren auf ihren Raubzügen im Jahr 933 bei Merseburg gegen Heinrich I., und im Jahr 955 auf dem Lechfelde gegen Otto I. schwere Niederlagen. Daraus folgen unbedingt Anrechte der Magyaren auf die betreffenden Schlacht= felder, sowie auf die bezüglichen Länder überhaupt. * Die Nachwelt

---

* Sehr bezeichnend für das eigenthümliche, unsolide und flüchtige Naturell dieser Raße ist der Umstand, daß gleich nach der Niederlage Attila's bei Chalons der hunnische Name völlig verschwand. In Ungarn setzten sich blos die Reste und die Nachzügler fest, um ihre nationalen Spitzbübereien und Raub= züge im Großen fortzusetzen, bis ihnen dann bei Merseburg und auf dem Lechfeld das Handwerk für immer gelegt wurde. Man sieht an dem Schicksal Attila's,

wird Mühe haben, zu glauben, daß von 1867—70 in Wien über=
haupt ein vernünftiger Mensch als Minister vorhanden war ...

Man hat erlebt, daß Völker sich ihrer Fürsten entledigten und
daß sie sich zu Gunsten ihrer Freiheit als deren Nachfolger betrach=
teten; aber das Schauspiel war bisher noch nicht da, daß die Con=
cessionen, welche eine Regierung zum Vortheil der Freiheit macht,
nicht dem Volk im Ganzen zu Theil wurden, sondern nur einer
Rasse, die sich als Eigenthümer des Volkes benimmt. Dieses Schau=
spiel gewähren im Augenblick die Magyaren. Unter lügnerischem
Vorschützen der Freiheit von Seiten dieser letzteren hat blos eine
Cession des Absolutismus stattgefunden, aber mit dem großen
Unterschiede, daß der Absolutismus Oesterreichs ein politischer und
vergleichsweis milder war, während der Absolutismus der Magyaren
ein nationaler, furchtbar entsittlichender und erdrückender
ist. An Stelle des einen Kaisers von Oesterreich spielen jetzt 5
Millionen Magyaren mit gewichstem Schnurrbart und Schnürhosen,
die Reitgerte in der Hand, die Herren und Herrscher. Die 9 Mil=
lionen anderer Nationalitäten sind ihre Dienstboten, sind ihr
Gesinde ...

Das ist nicht die geringste Uebertreibung. Tausende von That=
sachen beweisen, daß seit dem Ausgleich die Magyaren im Umfang
ihrer Kronländer entsetzlich „aufgeräumt" haben. Eine ungeheure
Masse von deutschen und andern nichtmagyarischen Beamten in allen
Branchen wurden wie Hunde fortgejagt. Ersetzt wurden sie meist
von ganz unbrauchbaren magyarischen Subjecten. Es genügt,
Magyar zu sein, um im heutigen Ungarn über dem Gesetz zu stehen.
Zahllose deutsche Bildungsanstalten und Schulen sind geschlossen wor=
den oder gehen dem Verfall entgegen, weil sie der Lehrkräfte beraubt
wurden und weil die magyarische Regierung (die sich verlogenerweise
ungarische nennt) keine Mittel bewilligt, wie früher die österreichische.

---

daß die ganze Völker=Wolke keinen höheren Zweck wie Räubereien verfolgte, daß
Alles nur die gemeinsten Motive zusammenhielten. Auch das weite Ausgreifen
dieser Rasse nach Außen beweist durchaus Nichts für ihre Macht. Es folgt da=
raus nur, daß sie sich so lange wie möglich der primitivsten Barbarei
hingab, daß sie die Arbeit floh, daß sie deßhalb die festen Wohnsitze nicht liebte,
dafür aber immer Mann für Mann zu Pferde saß, um diejenigen Völker zu
überfallen und auszuplündern, die längst kultivirt waren, Ackerbau trieben
und deßhalb bleibende Wohnsitze hatten. Da Alles auf Beute auszog, ge=
wissermaßen die ganze Rasse, so schien deshalb ihre Macht immer weit größer,
als sie in Wirklichkeit war, doch um so ephemerer waren auch ihre höchst flüch=
tigen Occupationen fremder Gebiete, aus denen aber, historisch feingebildet, die
jetzigen Magyaren alle möglichen Rechtstitel für angebliches National=Eigenthum
erfinden!

Selbst Gymnasien und die Universität in Pesth gehen rapid zurück. Auch die deutschen Theater müssen den magyarischen Bänkelsängern weichen.

Die Palme des Ruhms gebührt aber unbestritten dem sogenannten ungarischen (magyarischen) Wahlgesetz. Man braucht dieses Gesetz nur ein ganz klein Wenig zu kennen, um zu wissen, was magyarische Macht und was magyarische Freiheit ist.

Der Charakter des ungarischen Wahlgesetzes ist, wie der Charakter der ungarischen Verfassung überhaupt, durchaus centralistisch und auf die überwiegende Herrschaft der Magyaren berechnet. In den Comitats-Congregationen kann keine andere Nationalitätenstimme laut werden, weil dort nur der magyarische oder magyarisirte Adel zugelassen wird. (!!!) Das Wahlgesetz zum Reichstag sichert dem Abgeordnetenhause eine erdrückende magyarische Majorität, obwohl die Magyaren, wie erwähnt, nur ein Drittel der Gesammtbevölkerung in den Ländern der ungarischen Krone ausmachen!!! Dieses Wahlgesetz macht jeden Adeligen eo ipso wahlberechtigt, giebt dagegen durch den Census und durch mannigfache mittelalterliche Privilegien jedem Magyaren durchschnittlich das Dreißigfache vom Wahlrecht eines Nichtmagyaren!!! Die directen Wahlen machen jede Wahlenthaltung oder jede Weigerung zum Eintritt illusorisch.

Es muß wiederholt werden, daß dieses einzige Wahlgesetz nicht etwa von Oesterreich den Magyaren aufgezwungen, daß es im Gegentheil dieser Freiheitshelden und glorioser „Demokraten" (!!!) eigenstes Erzeugniß ist.

Dieses Wahlgesetz, die Grundlage der magyarischen „Freiheit", ist wirklich ganz asiatisch. Man kann darüber den Verstand verlieren.

Auch der größte Despot bringt kein despotischeres Werk zusammen. Dagegen sind selbst die gewiß großen Leistungen eines L. Napoleon reines Kinderspiel!

Und ein Haufen von Menschen, der auf Grund dieses unsterblichen Wahlgesetzes in Pesth zusammengelaufen, und der hundertmal weniger Ausdruck der Volksmeinung in Ungarn sein kann, wie die doch gewiß mit allen Mitteln der Corruption und des Despotismus zu Stande gebrachte französische Volksvertretung Ausdruck der Gesinnung Frankreichs ist: ein solcher Haufe wagt es, sich keck als die freigewählte Volksrepräsentation Ungarns hinzustellen, wagt es, dem Gesammtstaat Oesterreich selbstbewußt, ja, dictatorisch zu sagen, was Recht und Freiheit sei, wagt es endlich, sich selbst für „volksthümlich", „liberal" oder zur Abwechselung gar für „demokratisch" zu halten???

Er wagt es, zu seiner Schande und zur Schande der Welt . . .
Welche Menschen in dieser sogenannten Volksvertretung sitzen,
das lehrt schon die Titelseite dieser Schrift. Jene Aeußerung ist
authentisch, obwohl der Name des Betreffenden, vielleicht aus über-
großer Rücksicht, verschwiegen ward. *

Jede österreichische Regierung hat das Recht, eine solche Pseudo-
Volksvertretung nicht anzuerkennen. Sie ist nur der Ausdruck
des Magyarenthums als Rasse, nicht aber Ungarns, mit dem allein
Oesterreich den „Ausgleich“ schloß.

Mit den Czechen hat es genau dieselbe Bewandtniß. Der
allgemeine Unterschied ist nur der, daß im Durchschnitt ein Kern-
Magyar drei, ein Kern-Czeche aber zehn zolldicke Bretter vor dem
Schädel hat. Es sind dabei solche Kern-Magyaren und Kern-Czechen
vorausgesetzt, die durch den civilisatorischen Einfluß des germanischen
Elements, namentlich durch den Umgang mit Seife und Taschen-
tüchern, noch wenig verdorben sind.

Die Czechen sind leidenschaftliche Anhänger der Föderation,
was die süddeutsche Volkspartei sehr interessiren wird. Aber ihre
Föderation hat das Gesicht der magyarischen. Die Föderation soll
nur das erste Mittel sein, den Verband mit dem Gesammtstaat
möglichst zu lockern, sei es auch fast bis zum Zerreißen. Sowie das
geschehen ist, springen auch die Czechen (wie die Magyaren) in der
Tendenz gleich um, und werden die fanatischsten Centralisten, d. h.
sie wollen als Rasse nicht blos Böhmen, sondern die gesammten
sogenannten böhmischen Kronländer (Wenzelskrone) als einen cen-
tralisirten Czechenstaat aufrichten, d. h. die deutsche Kultur
und die Freiheit der nichtczechischen Nationalitäten vernichten. Die
Czechen erstreben also zunächst, was die Magyaren mit des Reichskanzlers Hilfe bereits erreicht haben, woraus folgt, daß gerade ein
Graf Andrassy der Ungeeignetste ist, ihnen bei ihren Attentaten
auf den Bestand und die Macht des Gesammtstaates die Spitze zu
bieten. Strebten die Czechen nach der allgemeinen Freiheit, so

---

* Noch aufbewahrungswürdiger für spätere Zeiten ist folgendes Stückchen,
das auch nur bei Asiaten vorkommen kann. Ganz kürzlich haben die beiden
deákistischen Abgeordneten-Candidaten des Unter-Albenser Comitates (Lazar und
Maurer) um das Mandat — — — geloost. Lazar gewann, und Maurer
trat zurück!!! Das ist verworfenes Spiel mit dem Heiligsten und
Erhabensten des Volks. Gäbe es in Wien einen tüchtigen Staatsmann,
so würde er aus dieser einen Thatsache viel schließen. Er würde einsehen, daß
Oesterreich, wenn es sich auf die Magyaren verläßt, auf eine — Kloake
baut. Außerdem aber würde er erkennen, daß die Magyaren jetzt außer Stande
sind, eine solche Revolution wie 1848 und 49 zu unternehmen; denn zu einer
Revolution gehört, freilich außer einem gewissen Fäulnißstoff, viel unver-
sehrte sittliche Kraft.

wäre ihre Föderation ächt; aber es liegt ihnen nur an ihrer aus=
schließlichen Rassen=Freiheit, der gerade die allgemeine Volksfreiheit in
Böhmen zum Opfer fallen müßte. Darüber kann kein Zweifel sein,
wenn man die innere Beschaffenheit dieser Asiaten, namentlich aber
ihre Begehrlichkeit nach den sogenannten Kronländern, näher be=
trachtet. Gerade diese letztere muß jeden Volksmann oder jeden De=
mokraten sogleich zurückschrecken: denn die Freiheit ist hier wieder
nur der niederträchtige Vorwand zur Proclamirung der Rassen=
Herrschaft an Stelle der politischen oder Regierungs=Herrschaft. Schon
oben wurde das Verderbliche dieser Rassen=Herrschaft schlagend nach=
gewiesen. Sie ist durch und durch Absolutismus, und zwar ein
viel scheußlicherer, als eine einzelne Regierung politisch je ausüben
kann. Um ihre Berechtigung zu solcher Rassenherrschaft darzuthun,
berufen sich die Czechen gleichfalls auf alte Pergamente, welche
die Kaiser von Oesterreich längst freiwillig als werthlos in den —
Papierkorb geworfen haben. Es ist köstlich anzuschauen, wie die
asiatisch=czechischen „Demokraten" Palacky, Rieger ꝛc. in diesem Papier=
korb des österreichischen Kaisers wühlen, wie sie Das, was er selber
zerknittert und zerrissen hat, mühsam zusammenlesen, zusammenpassen
und zusammenkleben, um so wichtige Dokumente zu erlangen, die sie
gegen denselben Kaiser und gegen den Gesammtstaat gerichtlich
produciren können!

Von den ungefähr 8 Millionen Einwohnern der Länder böh=
mischer Krone (Böhmen, Mähren und Schlesien) sind nur 5 Millionen
Czechen, fast 3 Millionen aber Deutsche. Schon hieraus erhellt, daß
eine Rassen=Herrschaft der Czechen auf diesem Gebiete (eine andere
können diese Asiaten nicht begreifen) vom Standpunkte der Kultur
wie der Demokratie aus gleich verwerflich wäre. Es kommt dazu,
daß hier die 3 Millionen Deutschen nach drei Seiten in der soli=
desten und unlösbarsten directen Verbindung mit den übrigen
47 Millionen des geschlossenen germanischen Sprachgebietes stehen!

Uebrigens waren auch die böhmischen Kronländer historisch fast
nie beisammen; und schon daraus folgt das Freiheits= und Volks=
feindliche der czechischen Bestrebungen, hier mit Gewalt zusammen=
zubringen, was sich nicht mag. Diese Kronländer waren nur vorüber=
gehend einmal äußerlich vereinigt unter Karl IV. und Georg v.
Podiebrad. Außerdem beschränkte sich die Vereinigung ganz und
gar auf den frommen Wunsch der Czechen. Die Landtage in Mähren
und Schlesien blieben immer taub gegen czechische Lockungen und
Drohungen. Beide Länder entfremdeten sich Böhmen mehr und
mehr, ja, es fehlte sogar zuweilen an einer offenbar feindseligen
Haltung der Stände gegen Böhmen nicht, die eine Art Selbständig=

teit erstrebten. Selbst heute noch quält diese Länder eine gewisse Sorge, von Böhmen beherrscht und gedrückt zu werden. Daraus erklärt sich das Räthsel, daß selbst die Czechen Mährens von einer Vereinigung mit Böhmen Nichts wissen wollen! Man sieht hieraus, daß die falsche czechische (und magyarische) Föderation sogleich curirt werden kann, wenn man, soweit es die übrigen Verhältnisse erlauben, die Freiheit der Theile gegen die absolutistischen Prätensionen der Czechen und Magyaren im Ganzen wendet!

Ueber die politische, sittliche und moralische Qualität der Czechen, ein unter dem Vorgeben der Freiheit zusammengeraubtes Czechenreich zu gründen, das aber nur durch Despotismus und Centralisation nothdürftig im Rahmen gehalten werden könnte, liegen vielfache Beweise vor.

Vor Allem steht fest, daß eine Nationalität, die vorgestern nach Constanz zur Hußfeier wallfahrtete, und die gestern dem Haupt der Ultramontanen in Oesterreich, Cardinal Schwarzenberg, die Hand bot zur Verschwörung gegen Verfassung und Gesammtstaat, um heute gen Moskau zu pilgern, wo mit kalmückischen Stumpfnasen und mit Talglichtfressern Kriegsrath gehalten wird, wie die Kultur und die Deutschen am schnellsten zu vertilgen seien: daß so ein Haufe verruchten Völker-Gesindels nicht nach Europa gehört! Sowie dieser Haufe von „Freiheit", „Recht" und andern schönen Dingen nur spricht, ja, sowie er nur in seiner Weise daran denkt, verwandelt sich Alles in's niederträchtigste Gegentheil.

Nirgends zeigt sich, was Civilisation, Sittlichkeit, Moral, Politik und Freiheit betrifft, die Venerie des Asiatenthums in einer so scheußlichen Vollendung, wie hier bei den Czechen!!!

Die Czechen waren, trotz ihres Geschreis und ihres Spectakels, immer Feinde der Freiheit. Schon der Hussitenkrieg bediente sich nur der religiösen Freiheit als Aushängeschild; den Motiven nach war es ein czechischer Nationalkrieg. Es muß hervorgehoben werden, daß von allen Nationalitäten Oesterreichs die Czechen immer die meisten und die verworfensten Werkzeuge lieferten für die österreichische Reaction. Der furchtbare Polizei-Tyrann Sedelnitzky zu Metternichs Zeit war, wie schon der Name verräth, ein Slave.* Ohne mächtige czechische

---

* Die Ebergenyi war eine Magyarin, Chorinsky war ein Slave, das Opfer jenes Verbrechens war eine Deutsche. Meine früher gegebene Nationalitäts-Statistik über Sittlichkeit, Verbrechen ꝛc. nach der magyarischen, slavischen und deutschen Gruppe stimmt also selbst bei der österreichischen — Aristokratie!

Beihilfe hätte jene Reaction nimmermehr so lange Zeit hindurch so heftig wüthen können. Noch jüngst ertönte aus Galizien eine Stimme, welche die Polen vor einem Bündniß mit den Czechen warnte. Sie erwähnte, daß die Czechen von je die Hauptschergen der früheren Reaction gewesen, nannte sogar die beiden zum czechischen Stamm gehörenden Kreaturen Brendel und Brandt, auf deren Betreiben hin eine große Anzahl Polen ꝛc. in die Kerker von Kufstein und Spiel= berg gewandert sei.

Das Herz wendet sich Einem im Leibe um, denkt man an die **Verbündeten** der Czechen, womit sie erst den Gesammtstaat rui= niren, hernach aber die „Freiheit" begründen wollen! In erster Linie steht hierbei der böhmische Feudal=Adel. Da sind **nette** Gestalten darunter! Daß sie mit den Erzbischöffen, Carbinälen, überhaupt mit den Pfaffen und Römlingen, **dicke Freundschaft** halten, wurde schon erwähnt. (Diese Pfaffen wissen recht gut, daß den Czechen die Hußfeier nicht vom Herzen kommt!

Der böhmische Feudal=Adel hat viel Einfluß auf die Czechen. **Dieser Umstand allein richtet sie als Feinde der Frei= heit.** Voran steht bei diesen Junkern Graf Clam=Martiniz. Altczechische Blätter feiern ihn wiederholt als Vorkämpfer der Frei= heit (!!!), obwohl er ein großer Pfaffenfreund ist, wie sich schon da= raus ergiebt, daß er bei einer früheren Gelegenheit dem Papst — den Pantoffel geküßt hat. Dieser Graf war unter Bach Beamter in Ungarn. Etwas weniger ergeben sind die Czechen dem Concorbats= schöpfer Grafen Leo Thun. Nicht viel weniger populär ist der Fürst Lobkowiz. **Ich denuncire denselben für künftige Fälle den 54 Millionen Germanen als Verfasser eines Artikels im „Vaterland", worin er zur Zähmung der Deutschen die Köpfung ihrer Führer empfahl!!!** (Neh= men Sie vor Allem Ihren Kopf in Acht, Durchlaucht: er ist in **großer Gefahr! Warum brauchen** und **entweihen** übrigens Ew. Durchlaucht die **deutsche** Sprache, um auf die Deutschen zu **schmä= hen?** Ist das **edelmännisch?** Schreiben Sie doch czechisch nach Ihrem czechischen Herzen!)

Den Pakt mit der verfassungsfeindlichen böhmisch=mährischen Junkerschaft besorgen die sogenannten Altczechen (Palacky, Rieger ꝛc.) Diesem sollen nun die sogenannten Jungczechen beitreten, die fast gar keinen Einfluß besitzen, und deren theilweis liberales Geflunker zebiglich zur Lockspeise für politische Staare, Drosseln und Gimpel dient. Seither herrschte Spaltung zwischen Alt= und Jungczechen. Letztere machten regelmäßig **Fiasco** bei allen selbständigen politischen Anläufen, weil sie nothwendig an dem inneren Widerspruch krankten, der zwischen demokratischen Phrasen und dem gleichzeitig verehrten vorsündfluthlichen sogenannten Staatsrecht der „heutigen" Wenzels=krone besteht. Der Unterschied zwischen Alt= und Jungczechen ist also etwa so groß, wie zwischen ranziger Butter und ranzigem Speck. Man sieht auch hier (wie bei den Magyaren) sogleich den völligen Mangel eines wirklichen Princips. Daher die innere Schwäche und Zukunftslosigkeit aller dieser Partheien und Nationalitäten. Das leidenschaftliche Heraus=kehren der Rasse=Bestrebungen kann nie als ein Volks= und Staatsprincip anerkannt werden.

Die Czechen haben sich in aufgeregten Zeiten immer wie be=trunkene Hetären benommen. Im Jahr 1848 machten sie in Prag einen Aufstand, dem von der ersten Stunde an das häßliche Rassen=Antlitz aufgeprägt war, weil er sich lediglich gegen das deutsche Element richtete, und über dessen Besiegung in richtiger Erkenntniß des eigentlichen Zieles sogar die deutsche Demokratie frohlockte. Un=mittelbar darauf (das zeichnet die Czechen und ihre Freiheitsphrasen wieder vortrefflich und beweist eben, daß bei ihnen unter der Rassen=Firma jede Rolle möglich ist) standen sie wieder im strammen Dienst der Reaction. Nach Wuttke's Mittheilungen, der damals Augen=zeuge war, haben in den Octobertagen 1848 bei der Erstürmung Wiens durch Windischgrätz die Czechen den größten Antheil genom=men. Sie haben sogar auf dem Stephansplatz das czechische Spott=lied auf das Parlament gesungen, und überhaupt jede Gelegenheit er=griffen, dem deutschen Volke in's Gesicht zu schlagen.

Jeden Augenblick berufen sich die Czechen auf alte Privilegien und Volksrechte, die alle höchst lächerlich und unsinnig sind. So ist neuerdings viel die Rede von einer „legalen" böhmischen Wahlordnung für die künftige Volksvertretung, die im Jahr 1848 entworfen ward. Und was besagt diese „legale" Wahlordnung, für die czechische Blätter toben, und um derenwillen die Verfassung Oesterreichs in Stücke ge=rissen werden soll? Man lese und staune! Wählbar sind: 1) die alten Stände; 2) die Vertreter der Städte; 3) die Vertreter von Professoren und Studenten (bei welchen letzteren aber schlauerweise nur auf die bemoosten Häupter gerechnet wird, da als Alter 25 Jahre festgesetzt ist); endlich 4) die Vertreter des flachen Landes, zu welchem Behufe das Land nach veralteten Kirchensprengeln eingetheilt wird, wobei es gleichgültig ist, ob der Bezirk 10,000 oder 100,000 Seelen enthält.

Auch dieses sogenannte Wahlgesetz, dem zu Liebe die edle, arme, getretene, freiheitswürdige czechische Nation in Aufregung geräth, ist ächt — — — asiatisch!

Was soll man, Dem gegenüber, von einem Reichskanzler von Beust denken, da feststeht, daß er schon seit 2 Jahren insgeheim „Ausgleichs"-Versuche mit den nämlichen Czechen zu Prag betrieb? (Er benutzte hierbei den pensionirten Statthaltereirath Grimm.) Wenn ein Normal-Czeche der böhmischen Wälder ohne Seife und Taschentuch zehn Bretter vor dem Kopfe hat, so hängt diesem Reichskanzler gewiß ein ganzes Schock Bretter als Schädel-Floß davor. Bei diesen wichtigen Rassen-Eigenschaften der Czechen, von denen freilich dieser gebiegene und grüntliche „Staatsmann" keine Ahnung hat, hätte eine ganze Reihe weltblendender Wunder stattfinden müssen, sollte jenes schmachvolle Herlaufen des Reichskanzlers hinter den Asiaten nicht gerade jeden billigen „Ausgleich" unmöglich machen. Die Wunder sind nicht geschehen, und das beispiellose Fiasko des Seiltänzers in Wien beweist nur, daß es noch einen Gott giebt, dessen Dasein wir gerade am Wirken sittlicher, moralischer und natürlicher Gesetze erkennen sollen! Wer sich auf die Wirkung unsittlicher, unmoralischer und unnatürlicher Gesetze verläßt, sündigt gegen denselben Gott, dessen Hilfe er vertraut.

Uebrigens hat dieser Reichskanzler, um das Maß seiner Bornirtheit und seiner politischen Niedertracht voll zu machen, schon mehrmals in der „Revue des deux Mondes" czechenfreundliche Artikel veröffentlichen lassen, in denen er die Czechen vor dem Druck- und Unterdrückungs-Genie der Deutschen in Schutz zu nehmen sucht. Für diese herrliche, ganz asiatische Definition der deutschen Kultur empfängt jetzt der Reichskanzler selber von seinen Asiaten den wohlverdienten Lohn. „Wer Pech angreift, besudelt sich".

Am 15. Mai d. J. hat zu Prag ein großes czechisches Nationalfest stattgefunden. Es galt der feierlichen Enthüllung des Hawliczek-Denkmals. Wer war Hawliczek? Er war ein großer, berühmter Czeche, wie sein Denkmal beweist. Berühmt und den Czechen theuer wurde er durch seinen classischen Ausspruch: „Lieber die russische Knute, als die deutsche Freiheit!"

Diese Aeußerung beruht auf voller Wahrheit, ist kein Scherz, wie alle Gebildeten Europa's glauben möchten.

Genug mit diesen Proben!

Alle Windischgrätze und alle Haynau's sind noch rothe Demagogen im Vergleich mit diesem stinkenden Asiatenthum, das im Namen der Freiheit Verbrechen auf Verbrechen häuft!

Man riecht es Hunderte von Meilen weit!

Wehe Oesterreich, wenn es je auf solchen Völker-Abschaum sich stützen sollte!

IX.

Nothwendige Folgen des Beust'schen Reichsverraths. — Wachsende Verwirrung. — Die Resignation der Deutschen in Oesterreich. — Rudolph von Habsburg. — Staat und Hierarchie.

Jede folgende Seite dieser Schrift beweist mit stärkerer Consequenz und mit eindringlicherer Logik als die vorige, worin das Grundübel der jetzigen österreichischen Krisis besteht. Der Reichskanzler von Beust will die Riesenlast des reformirten Oesterreichs auf Unterlagen stellen, die morsch und nicht entfernt jener Riesenlast entsprechend sind. Sie müssen brechen, und neue Convulsionen und Stürze Oesterreichs werden die unausbleibliche Folge sein, faßt man nicht in eilfter Stunde noch einen kühnen Entschluß.

Es sind in doppelter Beziehung verderbliche Fehler begangen worden. Einestheils hat man, so zu sagen, die Dimensionen der Unterlagen mit falschem, verjüngtem Maße gemessen, man hat sie also von Anfang an für stärker gehalten, als sie waren; anderentheils aber (und das ist das Wichtigste) täuschte man sich vollständig in der Qualität der Unterlagen. Man sah nicht, daß das allerdings etwas in der Dämmerung eingelegte Holz der Tragebalken schon sehr — wurmstichig war. Die Holzhändler hatten freilich dafür gesorgt, daß schöner glänzender Lack die Spuren der Wurmstichigkeit einiger= maßen verbarg ... Das magyarische Holz ist verbraucht. Das czechische wird eben (mit noch dickerem Lack, weil es noch wurmstichiger ist) von Palacky, Rieger, Clam=Gallas, Martiniz und Lobkowitz unter betäubender Marktschreierei ausgeboten ...

Bei großen Staatsexperimenten ist gerade die Qualität der Staats=Unterlage von höchstem Belang. Alexander der Große nahm das kleine, aber ungemein kräftige Macedonien zur Unterlage für sein complicirtes Weltreich. Hätte er die numerisch viel zahlreicheren, aber im Verfall begriffenen Griechen (denen eine ganz andere und millionen= fach glänzendere Vergangenheit wie den Magyaren und den Czechen zu Gebote stand!) hierzu verwenden wollen: er wäre nie bis an den Indus gelangt.

Das deutsche Element eignete sich nicht nur quantitativ, sondern hauptsächlich auch qualitativ unbedingt am meisten, ja, vielfach aus= schließlich, zur Unterlage für das reformirte Oesterreich. Dadurch blieb man im bewährten früheren Geleise und hielt sich selbst im Hinblick auf 1866 eine schöne Zukunft offen. Es dürfte schwer sein, zu beweisen, daß die 9 Millionen Deutschen in Oesterreich nach 1866 weniger werth waren wie vorher, wo sie fortwährend außer der eigenen Kraft auch Nichts weiter hinter sich hatten, wie die allgemeinen Beziehungen zur großen germanischen Masse, die aber heute noch ungeschwächt vorhanden sind. Für einen Staat mit so sehr verschieden cultivirten Nationalitäten, wie Oesterreich, ist es immer von der größten Bedeutung, diese Nationalitäten richtig zu behandeln. Manches Mittel, das bei der civilisirten Nationalität durchschlägt, bringt bei der minder civilisirten die entgegengesetzte Wirkung hervor. Die deutsche Nationalität ist von allen Nationalitäten Oesterreichs ent= schieden am leichtesten zu führen, zu lenken, zu verwenden; deßgleichen läßt sie die ernsteste und anhaltendste Benutzung zu. Ein Umstand von ungeheurem Gewicht ist, daß man bei ihr fast ohne Ausnahme in sehr hohem Grade auf die Verstandeswirkung rechnen kann. Was man ihr mit gesundem Verstand, mit Gründen, mit Logik, mit Geschichte, kurz, mit Mitteln, die für den Ehrlichen stets sehr wohl= feil sind, beweisen kann, das acceptirt sie oder das versicht sie gar. Keine andere Nationalität in Oesterreich hat diese vorzügliche Eigenschaft. Alle diese Nationalitäten stehen in der Cultur tief; auch sind die Rasseneigenschaften theilweis viel zu spröd für kühne Staatsumbildungen auf weite Sicht. Die Folge ist, daß hier der wichtige Verstand häufig ganz zurücktritt, und daß dafür Einbildung, Phantasie, nationale Eitelkeit, Ehrgeiz und selbst Fanatis= mus leicht den Vortritt erhalten. Höchstens imponirt diesen Nationa= litäten gewöhnlich noch ziemlich sicher der Erfolg: im Gegensatz zum Verstandeshebel der germanischen Rasse ein gewaltiger Unter= schied!

Ein Staatsmann in Oesterreich rechnet also mit den Deutschen sehr sicher, mit den übrigen Nationalitäten aber ausnahmslos sehr gewagt, weil er es in jenem Fall vorzugsweis mit dem Verstand, in diesem dagegen nur allzu oft gerade mit den Feinden des

Verstandes zu thun hat. Die deutsche Nationalität hat immer etwas vom Mann, die magyarische, die czechische ꝛc. immer etwas vom Greise und vom — Kind. Gerade in dieser letzten Doppelnatur liegt eine bedeutende Gefahr für sich.

Man konnte gar nicht fehlen, hielt man fest, wie Oesterreich als Staat sich aus deutschem Keim und mit deutscher Kraft allmählig gebildet und entwickelt hat. An wenig Staaten kann man ein so gesetzmäßiges, organisches, gewissermaßen pflanzenartiges, Wachsen nachweisen. Die wichtignen Länder Oesterreichs waren lange, bevor der Staat Oesterreich entstand, als integrirende Bestandtheile des deutschen Reiches vorhanden. Darauf gründet sich das alberne Geschwätz der Czechen, daß es eher ein Böhmen wie ein Oesterreich gab. Aber Böhmen war eben auch nur vorhanden als deutsches Reichs-, doch nicht als — Czechen-Land! Es war vorhanden, wie die spätern Elemente Oesterreichs: Kärnten, Steyermark, Tyrol ꝛc. neben Böhmen in obiger Eigenschaft vorhanden waren! Der Name Oesterreich entstand später; doch er entscheidet hier nicht. Rudolph von Habsburg war erst deutscher Kaiser. Als solcher hatte er neun Jahre lang (von 1273—84) außer der Kaiserwürde nur seine Privatbesitzungen hinter sich. Dann aber ging er an die Gründung einer Hausmacht, die damals jeder deutsche Kaiser schon um des Reiches willen und wegen des enorm entwickelten Rebellionssinnes der Reichsfürsten und Vasallen unbedingt nöthig hatte. Im Jahre 1282 erwarb er Oesterreich, Steyermark und Krain: diese deutschen Länder wurden somit der Grundstock des spätern Oesterreichs. Als deutsche Reichsländer hatte es schon im Jahr 976 ein Herzogthum Kärnthen, im Jahr 1156 ein neues Herzogthum Oesterreich gegeben, also lange vor Rudolph von Habsburg. Böhmen und Ungarn kamen erst 1526 an Oesterreich, das also ohne diese beiden Länder (von denen aber Böhmen stets noch deutsches Reichsland gewesen war) in der durch Rudolph von Habsburg gegebenen Gestalt bereits 244 Jahre lediglich als deutscher Staatencomplex bestanden hatte. Im Jahre 1363 kam Tyrol an Oesterreich: demnach wieder ein ganz deutsches Land! Das Erzherzogthum Oesterreich entstand 1453. Gründlicher und schlagender läßt sich der deutsche Charakter Oesterreichs nicht darthun.

Der Zutritt Böhmens zu Oesterreich konnte diesen Charakter nur verstärken. Wie schon erwähnt, ist Böhmen von da an, wo das Reich sich ordnete, immer deutsches Reichsland gewesen. Seine Fürsten waren von da an stets Reichsfürsten. Sie gehörten den

verschiedensten deutschen Fürsten-Geschlechtern an: vergab das
Reich ja Böhmen lange als Reichs-Lehn! Der klarste Beweis da=
für, daß Böhmen immer nur in seinen Beziehungen zum
Reich eine Rolle spielte, liegt unter Anderem auch darin, daß ein
deutscher König von Böhmen (womit damals Schlesien, die Lausitz
und die Oberpfalz verbunden waren), der dem Hause Luxemburg
entstammte, der folglich kein Czeche war, als Karl IV. von 1346
bis 78 die deutsche Kaiserwürde bekleidete. Das Nämliche be=
kräftigt die Thatsache, daß dieser Kaiser im Jahr 1348 die
erste deutsche Universität in Prag gründete. Die Cze=
chen haben dabei sicher nicht mitgeholfen; und für die Czechen grün=
dete dieser deutsche Fürst sie gewiß auch nicht. Ohne eine derartige
Voraussetzung wäre der ganze Vorgang rein undenkbar.* Es ist
also wahr: ein Böhmen gab es früh; aber nur ein deutsch ge=
meintes und deutsch verwandtes Böhmen. Ein Czechen=
thum dagegen existirte gar nicht. Es war physisch da,
doch nicht moralisch, intellectuell und historisch. Wenn sich also

* Der von den Czechen verehrte große National-Lügner und Vaterlands=
verräther Rieger hat jüngst an die französische Regierung ein Memorandum
gerichtet, welches auf Intervention Frankreichs, Zerstörung Oesterreichs, Sturz
seiner Dynastie und auf Gründung eines die ganze Welt beglückenden Czechen=
staates hinausläuft. Dieses von Lügen und Dummheiten strotzende Schulbuben=
Opus enthält u. A. auch die naive Behauptung, daß die ganze Kultur in Böhmen
von den — — — Czechen herrühre, wie namentlich die frühe Gründung der
Prager Universität beweise. (!!!) Man könnte den Verstand verlieren über diese
asiatischen Ungeheuerlichkeiten. Glücklicherweise ist Jeder, der Reisegeld besitzt,
im Stande, an den Misthaufen und an den hemdelosen Kindern der rein
czechischen (also von der deutschen „Barbarei" noch nicht angeriffenen) Districte
Naturalstudien zu machen über die czechische „Kultur". Bei der Gründung
der Prager Universität können die Czechen schon aus dem Grunde nicht dabei
gewesen sein, weil damals noch kein einziger Czeche ein — Taschentuch besaß.
Der erste Deutsche, der einen Czechen mit dem Gebrauch dieses Gegenstandes
bekannt machen wollte, soll sogar seine Kühnheit (die als ein Angriff auf die
czechische Freiheit angesehen wurde) mit dem Leben gebüßt haben ... Uebri=
gens kann dieser czechische National-Lügner Rieger zum Ueberfluß noch ziffer=
mäßig widerlegt werden. Der Engländer Coxe (der gerade als Ausländer
hier um so unpartheiischer scheint) spricht in seiner „Geschichte des Hauses Oester=
reich" (Band 1 S. 208 u. 209) von den Zuständen der Prager Universität
im Jahr 1410. Es werden dort neben den Professoren ausdrücklich nur 4000
deutsche Studenten erwähnt. Jedes dieser Worte ist moralisch Mord und
Todtschlag für die Czechen. Alle Historiker erwähnen bei Stiftung der Prager
Universität durch einen deutschen Fürsten, daß es die erste deutsche Universität
überhaupt war. Das erklärt auch die sonst ganz unbegreiflich hohe Ziffer der
deutschen Studenten im Jahr 1410, die selbst heute keine deutsche Universität
erreicht. Nur dieses freche asiatische Czechengesindel kann hier den Deutschen
einen Ruhm stehlen wollen, der glücklicherweise in den Händen der Diebe sich
sofort ganz von selbst als — fremdes Eigenthum verräth!

neuerdings die Czechen herausnehmen, von einer Geschichte Böhmens
zu sprechen, so mögen sie um der Wahrheit willen nicht verschweigen,
daß diese lediglich ein Stück deutscher Geschichte ist. Nur hie und
da, und die häufigen Reichswirren benutzend, haben im Verlauf vieler
Jahrhunderte einige czechische National-Zaunkönige sich aufschwingen
wollen. Aber sie regierten stets nur so lange, als die deutschen
Kaiser ihr Treiben nicht bemerkten. So wie sie es bemerkten, war der czechische Schwindel aus, die Zaunkönige krochen
unter oder flogen davon. Böhmen war immer ein untrenn-
barer Theil des deutschen Reiches, war nie einen Augenblick lang wirklich entzogen der Reichs-Autorität. In
diesem Verhältniß kam Böhmen an Oesterreich, demnach als deutsches,
nicht als czechisches Land! Interessant ist, daß das Reich einige
Male an böhmischen Fürsten eine Art Execution vollziehen mußte.
Schon im Jahr 893 war der deutsche König Arnulf gezwungen gewesen, den von ihm eingesetzten Herzog Zwentibold von Böhmen wegen
Ungehorsams zu bekriegen und niederzuwerfen. Auch Kaiser Rudolph I.
hatte kaum zwei Jahre nach Uebernahme der Kaiserwürde einen län-
gern Kampf mit Ottokar von Böhmen zu bestehen (1275—78), um
diesem Fürsten den Kopf zurechtzusetzen. Man sieht hieraus wiederholt, daß, wenn Böhmen eine Geschichte hat, diese keine czechische,
sondern eine deutsche Geschichte ist. Ohne die Beziehungen zum
deutschen Element und zum deutschen Reich wäre eben die ganze
Geschichte Böhmens eine Geschichte seiner — Wälder gewesen!
Soweit Böhmen Kultur hat, ist dies einzig und allein Folge
jener Beziehungen. Sogar der Begriff „böhmische Kronländer" läßt
sich nur darauf zurückführen. Um so einfältiger und lächerlicher ist
es von den Czechen, daß sie diese Länder jetzt als National-Eigen-
thum reclamiren.

Uebrigens folgt aus diesen historischen Rückblicken eine wichtige
Lehre. Das czechische Element stand während jener langen Zeiten
der Zahl nach gewiß annähernd in demselben oder eher in noch gün-
stigerem Verhältniß zum deutschen Element, wie jetzt. Auch muß man
wohl erwägen, daß damals kleine Staaten oder Nationalitäten sich
viel leichter gegen größere stellen oder sich von ihnen losreißen konnten,
da eben nach dem früher gegebenen wichtigen Nachweis erst neuerdings (Schießpulver, stehende Heere, Conscription, allgemeine Wehrpflicht) die politischen Machtschwerpunkte mehr in die größeren
Massen und Länder-Complexe gefallen sind. Die Losreißung der
kleinen Schweiz von Oesterreich in den Jahren 1308—1386 bestätigt
dies Alles auf's Vollkommenste. Wie kam es also, daß über ein
Jahrtausend hindurch die „große" czechische Nation, ein Paar unbe-

deutende, stoßweise Lebenszeichen abgerechnet, historisch handelnd gar nicht da war, daß man ihre Schmerzensschreie nicht hörte, daß sie keinen Gesammtstaat zerstören wollte? Es hatte zwei Gründe: 1) Die damaligen deutschen Regenten waren vernünftig genug, die gar nicht vorhandene czechische „Macht" auch nicht zu sehen; politische Vergrößerungsgläser der Firma Beust, Taaffe und Compagnie wurden erst später erfunden. Auch nahmen diese Regenten die Czechen, wenn nicht wissenschaftlich, so doch empirisch richtig als Rasse, d. h. als Asiaten, die eigentlich nach Rußland gehören, wohin sie sich ja selber sehnen; denn man kann leicht begreifen, daß in der Epoche des deutschen Ritterthums, wo nur der Mann galt, nicht aber der Intriguant und der Schwätzer, und wo die deutschen Fürsten, selbst Ritter, täglich im regsten Verkehr mit Vielen lebten, das seiner Natur nach feige und lakaienhafte Czechenthum eine höchst armselige und verächtliche Rolle spielen mußte. 2) Die Czechen hatten erst neuerdings Gelegenheit, durch mangelhafte, einseitige Benutzung deutscher Bücher, deutscher Schulen und deutscher Lehrer sich die nöthige äußerliche Dialektik und Sophistik anzueignen, um in der Presse und im Parteileben die Deutschen zu beschimpfen. Der Affe kann tanzen, was er früher nicht konnte: das ist der ganze Unterschied! Von einer czechischen „Macht" kann nur ein Geisteskranker sprechen. Eine Nationalität, deren Worte in demokratischen Phrasen, deren Thaten aber (noch dazu nicht etwa geheime, sondern ganz öffentlich mit Ostentation!) in einem Bündniß mit den Pfaffen und den Feudalen bestehen: die kann weder einen Staat aufbauen, noch stürzen! Was Princip und Freiheit betrifft, so sind diese Czechen und auch die Magyaren theils weniger brauchbar, theils viel schädlicher noch, wie im übrigen Teutschland der sogenannte National-Liberalismus, der doch in der Begünstigung des Cäsarismus und im Vergiften des Volksgeistes Außerordentliches geleistet hat. Aber man lese die extremen czechischen und magyarischen Blätter: und man bekommt Ekel und Fieberschaudern vor solchem — Völkerkehricht! Die „Freiheit", wonach diese Menschen streben und um derenwillen ein Kulturstaat zerstört werden soll: das muß die „Freiheit" Attila's, Tamerlan's und Dschingischan's gewesen sein . . .

Von allen diesen Dingen und Vorstellungen ist durch die Hirngänge des Reichskanzlers kein Hauch gezogen. Er hat Asien über Europa, die Barbarei über die Kultur, Cynismus, Unsittlichkeit, Phantasie, Verblendung und Fanatismus über Rechtsgefühl, Sitte, Verstand, Einsicht, Grundsatz und Staatsbewußtsein gestellt.

Ist es überraschend, daß auf diese Weise das politische Durch=
einander in Oesterreich täglich wäch st? Es wäre ein Wunder,
nähme dort die Verwirrung ab! Es sind zu viel Kräfte
entfesselt worden, die nicht nur an sich zu den moralischen Miasmen
und Giftstoffen gehören, sondern die auch keine Vernunft und kein
Aufruf an das bessere Erkennen wieder zur Ruhe bringt. So wird
es immer gehen, wenn das Vieh in die Wohnstube
kommt...

Die Macht Oesterreichs als Gesammtstaat ist gleich Eins.
Von dieser Eins können zu Gunsten der Freiheit nur kleinere Bruch=
theile an die Einzelländer abgegeben werden, doch auch nur unter
der Bedingung, daß diese Concession dem Gesammtstaat wieder nützt.
Eigentlich muß der Gesammtstaat indirekt wieder mehr zurückempfangen,
als er direkt giebt, wenn er bestehen will. Aber in Oesterreich
ist es gerade umgekehrt, nicht, weil Oesterreich eine
Monarchie ist, sondern weil die Magyaren, die Czechen ꝛc.
Alles auf das Gebiet der Nationalität und der Rasse
hinübergespielt haben, bei welchem Gebahren, wie schon her=
vorgehoben wurde, selbst ein Freistaat zu Grunde gehen muß, beson=
ders, wenn die Nationalitäten nicht wie in Nordamerika durchein=
ander gemischt sind, sondern wenn sie geschlossen und klum=
penweis, wie in Oesterreich, im größern Staate liegen. Von jener
Eins der Macht Oesterreichs empfingen die Magyaren in Folge des
Ausgleichs wenigstens $\frac{1}{2}$. Da sie die erhaltenen Concessionen ledig=
lich in nationalem Sinne verwenden und da sie, wie ihr Verhalten
nach dem Ausgleich außer allem Zweifel setzt, sich weiterhin möglichst
vom Gesammtstaat zu emancipiren suchen, indem sie diesem wider=
willig nur Das zukommen lassen, was sie beim besten Willen nicht
vorenthalten können, so erhält Oesterreich für sein großes Opfer
keineswegs wieder $\frac{1}{2}$, sondern höchstens $\frac{1}{10}$ als Beisteuer zur Ge=
sammtmacht zurück. Die Czechen verlangen auch $\frac{1}{2}$, sodaß für die
Deutschen ꝛc. rein Nichts verbliebe. Die Czechen würden noch
weniger wie $\frac{1}{10}$ zurückgeben. Oesterreich vertheilt also gewisser=
maßen seine Gesammtmacht an die Einzelländer, die doch, als un=
selbständig (namentlich in militärischer Beziehung) damit häufig Nichts
anfangen können. So wird Das, was in der Hand des Gesammt=
staates Gulden sind, in den Händen der Einzelländer zu elenden
Kreuzern. Jene Theilung der Macht=Eins Oesterreichs durch den
Reichskanzler geht über die Weisheit Salomo's. Damit ist ziffer=
mäßig bewiesen, daß Oesterreich auf dem seitherigen Wege seinem
unausweichlichen Untergang entgegengeht. Hierbei erliegt Oesterreich
zuletzt politisch genau demselben teuflischen und wahnwitzigen Gesetz,

daß wir s o c i a l so schreckliche Verheerungen anrichten sehen. Es ist die Macht der Capitals= und Industrie=Herrschaft gegenüber der Arbeit. Capital und Industrie ziehen Tag für Tag m e h r materielle Mittel (die man das B l u t des Staates nennen könnte) aus dem Volk, als sie wieder in dieses zurückfließen lassen. U n s e r e s o c i a l e n L e i d e n s i n d n u r B l u t a r m u t h i m S t a a t. Sie wird un= fehlbar ganz dieselben F o l g e n haben, die wir beim menschlichen Organismus haben: a m E n d e s c h w e r s t e K a t a s t r o p h e, F i e b e r a u f L e b e n u n d T o d! Magyaren und Czechen wollen M i l l i o = n ä r e werden: der Gesammtstaat wird b a n k e r o t t!

Nichts zeichnet das V e r d e r b e n, das dieser Reichskanzler über Oesterreich gebracht hat, greller, als das Verhältniß der M i l i t ä r = g r e n z e zu Ungarn. Da frühere österreichische Kaiser die Militär= grenze aus administrativen Gründen (die aus der geographischen Lage entsprangen) mit den ungarischen Ländern zusammenfaßten, so recla= mirten die Magyaren (nicht die U n g a r n, die es als N a t i o n nicht giebt und die auch als Gesammtheit im sogenannten Reichstag in Pesth gar nicht vertreten sind) beim Ausgleich die Militärgrenze als ungarisches Kronland!!! D a s i s t e c h t a s i a t i s c h! Wie früher schon angegeben wurde, leben in der Militärgrenze über eine Million Kroaten, Serben ꝛc., 45,000 Deutsche und nur 5000 (!!!) Ma= gyaren. Was heißt also die Auslieferung dieses Landes an die Magyaren? Letztere schicken dem Lande als Vögte und Peiniger ihren unwissenden verkommenen Adel, ihre spitzbübischen und corrumpirten Beamten. Desgleichen werden sie das Land möglichst zu magyarisiren suchen. Die Hauptsache aber ist, daß der ungeheure Holzreichthum des Landes eine Beute der Magyaren wird. (Da fällt vielleicht auch Etwas für die Pesther — Vordelle ab!) Natürlich sind die Bewohner der Militärgrenze einmüthig gegen die Verbindung mit Ungarn. So opfert man einem h o h l e n T i t e l, den die Magyaren als R a s s e gar nicht anrufen können, alle Forderungen der Vernunft, ja selbst der Freiheit! Denn man muß wissen, daß jene Bewohner treue An= hänger des Gesammtstaates sind (die sich unter der scheußlichen Kastraten= wirthschaft eines, wie es scheint, auch a s i a t i s c h e n Ministers ohne= hin immer mehr vermindern müssen), und daß Oesterreich leicht in die Lage kommen kann, diese seine Freunde mit G e w a l t zu zwin= gen, seine F e i n d e zu werden!!! Die Magyaren selbst werden natürlich, wenn sie mit Oesterreichs Hülfe die Militärgrenze „annectirt" haben, dem Gesammtstaat gegenüber die Nase nur noch h ö h e r tragen, also das von ihnen bereits enorm geschwächte Oesterreich noch weiter schwächen! D a s i s t d a n n d e r D a n k... „A l s o d a r u m R ä u = ber und Mörder!" Hier hat man es nicht mehr mit gewöhnlichen,

sondern mit — schmiedeisernem Blödsinn zu thun! Die Regie=
rung des Weibes Semiramis in Babylon vor 4000 Jahren ist
jedenfalls Gold gewesen gegen diese Arbeit des Staats=Todten=
gräbers von Beust ... Nebenbei sieht man hieraus, daß die
ganze „Freiheit" der Magyaren in einem fluchwürdi=
gen nationalen Despotismus besteht, den die übrigen
Nationalitäten erdulden müssen, und den namentlich
die Demokratie auf's Aeußerste bekämpfen muß!

Höchst bezeichnend und merkwürdig ist das Verhalten der
Deutschen in Oesterreich während der jetzigen Krisis. Das ist der
einzige Trost für Oesterreichs Zukunft, der einzige Stern am
Himmel seiner — Nacht!

Die Deutschen allein haben ein klares Verständniß vom Ge=
sammtstaat. Sie fühlen seine Nothwendigkeit tief, haben ihm schon
alle möglichen Opfer gebracht, und sind noch jetzt bereit, alle ihre
Kräfte dafür einzusetzen. Außer ihnen hat eben keine einzige Natio=
nalität in Oesterreich einen Begriff von Dem, was den Staat aus=
macht, was ihn fördert und erhält. Bei den Deutschen in Oester=
reich steht die Idee des Gesammtstaates so sehr im Vordergrund, daß
sie daneben ihre eigene Nationalität als untergeordnet betrachten.
Alle übrigen Nationalitäten dieses Staates verfahren
umgekehrt. Erst kommt ihre Nationalität. Die wird wie
beim Schneider aus dem Ganzen des Zeuges herausgeschnitten. Von
den Ueberbleibseln und Schnitzeln, die unter den Zuschneidetisch fallen,
machen Magyaren, Czechen 2c. den Gesammtstaat! Der große
Zuschnitt ist allemal erst für die magyarischen Schnürhosen, für die
czechischen und polnischen Phantasie=Mäntel, die namentlich im Wind
sehr malerisch zu tragen sind ...

Gerade in dieser Verschiedenheit der Auffassung von Nationalität
und Gesammtstaat liegt eine Welt! An ihr erkennt man den Ab=
grund, vor dem Oesterreich durch die Schuld seiner politischen Flick=
schneider angekommen ist.

Nur mit Hülfe der Deutschen kann der Gesammtstaat gerettet
und zusammengehalten werden. Wer Das nicht einsieht, der stellt sich
selbst das Zeugniß der Unzurechnungsfähigkeit und des Vaterlands=
verraths aus. Der Zwiespalt hat viel von einem Familienstreit.
Immer sieht man hier, wenn schon die Form nicht eingehalten wird,
was an den Kindern ist. Solcher Cynismus, solche Pöbelhaftigkeit,
solches schadenfrohes Wühlen in der eigenen Schande, solche Freude
über das Preisgeben jeder Ehre auf offener Straße, sogar vor gemein=
samen Feinden, endlich solche Gleichgültigkeit selbst gegen die Existenz
der ganzen Familie und ihrem materiellen Bestand, wie dies Alles

von Magyaren, Czechen 2c. zu sehen war: das ist mehr, als der
verworfenste Bastard einer Familie bereiten kann. Möchte man
doch endlich an richtiger Stelle erkennen, daß von den vielen Kindern
der Austria die Deutschen allein gut gerathen sind! Sie allein
schlagen nicht nach Vater und Mutter. Alle andern thun's...

Vergegenwärtige man sich doch die Lage! Bei einer Zertrümme=
rung Oesterreichs verlieren: 1) die österreichische Dynastie; 2) die
Magyaren, die Czechen, die Polen 2c. Nur die Deutschen in
Oesterreich verlieren Nichts, ja, sie gewinnen vielleicht,
wenigstens ganz gewiß, wenn das asiatische Regime
Bestand haben sollte... Ihnen kann der nationale Rückhalt
am großen Rest der 54 Millionen Germanen nicht genommen werden.
Kein Gott vermag Das. Alles Weitere kümmert sie nicht.
Denn es ist wohl klar, daß schon 8 Tage nach jener Zertrümmerung
Prag — deutsche, Lemberg — russische Bajonette sieht. Vier
Wochen später endet auch der magyarische Traum... Bei diesen
Aussichten, die lediglich auf natürlichen Voraussetzungen beruhen,
wird das Treiben des Reichskanzlers mit seiner politischen Schau=
spieler=Truppe vollends zum zehnfachen Verbrechen, das Verhalten
der Deutschen in Oesterreich aber erscheint als ebenso loyal, als freiheit=
schützend und bewunderungswerth. Stelle sich doch dieser Reichs=
kanzler einmal verwechselte Rollen vor! Also an Stelle der 9
Millionen Deutschen 9 Millionen Magyaren oder Czechen, die dann
weitere 45 Millionen Magyaren oder Czechen hinter sich hätten.
Ob wohl dieser Reichskanzler mit den 5 Millionen
isolirten Deutschen an der Theiß oder Molbau dann
„Ausgleiche" abschlösse, ja, ob er sie überhaupt nöthig
hätte? Tausendmal: Nein! Daraus ist wohl mit unangreifbarster
Evidenz zu schließen, auf wen selbst bei noch größeren inneren Stür=
men der Kaiser von Oesterreich sich verlassen kann, und auf
wen nicht!

Die Deutschen in Oesterreich haben sich seither in ihrer Taktik
auf Zurückhaltung, auf Abwehr und auf Resignation beschränkt.
(Eigentlich entsprach dies dem ganz richtigen Gefühl, daß sie, als
östlicher Vortrapp der 54 Millionen Germanen, unter allen
Umständen national weder vernichtet, noch wie eine Vedette aufge=
hoben werden könnten. Und bis zur letzten Instanz ist es noch
lange hin: die erlebt wahrscheinlich der Nordbund und Bismarck
nicht! Dieses völlig berechtigte und natürliche Gefühl erklärt Man=
ches, was man sonst bei den deutschen Oesterreichern Gleichgültigkeit
und Apathie nennen könnte. Demungeachtet dürfte es sich jetzt
empfehlen, daß sie sich enger zusammenschließen, daß sie

sich national organisiren, und daß sie in Presse, Ver=
einen und auf sonstige gesetzliche Weise den bisher
halb abgelehnten Kampf mit voller Einheit, Kraft
und selbst Rücksichtslosigkeit aufnehmen, welchen asia=
tischer Völker=Pöbel ihnen Tag für Tag offerirt. Sie
haben leicht kämpfen: sie kämpfen für Europa, für die Frei=
heit und für die Kultur ... Sie haben zugleich eine Macht
für sich, die alle übrigen Nationalitäten entbehren: die Sprache.
Brauchen doch selbst die Magyaren und die Czechen deutsche Let=
tern und Worte, um auf die Deutschen schimpfen zu können!

Ein solches Zusammenraffen der deutschen Kraft in Oesterreich
ist durchaus nothwendig. Die seitherige Passivität wird für Schwäche
angesehen. Man hat es eben mit Asiaten zu thun. Desgleichen hat
der Reichskanzler thatsächlich den herrlichen Regierungsgrundsatz procla=
mirt, daß in Oesterreich bei den Nationalitäten fortan nicht mehr
nach den innern, intellectuellen, moralischen und sittlichen Factoren,
sondern nur nach dem äußeren Lärm, Geschrei und Spektakel gefragt
wird. Die ruhigen, gemessen auftretenden Nationalitäten sind schwach,
die tobenden, brüllenden, fluchenden und rasenden sind stark. Er
hat es durch Thaten gesagt, also gilt's! Uebrigens muß selbst dem
Kaiser daran liegen, daß neben dem reichsfeindlichen, menschenunwür=
digen Gebrüll der Czechen ꝛc., das vor Wuth und Galle nun gar
in Fisteltöne überging, endlich der gemessene, harmonisch gestimmte,
sonore deutsche Chor sich hören läßt ... Er ist dadurch leichter im
Stande, die unverschämten Forderungen der Czechen und Magyaren
(letztere haben immer noch viel in petto) zurückzuweisen.

Mögen die Deutschen in Oesterreich erkennen, daß für sie die
Stunde nationalen Zusammenschließens und nationalen Feldzuges
geschlagen hat! Eine Gefahr ist bei ernstem Willen nicht vorhanden.
Es gilt, die nationalen Vortheile mit eiserner Zähigkeit festzuhalten,
womöglich neue zu erlangen. Vor Allem muß die Sprache heilig
gehalten werden. Sie ist die Hauptwaffe, die zum Siege
führt. Mögen namentlich auch die Deutschen, die das Schicksal
auf zahllosen kleinen Sprachinseln weit in fremde Nationalgebiete
hineingestreut hat, ihre Kraft und Ausdauer verdoppeln, mögen
gerade sie durch ihr Beispiel zeigen, daß vorliegende Schrift in ihrer
Schilderung des Germanenthums nicht gelogen hat, mögen sie sich
endlich stärken in dem Gedanken, daß die große deutsche Nation sich
ihrer erinnert, daß sie nicht vergessen sind! Das glorreiche Vorbild
der 1½ Millionen Deutschen im Elsaß und Lothringen, die seit 200
Jahren den tapfersten, erfolgreichsten nationalen Widerstand leisten
gegen 34 Millionen Franzosen, leuchte als Blitzstrahl über ganz

Oesterreich hin, bis an die Marken Siebenbürgens, der Baczka und des Banats …

So verworren, ja, so gefährlich die jetzigen Zustände Oesterreichs sind: man hat gleichwohl keine Ursache, zu verzagen. Es giebt freilich keine große Auswahl unter den anzuwendenden Mitteln mehr; aber das ist ein Vortheil, weil unter diesen noch übrigen Mitteln gerade das richtige enthalten ist, dessen ungesäumte und kräftige Anwendung unfehlbar zum Ziele führen wird.

Es ist der Zweck dieser Schrift nicht, lediglich Pessimismus zu schaffen; sie soll auch aufrichten. Letzteres kann leicht geschehen. Man denke sechs Hundert Jahre in der deutschen Geschichte zurück! Damals befand sich das deutsche Reich in einer so furchtbaren und fast verzweiflungsvollen Lage, daß die heutige Lage Oesterreichs dagegen als harmlos erscheint. Es war die Zeit des endenden Interregnums, wo der Gründer Oesterreichs, Rudolph von Habsburg, des deutschen Reiches Regenerator und Retter ward.

Im Innern dieses Reiches sah es trüb und elend sonder Gleichen aus. Dasselbe war während des Interregnums (von 1254—73) ganz ohne Oberhaupt gewesen, nachdem es schon vorher vielfach nur Schein = Oberhäupter besessen hatte. Es gab keine höchste Autorität im Reiche, da in demselben zahllose kleine Autoritäten existirten. Jeder, der Gewalt hatte, machte, was er konnte. Das Pulver war noch nicht bekannt; also saß der übermüthige Adel um so trotziger auf seinen Schlössern. Eigentliche Truppen und andere Organe der hier so nöthigen öffentlichen Sicherheit gab es nicht. Die wenigen Heerstraßen und Communicationen waren völlig unsicher. Handel und Verkehr lagen total darnieder: lebte doch der Adel vielfach blos von der Beraubung des Kaufmanns ꝛc.! Die Größe des Reichs vermehrte die Last der Uebel. Fast überall war thatsächliches Unrecht zum formellen Recht geworden. Man nahm hierbei, wo es ging, Besitz, ließ sich von den Ueberrumpelten, denen gewissermaßen die Pistole auf die Brust gehalten ward, den Raub vielfach mit Brief und Siegel bestätigen, schuf also für alle Fälle Urkunden, auf die man dann später pochen konnte. Auf diese Raub = und Spitzbuben = Weise sind unter Anderem auch die sogenannten „Rechte" der Magyaren und Czechen entstanden, deren Actenstücke nur ein einfältiger Staatsmann in Wien für besser halten kann, wie — Käsepapier!*

---

* Um sich von der Begründung dieser mehr wie paßhaften „Rechte" zu überzeugen, braucht man nur den ersten besten sogenannten Historiker der Ma-

Unter dem Vorgeben der Freiheit suchten viele sich der Gewalt des Reiches möglichst zu entziehen, die bei dieser Sachlage natürlich überhaupt eine sehr geringe war. Sogar das Ausland hatte, die Wirren des Reiches benutzend, hie und da „zugegriffen". Kurzum: das deutsche Reich bot einen kläglichen, fast trostlosen Anblick dar!

Zu diesem Zeitpunkt rief die Stimme des Volks Rudolph von Habsburg auf das ungeheure, steuerlose, gegen gefährliche Klippen antreibende Schiff . . .

Wie durch ein Wunder verwandelte dieser große Fürst in kurzer Zeit das Chaos in Ordnung. Gleichzeitig hob er die Macht und das Ansehen des Reiches zu einer solchen Höhe, daß es mehrerer Jahrhunderte und theilweis schlechtester Reichsregierung bedurfte, um dasselbe zuletzt auf den Standpunkt herabzubringen, auf dem Friedrich II. von Preußen und Napoleon es fanden.

Die glänzenden Thaten und Leistungen Rudolphs kann man nicht aus den allgemeinen Dingen und Zuständen erklären; sie waren eben kläglich und trostlos genug. Man muß diesen großen Mann

---

gvaren, Czechen 2c. zu befragen, deren Werke stets um so vorzüglicher sind, je „nationaler" sie sich gebehrden, weil dann in der Extase und Dummheit mit der größten Offenheit Sachen ausgeschwatzt werden, die genau das Gegentheil von Dem beweisen, was bewiesen werden soll. Die 5—10 Bretter vor den Schädeln verwandeln sich dann in 5—10 — Pfosten. „National" sind übrigens diese sogenannten Historiker alle. So ist ein Werk über Ungarn von Horvath höchst lesenswerth. (Geschichte der Ungarn. Aus dem Ungarischen übersetzt. 2 Bände. Pesth. 1851—55.) Der Verfasser beweist in den zwei Bänden fast auf jeder Seite ohne es zu wollen: 1) daß die Magyaren von Haus aus die größte, infamste und nichtswürdigste Räubernation waren, die es je auf Erden gab; 2) daß sie, so weit die veränderten Verhältnisse es zulassen, noch heute eine solche sind; 3) daß kein Volk die ältern und natürlicheren Rechte anderer Völker so mit Füßen getreten hat, wie die Magyaren; 4) daß sie (nicht vorübergehend, sondern Jahrhunderte lang) an Oesterreich, Deutschland 2c. eine solche unsägliche Masse von Gräuel-, Schand- und Bluthaten verübten, wie sie einem Volk nie vergeben werden können; 5) daß sie diese Gräuel-, Schand- und Bluthaten als ihre nationale Bestimmung ansahen; 6) daß sie dieselben nicht eher einschränkten, bis die empörte Umgebung sie ihnen unmöglich machte; 7) daß sie diese Einschränkung zum Theil heute noch als eine Verkümmerung ihrer „Rechte" ansehen; 8) daß sie die Freiheit anderer Völker, die Sicherheit und die Kultur Europa's um so mehr gefährdeten, je „unabhängiger" sie waren; 9) daß sie grundsätzliche Feinde der Kultur und jedes nach europäischem Rechtsbewußtsein aufgebauten Staatswesens sind; 10) daß sie nicht nur viel zu schwach, sondern auch ganz unfähig sind, dauernd einen unabhängigen Staat zu bilden, daß sie dann sogleich (wie Polen in seiner schlimmsten Zeit) von Innen heraus durch Zwietracht, Empörung und Verrath an den Rand des Abgrundes gerathen, und daß auf ihnen eine Art Fluch ruht, den ein Gott der Vergeltung auf sie geschleudert hat.

selbst betrachten, wie er war. Leider ist gerade das Bild dieses Fürsten von Pfaffen und Hofräthen vielfach ganz abscheulich entstellt worden, lediglich wohl zu dem Behufe, damit die nachfolgenden Habsburger im Interesse Roms und der Reaction nicht erkennen sollten, wo und wie oft sie in ganz analogen Fällen von den Maximen ihres unsterblichen Ahns abgewichen sind. Da die heutige Lage Oesterreichs theilweis ungemein viel Aehnlichkeit hat mit der Lage des deutschen Reiches nach dem Interregnum (obwohl sie bei Weitem nicht so gefährlich ist), so dürfte es doppelt wichtig sein, eine Skizze Rudolphs I. möglichst treu zu zeichnen, nach Quellen, an denen dem Anschein nach weder ein Pfaffe, noch ein Hofrath geholfen hat. Ich glaube, daß dadurch das Andenken jenes großen Fürsten namentlich in den Augen des Volkes viel gewinnen wird.

Rudolph hat sich aus vergleichsweis sehr bescheidener Sphäre zur Kaiserwürde emporgearbeitet einzig und allein durch sein Schwert, durch seine Thaten, durch seine Begabung, durch seinen Charakter. Er erstrebte jene Würde nicht; sie wurde ihm als einfachem Graf von allen 7 Kurfürsten einstimmig zuerkannt. Der Ruf seiner Tapferkeit, seiner Energie, seines Scharfblicks und seines Rechtssinnes war bereits durch ganz Deutschland gedrungen. Der größte Theil seines Vorlebens brachte er in der Schweiz und im Elsaß zu, wo viele seiner Besitzungen lagen. Sein ganzes Leben ist auf länger denn 60 Jahre ausgefüllt mit ununterbrochenem Kampf: er kam fast nie aus dem Sattel, und die Menge seiner verschiedenen Unternehmungen ist beinahe unzählbar. Wo er konnte, sah und handelte er immer selbst, weshalb er oft in Lebensgefahr gerieth. Er war eben so tapfer und kühn, wie vorsichtig und klug. In der Schweiz erfüllte er aus freien Stücken im Kleinen dieselbe Aufgabe, zu der er später vom Reich im Großen beauftragt ward: er räumte auf, schuf Ordnung und schlug nach allen Seiten die Raufbolde nieder. Charakteristisch ist, daß er hierbei gern die ausgezeichneten Raufbolde sich aussuchte, selbst wenn es hohe Prälaten waren, wobei er gewöhnlich Bündnisse mit den Schweizer Städten einging. So hatte er nacheinander drei schwere Kämpfe gegen zwei Bischöfe von Basel und gegen den Bischof von Straßburg zu bestehen. Einem der Baseler Bischöfe ließ er hierbei ein Nonnenkloster in Brand stecken, was ihm den Bannstrahl Innocenz IV. zuzog, aus dem er sich aber nicht viel gemacht zu haben scheint. Höchst bezeichnend für das Vertrauen, das man ihm entgegenbrachte, ist der Umstand, daß die in der Nähe seiner Besitzungen liegenden Schweizer Städte und Städtebünde ihn oft zu ihrem Voigt machten, daß sie bei Streit ihn als Schiedsrichter entscheiden ließen und daß sie ihm

im Krieg vielfach die Führung ihrer Krieger anvertrauten. So er=
nannten ihn die Züricher 1265 zu ihrem Präfecten, was einen schwe=
ren Krieg gegen die mit dem Grafen von Regensburg verbündeten
Barone zur Folge hatte. Aber Rudolph schlug mit seinen Streit=
kräften, die durch das Heer der Züricher, der elfässer und nieder=
rheinischen Kreisstädte, sowie durch Bergbewohner von Schwyz, Uri
und Unterwalden sehr verstärkt waren, die Feinde auf's Haupt und
verhalf der Stadt Zürich zu ihrem Recht. Damit die Poesie nicht
fehle, rettete ihn in diesem Krieg ein heldenmüthiger Schweizer aus
großer Lebensgefahr. Diese anhaltenden Bündnisse Rudolphs mit dem
aufblühenden Bürgerthum gegen den entarteten Adel verrathen für
das damalige Jahrhundert einen tiefen Einblick in die wahren Staats=
Interessen und eine weite Vorahnung der kommenden Zeit. Uebrigens
zeigten sich die Städte auch erkenntlich. Sie lieferten sehr tüchtige
Krieger und wendeten für die gemeinsame Sache viel mehr Geld auf,
als den Raubrittern zur Verfügung stand.

Als Rudolph Kaiser war, setzte er dasselbe Werk im Reiche fort,
das er auf beschränktem Gebiet in der Schweiz und im Elsaß eigen=
mächtig begonnen.* Es war ein Riesenwerk. Gleichzeitige
Geschichtschreiber sagen von den Zuständen des Reichs: „Es war
kein König in Israel, und Jeder that, was in seinen Augen ihm
recht dünkte". Der Erzbischof von Köln schreibt über denselben
Gegenstand an den Pabst: „Die Erde weint und schmachtet, der
Berg Libanon ist bis auf den Grund erschüttert, der Mond scheint
blutroth". Er vergleicht jene Zustände vor Rudolphs Wahl mit
einer Winternacht, und den Anfang seines Auftretens mit der Rück=
kehr des Frühlings.

---

* Rudolph war eben, unter Beihülfe der Züricher, der Bergbewohner ꝛc.
damit beschäftigt, den durch seine Härte und Gewaltthätigkeit verhaßten Bischof
von Basel, einen Italiener, auf's Nachdrücklichste zu belagern und zu züchtigen,
als ihn während der Belagerung die Nachricht seiner Erwählung durch die Kur=
fürsten traf. Diese eine Thatsache beweist schlagend die völlige Unrichtigkeit
der Behauptung klerikaler Schriftsteller: das Haus Habsburg habe seine Erhe=
bung der Kirche zu verdanken. Weit eher das Gegentheil! Wenn die
drei geistlichen Kurfürsten (die Erzbischöfe von Mainz, Köln und Trier) Rudolph
zunächst ihre Stimme gaben, so folgt daraus nur, daß diese Männer edel dach=
ten, daß ihnen die Leiden des Vaterlandes viel maßgebender waren, wie klein=
liche Rancune, und daß sie, obwohl geistliche Fürsten, in dieser wichtigen
Sache mehr auf die Bedürfnisse Teutschlands blickten, wie auf jene Roms,
während später mancher weltliche deutsche Fürst mehr nach Rom geblickt hat,
wie auf's eigene Land! Es folgt endlich daraus noch, daß es in jener Zeit,
die wir finster nennen, mehr Charaktere und mehr helle Köpfe gab, wie in
unserer Zeit, die sich helle nennt!

Rudolph löste die ungeheure Aufgabe großartig und in kurzer Zeit. Das Chaos Deutschland wurde wieder ein S t a a t , und zwar ein m ä c h t i g e r Staat. Das Mittel, das er anwendete, war einfach und unfehlbar, auch war es das e i n z i g e , das zum Ziele führen konnte: e r s t e l l t e s i c h m i t b e i d e n F ü ß e n a u f d a s R e c h t , s o w i e a u f d e n S t a a t s z w e c k , u n d g e b r a u c h t e v o n d i e s e m S t a n d p u n k t a u s n a c h a l l e n S e i t e n g e g e n d i e F e i n d e v o n B e i d e m v e r n i c h t e n d e G e w a l t ! Schuld und Unschuld waren im ganzen Reich tausendfach verzweigt, und standen oft dicht neben einander. Es galt, die Frevler an Nation, an Staat, an Freiheit und an Bürgerthum erbarmungslos niederzuschlagen, und dabei doch das Gute und die Elemente sorgsam zu schonen, die das regenerirte Reich zum Ausbau brauchte. R u d o l p h h a t d a s g e = t h a n . Mit ehernem Tritt durchschritt er die verwüsteten Fluren des armen Vaterlands, mit der einen Hand schützend und hebend, mit der andern ohne Gnade rächend und strafend. In einem Jahr ließ er 70 Schlösser oder feste Plätze zerstören, welche entweder Raub= nester oder Aufenthalt mächtiger Adeliger waren, die noch furchtbarer hausten wie Räuber: über das Schicksal des Insassen braucht man nicht nachzugrübeln. Großes Lob verdient auch seine Maxime, die Missethäter um so höher aufzuknüpfen, je bedeutender ihr Rang war; den unbedeutenden sah er gern nach. So ließ er 29 Edle aus den berühmtesten Geschlechtern Thüringens hinrichten, größte Unpartheilich= keit mit eiserner Strenge verbindend. Nur auf solche Weise war es möglich, den Landfrieden wieder herzustellen, nach dem Deutschland schmachtete. Gleichzeitig entriß er im Namen des Reiches einer Menge Fürsten die während der Landsehden widerrechtlich an sich ge= brachten Lehen, wobei er selbst den Erzbischof von Mainz nicht schonte. Auch der Herzog von Savoyen wurde schwer gezüchtigt und gezwungen, gestohlene Theile der Schweiz alsbald herauszugeben. Desgleichen zwang er mit den Waffen den Herzog von Burgund, zum Reich zu= rückzukehren, dessen Hoheit er mit der französischen eigenmächtig ver= tauscht hatte. Weiter warf er Eberhard, den zügellosesten und mäch= tigsten schwäbischen Räuberfürsten nieder, der sich auf eine Menge feste Plätze und auf Stuttgart stützte, der allen Nachbarn ein Schrecken war und der sich freventlich „Gottes Freund und aller Welt Feind" nannte. Ein deutscher Fürst jener Zeit nennt Rudolph „das lebendige Gesetz", und Geschichtschreiber betrachten ihn als des deutschen Reiches zweiten Stifter. Ein anderer Geschichtschreiber sagt: „Schon sein Name verbreitete Schrecken unter dem unruhigen Adel und Freude im Volk. Der Landmann ergriff den so lang

12

vernachläſſigten Pflugſchaar wieder; der Kaufmann, den Furcht zurück=
gehalten, konnte nun zuverſichtlich und ſicher reiſen!

Eine merkwürdige Analogie zwiſchen damals und jetzt bietet
der Umſtand, daß bei den Reichswirren des Interregnums insbe=
ſondere die beiden Länder Böhmen und Ungarn ſich auf Koſten des
Reichs ſehr vergrößert hatten. Insbeſondere war Böhmen durch
Annexion ſo angeſchwollen, daß ſein König Ottokar (dem Charakter
und Betragen nach muß er czechiſcher Herkunft geweſen ſein) dem
Reich höhniſch den Gehorſam kündigte und Rudolph (der Anfangs
ſehr verſöhnlich und diplomatiſch auftrat) förmlich verhöhnte. Ein
furchtbarer Krieg, bei dem Rudolph auch ſeine große Geſchicklichkeit
in Führung beträchtlicher Heere bewies, brachte Ottokar völlige Nieder=
lage und Untergang.

Von ſeltenem politiſchen Fernblick zeugt ein Schritt Rudolphs,
womit er eigentlich ſeine Rolle an der Spitze des Reichs begann.
Es war das Aufgeben Italiens. Es ermöglichte die Con=
centration der geſammten deutſchen Kraft dieſſeits der Alpen, und
vereinfachte die deutſche Politik. Alſo ſchon damals ſah dieſer Fürſt
klar voraus, was 600 Jahre ſpäter nach unſäglich bitteren und
verderblichen Erfahrungen Oeſterreich durch die Wucht der Ereigniſſe
zu thun gezwungen war!

Der großartigſte Zug in Rudolphs Charakter war aber unbe=
ſtritten der, daß er, ein geborener Menſch des Kampfes und der
Gewalt, genau in demſelben Grad, wie ihm ſein Regenerationswerk
gelang, wie alſo ſein perſönliches und des Reiches Anſehen wuchs,
die Gewalt freiwillig zurücktreten ließ, um dafür, wo es nur
ging, Verſöhnung und Milde walten zu laſſen! Alſo dieſer Mann
der Gewalt, der ohne die Gewalt weder emporgekommen, noch Retter
des Reiches geworden wäre: dieſer nämliche Mann betrachtete die
Gewalt nicht als einen Zweck, ſondern nur als ein Mittel!
Es iſt faſt ergreifend, zu ſehen, wie dieſer Mann bei wachſender
Macht immer ängſtlicher und beſorgter wird um den Mißbrauch
der Macht. Er gab ſich, ſo zu ſagen, ſelbſt in ſeinem Innern eine
Art moraliſcher Conſtitution. Auch beim gewaltthätigſten
und kräftigſten Handeln vergaß er für wichtige Dinge doch nie die
Rechte der Kurfürſten und der Stände, die er, wenn es nothwendig
war, immer zuſammenrief. Seine Kraft iſt ſtets wohlthuend,
weil man daran ſogleich erkennt, daß er durchaus kein Talent zum
Despoten hatte. Das Glück verdarb ihn nicht, ſondern machte ihn
beſſer. Leute ſeiner Umgebung, die dieſe Veränderung merkten und
die hervorhoben, daß er ſich ſeit ſeiner Thronbeſteigung ſehr gebändigt
habe, antwortete er mit einem Hinweis auf vereinzelte Thaten in

seiner früheren Zeit, die er als Unrecht jetzt bereue. Rührend ist ferner, daß er selbst in seinem spätesten Alter noch Sehnsucht nach Kunst und Wissenschaft empfand. Einem Straßburger, der ihm ein Werk über die Römerkriege der Deutschen überreichte, belohnte er trotz des ungeheueren Geldmangels im Heer mit einer großen Goldmünze und einer Kette, die er selbst zu tragen pflegte. Auf die Einwürfe seiner Verwandten verwies er darauf, daß solche Schöpfungen zu neuem Muth begeistern und fügte bei: „Könnte ich doch nur mehr lesen, und den Gelehrten einen Theil von Dem geben, was ich an so viele ungelehrte Ritter verschwenden muß!"

Höchst merkwürdig war auch Rudolphs Verhältniß zu Rom. Es zeigt die ganze Größe dieses Mannes. Er war persönlich religiös; auch fühlte er sich dem Pabste Innocenz IV. sehr zu Danke verpflichtet, da dieser ausnahmsweis vorzügliche Pabst, Nebensächliches übersehend, ihn rasch nach der Wahl bestätigte. Aber viel weiter wie über die formelle Erkenntlichkeit und über die Courtoisie ging er nicht hinaus. Vor Allem machte er nicht die geringste Concession an Rom, wo das Reichs = Interesse in Frage kam; ja sein späteres Auftreten gegen die Nachfolger Innocenz IV., die anspruchsvoller waren, beweist, daß er von seiner Stellung aus auf Rom herabsah, nicht aber hinauf. Daß er Rom und Italien kannte, beweist sein Ausspruch: „Rom gleicht der Löwenhöhle in der Fabel; ich erkenne die Spur der Fürsten, die hineingegangen, nicht aber derer, die wieder heraus gekommen sind".

An Rudolph sieht man deutlich, daß jeder Staat in Lagen kommen kann, wo nur die Gewalt ihn zu retten vermag, sowie, daß die Gewalt an sich nicht schädlich sein muß. Rudolph konnte so viel Gewalt üben, weil er sie im Namen des Rechtes und der greifbarsten Staats = Nothwendigkeit übte. Alle seine scharfen Streiche streckten nur das Laster und das Verbrechen nieder; das Bessere im Volke blieb leben und wurde gepflegt. Darum hat seine Gewalt auch Dauerndes geschaffen, während dort, wo die Gewalt sich an das Unrecht lehnt, jede Dauer fehlt. Rudolph war für seine Zeit Nichts, wie die verkörperte Staats = Idee des Reichs. Daher seine ungeheuere Macht, daher die Tugend in seiner Gewalt!

Leider haben die Franzosen, deren Bestimmung zu sein scheint, Alles durch ihr Beispiel zu verderben, auch den nothwendigen Gewaltsgebrauch des Staats in gewissen Lagen in Mißkredit gebracht. Noch schlimmer ist, daß die deutschen Fürsten sich neuerdings von Frankreich auch diese Mode verschrieben. Sie wird ihnen, da sie Germanen, aber keine Franzosen unter sich haben, auf die

Dauer immer zum Verderben gereichen. Ihnen ist zu rathen, daß sie sich bei ähnlichen Nothlagen ihrer Staaten für den Gewaltsberuf bei Niemand Anderem das Muster nehmen wie beim großen Rudolph! Das Recept ist unfehlbar auch für verzweifelte Fälle, weil selbst die Demokratie kein besseres bieten kann, wie das Verhalten von Republiken in schweren Krisen beweist, und wirkt wenigstens tausendmal sicherer wie der Beust'sche Apothekerzettel gegen innere Leiden des Staats ... Auch hat es einen ungeheueren Vorzug vor allen anderen Recepten: es ist nicht lateinisch, französisch, spanisch oder russisch geschrieben, sondern deutsch! Sage man nicht, daß die Zeiten sich geändert hätten! Die großen Principien und Wahrheiten in Staat und Geschichte bleiben sich ewig gleich. Jetzt ist gerade bei dem Zustand der Völker Manches möglich, was früher unausführbar war.

Rudolph hatte, als er seine gewaltige Rolle im Reich begann, weit mehr gegen wie für sich. Das Machtverhältniß war viel ungünstiger, als es z. B. heute in Oesterreich zwischen den Freunden und Feinden des Gesammtstaates ist. Fast der ganze niedere Adel stand, erbittert über seine Strenge, gegen ihn. So kam es, daß er z. B. in dem Krieg gegen Ottokar sich nur auf seine geringe eigene Kraft, sowie auf die Städte (namentlich in der Schweiz, in Schwaben und im Elsaß), die stets im Bewußtsein der guten Sache nicht nur am schnellsten bei der Hand waren, sondern auch die besten Krieger schickten, auf einige Reichsfürsten, sowie auf etwas Zuzug aus Kärnthen, Steiermark ꝛc. stützen konnte. Ottokar's Macht war unmittelbar bedeutend stärker, wie die seinige, da viele deutsche Raubritter auf seiner Seite kämpften. Dennoch wagte Rudolph den Kampf und siegte: das Bewußtsein des Rechts war auch eine Macht!*

Hätte Rudolph sich mit diesen zahlreichen und mächtigen Feinden „ausgleichen" wollen, so war er verloren auf den ersten Schritt. Glücklicherweise gab es damals noch keine Reichskanzler. Rudolphs Ausgleichs=Verhandlungen waren — sein zornsprühendes Auge; seine „Ausgleiche" waren sein — Schwert; seine „Declarationen"

---

* Vor der entscheidenden Schlacht (bei Weidendorf, 26. Aug. 1278) boten sich Rudolph einige Verräther an, Ottokar zu ermorden. Ersterer wies mit Verachtung den Antrag zurück und benachrichtigte Ottokar von der ihm drohenden Gefahr. Zum Dank dafür (ächt czechisch!!!) dung Ottokar für schweres Geld einen Haufen Verwegener, um sich in der Schlacht Rudolphs todt oder lebendig zu bemächtigen. Fast alle diese Elenden fielen von Rudolphs eigner Hand; nur ein riesiger thüringischer (!) Ritter hatte seinen Zweck beinahe erreicht, als Hilfe nahte.

endlich waren — die gefallenen Häupter des Vaterlandsver=
raths ...

Keine Dynastie ist so plötzlich zu hoher Macht gelangt wie die
Habsburgische, keine hat aber auch natürlichere und loyalere Mittel
angewendet, wie sie. Rudolph ward einzig erhoben durch das Volk,
soweit es damals ein Volk geben konnte. Wenn diese Dynastie nach
und nach Einbuße an ihrer Macht erlitten hat, so liegt das, wie
obige Skizze von Rudolphs Leben zeigt, durchaus nicht am Volk.
Auch die Dynastieen stehen unter der Gewalt geistiger Naturgesetze;
sie brauchen so gut ihre Wurzeln im Boden wie die Bäume. Wäre
Rudolph bei seinem Wert die Kirche entgegengetreten: er hätte
sie schonungslos zermalmt! Und die Kirche zu seiner Zeit
war wenigstens 50 Mal besser und 1000 Mal mächtiger wie
jetzt! Sie stand noch mit einem Fuß im Volk: die Päbste brauchten
noch keine französischen Schutztruppen, die Prälaten zogen oft selber
mit in's Feld, und die außeritalienischen Kirchenfürsten blickten nicht
immer mit beiden Augen sclavisch nach Rom ... Rudolph hat
sich von dem früheren, mächtigeren und weit respectableren Rom
keine Gesetze vorschreiben lassen: mit dem heutigen hätte er vollends
nicht paktirt. Wenn er hätte erleben sollen, daß von den Kanzeln
und von den Sitzen der Bischöfe herab seinen Gesetzen der Krieg
erklärt werde: er hätte, mit den Kardinälen beginnend, diese Rebellen
schockweise wie Krammetsvögel aufhängen lassen an ihren zerstörten
Abteien und Klöstern! Mit solchen Elementen hätte auch er Nichts
zu Stande gebracht, ja, er hätte nicht einmal vermocht, die Dynastie
Habsburg zu gründen! Wo die Bedingungen aufhören, da
bleiben auch die Folgen aus. Wunder geschehen nicht, auch nicht
im Bündniß mit dem Pabst!

Selbst wenn man, vom Volke absehend, lediglich den Vortheil
der Dynastie ins Auge faßt, hat Oesterreich durch seine jahrhunderte=
lange Abhängigkeit von Rom nur unsäglichen Schaden gehabt. Bei
jedem großen politischen Handel muß doch ein Vortheil sein! Wo
aber ist der Vortheil jener Alliance? Seit Jahren schon zerbreche
ich mir hierüber den Kopf, und finde Folgendes. Man kann nach
Rom Länder, Quadratmeilen, Kronen, Geld und alles denkbare
Irdische in unzähligen Haufen schicken, und bekommt als einzige
und ewig wiederkehrende Münze nur Zweierlei zurück: 1) den Segen;
2) die Verdummung des Volks. Man schreibe hierüber eine
Preisfrage aus, und der Bescheid wird ähnlich lauten. Aequivalente
der wirklichen (selbst dynastischen) Macht (Soldaten, Kanonen, Geld,
Wissenschaft, Kunst ꝛc.) sind vom heutigen Rom nicht zu haben.
Ich stelle mich in meiner Logik sofort auf die Seite eines Fürsten,

wenn zu beweisen ist, daß jene Münze wirklich großen Werth besitzt. Ich will als Verstandesmensch selbst die Volksverdummung acceptiren, wenn sie in der That politische oder doch dynastische Macht gewährt. Aber das Alles ist nicht der Fall. Der Segen eines Mannes, der Gott verleugnet, wird schwerlich viel nützen. Auch lehrt die Geschichte, daß es mit Habsburg sehr gut ging, als Rudolph den Bannstrahl auf dem Haupte hatte, während seit der Zeit wo der Pabst die Fürsten Oesterreichs segnet, sie beinahe fortwährend schweres politisches Mißgeschick haben. „Herr, höre auf zu segnen": vielleicht kommt Glück! Um an die Weihe eines solchen Segens zu glauben, muß man sich vor Allem einen eigenen Gott vorstellen. Das muß ein Gott sein, der die namenlosen, millionenfachen und nur auf menschlicher Bestialität beruhenden Schandthaten und Verbrechen, die die Kirche unter dem Vorwande des Glaubens seit Jahrhunderten massenweis, wie auf dem Schlachtfeld, begangen hat, für gute Handlungen ansieht, die leichten Vergehen der Einzelnen aber für strafwürdige Handlungen und für Schuld. Ich meine, das wäre ein schlechter Gott, und deshalb glaube ich nicht an ihn. Die Inquisition allein wiegt so schwer, daß es eben der schlagendste Beweis vom Nichtdasein eines Gottes sein würde, brächte sie der Kirche, die sie geschaffen, nicht ihre furchtbarste Vergeltung ein... Gerade wenn man an eine Gottheit glaubt, muß man sich abwenden von solchem Spuk! Der Pabst hat ganz Recht, Gott zu leugnen, indem er sich selbst zum Gott erhebt; denn wenn der wirkliche Gott da ist, geht es den Gotteslästerern in Rom einst schlecht.

Bezüglich der Volksverdummung steht fest, daß sie unter Umständen gerade die dynastische Macht ungemein gefährdet. Sie ist immer der schlimmste und unzuverlässigste Bundesgenosse einer Regierung, sei diese auch absolutistisch oder conservativ. Man muß den Unterschied der Zeiten in Anschlag bringen. Vor 2=—300 Jahren herrschte in Europa noch eine gewisse geistige Dämmerung, die aber nun einer ziemlich allgemeinen Aufklärung gewichen ist. Wenn es also auch anginge, dieses oder jenes Land etwas vor dem Zeitgeist abzuschließen, so bleibt doch die Gefahr, daß gelegentlich von Außen ein Funke in die Masse fällt. Diese Gefahr wäre zu ertragen. Die Hauptgefahr aber, die zu ihrem Schaden viele Regierungen übersehen, besteht darin, daß die Verdummung des Volkes zu kirchlichen Zwecken durch die Pfaffen dasselbe Volk gleich zugänglich macht für politische Zwecke, was in aufgeregten Zeiten ungeheure Folgen haben kann, wenn die Agitation sich gegen die Regierung wendet. Das Product der Volksverdummung ist nämlich immer — Fanatismus. Er entwickelt sich stets aus dem angelernten blinden Glauben und tritt allemal zu Tage, wenn die unwissende Masse irgendwie in Action gesetzt wird. Die Geschichte lehrt aber, wie spielend leicht der kirchliche Fanatismus vom politischen abgelöst werden kann. Es hängt dann wie vom plumpen Zufall ab, ob letzterer einer Regierung gefahrbrohend wird oder nicht. Mit gebildeten Völkern kann auch eine verhaßte Regierung noch sprechen; sie wird noch angehört. Aber im rohen Haufen verklingt häufig auch das herzlichste und weiseste Wort. Man sieht es jetzt in Oesterreich deutlich an den Czechen. Auch sonst wird das Obige geschichtlich vollkommen bestätigt. Warum brechen in den katholischen, d. h. in den verhältnißmäßig am wenigsten gebildeten Ländern die meisten, ja, fast alle Revolutionen aus? Man hat hierfür nur die gegebene Erklärung. Erst erträgt ein verdummtes Volk mehr Druck wie ein gebildetes. Entzündet sich aber einmal die Masse durch den richtigen Anlaß an richtiger Stelle (wobei freilich um so mehr Einbläser und Leithämmel nothwendig sind, und wobei diese sogenannten Führer, weil sehr gesucht, trotz ihrer Beschränktheit sehr hoch im Preise stehen, wie man an den Czechen sieht), so ist Alles ein wirrer, unberechenbarer Haufe, der nur noch durch Autorität gebändigt werden kann. Bei solchen Gelegenheiten bringt häufig die vernünftige Maßregel unvernünftige Folgen hervor: allemal der untrüglichste Beweis, daß man es statt mit Menschen, mit einer Heerde zu thun hat.

Wie die Dinge jetzt in Europa liegen, droht durch die Volksverdummung gerade den Regierungen und den Dynastieen die meiste Gefahr. Ein Czechenvolk kann zur allgemeinen Zufriedenheit selbst ein Gott nicht regieren. Also nehme man es dem Kaiser von Oesterreich nicht übel, wenn es ihm nicht gelingt. Die Dummheit dieser Czechen ist übrigens incurabel, da sie nicht aus Rom, sondern aus — Asien stammt.

Unermeßlich sind die Opfer, die Oesterreich seit Jahrhunderten Rom an Macht, Ansehen, Land und Leuten, Bildung und Besitz gebracht. Und der politische Nutzen, den dieses Land oder seine Dynastie davon hatten? Er ist mit einem Batzen zu theuer bezahlt! Wie gesagt: wenn nur wenigstens die Dynastie Nutzen davon gehabt hätte, so ließen sich dafür Gründe anführen, denn in der Politik entscheiden die Interessen. Aber auch Das ist durchaus nicht der Fall. Höchst bezeichnend und principiell von der äußersten Bedeutung ist aber (nicht blos Oesterreich gegenüber, sondern ganz im Allgemeinen) das Betragen Roms bei derartigen Vorgängen. Rom erhebt Enormes, und gibt dafür so gut wie Nichts. Es stellt sogar oft keinen Empfangsschein aus. Viel charakteristischer aber ist, daß Rom für die zahlreichen großen Gaben nicht die geringste Erkenntlichkeit und Dankbarkeit zeigt. Noch mehr. Der Undank Roms geht so weit, daß es Staaten, die ihm politisch fast Alles geopfert und die theilweis seinetwegen sich in große unglückliche Kriege stürzten, nicht einmal in dem Verhältniß beistand, wie ausländische Bürger als Privatleute. So war es mit Oesterreich im Jahr 1859, wo der bekanntlich sehr reiche österreichische Klerus sich an der aufzubringenden Anleihe in einer wahrhaft schamlos lässigen Weise betheiligte, abgesehen davon, daß es sich hierbei ja gar nicht um ein dem Staat zu machendes Geschenk handeln konnte! Die Sache scheint harmlos, aber sie hat dennoch ungeheuere principielle Tragweite. Sie läßt sich nur auf eine Weise erklären; jede andere Erklärung löst das Räthsel nicht. Die einzig denkbare vernünftige Erklärung ist diese: Rom betrachtet die ihm gebrachten Opfer nicht als Geschenke und freiwillige Gaben, sondern als einen höheren Tribut, als ein Muß. Wer aber einen Tribut empfängt, wer Etwas hinnimmt, ohne auch nur zu danken, der hat ein Recht, zu fordern, der ist Oberherr, während der Andere nur Vasall sein kann, auch wenn er König ist. Wenigstens bildet der Tribut-Empfänger es sich ein, und Die, welche den Tribut fortentrichten, bestärken ihn in seiner Auffassung.

Von diesem Standpunkt aus betrachtet, werden eine Menge römischer Sachen klar, die man sonst einfach für unbegreiflich und widersinnig erklären müßte. Vor Allem bekommt man dadurch auch den einzigen Schlüssel, mit dessen Hilfe das Geheimschloß der — Unfehlbarkeit geöffnet werden kann!

Rom sieht historisch nicht weit; aber man muß ihm das Zeugniß geben, daß es nie Etwas ohne seinen mittel- oder unmittelbaren Nutzen thut. Reicht die Speculation auch nur zwei oder drei Schritte weit: sie ist da. Nun sieht Jeder ein (gewiß auch der Pabst mit seinem Concil), daß die Unfehlbarkeits-Erklärung der Hierarchie praktisch keinen Vortheil, sondern höchstens manchen Nachtheil verspricht. Die Macht des Pabstes wird nicht größer, er verstimmt sogar wahrscheinlich seinen Beschützer, ohne den er nicht bestehen kann. Desgleichen hat der Katholicismus sogar Abfälle, Spaltungen und Schisma's unter seinen Laien und selbst Priestern zu befürchten. Also lauter theilweis sehr triftige Gründe gegen, kein einziger für die Unfehlbarkeit! Warum also doch diesen Zankapfel in die Kirche werfen? Da alle praktischen Gründe dagegen sind, so kann Rom einzig Entschädigung finden im — — — Princip. Und das ist wirklich der Fall. Die Unfehlbarkeits-Erklärung ist das Dogma, daß alle Fürsten und Staaten im moralischen und politischen Vasallen-Verhältniß unter der Oberhoheit des Pabstes stehen. Denn es ist doch klar, daß ein Pabst, der seine Stelle neben Gott einnimmt, in demselben Augenblick sich wenigstens principiell und moralisch über alle Fürsten stellt! Jetzt erkennt man auch sogleich, wie die Hierarchie trotz voraussichtlicher äußerer Schwächung um so mehr an innerer Stärkung (Princip) zu gewinnen hoffen kann, wenn — die Fürsten und Regierungen so verblendet bleiben wie bisher! Dahin hat es die dynastische Pfaffen-Verherrlichung, Pantoffelküsserei und Fußwascherei seit mehreren Jahrhunderten gebracht! Das verändert auf's Gründlichste die Stellung der Hierarchie zum gesammten modernen Staatsleben mit einem Schlag. Ein Beispiel wird dies erläutern.

Seither hat die österreichische Regierung die klerikale Opposition gegen die Staatsgrundgesetze auf die Linie der politischen Parthei-Opposition gestellt, wie sie in jedem Staat vorhanden ist und wie sie auch jeder freie Staat erlaubt. Allein das war ein ungeheuerer Fehler, wie ich gleich beweisen will. Von da an, wo die Unfehlbarkeitserklärung perfect wird, bleibt eben, wie gesagt, für's Erste die äußere Stellung der Hierarchie in Oesterreich die alte, oder sie verschlimmert sich etwas. Aber in der Hauptsache für Rom, im Princip, kehren sich beiderseits die Rollen sogleich um. Dann sind in den Augen des Pabstes und der Pfaffen nicht etwa sie die Rebellen, weil sie die Staatsgrundgesetze zu vernichten suchen: dann ist der Kaiser von Oesterreich Rebell, weil er eine Constitution gegeben hat, die Gott, d. h. der Pabst, nicht mag . . .

Es thut Nichts, wenn dieser Kaiser von Oesterreich, der in den Augen der Jesuiten ein Vasall Gottes (des Pabstes) ist, momentan mehr Macht, mehr Bajonette besitzt. Rom ist an formelle Resignation gewöhnt, auch wird es sich wohl hüten, seine geheimen Gedanken so auszuplaudern. Aber im Princip hat es nie nachgegeben, und das hat hier eben eine neue furchtbare Spitze bekommen, nicht gegen das Volk, das solche Dinge verlacht, sondern gegen die Dynastieen! Daraus müssen die Fürsten erkennen, daß sie von Rom im besten Falle keine Feindschaft zu erwarten haben, aber sonst Nichts. Der Pabst dankt für Nichts und er hat Recht: wer ihn als Gott nimmt, dem kann er nicht danken! Alles ist nur leidige Pflicht und Schuldigkeit. Somit sind die Fürsten für Rom nur Mittel zum Zweck, aber zum Selbstzweck werden sie bei ihm nicht. So lange eine Fürst durch Dick und Dünn mit den Pfaffen geht, ist es gut; Rom duldet sie. So wie er aber Etwas thut oder thun muß, was Rom nicht gefällt, betrachtet Rom ihn als seinen Feind. Steht für Rom so viel auf dem Spiel, wie jetzt in Oesterreich, so wird in den Augen Roms sogar der Sturz Habsburgs ein gottgefälliges Werk, wenn er zum Triumph der Jesuiten führt. So lange Oesterreich sich Rom ganz hingab, wurde es von diesem **nicht bekämpft:** das war Alles. So wie es aber, sei es zu seiner staatlichen Regeneration oder aus Rücksichten auf seine Dynastie, andere Wege geht, kennt Rom Oesterreich nur noch als **Feind.** Alle jahrhundertelangen Opfer sind vergessen: sie wurden ja Gott gebracht! Was ist der Kaiser von Oesterreich in den Augen Roms? **Ein Katholik,** deren es viele Millionen giebt... **Seine Krone** kennt Rom nicht. Es kennt nur **eine** Krone: die des Vaticans. Dahin haben es die Fürsten durch ihre Unterwürfigkeit, durch ihre Servilität und durch ihre eben so unkluge wie staatsverderbliche Liebedienerei mit Rom gebracht, das nur auf Verbrechen, auf Gotteslästerung, auf Betrug und auf Heuchelei beruht. Sie haben sich fort und fort als **Diener Roms** gegeben. Darf man sich wundern, daß Rom sie nun als solche nimmt? Das Verhängnißvolle ist, daß sich das Alles viel weniger gegen die Völker, wie gegen die Dynastieen **selber** kehrt, und zwar nicht etwa **zufällig,** sondern ganz **logisch!**

Uebrigens hat Rom jenes staatsgefährliche Princip schon seit lange praktisch angewendet und sich zur Richtschnur gemacht. Ist es denn noch keinem Diplomaten beim Depeschenverkehr mit Rom **aufgefallen,** daß dieses selbst in Kleinigkeiten und selbst dort, wo es politischen Schaden davon hat, so unerbittlich starr an seinen Prätensionen hängt, daß es nie **widerruft,** nie einen Irrthum **eingesteht?** Daraus konnten die Regierungen zu ihrem Schrecken erfahren, daß schon früher jenes den Staaten, wie den Dynastieen gleich gefährliche Princip der Unfehlbarkeit die innere Triebfeder Roms, seiner Cardinäle, Erzbischöfe und sonstigen Werkzeuge sei! Das giebt auch der clerikalen Opposition gegen die österreichische Verfassung ein zehnfach stärkeres Gewicht. Daß hierbei nur die Unfehlbarkeit maßgebend war, folgt schon daraus, daß Rom Oesterreich hartnäckig **verweigert,** was es andern Staaten längst bewilligt hat. Ohne das genannte Princip wäre dies Alles ganz unbegreiflich.

Dieses Princip bedingt, daß **strenge Katholiken** die allerschlechtesten Staatsbürger und Unterthanen sind. Bei ihnen kommt erst der Pabst, und dann erst der Staat. Starrgläubige Katholiken als Fürsten sitzen nie allein auf dem Thron. Neben ihnen sitzt als eigentlicher Regent stets der — Pabst. Mit dem ist nicht zu debattiren, da er ja sonst beim Nachgeben beweist, daß er **nicht unfehlbar ist!** Also ist der Fürst so oder so **Vasall.**

Merkt jetzt der Kaiser von Oesterreich, wie dämonisch das ge= nannte Princip in seinen Ländern haust? Ohne daß er es weiß, ist er doch nicht Herrscher von Oesterreich! Jetzt wird auch klar, warum ein Theil der als deutsch und als „treu" verschrieenen Tyroler sich direct gegen den Staat und selbst gegen den Kaiser wendet, indem sie sich mit den Czechen verbinden, deren Absehen nach Rieger's eigenen Offenbarungen auf die Zerstörung Oesterreichs ge= richtet ist. Das sind eben die nothwendigen Folgen der Pfaffenherrschaft und der Volksverdummung! Die „Treue" der Tyroler galt eben nur dem Pabst; so lange der Kaiser zum Pabst hielt, bezog er die Treue auf sich. Jetzt zeigt es sich klar, daß sie ihm nie galt und daß, wie behauptet, starrgläubige und dumme Katholiken stets die schlimmsten oder eigentlich gar keine Staatsbürger sind. Der einzige Trost für den Kaiser von Oesterreich liegt darin, daß er glücklicherweise noch sehr viel „schlechte" Katholiken hat, die den Protestanten wenig nachgeben. Bedenkt man, wie sehr die Kaiser von Oesterreich Tyrol seither gehätschelt haben, so muß man empört sein über diesen schändlichen Undank und Verrath. Man sieht an diesem Beispiel, daß der Katholicismus in seiner heutigen Entartung durch und durch unsittlich ist. Er erstickt, wenn es Roms Zwecken frommt, sogar die heiligsten, edelsten und menschenwürdigsten Gefühle: die Pflichten der Dankbarkeit für empfangene Wohl= that ... Die Volksdummheit ist eben wie ein blinder Stier. Kommt dieser Stier in Wuth (und das kann leicht geschehen, schon durch den Stich einer Fliege), so rennt er rücksichtslos Alles nieder, was ihm begegnet, möglicherweise gerade Den zuerst, der ihn jahrelang ge= füttert hat ...

Die jesuitischen Beichtväter der Fürsten haben alles Mögliche gethan, die Protestanten bei ihnen zu verlästern. Dennoch erlauben gerade sie eine viel stärkere und ungebundenere Staatsgewalt, einfach deßhalb, weil sie in erster Linie Staatsbürger sind, und weil bei ihnen eine sonst gute Regierung fast mit absoluter Freiheit alles Mögliche unternehmen kann, was politisch nothwendig ist, ohne daß dabei das Religiöse in Frage kommt. Für eine einsichtige Re= gierung ist das immer ein großer Vortheil. Der Protestant eines monarchischen Staates erkennt im Fürsten wirk= lich das Oberhaupt, was aber der strenggläubige Katholik nie kann, ja, nie darf ...

Gesetzt, Tyrol wäre statt von deutschen „treuen", verdummten und ganz von Pfaffen der schlimmsten Sorte gegängelten Katholiken von deutschen — Protestanten bewohnt! Sie würden an

Stelle jener Römlinge auch bei der schwersten Probe Mann für Mann einstehen für Kaiser und Reich! Dabei würde es auf ihr Verhalten nicht den mindesten Einfluß ausüben, wenn der Kaiser katholisch wäre. Nun denke man sich einmal die Greuter'sche Rotte und einen — protestantischen Kaiser in Wien! Das gäbe ein Bild zum Todtlachen für einen Genre=Maler!

Die deutschen Fürsten der besseren Reichs=Epoche hätten keines= falls irgend eine Oberhoheit des Pabstes, mochte es auch nur eine moralische oder geistige sein, anerkannt. Jede solche Anmaßung würden sie mit — Krieg gegen Rom, mit Gefangennahme und ewigem Kerker des Pabstes wie seines Anhanges beantwortet haben! Das legten ihnen schon ihre Pflichten gegen ihre Staaten auf, von denen jene Fürsten eine ganz andere Vorstellung hatten, wie die Fürsten unserer Zeit. Es kann nicht Einfältigeres und Verlegeneres geben, wie die Methode klerikaler Schriftsteller und Biographen, welche fortwährend die großen deutschen Fürsten (und namentlich die Kaiser) vom Glaubensstandpunkt aus als die Ihrigen, als gute Katho= liken betrachten, um mit ihren glänzenden Namen Reclame für ihre Irrthümer zu machen. Nein! All' die großen deutschen Kaiser, die Heinrich, die Otto, die Rudolph ꝛc. waren keine Katholiken im Sinne unserer Zeit. Sie konnten es auch nicht sein, da es damals keinen Katholicismus gab, der überhaupt als Religion gar nicht gestiftet worden ist. Sie waren Christen. Das Christenthum von damals und der Katholicismus von heute stehen sich aber gegenüber wie — Tag und Nacht! Der Katholicismus ist ja Nichts, wie die Ent= stellung des ursprünglich so einfachen, reinen und humanitären Christenthums durch eine Unmasse von Mißbräuchen, von Zusätzen und von pfäffisch=jesuitischen Machwerken! Die einzige Autorität, worauf sich die Theologen berufen können, die Bibel, beweist gerade auf jeder Seite, daß der Katholicismus des heutigen Rom Alles eher wie Christenthum ist. Im vollen Ernst gesprochen, steht er dem Buddhaismus Indiens weit näher ... Da ist immer nur die Rede von Heiligen, von Päbsten, von Mummenschanz; aber an die Hauptsache, an Gott, denkt kein Mensch. Jene großen deutschen Fürsten waren nur groß, weil sie die Fesseln nicht trugen, die Rom später erfand. Man denke sich diese Fesseln an ihren Händen und Füßen: und sie wären klein geblieben, hätten ihre unsterblichen Namen nicht auf die Nachwelt gebracht! Sie würden sich auch bei Entartung der Kirche unfehlbar auf die Seite der Reform geschlagen haben; dafür bürgt ihr Charakter und ihre Genialität. Schon die politische Klugheit hätte ihnen Das nahe gelegt; denn sie brauchten für ihre kräftigen, kühnen und meist sehr gewagten Actionen möglichst viel ganze, aber keine halben und Viertels-Staatsbürger, wie die Greuter'sche Maschine in Tyrol sie liefert. Wo ist in der deutschen Geschichte der starrgläubig-katholische Fürst, der groß war und der Dauerndes vollbracht? Er soll noch geboren werden... Joseph II. war groß, aber er war auch frei von Rom! Dieses Rom ist die Schlange, die jedes natürliche Leben und jede natürliche Kraft lähmt oder erwürgt...

Die Hierarchie ist von Jahrhundert zu Jahrhundert immer mehr gesunken. Die Einbuße an äußerer Macht hat sie zu ersetzen gesucht durch größere Knechtschaft der Gewissen und durch rücksichtslosere Durchführung des Princips. Ihr ist der Gottesbegriff nicht höchster Zweck, sondern nur Vorwand für Erhaltung und Vergrößerung ihrer Macht. Daher der Nihilismus der Massen, den nur die Pfaffen geschaffen haben mit ihrem haarsträubenden Götzendienst. Die Hierarchie hat die große, herrliche, erhabene Idee der Gottheit roh entweiht. Sie hat diese Gottidee gewissermaßen zur — Sammelbüchse herabgewürdigt, die sie, ohne an Gott zu denken, im Namen Gottes dem Volke vorhält, und die sie allein öffnen kann. Es läßt sich auch sagen, daß die Hierarchie wie eine Postanstalt sei, die alle an den Herrgott adressirten Briefe in Empfang nimmt und — unterschlägt. Es ist noch keiner besorgt worden... Daher hält die Hierarchie auch so viel auf Formen, auf Processionen 2c. Sie sammelt da eine Menge Huldigungen und Tribute ein, mit denen sie beliebig schalten und walten kann; denn es ist nie zu bestimmen, wo Gott aufhört, und wo die Hierarchie beginnt. Da Ersterer persönlich nicht anwesend ist, so kann Letztere die Huldigungen 2c. auf sich beziehen. Sie kann juristisch nie überführt werden, ob sie das gethan. Diese Doppelnatur ist die wahre Quelle der Pfaffenmacht! Wer den Hut abzieht bei so einer Procession, der denkt vielleicht an etwas Höheres. Aber man kann den Pfaffen nicht hindern, zu glauben, es gelte ihm... Nicht einmal ein katholischer Fürst hat Garantie dafür, daß ein in ehrfurchtsvoller Stellung vor ihm stehender Priester während des Gesprächs und ohne daß man es an dessen Gesicht merkt, sich plötzlich vom Menschen zum geheiligten Werkzeug der Kirche umdenkt, das über dem Fürsten steht... Das sind die Consequenzen der Unfehlbarkeit... Wäre dieser Hierarchie die Gottidee nicht blos Vorwand, so müßte sie vor Allem bescheidner sein. Je mehr der Mensch im Geist sich diesem Gott zu nahen sucht, desto kleiner wird er. Wie weit muß dieser Pabst von Gott entfernt sein, da er so groß sich dünkt!...

Die Unbildung des Volks, die einzige disponible Scheidemünze, mit der Rom auch die größten und überschwenglichsten Leistungen bezahlt, hat Oesterreich schon namenloses Elend gebracht. Ich wiederhole: wäre diese Unbildung wirklich ein Factor der Regierungs oder selbst der dynastischen Gewalt: ich würde ihn als ein praktisches politisches Moment acceptiren. Indessen findet gerade das Umgekehrte statt. An Tyrol kann der Kaiser von Oesterreich erkennen, daß das Pfaffenthum zuletzt auch seinen Thron nicht schont. Der Pabst würde sogleich für eine österreichische Republik thätig sein, wüßte er, daß die Kirche Nutzen davon hätte. An der Person des Kaisers von Oesterreich und an seiner Dynastie liegt ihm nicht das Geringste: das verschwindet Alles gegen Gott, d. h. den Pabst. Oesterreichs Staatsmänner hätten zeitiger erkennen sollen, daß es nicht möglich ist, ein Land gegen die Kulturströmung ganz abzuschließen. Es kommt bei einem Staat wie Oesterreich nicht darauf an, welcher primitive Bildungs-Zustand sich mit gewaltsamen Mitteln eine Weile erhalten läßt, sondern darauf, welcher Contrast zwischen den betreffenden Zuständen in Oesterreich und den andern Großmächten besteht. Je größer der Contrast war, desto schlimmer war es für Oesterreich. Denn Oesterreich trieb äußere Politik, d. h. es setzte sich der Gefahr aus, daß die Unbildung zu Haus mit der Bildung der Umgebung in Kampf gerieth. Streng genommen, sollten Staaten, die gegen den Zeitgeist kämpfen, wenig oder gar keine äußere Politik treiben, da sie bei Zusammenstößen gewöhnlich den Kürzern ziehen. Man sieht dies am früheren Oesterreich deutlich, denn die Wirkung seiner Reactions- und Pfaffen-Regierungen wurde weniger durch innere Symptome, wie durch äußere, d. h. durch verlorene Schlachten, durch Landes-Abtretungen ꝛc. für alle Augen offenbar. Es konnte nicht anders sein. Wenn dieses alte Oesterreich z. B. 30 Millionen Einwohner besaß, so stritt es bei einem Krieg höchstens mit der Kraft von 15 Millionen: solche Lähmung verursachte das falsche System! Die hydraulischen Druckschrauben der Pfaffen brachten schon früh alle Köpfe, die Spur von Talent und Charakter verriethen, in die nöthige Form. Sogar die Siege nutzten dem alten Oesterreich manchmal Nichts. Denn kaum hatte man das Schlachtfeld gewonnen, so traten die Pfaffen zu vielstündigen Litaneien und Gebeten vor, und der Gegner entkam unverfolgt.

Nach der Entwicklung, welche in Oesterreich die ultramontanen Angriffe genommen haben und nach dem principiellen Ziel, das sie in der Folge nehmen müssen, steht außer Zweifel, daß sie Freiheit, Staat und Dynastie gleichmäßig bedrohen. Man kann sogar den Satz aufstellen, daß selbst die Dynastie jetzt von den

Ultramontanen mehr bedroht ist, wie von der Demokratie. Mit der Demokratie kann jede Regierung unterhandeln, da hierbei Verstandesdinge und reale Sachen in Betracht kommen, die jeder Staat braucht. Auch nimmt gerade die Demokratie den Begriff „Staatsbürger" streng. Aber mit dem Glauben ist nicht zu unterhandeln. Wenn man es thun will, hat man gewöhnlich gleich den Fanatismus vor sich. Da giebt es immer nur kurzen Proceß: man unterwirft sich entweder, d. h. man wird selber Werkzeug des Glaubens und des Fanatismus, oder man kämpft. Der Kampf trägt dann fast ausnahmslos den Charakter des Radicalen. Deshalb ist es, muß man in dieser Lage einmal kämpfen, grundfalsch, matte und halbe Mittel anzuwenden. Dadurch überläßt man dem Fanatiker immer die Initiative, was ein großer Nachtheil ist. Das wird glänzend bestätigt durch die Erfolglosigkeit der Nachsicht, womit die österreichische Regierung die pfäffischen Angriffe auf Staat und Staatsgesetze behandelte. Sie machten die Gegner nur dreister. Mit Rom kämpft man entweder gar nicht, oder rücksichtslos!

X.

Die Achillesferse Oesterreichs. — Das österreichische Heer. — Die Nationalitäten Oesterreichs vom europäischen Standpunkt aus. — Treffer und Niethen. Die Wiederherstellung Polens. — Was ist zu thun? Auch eine Constitution! Oesterreich am Scheideweg.

Die Gefahren, die Oesterreich in seiner jetzigen Lage drohen, sind groß und zahlreich. Aber sie lassen sich, wie schon oben angedeutet ward, glücklicherweise in einige Hauptgefahren summiren, für die es allgemein verständliche Ausdrücke giebt. Es ist mit den Staaten häufig wie mit den Apotheken. Da stehen Hunderte und Tausende von Flaschen neben einander mit verschiedenen Bezeichnungen. Aber die eigentliche Seelenruhe gewinnt der Apotheker erst dann, wenn er auf zwei oder drei Fläschchen von ungewöhnlicher Form mit auffallenden und eigens gefärbten Buchstaben die Aufschrift setzt: „Gift!"

Die beiden einzigen und Hauptgifte der österreichischen Staats-Apotheke sind lange Zeit gewesen: Reaction und Pfaffenwirthschaft. Diese Gifte sind früher so viel verkauft und vertrieben worden, daß der Staat noch jetzt die Spuren in allen Gliedern fühlt. Seit einigen Jahren ist im Princip eine große Besserung eingetreten. Der allgemeine Verkauf, der so viel schlimme Folgen hatte, ist eingestellt worden; es wurden nur noch so unter der Hand kleinere Quantitäten abgegeben, angeblich zu medicinischen Zwecken. Es sollen sich einige Giftmischer hinter ärztliche Autoritäten gesteckt haben. Ganz abgeschafft kann das erste jener Gifte nie werden, da selbst durch demokratische Apotheker bewiesen ist, daß damit bei bereits genossenem Gift Menschenleben erhalten wurden. Es kommt bei ihm

Alles auf die spärliche Verwendung an. Sie muß Aus=
nahme und nothwendige Folge sein. Als Nahrung gegeben, ist
es Mord; als Gegengift verabreicht, kann es Rettung werden.
Dagegen ist das zweite Gift immer nur in der Eigenschaft eines
ganz gemeinen Tödtungsmittels zur Verwendung gekommen, wie
die Criminal=Acten der Weltgeschichte unumstößlich darthun. Also
schleudere man diese verderbliche Flasche weit von sich! Das Sicherste
ist, man vergräbt sie, oder man versenkt sie im tiefsten Was=
sersgrund...

Was Rudolph I. in der verzweifelten Lage Deutschlands that,
war Nichts wie Reaction. Aber er gebrauchte sie als Heilmittel,
und Deutschland wurde gesund. Die Reaction, wie sie Jahrhunderte
lang in Oesterreich herrschte, mußte den Staat um seine Kraft bringen
und ihn verderben. Nach dem heutigen Stand der Dinge wäre ein
Rückfall Oesterreichs offenbarster Untergang für Staat und Dynastie.
Zunächst sind von der früheren anhaltenden Mißregierung fast alle
Schwächungs=Momente noch da, und das will viel heißen; dann ist
der heftig entbrannte Nationalitäts=Zwiespalt, wenigstens für den
Augenblick, ein großes Schwächungsmoment unter allen Umständen
und für jede Regierung, sei sie, wie sie wolle; dann ist weiter in
Folge der jetzigen Wirren die Zahl Derer, welche dem Gesammtstaat
anhängen, bedeutend vermindert worden. Der Hauptpunkt aber
ist entschieden der, daß jede principielle und allgemeine
Reaction die bis dahin in sehr falscher und leicht an=
greifbarer politischer Stellung stehenden Feinde des
Gesammtstaates und indirect auch der Dynastie (Ma=
gyaren, Czechen 2c.) in eine richtigere und schwer angreif=
bare Stellung drängt. Ein specielles Vorgehen gegen jene
Feinde des Gesammtstaates ist natürlich in solchem Sinne keine
Reaction oder höchstens eine wie zu Rudolphs Zeit. Bei einer all=
gemeinen Reaction, die auch die Freunde des Gesammtstaates träfe,
hätte die Regierung ganz gewiß den zehnfach größeren Widerstand
zu besiegen wie einst; es wäre also ihr Ruin. Zu Gunsten dieser
Reaction fiele blos Eins in die Wagschale: die Unmöglichkeit für die
Magyaren, ein 1848 und 49 mit ganzer Kraft zu wiederholen.
Allein die Confusion würde, trotz dieses an sich nicht unerheblichen
Factors, um so größer sein; auch wäre das nur ein negativer
Gewinn, während Oesterreich vor Allem nach positiven Ergeb=
nissen streben muß.

Seit drei Jahren hat in Oesterreich allerdings eine bedeutende
Wendung stattgefunden. Allein die Unfähigkeit des Reichskanzlers
ist Schuld, daß die namhaften Macht=Concessionen der Krone dem

13

Staate durchaus nicht den Vortheil eingetragen haben, den sie ein=
tragen konnten. Ja, das Unerhörte ist wahr: ein Theil dieser
Concessionen hat sogar dem Gesammtstaat und dem
Volke Nachtheil gebracht! Es ist bestimmt wahr, soweit die
Concessionen der Krone nicht dem Volke überhaupt, sondern nur
einzelnen Nationalitäten zu Gute gekommen sind, wie z. B.
den Magyaren. In Ungarn hat seit dem „Ausgleich" der Kaiser
fast gar Nichts mehr zu sagen: er ist lediglich nomineller Fürst. Da=
für gebrauchen die Magyaren jetzt als Rasse diejenigen Befugnisse,
die vorher der Kaiser mit seinen Beamten gehabt. Ungarn als Land
hat diese Befugnisse keineswegs erhalten, und darin liegt der
neue Absolutismus, der viel schlimmer ist, als der
alte war! Man lasse die 14 Millionen Einwohner der
ungarischen Kronländer frei abstimmen: und die über=
wiegende Majorität, d. h. die 9 Millionen Deutschen,
Slaven rc. erklären sich für den Zustand, wie er vor
dem „Ausgleich" war! Sie sind jetzt unfreier wie ehedem, weil
sie nun der Rassen=Absolutismus drückt, der an Unerträglichkeit den
fürstlichen zehnfach übertrifft. So ist es mit noch anderen Conces=
sionen des Kaisers. Sie waren im Allgemeinen nothwendig, um
sich des Absolutismus zu entkleiden. Aber sie kamen zum Theil in
falsche Hände, was großen Schaden bewirkte. Der Reichskanzler
empfing gewissermaßen vom Kaiser einen namhaften Betrag. Anstatt
damit zu einem soliden, deutschen Kaufmann zu gehen, verlor er sich
in magyarischen und czechischen Prell= und Trödelbuden. Er bekam,
furchtbar über die Ohren gehauen, miserable Waare für gutes Geld!

Ein unglaubliches Schauspiel gewähren, als Epigonen der alten
Reaction in Oesterreich, die Feudalen. Man kann nur zweifeln,
ob diese Sippschaft in's Zucht= oder in's Narrenhaus gehört.
Was haben die Menschen gethan, deren Nachkommen und Princip=
Vertreter diese heutigen Feudalen sind? Ihnen verdankt Oester=
reich wenigstens 100 verlorene Schlachten, viele Mil=
liarden Staatsschulden, schwerste Einbuße an politi=
schem Ansehen, an Land, Leuten und Volkswohlstand,
sowie überwiegend — die jetzige Krisis! (Durchlaucht von
Lobkowitz: ist das Nichts?) Man kann in der ganzen Geschichte
Oesterreichs nicht einen dieser Feudalen nennen, der dem Staat be=
deutend, auf die Dauer und wirklich, d. h. nicht blos vorübergehend
und scheinbar, genützt. Sie waren also das Unheil des
Staats. Ueberall sonst würden die Nachkommen solcher Sünder,
hätten sie nicht alle Scham und Ehre verloren, sich vor dem rich=
tenden Zeitgeist in den verborgensten Winkel des Staates und der

Gesellschaft zurückziehen, froh, wenn man ihrer vergäße. Hätte man Scham besessen, so würde man sich eben geschämt haben, einen Namen zu tragen, mit dem Elend und Schande Oesterreichs verbunden war. Je höher die Geburt, desto besser war hier das tiefste Dunkel! Allein wir sehen das Unfaßbare! Wir sehen, daß diese verkommene Clique eines Kaiser wie Reich gleich unseligen Adels sich keck an das Tageslicht wagt, daß sie den neuen Staat hofmeistert, ja, daß sie ihn und mittelbar auch den Kaiser cynisch bekämpft, der ihn sanctionirt, d. h. gebilligt hat. Das ist keine Freiheit der politischen Meinung mehr, die jeder gute Staat erlaubt: das ist die Frechheit der Ehrlosigkeit und des Verbrechens! Mit noch mehr Recht kann man die Freiheit der Räuber proclamiren, denn diese gefährden höchstens Einzelne und nur locale Punkte; jene Clique aber gefährdet Alle und gefährdet den Staat. Kaiser Rudolph I. hätte diesem saubern Adel und den ihm verbündeten Erzbischöfen, Bischöfen, sowie den Rieger, Palacky ꝛc. unfehlbar eine Standeserhöhung zu Theil werden lassen — am Strick! Da er durch und durch Cavalier war, so hätte er mit dem Fürsten Lobkewitz und den Erzbischöfen angefangen: sie hatten den Vortritt. Das hätte dieser Mann gethan, so wahr er Rudolph hieß, und so wahr er wußte, wo gewöhnlicher Straßenraub aufhörte und wo Vaterlandsverrath begann...

Und die Hierarchie mit ihrem neuesten Dogma? Sie paßt zu den Feudalen und den Czechen. Der Sammelname für alle diese Bruchstücke unanerkannten Völkertheils heißt: Dummheit, und so kann jeder 10jährige Schulbube addiren!

Der Heide blickt empor zu seinen Sternen, zu seiner Gottheit, die er nicht erkennt, doch fühlt. Der Wahnsinns-Greis in Rom sucht als ein Gott der Jesuiten die Aether-Höhe zu erstürmen, wo — Blitz und Donner liegt...

Rudolph I. war religiös. Er duldete keine Fetisch-Anbeter in Deutschland. Viel weniger würde er diese Unfehlbarkeitsmenschen geduldet haben, die noch unter den Fetisch-Anbetern stehen...

Es war nur Einbildung, daß frühere österreichische Regierungen sich durch das Bündniß mit Feudalen und Klerikalen stärker glaubten. Ohne daß sie es ahnten, saß neben ihnen immer eine geheime fremde Regierung mit ganz selbständiger Tendenz, die schon nach ihrem Princip zu der consequenten Annahme berechtigt war, daß die thatsächliche und sichtbare Regierung nur ihretwegen da, daß sie ihr Anhängsel sei. Durch solche Doppelregierungen ist Oesterreich Jahrhunderte in Einem fort regiert

13*

worden. Im Grunde genommen, war der Kaiser von Oesterreich
stets ein constitutioneller Monarch: er trat nur seine Gewalt leider
großentheils an andere, wirklich absolute Gewalten ab, die damit
schnöden Mißbrauch trieben, ohne dafür eine Gegenleistung zu bieten.
Hätten diese Kaiser von Oesterreich ihrem Volk bloß die Hälfte
der Concessionen gemacht, die sie Rom machten, und die übrigens das
Volk in früheren Zeiten als ein Recht besaß: sie wären nicht nur
stärker als Dynasten geblieben, sondern das Volk hätte ihnen auch
Alles mit viel besserer und gangbarerer Münze, als die päpstliche
Zufriedenheit war und sein konnte, zurückgezahlt!

Schon die höchst unpolitische Toleranz, die man den längst
über die erlaubte Grenze hinausgreifenden Agitationen und Wühle-
reien der feudalen und klerikalen Parthei gewährte, bedeutet eine
große Gefährdung des Staates und der Dynastie. Eine Regierung,
welche die Radicalen in den Kerker wirft, die Rebellion der Pfaffen
auf den Kanzeln aber duldet, ist nicht nur unsittlich, sondern sie
arbeitet auch an ihrem eigenen Sturz. Die Gesetze sind entweder
für Alle da, oder für Niemand. Ueberdies läßt sich mit Radicalen
immer noch unterhandeln, mit fanatischen Pfaffen aber nicht: wer ist
da staatsgefährlicher? Gerade weil die österreichischen Regierungen
in dieser Hinsicht von früher her ein wohlverdientes Odium auf sich
haben, können dem mißtrauischen Volke einzig und allein Thaten
das zerstörte Vertrauen wiederbringen. "Sage mir, mit wem du
umgehst, und ich sage dir, wer du bist". Wenn die österreichische
Regierung Oesterreich und seine Dynastie sicher verderben, wenn sie
die österreichische politische Cholera (den Pessimismus), die
täglich zunimmt, auch in die Hütten der wenig zahlreichen Anhänger
des Gesammtstaates verpflanzen, wenn sie endlich alle Kraft auch zur
heilsamsten staatsrettenden Action verlieren will: dann muß man
nur fortwirthschaften wie seither!

Breche Oesterreich die letzten Brücken ab, die zu
den dunkeln Mächten führen!... Von diesen Mächten
kommt, wie die Geschichte Oesterreichs und seiner Fürsten lehrt, kein Glück...

Dann steht Oesterreich bleibend gesichert in unan-
greifbarer Stellung, mögen ihm auch noch ungleich
größere Gefahren drohen! Dann kann es Gewalt
brauchen gegen die innern Feinde des Staats. Es kann
dann selbst Blut vergießen um sein Heil und um seine
Existenz... Es wird freigesprochen von jeder Schuld,
hat dann nicht nöthig, sich wie von Trichinen fressen
zu lassen bei lebendigem Leib...

Ein großes Glück für Oesterreich ist, daß die Zerstörungsar=
beiten des Reichskanzlers, die dieser Mann unsinnigerweise für einen
Aufbau hielt, bis jetzt keine wesentlich nachtheiligen Folgen für die
Armee gehabt haben. Es ist das keineswegs dem Reichskanzler,
sondern dem Kaiser, der Armee und ihrer Leitung zuzuschreiben.
Denn daß dieser Reichskanzler, nachdem er feig und kopflos vor den
Magyaren capitulirt, ohne irgend ein Bedenken auch den letzten
Anker Oesterreichs, seine Armee, nicht als solch' wichtiges Mittel,
sondern als ein Spielzeug für seine fluchwürdigen politischen Hans=
wursterreien ansieht: das hat sein die Ehre dieser Armee auf's Schwerste
und Niederträchtigste compromittirender Eingriff in die dalmatinische
Insurrection bewiesen.

In der österreichischen Armee hat der Nationalitätenhaber noch
kein Echo gefunden. Danke Oesterreich Gott! In dieser Armee gibt
es keine Deutschen, keine Magyaren, keine Slaven: es giebt nur
Oesterreicher. So soll es sein! Wäre es in ganz Oesterreich so,
wie in der österreichischen Armee: dann hätte ich erfreulicherweise
gar nicht nöthig gehabt, vorstehende Schrift zu verfassen. Aber leider
zeigen die Ausnahmen der Magyaren, der Slaven &c. in der
Armee, wie schrecklich es mit der Regel dieser Nationalitäten be=
schaffen ist! Gerade diese Ausnahmen, die als solche die heftigen
Angriffe dieser Schrift nicht auf sich beziehen werden, da sie ihnen
nicht gelten können, müssen fühlen, daß ich genau demselben Zweck
diene, dem sie dienen: der Existenz Oesterreichs und seiner
Armee. Ich greife die Magyaren, die Czechen &c. nicht zum Ver=
gnügen oder aus Haß an, sondern weil klar zu Tage liegt, daß diese
Nationalitäten in ihren überschwänglichen Forderungen den Gesammt=
staat theils schon sehr geschwächt haben, theils vollends zerstören
wollen. Hier wäre Schonung der schwerste Frevel an Oesterreich
selber und an der besseren Erkenntniß. So nah' in die Bresche ge=
drängt und rings von zahllosen Feinden bedroht, kann man nicht
wählen in der Waffe, schießt man zuletzt auch mit — gehacktem Blei!
Und haben die Magyaren, die Czechen &c. in ihren Zeitungen, in
ihren Volksversammlungen &c. nicht mit viel Schlimmerem wie mit
gehacktem Blei angefangen? Wäre Oesterreich einmal zertrümmert,
dann gäbe es gewiß nicht Raum für ein magyarisches, für ein czechi=
sches oder ruthenisches Heer ...

In einer Beziehung liefert gerade die österreichische Armee das
schlagendste Argument gegen die ganze Schöpfung des Reichskanzlers.
Ist nämlich eine Staats=Organisation gut, so wird es nicht nur
leicht und natürlich sein, es wird sich sogar empfehlen, sie gewisser=
maßen im verkleinerten Maßstab auf die Heeres=Organisation zu

übertragen. Wo das nicht geht, liegen allemal große Princip-Fehler vor. Kann es nun ein niederschmetternderes Urtheil über den Beust'schen Wahnsinn geben, wie die auf ganz richtigen sachlichen Gründen fußende Behauptung: Es ist ein ungeheures Glück, daß der Beust'sche Staats-Dualismus so zu sagen vor der Armee verheimlicht, daß er gewissermaßen in ein Erker-Schränkchen eingeschlossen wurde, wo ihn nicht Alle sehen können? Denke man sich diesen Dualismus in die österreichische Armee übertragen: und es wäre mit Oesterreich sogleich vorbei! So gewissenlos sind diese Staatspfuscher Beust, Deak, Andrassy ꝛc. verfahren! Da übrigens eine Armee auf die Dauer gegen die größere Staats- und Volksumgebung nicht abgesperrt werden kann, so ist auch hiernach dem gepriesenen Dualismus aus höchst wichtigen militärischen Gründen ein baldiges seliges Ende zu wünschen. Es existirt ein czechisches Militärblatt „Zißia". Weiß man in Wien, was es erstrebt?

Trotz aller Reichsrettereien seit drei Jahren, trotz aller „Ausgleiche", trotz aller Ausgleichs-Versuche und trotz aller lebhudelnden Biographien, die der Reichskanzler jetzt zu so gelegener Zeit über sich erscheinen läßt (oder vielmehr wegen aller dieser Dinge), muß man heute wie vor 21 Jahren zu Radetzky's Zeit ausrufen: „In beinem Lager ist Oesterreich, o Heer!"...

Nimmt man die Karte Europa's (nicht Deutschlands oder Oesterreichs) zur Hand, so erkennt man alsbald, daß Oesterreich nur zwei Nationalitäten besitzt, für welche sich außer den engen österreichischen auch weite europäische Beziehungen auffinden lassen. Die Sache ist natürlich von der größten Bedeutung für jeden österreichischen Staatsmann (außer für den Reichskanzler von Beust, der in Ewigkeit kein Staatsmann werden wird), da eben Oesterreich als Großmacht der europäischen Politik nie entsagen kann.

Diese beiden Nationalitäten sind 1) die deutsche; 2) die polnische. Für alle übrigen Nationalitäten existiren solche Beziehungen nicht. Man erkennt dies sogleich daran, daß, wenn man sich den Gesammtstaat Oesterreich momentan wegdenkt, für keine andere Nationalität ein bedeutender positiver Zweck angegeben werden könnte, den sie als selbständige Staaten im Interesse Europa's (im entgegengesetzten Falle würde eben Europa diese Staaten gar nicht aufkommen lassen, indem sie höchstens als leichte Beute der Eroberung den benachbarten Großmächten zufallen würden) zu erfüllen hätten.

Die Beziehungen der deutschen Nationalität zu Europa wurden bereits im ersten Abschnitt eingehend erörtert. Es ergab sich daraus,

daß von allen größern Nationen Europas die deutsche mit der wich=
tigsten und entscheidensten historischen Rolle beauftragt ist, und
daß ohne diese Nation Europa als geordneter und leidlich friedfer=
tiger Welttheil gar nicht bestehen könnte.

Die Beziehungen der polnischen Nationalität zu Europa sind im
Augenblicke lediglich theoretischer Natur, da Polen nur noch in
seinen Bruchstücken besteht und eine unmittelbare Wiederaufrichtung
der polnischen Nationalität gegen drei existirende Großmächte zur
tausendfachen Unmöglichkeit gehört. Auch haben die Polen in völliger
Verkennung ihrer Lage und ihrer etwaigen Zukunft schwere Fehler
und Ungerechtigkeiten gegen die Deutschen begangen. Gleichwohl darf
dies Alles nicht den geringsten Einfluß ausüben auf unser Urtheil,
aus dem die Polen gerade erkennen mögen, was die Deutschen für
gerechtigkeitsliebende Leute sind. Selbst Undank und Anfeindungen
irritiren in so wesentlicher Sache ihr Urtheil nicht.

Jene Beziehungen der polnischen Nationalität zu Europa be=
ruhen hauptsächlich auf folgenden drei Gründen: 1) auf der Rassen=
Feindschaft zwischen Polen und Russen, die unvertilgbar und ge=
schichtlich als ein großer politischer Factor erwiesen ist; 2) auf der
geographischen Lage der ehemaligen Polenländer, namentlich in der
Richtung nach der Düna und dem Dniepr; 3) auf der seit der Zer=
störung Polens durch Rußland immer mehr herantretenden Gefahr
des Panslavismus, gegen den sich kein besserer Damm und Ableiter
denken läßt, wie ein starkes Polen.

Weder von den Magyaren, noch von den Czechen, noch von den
übrigen nichtdeutschen Nationalitäten Oesterreichs wird man unter
Aufbietung des größten Scharfsinns im Stande sein, auch nur einen
ähnlichen, auf Europa abzielenden Grund, geltend zu machen. Alle
diese Nationalitäten sind also im europäischen Sinne
politisch völlig zwecklos. Sie können also höchstens geduldet
werden. Eine politische Rolle aber ist ihnen auch beim besten
Willen nicht anzuvertrauen. Wollen sie dieselbe (nach der er=
strebten Auflösung Oesterreichs) dennoch spielen, so müssen sie noth=
wendig Europa unbequem werden, d. h. Europa schlägt alle ma=
gyarischen, czechischen 2c. Kartenhäuser nieder. Es folgt weiter, daß
gerade Magyaren, Czechen 2c. in Ermangelung eines politischen eu=
ropäischen Zweckes höchstens einem österreichischen Zwecke gerecht werden
können, d. h. daß diese Nationalitäten das allergrößte
Interesse am Bestande Oesterreichs haben, ohne den
sogleich auch sie verschwinden, da sie für Europa in
demselben Grade lästig werden müßten, als sie unge=
achtet ihrer Ohnmacht selbständig würden. Denn an den

geographischen Stellen, wo Czechen und Magyaren liegen, lassen sich keine czechischen National-Staaten mit natürlichen Grenzen denken. Es müßten also wieder politische Staaten werden, wie ja Oesterreich auch einer ist! Das heißt: Europa müßte Czechen und Magyaren gütigst erlauben, die umliegenden andern Nationalitäten zu unterjochen. Da hierbei gar kein Abschluß denkbar wäre, so hätte man auf diese Weise den permanenten Krieg organisirt, weil die Anderen sich wehren, ja, selber angreifen würden. Glauben die Magyaren und die Czechen, daß Europa diese Affenkomödie überhaupt erst probiren wird, damit Kossuth, Palacky, Rieger ꝛc. sehen, ob ihre Hirngespinste ausführbar sind? Uebrigens hat die Begehrlichkeit der Magyaren und der Czechen nach ihren sogenannten Kronländern (schon das Wort bedeutet, daß diesen Begriff wohl der Kaiser von Oesterreich, nicht aber eine Rasse definiren kann) nur Sinn, wenn man sie mit solchen Hirngespinnsten in Verbindung bringt. So kleine Staaten von 5 Millionen Seelen eigener Nationalität müßten, um überhaupt als selbständig bestehen zu können, sogleich nach allen Seiten Eroberungen beginnen, wie es in der That auch die ersten Fürsten von Böhmen und Ungarn gethan haben. Oesterreich zerstören und selbständige Magyaren- und Czechenstaaten zulassen, bedeutet also Schaffung kleiner Preußenstaaten an der Moldau und an der Theiß, die einzig so lange existiren könnten, als sie zu erobern vermöchten, die aber, wie die Vorgeschichte Ungarns und Böhmens beweist, sogleich zurückfallen, wenn sie sich ruhig verhalten müssen, wobei noch der große Unterschied besteht, daß diese Magyaren- und Czechenstaaten reine Barbarenstaaten wären. Wir haben an einem Preußen genug ... Uns gelüstet nicht dort unten nach asiatischen Preußenstaaten in Taschenformat. Uebrigens lehrt auch das Beispiel Preußens, daß Der, welcher einen großen Staat zerstört, stets eine Beute Dritter wird, wenn er die Trümmer nicht behaupten kann. Schöne Aussichten für die politischen Schwindler in Pesth und Prag! Was die „Selbständigkeit" und „Freiheit" uncivilisirter kleiner Staatchen und Nationalitätchen zu bedeuten hat, das sieht man an den schon mehrfach als abschreckendes Beispiel citirten façonnirten Raubstaaten Griechenland, Donaufürstenthümer, Serbien und Montenegro. Und wie schwätzen diese Kasperle-Staaten von Volkswohl, von Liberalität oder gar von Demokratie! Griechenland will Creta erobern, und kann den Kern seiner edlen Bevölkerung (Spitzbuben und Räuber) folgerichtig nicht zwei Stunden von der Hauptstadt fernhalten! (Aehnliches sehen wir bei den Magyaren, und von den Czechen würde bald Aehnliches verlauten). Wenn jene Kasperle-

Staaten morgen an die Türkei fielen, so wäre das nicht nur ein großer Gewinn für Europa und die Politik, die einfacher, natürlicher und gefahrloser würde, sondern auch für die wirkliche Freiheit! Selbständige Magyaren-, Czechen- und Slovenenstaaten würden die Zahl der Kasperle-Staaten nur um drei vermehren... Die bereits bestehenden Kasperle-Staaten existiren übrigens lediglich (als geduldet) aus reinstem politischem Zufall und aus Gründen, die weder für Magyaren, noch für Czechen vorhanden sind.

Die Karte Europa's in der Hand, ist man also durchaus nicht im Stande, den Magyaren, Czechen, Slovenen, Serben, Kroaten ꝛc. eine politische Aufgabe zu übertragen, die sie berechtigte, selbständige Staaten zu bilden. Sie müssen stets fürchten, bei solchen Versuchen über lang oder kurz mit der Umgebung anzustoßen, d. h. unterzugehen. Rußland ist eigentlich in derselben Lage; es hat kein berechtigtes inneres Motiv für Europa. Aber es ersetzt diesen Mangel durch seine Macht, die hier (freilich für Europa in negativem, d. h. drückendem Sinne) ein Motiv seines politischen Daseins wird. Immerhin sieht man an Rußland deutlich, daß es selbst einen großen Staat sehr schwächt, wenn er sich lediglich auf sein factisches Bestehen, nicht aber auf ein inneres Motiv berufen kann. Oesterreich käme sogleich in die Lage Rußlands, verzichtete es nach Beust'schem Recept auf sein gewaltiges inneres Staatsmotiv und die Kultur. Ein Staat, der ein inneres Staatsmotiv besitzt (die Dynastie allein kann nie Staatsmotiv werden), ist immer noch stark auch in gefährlichen Krisen. Aber einer, der kein solches Motiv besitzt, geht leicht unter; auch muß er immer (das sehen wir an Rußland eclatant) den Aufbringlichen spielen, er muß so zu sagen seine Berechtigung und seine Absichten erst nachträglich erläutern, was immer Staatssophistik ist. Den Magyaren und Czechen geht es gerade so. Kein Mensch fühlt die Nothwendigkeit selbständiger Magyaren- und Czechen-Staaten. Also muß man wie ein Advocat jene Nothwendigkeit, die Staatsbasis werden soll, durch Phrasen und Redekunst erst schaffen. Ein sehr solider Grund für einen 5 Millionenstaat, dem 54 und 50 Millionen gegenüberstehen!!!

Da den Paar Millionen Magyaren und Czechen jede physische Macht fehlt, sich wie Rußland die staatliche Selbständigkeit zu ertrotzen, so könnte als inneres Staatsmotiv einzig und allein der Nutzen angeführt werden, den sie möglicherweise der Kultur und der Freiheit gewähren. Kultur und Freiheit! Da schweigen alle Flöten! So lange Magyaren und Czechen unfrei waren, konnten sie wenigstens zu einer gewissen Kultur gezwungen werden. Ihre

erste That nach verliehener Freiheit aber war Krieg gegen die Deut=
schen, d. h. gegen die Kultur! So demaskirten sich diese Ratio=
nalitäten! Das Drollige war, daß sie die Schulen äußerlich wohl
fortbestehen ließen, daß sie dieselben aber ihrer einzig brauchbaren deut=
schen Lehrer beraubten, um sie mit bornirten Magyaren und Czechen
zu besetzen. Hier hat man den wundervollen Conflict zwischen deutscher
Gewohnheit und magyarisch=czechischem National=Instinct:
es ist der Affe im Salon! Da somit bewiesen ist, daß all' diese
tiefstehenden Völker ihre Freiheit nur zur Waffe gegen die Kultur
machen, so ist auch ihre Freiheit selber Nichts wie die
Unfreiheit Anderer, also Despotismus! Denn was der
Mensch in der Freiheit thut, das ist immer seine natürliche Inclina=
tion. Darum hat gerade dieses Sturmlaufen der Magyaren und Czechen
gegen das deutsche Kultur=Element ungeheure Tragweite. Das
sind nicht etwa vorübergehende Sachen: das sind
Todesurtheile, die jene Rassen sich selbst gesprochen
haben!

Die Deutschen in Oesterreich haben national Andere nie
unterdrückt. Sie können es gar nicht, auch wenn sie wollen. Bei
ihnen steht eben, weil sie zum ersten Kulturvolk gehören, die Ratio=
nalität immer zurück. Das ist ja der ungeheure Vorzug der ger=
manischen Rasse nicht in Oesterreich allein, sondern in Europa und
in der ganzen Welt! Selbst wo sie in reactionärem Sinne verwendet
wurden, thaten die Deutschen Oesterreichs es gewiß viel widerwilliger
wie Magyaren und Czechen, weil sie vermöge ihrer Bildung die „Frei=
heit" eben ganz anders auffassen. Uebrigens haben, wie schon er=
wähnt, auch die anderen Nationalitäten, zumal die Czechen, ungleich
mehr und geschicktere Werkzeuge der Reaction geliefert, wie die Deut=
schen. Die Deutschen waren die Lehrer und Schulmeister der übrigen
Nationalitäten. Ohne die Deutschen könnten Magyaren und Czechen
nicht einmal auf die Deutschen schimpfen, auch könnten sie nicht
ihre sogenannten „Rechte" erörtern.* Es erschiene ohne die Deutschen

---

* Für die Magyaren hier eine specielle Pille! Alle Magyaren sind ein=
genommen für ihren König Mathias (Corvinus), unter dem von 1458—1490
Ungarn als selbständiges Reich seine vergleichsweise Blüthe hatte. Mathias grün=
dete zu Preßburg eine neue Universität und besetzte (nach Horvath, Bd. 1,
S. 394) die Lehrstühle mit Lehrern, „die damals großen Ruf genossen". Diese
Männer sind jetzt längst verwest; dennoch bekommen ihre Namen heute bei
dem scheußlichen Wüthen gegen das Germanenthum in Oesterreich fast weltge=
schichtliche Bedeutung, weßhalb sie zur Freude der Magyaren dem Grabstein
entrissen werden sollen. Außer einem italienischen Namen giebt Horvath folgende
Namen an: 1) Krumbach; 2) Hittendorf; 3) Schwidler; 4) Müller; 5)
Schwarz. Wenn das keine deutschen Namen sind, so giebt es keine mehr!

in Ungarn und Böhmen noch heute keine Zeitung! Wenn also Ma=
gyaren und Czechen ihre Freiheit unmittelbar zur Unterdrückung und
Vertreibung des deutschen Elements benutzen, so geht daraus sonnen=
klar hervor, daß alle diese Nationalitäten Todfeinde der
Kultur, also auch der Freiheit sind. Ein anderer plausibler
Grund für so unerhörtes Verfahren ist absolut nicht aufzufinden.
Das mögen die Liberalen und sogar die Demokraten Deutschlands sich
merken!

Somit ist im höchsten Interesse der Kultur zu wünschen, daß
keine selbständigen magyarischen, czechischen ꝛc. Staaten entstehen. Der
Rückfall der früheren selbständigen magyarischen und slavischen Staa=
ten in politische Abhängigkeit war kein Verlust für die Freiheit, war
nur ein Sieg der Kultur... Der Rückfall solcher Länder in
eine Art Selbständigkeit muß demnach nothwendig sein ein Triumph
der Barbarei! So ist's! Jedes magyarische, jedes czechische,
jedes slavische Zeitungsblatt von heute oder gestern bestätigt die Un=
umstößlichkeit dieses Satzes. Armer Guttenberg! Auch Diesen mußt
du dienen bei ihren asiatischen Glossen über Europa ...

So lange Magyaren, Czechen ꝛc. sich ruhig und bescheiden ver=
halten, haben sie, als verkappte Barbaren, höchstens ein Recht auf
Duldung. Sowie sie sich aber rühren, sowie sie frech und brutal
werden, beginnt nicht für Oesterreich allein Gefahr, sondern für die
europäische Freiheit und die europäische Kultur! Alle
diese Nationalitäten sind gewissermaßen die Hühner=
augen der Civilisation. Wenn sie nicht drücken, können sie,
wiewohl immerhin ungehörig, ertragen werden. Aber von da an, wo
sie schmerzen, muß man sie vertilgen mit Höllenstein und Vitriol...*

Magyarische Namen nennt Horvath keinen einzigen; es hat
also kein Magyar als Gelehrter „großen Ruf genossen". Und
Das geschah in Ungarns bester Zeit! Mathias richtete auch 1470 eine Druckerei
ein. Der Drucker hieß wieder (infam!) — Heß! — Also Alles, was die
Magyaren (und Czechen) von Bildung haben, verdanken sie den
Deutschen! Nur in Einem soll ihnen die Priorität nicht streitig gemacht wer=
den: in ihrem vandalischen und bestialischen, Europa in Schrecken setzenden (weil
in Europa unbekannten und unerhörten) Blut=, Mord= und Raub=System, für
das eigentlich bis heute noch keinerlei Sühne erfolgt ist!
  * Auch den deutschen Arbeitern und Socialisten wird ihr kosmopolitisches
Bündniß mit niedriger stehenden Nationalitäten trübe Erfahrungen bereiten.
Das ganze Bündniß ist eine gegenseitige Täuschung, da sie deutscherseits auf
Princip, czechischer=, magyarischer=, italienischer= und selbst französischerseits
mehr oder weniger auf Instinct beruht. Man erkennt sogleich auch hieran,
daß die deutsche Arbeiterparthei hoch über allen Uebrigen steht. Da hat man wieder
die Ueberlegenheit und bessere Beschaffenheit der Rasse! Um so fehlerhafter ist,
wenn deutsche Arbeiter sich von Russen, Franzosen ꝛc. Vorschriften machen lassen,
die erst noch den Beweis zu erbringen haben, daß, wurde von ihnen wirklich

Als Slaven leiden allerdings die Polen auch merkbar unter den allgemeinen Nachtheilen ihrer Rasse. Man sieht dies vor Allem an ihrer Geschichte. Welche Unterschiede! Selbst wenn man dieses oder jenes deutsche Bruchstück von einst (man findet es nur seitwärts, auch ist es allemal sehr klein) in die Hand nimmt, kann man dann noch gewisse interessante Studien machen: man sieht auch an den Trüm= mern das gute Material und die Solidität! Aber die Trümmer von romanischen, slavischen und magyarischen Staatsschöpfungen sehen alle aus, wie die geschwärzten und zersetzten Ueberreste einer in die Luft geflogenen — Pulvermühle . . . An deutschen Trümmern sieht man wenig oder gar kein eigentlich zerstörendes Element: man glaubt, die Zeit habe Alles gethan. An den romanischen, slavischen und ma=

einmal ein Princip erkannt oder nachgebetet, sie es auch durchführten. Da diese niedrigstehenden Nationalitäten, wie auch ihre politische und staatliche Geschichte Seite um Seite lehrt, nie ein Princip verstehen und ganz erfassen können, so entsteht für die deutschen Arbeiter aus jenem Bildniß eine große Gefahr. Diese Nationalitäten compromittiren die Idee und sind für den Nothfall doch kein Verlaß, weil ihnen die Fahne des Princips fehlt, der ordinäre Nationalitäts= Instinct sich aber leicht gegen das Princip wenden kann. Hat doch noch jüngst Mazzini ein Manifest erlassen, worin er die italienische Freiheit mit der ita= lienischen Nationalität und mit der Vertreibung aller Fremden aus Italien identificirt!!! Wie würde es erst den deutschen Kolonisten und Arbeitern in Rußland gehen, wenn Bakunin seine stumpfnäsigen Bestien auf sie hetzen könnte! Und dieser Bakunin wagt, sich deutschen Arbeitern aufzudrängen! Gerade aus dem Beschluß über das Collectiv-Eigenthum spricht der niedrigste Rassen-Instinct: keine Spur von einem Princip, es ist die colossalste Princip= losigkeit! Die Weltordnung hat sicher nicht gewollt, daß alle Völker eine einzige Sauce bilden. Sie hätte sonst den Keim dazu zeitiger gelegt, hätte den verschie= denen Nationalitäten nicht solche furchtbare Zähigkeit verliehen, die jede allgemeine Verschmelzung zur Unmöglichkeit macht. So ein plumper Völkerhaufe wäre das Grab der Freiheit. Er bedeutete die Unterdrückung der höchststehenden Rasse (der germanischen) durch die Masse der niedriger stehenden, wozu selbst die romanischen gehören, also den Ersatz des Princips durch den Instinct, die Bewältigung des Menschen durch das — Thier . . . Völker, welche die Na= tionalität zum Ausgangspunkt für alle ihre Bestrebungen machen, stehen sehr tief. Es liegt unbedingt viel Thierisches darin: die Hunde beschnüffeln sich auch . . . Leider giebt es außer der germanischen Rasse keine einzige, welche die Nationalität zurückstellt: hat doch selbst bei den Franzosen die Nationalität oft das Princip (Recht und Freiheit) übertrumpft! Hieraus folgt, daß die Germa= nen mit ihrem edeln und hochstehenden Kosmopolitismus sehr leicht von anderen Nationalitäten düpirt und schwer mißbraucht werden können. Mögen sie sich in Acht nehmen! Die gewissen Arbeiterführer in Wien lassen sich heute zum Märtyrer machen; aber es bürgt Niemand dafür, daß sie in späteren Jahren — Polizei-Agenten sind. So lehrt es die Geschichte dieser Nationalität. Bis jetzt hat es, außer ein Paar Menschen, noch keinen Czechen oder Magyaren gegeben, der für ein Princip im allgemeinen Sinne gelebt hätte und gestorben wäre. Alles drehte sich um die Rasse, um die Nationalität. Selbst der Hussitenkrieg schlug bald in einen theilweisen Rassekrieg um.

gyarischen Trümmern dagegen erkennt man immer die furchtbar ex=
plodirende Kraft, neben der man sogleich die Beschaffenheit der Trüm=
mer selbst vergißt.

Gleichwohl stehen die Polen unter den Slaven mit obenan. Sie
sind genetisch z. B. den Czechen und den eigentlichen Russen nach
Intelligenz und Character weit überlegen. Sie gehören entschieden
mit zum kulturfähigsten Theil der Slaven. Insbesondere ist der Ab=
stand zwischen Polen und Russen sehr groß. Man nimmt dies an
einzelnen eminenten Menschen wahr. So wiegt z. B. der eine Kopf
Bem's alle Millionen Moskowiterschädel auf, die seit Bestehen Rußlands
als Streiter des Czaars in's Feld gezogen sind. Auch an anderen Er=
scheinungen, wie Kosciusco zc., zeigt sich der große Abstand.

Die Wiederherstellung Polens ist eine Idee der Zu=
kunft. Sie ist es in höherem Grade wie eine Menge anderer poli=
tischer oder nationaler Ideen. Polen ist von 1772—95 als Staat
zu Grunde gegangen. Die polnische Nationalität mit 9 Millio=
nen Seelen besteht noch; allein sie ist in den Händen von Rußland,
Preußen und Oesterreich, also dreier Großmächte, die zusammen 125
Millionen Einwohner besitzen. Schon diese Ziffern beweisen, daß, wenn
je ein selbständiges Polen wieder ersteht, dies 1) durch das Schick=
sal, 2) durch Beihülfe fremder Mächte oder Nationen, und erst
3) durch die 9 Millionen Polen selbst geschehen könnte. Ohne die
zuerstgenannten zwei Factoren bleibt die Wiederherstellung Polens
ewig ein — Traum.

Dennoch wäre es sehr thöricht, diese Idee für eine Chimäre zu
erklären. Was das Schicksal vermag: darüber giebt die Geschichte in
den unglaublichsten Wendungen vielfach Aufschluß; und vielleicht nie
ist eine Zeit mit größeren Wendungen schwanger gegangen wie die
Gegenwart mit ihrem Louis Napoleon. Die Beihülfe anderer Mächte
oder Nationalitäten aber ist nicht undenkbar, da hier die Idee un=
mittelbar an die praktische Politik Deutschlands, ja, sogar Oester=
reichs und Preußens, anschließt. Ein einziger Todesfall in Petersburg
bringt die altrussische Parthei an's Ruder und zerstört die preußisch=
russische Freundschaft, die Preußen ohnehin bisher mit einer Reihe
nationaler und politischer Demüthigungen erkaufen mußte. Um für
alle Fälle gesichert und ganz flankenfrei zu sein, wäre gewiß auch
Bismarck ein bis an die Düna und an den Dniepr reichendes Polen
lieber wie der jetzige Zustand. Ein solches Polen könnte Deutschland
nie bedrohen, müßte im Gegentheil immer seinen Rückhalt an Deutsch=
land suchen, wie ihn mit ganz richtigem politischem Blick einst So=
biesky gesucht. Oesterreich aber empfindet schon heute die schweren Fol=
gen, welche die Vernichtung Polens nach sich zog, freilich ganz un=

verschuldet, da es diese Folgen schon damals vorausgesehen und da es deshalb warnte. Rußland ist, über Polen wegschreitend, dem Centrum Europa's auf sehr gefährliche Entfernung nahe gekommen. Unten in der Türkei, in den Donaufürstenthümern, in Serbien, Montenegro ꝛc. spürt man seine in den Taschen Anderer unangenehm krabbelnde Spitzbubenfinger. Das Alles, der moskowitische Druck auf Deutschland und auf seine Kultur, überhaupt der ganze Leichenzug des Panslavismus, war nur möglich seit der Zerstörung Polens. Daß sich die Czechen regen, ist ein Beweis, wie sehr sie sich glücklich fühlen als Vortruppen der Kalmücken, der Baschkiren und des ganzen asiatischen Völker-Gesindels...

Polen wieder herstellen, heißt also: Rußland nach Asien zurückwerfen und Europa von einem schweren Alp befreien. Es heißt ferner, die gesammte Donaulinie Oesterreich und dem Germanenthum öffnen, sowie den ganzen Osten der ärgsten Barbarei entreißen und ihn den Einflüssen der Kultur zugänglich machen. Sogar in handelspolitischer Beziehung flössen für Central-Europa ungeheure Vortheile daraus.

Napoleon I. hatte es 1812 völlig in der Gewalt, so ein Polen herzustellen. Es hätte natürlich, um die Russen ganz vom Süden abzuschneiden, bis an das schwarze Meer reichen müssen. Aber Napoleon dachte immer nur an sich und an die Gegenwart, nie an Andere und an die Zukunft. Ueberhaupt hat Frankreich die Polen stets infam und erbärmlich behandelt. Es hat sie lediglich zu seinen Zwecken benützt. Es ist ganz thöricht von den Polen, sich auf Frankreich zu verlassen. Dieses wird sich den Polen gegenüber nie anders benehmen, wie ein schlechter Liebhaber, dem eine alte, unbequeme Geliebte begegnet: er grüßt sehr freundlich und scheinbar herzlich, doch ist er froh, wenn er sie nicht mehr sieht. Ich glaube, die deutschen „Hausknechte", von denen im ungarischen Reichstag die Rede war, benehmen sich besser. Sie machen nicht so viel Worte. Doch was sie sagen, das kommt vom Herzen, und gilt...

So weit ausgreifend und scheinbar ganz phantastisch die Idee einer Wiederherstellung Polens auch ist: sie berührt doch wie die Tangente eines Kreises an einem Punkt fortwährend die praktische Politik nicht nur Oesterreichs, sondern auch Deutschlands, ja, theilweis des nichtrussischen Europa. Wenn man an einen Räuber denkt, denkt man an die Pistole als Waffe. Das ist die Idee Polen. An sich ist sie Nichts, da eben die polnische Nation nicht bestehen konnte; aber sie wird Etwas oder sie kann Viel werden durch den Gegensatz zwischen Rußland und Europa, hauptsächlich aber zwischen Rußland und Deutschland. Aus diesem Gegensatz allein zieht die Idee ihre Kraft. Er ist Ursache, daß trotz der ungleichen Nationalitäten das deutsche Volk dem polnischen immer eine große Theilnahme zugewendet und den Gedanken einer Wiederherstellung Polens nie mit Mißtrauen, sondern mit Wohlwollen betrachtet hat.

Bedenkt man dies Alles und erwägt man ferner, daß von den 9 Millionen Polen 2⅓ Millionen bei Oesterreich (Galizien), 2 Millionen bei Preußen (Posen ꝛc.) und fast 5 Millionen bei Rußland (Polen) sind: so wird auf der Stelle klar, daß, wenn je ein Polen wieder hergestellt werden sollte, dieses Riesen= und Wunderwerk weit mehr von den Deutschen, wie von den Polen selbst vollbracht werden kann! Denn eine solche Wiederherstellung Polens hat doch nur Sinn, wenn sie gegen Rußland gerichtet ist. Wer aber soll diesen großen Kampf gegen die 50 Millionen Russen durchfechten? Auch wenn ein gütiger Gott den 9 Millionen Polen einen Moment gemeinsamer Er= hebung schenkt, so sind sie doch in Kurzem insgesammt wieder im rus= sischen Rachen verschwunden, sobald nicht hinter diesen 9 Millionen eine Macht steht, die der russischen die Spitze bieten kann. Das wäre nur die deutsche! Weder Frankreich, noch England könnten hier, schon der geographischen Lage wegen, das Geringste für Polen thun. Auch gälte es nicht blos, einen Polenstaat vorübergehend her= zustellen. Er müßte sich consolidiren, was wieder ohne mächtigen Rück= halt an Deutschland ganz unfaßbar wäre. Desgleichen wäre es noth= wendig, daß dieses Polen gegen Rußland hin weit über die zuletzt innegehabten engen Grenzen hinaus, etwa bis an die Düna und an den Dniepr, vorgeschoben würde, welche Grenzen das alte Polen einst innehatte. In diesen westlichen Ländern ist ohnehin die russische Herr= schaft selbst heute noch nicht befestigt; auch verrathen eine Menge Symptome, daß Rußland von Innen heraus zerbröckelt und daß ihm über lang oder kurz gewaltige Katastrophen drohen. Die von der deut= schen Kultur überwiegend gewonnenen Theile vom alten Polen (meist in den Händen Preußens) müßten natürlich diesseits verbleiben. Ein solches Polen würde etwa 15 bis 20 Millionen Einwohner enthalten.

So phantastisch diese Idee scheint: sie verliert doch sogleich einen Theil ihrer mystischen Eigenschaft, wenn man einen Blick auf die Karte wirft. Da erkennt man, daß Rußland, indem es seit 1830 Polen sich ganz einverleibte, mit diesem Land als massiger, 45 Meilen breiter und eben so tiefer Keil zwischen Oesterreich und Preußen direct auf das Herz Deutschlands vorspringt. Oesterreich ist hier ungleich besser wie Preußen arrondirt, so daß ihm dieser Umstand weniger gefährlich werden kann. Allein Preußen wird dadurch in der bedenklichsten Weise bedroht. Fast ¼ des ganzen preußischen

Gebiets liegt hier, jämmerlich gestreckt und flankirt, so zu sagen in der Machtsphäre Rußlands. Alle preußischen Festungen helfen hier Nichts, ja, ihre Anlage beweist zum Theil den Humor der Lage. Bei einem Krieg mit Rußland muß außer den festen Plätzen Königs= berg, Danzig, Graudenz und Thorn alles preußische Land bis zur Weichsel schon aus strategischen Gründen ohne Schwertstreich preisgegeben werden! Die unselige Rivalität gegen Oesterreich, die Gevatterschafts=Politik der Höfe zwischen Berlin und Petersburg, sowie die geheimen Eroberungspläne Preußens gegen Deutschland waren Ursache, daß Preußen hier bis heute die Augen vor einer großen Gefahr verschloß, die ihm einst verderblich werden kann. Aeußerst wichtig in dem Verhältniß zwischen Rußland und Oester= reich=Preußen ist Folgendes: Während Rußland das hier ganz zer= rissene und geographisch haltlose Preußen von Polen aus in der nachtheiligsten Weise flankirt und selbst strategisch beherrscht, flankirt und beherrscht strategisch das hier nach Süden massige und compakte Oesterreich von den Karpathen und den Hinterländern aus die vor= geschobene Stellung Rußlands in Polen! Das ist ein ungeheurer Unterschied zu Gunsten Oesterreichs und zum Nachtheil Preußens, woraus sich allein die klägliche, unwürdige und halb vasallenhafte Politik Preußens, Rußland gegenüber, erklärt. Auch Preußen hätte also von einem mit der Spitze gegen Rußland gewendeten Polen nur Gewinn, ja, es hätte davon mehr, wie Oesterreich. Nun will aber der Zufall, daß Oesterreich aus politischen und strategischen Gründen gleichmäßig in viel höherem Grade wie Preußen für eine Wiederherstellung Polens thun kann. Von ihm aus betrieben, könnte sogar dieser Schritt Rußland tödtlich werden. Oesterreich wäre das stärkste und passendste Schutz= und Hinterland eines gegen Rußland aufgeworfenen polnischen Walles. Begreift man jetzt den Zug So= biesky's nach Wien?

Die Idee einer Wiederherstellung Polens kann also nicht in Lemberg, nicht in Posen, nicht einmal in Warschau, auch nicht in Berlin: sie kann einzig und allein in Wien entschieden werden! Sie gar in Prag oder Pesth entscheiden zu wollen: das ist vollends das höchste Maß von Thorheit oder Verrath. Er= kennen jetzt die Polen in Galizien, wie schlecht und schändlich sie seither von vielen ihrer Führer geleitet worden sind? Erkennen sie, daß auf die seitherige Weise die Idee Polen nicht nur alle Größe, alle europäische, alle deutsche, alle österreichische Bedeutung verliert, ohne welche die Idee selbst, als Fahne der Zukunft, unrettbar in die Gosse und auf die Straße sinkt? Erkennen sie endlich, daß da= durch die Idee vollends ganz unpraktisch und unausführbar wird?

Eine nationale Sache, die an sich groß, erhaben und politisch praktisch ist, zu einer kleinen, verächtlichen und politisch unausführbaren machen: es ist nicht möglich, einen schrecklicheren Frevel zu begehen!

Wenn die Polen Galiziens in den Wiener Reichsrath gehen, so dienen sie damit zunächst nicht Oesterreich, sondern der Idee Polen; wenn sie davon wegbleiben, verrathen sie diese Idee. Sie müssen in alle Ständekammern zu kommen suchen, um als Missionäre für ihre Sache zu wirken. In solcher Behandlung bleibt dieselbe immer von europäischer und deutscher Bedeutung, was ihr allein Werth und Kraft verleiht. So wie man aber Bedingungen stellt für Beschickung des Reichsraths, entkleidet man eigenhändig die schöne Polen-Idee des europäischen und deutschen Charakters: man prägt ihr den Lemberger Local-Charakter auf... Wenn die Polen selbst mit ihrem Heiligsten so elend umgehen, dürfen sie nicht erwarten, daß Andere noch den mindesten Respect vor ihren nationalen Bestrebungen haben. Sie degradiren sich dadurch selber als Volk, verwandeln sich in eine politische Fraction, die die schöne Polen-Idee nur noch weiter profaniren und beschimpfen kann...

Die Wiederherstellung Polens ist theils Wunsch und Hoffnung, theils hat die Idee doch eine starke praktische Basis. Die Polen müssen vor Allem diese Letztere cultiviren. Da ihnen auf diesem Wege politische Interessen des Gesammtstaates Oesterreich entgegen kommen, so wäre es Wahnsinn, sie zu stören. In diesen Interessen Oesterreichs (gegen Rußland) liegt die beste Bürgschaft für die Polen in Galizien, daß sie in Oesterreichs Händen gut aufgehoben sind. Dieses Interesse Oesterreichs für die Polen muß in demselben Grade zunehmen, als die Polen Verständniß zeigen für die Gefahren, die den Polen und Oesterreich vom gemeinsamen Feind, d. h. von Rußland drohen, weil in demselben Grade dann die Polen-Idee eine Waffe für Oesterreich wird. Also an den Polen selbst ist es, zu zeigen, daß sie noch ihre europäische Bedeutung haben, daß sie verdienen, als Träger der gegen Rußland gerichteten Polen-Idee betrachtet zu werden. Polen kann nur Waffe sein. Um seiner selbst willen schafft kein vernünftiger Staatsmann oder Krieger in Europa ein Polenreich, das fort und fort von rückwärts gestützt werden müßte. Eine Waffe aber muß Brauchbarkeit besitzen. Ein Gewehr ohne Schloß, Korn und Abzug wirft man in's — alte Eisen!

Die Polen müssen rechnen lernen, um gerade das Praktische und Berechenbare, das an der Polen-Idee haftet, und das nicht nur Fürsten und Diplomaten, sondern auch Völker, besonders die Deut-

14

schen, begreifen, zu cultiviren. Das ist für sie von der größten Bedeutung. Aber leider sieht man, daß es den Polen sehr an Rechnern, dafür um so weniger an Phantasten, Schwindlern, Fanatikern und politischen Hanswursten fehlt. Daran ist auch ihr Vaterland zu Grunde gegangen. Schon der Aufstand unter Langiewicz war mehr wie Thorheit, der Polen unsäglich geschadet hat. Auch wenn er gelang, hätte das neue Polen nachträglich der gütigen Erlaubniß Oesterreichs und Preußens bedurft, um überhaupt — existiren zu können! So verrückt gehen diese vereinzelten Menschen in's Zeug, Tausende in's Elend stürzend! Und dann klagen sie über Unglück! Sie sollten über ihre Verblendung klagen. Auch sonst haben die polnischen Führer meist nicht den geringsten Sinn für Zahlen= und Staatengrößen. Die 9 Millionen Polen sind zwischen den 54 Millionen Germanen und den 50 Millionen Russen wie ein — Bleistift zwischen zwei Mühlsteinen. Das hindert den unsterblichen Narren Smolka nicht, mit 2 Millionen Polen in Galizien (die übrigens von 2 Millionen dortigen Ruthenen paralysirt werden, so daß den Polen nicht einmal Galizien gehört) drei Großmächten mit zusammen 125 Millionen Einwohnern — den Krieg zu erklären. Kalte Umschläge auf dieses Esels= haupt! ... Dieser Smolka zieht die europäische Polen=Idee auf die — Lemberger Bierbank herab! Zum Ueberfluß hält derselbe sich gar noch für einen Demokraten. (Kinderbuch mit Goldschnitt in — Juchtenleder!) Als wenn es, bevor Polen als fertiger und gesicherter Staat dasteht, bei den Polen überhaupt mehr als zwei Partheien geben könnte: Freunde und Verräther der polnischen Sache! Die Polen brauchen das Mitleid Europas. Es ist nur ihre eigene Schuld, namentlich aber die ihrer verworfenen Führer, daß sie es theilweis verscherzt haben. Ein Volk, das selbst im Elend noch schlecht und niederträchtig ist, erstickt jede Regung des Mitgefühls und bleibt lieber im Grab ... Wenigstens ist es noch übermenschlich edel gehandelt von den andern Völkern, wenn sie die Auferstehung Polens nur wünschen können! Das sage ich den Polen zu ihrem Vortheil, zu ihrer Warnung. Sie müssen ihre Sache mehr von der Verstandesseite fassen, müssen sie mehr vom höhern Gesichtspunkt aus betrachten wie vom niederen.

So weit die Idee Polen von Oesterreich aus cultivirt werden kann (und das geht besser wie von einem andern Staate aus), darf sie grundsätzlich nur mit dem Gesammtstaat Oesterreich in Verbindung gebracht werden. Dadurch allein behält diese Idee ihre Größe, ihren Werth für Europa, für Deutschland und für Oesterreich. Galizien muß um jener Idee willen treu, ja, rücksichtslos zum Gesammtstaat stehen. Dadurch erleichtern die Polen es Oesterreich, die Idee Polen selbst als eine Waffe gegen den ihm unbequemen und gefährlichen Panslavismus zu benutzen, also diese Idee im weitern Sinne und nicht blos als eine galizische Angelegenheit aufzufassen. Der Vortheil ist gegenseitig. Indem Oesterreich sich stärkt, kann und wird es gerade gegen Rußland um so entschiedener auftreten, während ein geschwächtes Oesterreich auch vor Rußland immer mehr zurückweichen muß, so daß selbst alle von Galizien unter der Bedingung jener Schwächung erlangten Local= Concessionen um so leichter Polens Hauptfeind (Rußland) in den Schooß fallen! Uebrigens können die Polen sicher sein, daß sie sich durch treues Festhalten am Gesammtstaat nicht nur bei den Deutschen Oesterreichs, sondern bei der deutschen Nation überhaupt Sympathien erwerben werden. Hier ist Oesterreichs Sache die Sache des Ger= manenthums. Allein das seitherige Verhalten der Polen gegen Oester= reich hat auch im übrigen Deutschland der Idee Polen viel Abbruch gethan!

Der Idee Polen gegenüber treten bis zu einem gewissen Grade sogar die Provinzial = Verhältnisse Galiziens zurück. Natürlich hat auch Galizien ein Recht, freie, geordnete Zustände zu verlangen. Aber die österreichische Verfassung giebt ihnen schon ziemlich viel. Die Polen in Galizien mögen sich einmal in Posen und Polen bei ihren Lands= leuten erkundigen, um zu erfahren, daß man dort mit einer öster= reichischen Verfassung höchst glücklich wäre. Galizien könnte übrigens nicht einmal die Unabhängigkeit gebrauchen. Es fiele damit bei erster Gelegenheit in den russischen Rachen.

Sowie die Polen ihre Idee factisch selbst aufgeben, indem sie sich auf den galizischen Standpunkt stellen und Oesterreichs Ver= legenheiten zu Pressionen benutzen, hat Oesterreich das Recht, die ganze Polen=Idee als Schwindel zu betrachten und Galizien als Provinz zu behandeln, je nachdem es ihm bequem oder unbequem ist. Der einfältige Smolka steuert nach diesem Ziel.

Wird die Idee Polen festgehalten, so ist klar, daß die Polen in Galizien weder mit Czechen, noch mit Magyaren, noch mit einer andern nichtdeutschen Nationalität in Oesterreich paktiren dürfen. Wie können denn die Czechen und Magyaren ein einstiges Polen garan= tiren, da sie selber Niemand garantirt? Solches Paktiren ist ein Aufgeben und Beschimpfen der Idee Polen, ist ein Herabsteigen vom höheren europäischen Standpunkt auf den niedrigen ma= gyarischen, czechischen, der durchaus Nichts mit Europa zu schaffen hat. Es giebt eben eine Idee Polen, doch nur eine Marotte Ungarn und eine Marotte Böhmen … Vielleicht erkennen die Polen daraus,

daß ich, ein Nicht=Pole, ihnen dies erst sagen muß, wie elend, nieder=
trächtig und vaterlandsverrätherisch sie seither vielfach von ihren Füh=
rern geleitet worden sind! Obenan steht S m o l k a. Dieser eben so
freche und aufgeblasene wie bornirte Mensch von h ö ch st z w e i d e u =
t i g e m Charakter hat die Idee Polen richtig vom europäischen Stand=
punkt auf den — czechischen Schusterschemmel h e r u n t e r g e b r a ch t.
Er ist dadurch zum infamsten Verräther an Polen geworden, denn
die Czechen sind ja eingestandenermaßen die Hilfs= und Vortruppen
der Russen! Dieser Smolka untergräbt nicht nur den Glauben an
die Zukunft Polens, sondern er macht die Polen auch v e r ä ch t l i ch.
Wenn sie am Strick der Magyaren und Czechen ziehen, um Oester=
reich zu schwächen, so ermorden sie selbst ihre Idee: das Einzige,
was jenen nationalen Glauben noch stützen und emporhalten kann!
Ein Bettler, der brutal ist, dem giebt man Nichts, den wirft man
höchstens noch zur Thür hinaus. Smolka geht von dem Grundsatz
aus, daß eine Nationalität sich um so frecher, anmaßender, heraus=
fordernder, undankbarer und cynischer benehmen solle, je kleiner sie
ist und je mehr sie bei ihren ausschweifenden Zukunfts=Planen auf
die Beihilfe der beleidigten Umgebung rechnen müsse! O Hornvieh
auf galizischen Fluren, das neben dem r u s s i s ch e n K l e e die ge=
k n i ck t e R o s e vergessen kann, das trauernde Symbol des armen
Vaterlands! . . . Smolka will die Idee Polen tödten, indem er sie
unter demokratischer und föderativer Maske zu einer a l l g e m e i n
s l a v i s ch e n macht, was ihr natürlich allen Gehalt und alle Kraft
nehmen muß, denn gerade im Gegensatz zum Russenthum besteht
ihr eigentliches Princip. Somit arbeitet Smolka nicht f ü r, sondern
g e g e n Polen; er arbeitet für den Panslavismus, d. h. f ü r R u ß =
l a n d.   Ein mit j ä h r l i ch 100,000 b l a n k e n S i l b e r r u b e l n
b e s t o ch e n e r r u s s i s ch e r A g e n t müßte an Smolka's Stelle
genau das Nämliche thun . . .

Von den übrigen Polen=Führern ist der Fürst Czartorysky
der Idee Polen wenigstens nicht untreu geworden; aber ich glaube,
daß ich als D e u t s ch e r diese Idee in ihrer Schönheit und wissen=
schaftlichen Begründung besser und auch volksthümlicher dargestellt
habe, wie er in seinem jüngsten Elaborat als P o l e.   Ziemial=
k o w s k y hat früher Ansichten vertreten, die mit den oben entwickelten
genau im Einklang stehen. Er will die polnische Nationalität er=
halten und pflegen, und sie für eine künftige Wiederherstellung Polens
kräftigen; aber er will diese Entwicklung besonnen innerhalb des
Rahmens, den die österreichische Verfassung bildet. Jedes dieser
Worte athmet Liebe zu P o l e n und — V e r s t a n d!   Es ist ein
trauriges Zeichen von der politischen Gedankenlosigkeit und Unreife

der Polen, daß dieser Mann gerade deshalb vor einigen Jahren sei=
nen Einfluß verloren hat. Es scheint aber, als seien die Polen neuer=
dings in sich gegangen. Wenigstens beweisen ihre jüngsten Wahlen,
daß sie sich ganz entschieden von der Parthei Smolka ab= und der
Parthei Ziemialkowsky zugewendet haben. Mögen sie auf diesem rech=
ten Pfade bleiben! Er ist sicher darnach angethan, alte Fehler gut=
zumachen und neue Vortheile für die Sache Polens zu erwerben.
Vor Allem mehrt man dadurch die Anhänger Polens. Ein anderer
Pole (Dr. Machalsky in Krakau) hat sich in ähnlichem Sinne wie
Ziemialkowsky ausgesprochen. Er gab seinen Landsleuten den sehr ver=
nünftigen Rath, sich nicht mit den übrigen Slaven zu verbinden,
namentlich nicht mit den Czechen. In dem Mann lebt also auch die
Idee Polen; er ist kein kleinlicher Galizier. Das ist der richtige
Standpunkt, der zuletzt selbst der österreichischen Regierung die
Polensache viel vortheilhafter empfehlen wird, wie aller Bierbanklärm
Smolka's und seines russischen Anhanges. Man sieht, es fehlt Polen
an vernünftigen Leuten nicht; aber man muß nur die Schreier und
Gassen=Politiker zurückdrängen, denen an sich stets mehr liegt wie an
der heiligen Sache, die sie mißbrauchen, und die es in allen Staaten
und Völkern giebt. Die Polen brauchen, um die Kosten ihres Zu=
kunfts=Gerichts herauszuschlagen, sehr viel Gäste, besonders von den
benachbarten Deutschen. Wenn sie dieses Gericht mit czechischem, ma=
gyarischem und ähnlichem Gewürz anrühren, ißt ihnen Niemand
mit... Mögen die Polen bedenken, daß, wenn sie
nicht bald Einsicht bekommen, ihnen nur die Wahl
bleibt, sich entweder selbst zu begraben, oder sich be=
graben zu lassen!

Wie hoch steht doch die germanische Rasse über der slavischen!
Obwohl die Paar Millionen Polen immer kurzsichtig und engherzig
an den Deutschen gehandelt haben, und obwohl sie absolut ohnmächtig
waren, sich eine nationale Concession zu erzwingen, haben diese
Deutschen doch schon im Jahr 1848 bewiesen, daß sie die Idee Po=
len viel richtiger, viel politischer und dabei viel edler auffassen, wie
die Polen selber und namentlich wie die Polen von heut!

Im Jahr 1848 machte die deutsche Nationalversammlung, rein
aus platonischer Liebe für Polen und in richtiger Würdigung der
Idee selbst, den Vorschlag, durch das Großherzogthum Posen eine
Demarkationslinie zu ziehen. Es sollte ein Theil Posens na=
tional=polnisch organisirt werden, der noch 263 über=
wiegend deutsche Ortschaften mit (jetzt) 47,300 Einwoh=
nern neben 2153 überwiegend polnischen mit 408,400
Einwohnern enthielt.

Damals ging ein mächtiger nationaler Impuls durch Deutsch=
land. Von den 41 Millionen Deutschen des damaligen Deutschland
konnten die wenig Polen in Posen gewiß Nichts ertrotzen. Auch
ändert es Nichts an der Sache, daß die späteren Ereignisse jenen
Plan vereitelten. Die gute Absicht ist bewiesen, und was war,
kann einmal wieder kommen. Ich aber frage die Polen: „Hät=
ten sie, an Stelle der Deutschen, wohl so gehandelt,
hätten sie 47,000 der Ihrigen freiwillig preisgegeben,
um einen schönen Traum einer anderen Nationalität
etwas zur Wirklichkeit zu machen? Und glauben die
Polen, daß außer den Deutschen überhaupt eine mäch=
tige Nationalität fähig ist, so vernünftig, so edel und
so groß zu handeln wie hier?" Es giebt eben auf der gan=
zen Welt nur eine Nation, die wahre Bildung besitzt: das ist die
deutsche! Die Polen sollten an diesem einen Beispiel erkennen, wer
ihre einzigen Freunde sind! Gerade die Deutschen mit ihrem tiefen
Gemüth sind ungemein empfänglich für solche Ideen, wie die Wieder=
herstellung Polens. Die Polen haben in diesem Punkte viel gefehlt.
Ohne die Deutschen können diese in Ewigkeit Nichts zu Stande
bringen. Die Deutschen brauchen nur die Hände in den Schoß zu
legen: und die Wiedererweckung Polens unterbleibt. Rußland allein
verhindert sie in diesem Fall.

So lange Oesterreich im Innern sehr geschwächt ist, wäre es un=
billig, ihm große Concessionen wegen Galizien anzumuthen. Erst
kommt der Gesammtstaat; dann kommt die äußere Politik. Die Polen
haben sich selbst als Galizier benommen, sie haben redlich zur
Schwächung des Gesammtstaates beigetragen. Sie dürfen sich also
nicht wundern, wenn Oesterreich sie nur als 2 Millionen
rabiate Unterthanen nimmt. Treten die Polen ihre Idee
mit Füßen: warum soll Oesterreich sie aus — dem Drecke ziehen?...
Das ist um so einfältiger von den Polen, als Oesterreich ihnen gerade
wegen der Idee Polen viel eher eine gewisse Selbständigkeit geben
könnte, als sie Ungarn erhielt. Aber Vertrauen will erst erworben
sein. So lange Galizien im niedrigen czechischen Sinne nur als
Schwächungsmoment des Gesammtstaates dasteht, ist keine Möglich=
keit, daß Oesterreich der Idee Polen Geschmack abgewinnt. Wenn
Oesterreich dies soll, müssen die Polen erst zeigen, daß sie ein Mittel
gegen Rußland sind. Galizien hat es ganz in der Hand, durch sein
Betragen gegen den Gesammtstaat sich eine sehr günstige Sonderstel=
lung zu verschaffen. Aber der Gedanke der Freundschaft und des ge=
meinsamen Interesses gegen Rußland muß dabei viel näher liegen wie
jener der Losreißung, der ohnehin unsinnig und zwecklos wäre. Bei

geschickter und loyaler Politik könnte (auch zu Oesterreichs und Deutschlands Nutzen) Galizien, Oesterreich gegenüber, politisch dieselbe Stellung einnehmen, wie einst militärisch Poniatowsky mit seinen Hülfs-
völkern an der Seite Napoleons. Hier wie dort die Idee Polen:
es genügt!

Uebrigens ist den Polen um ihrer selbst willen bringend zu
rathen, daß sie, gewährt man ihnen je eine größere Selbständigkeit,
die deutsche Kultur als Freund und nicht als Feind behandeln.
Sie kann ihnen nur Vortheil bringen, ohne daß sie ihre Nationalität
gefährdet. Ohnehin brauchen die Polen die Waffe der Kultur, wenn
sie mit Erfolg gegen das Moskowiterthum ankämpfen wollen. Ihr
Vaterland ist als Barbarenstaat zu Grunde gegangen; folglich müssen
andere Mittel angewendet werden, es wieder aufzurichten.

Sollten die Polen sich unfähig zeigen, ihre Zukunft in dem angedeuteten Sinne anbahnen zu helfen, so wird die Weltgeschichte über
sie zur Tagesordnung übergehen. Auf sich selbst angewiesen, vermögen
sie Nichts. Dann wird das geeinte Germanenthum allein mit den
Moskowitern fertig werden, wie es dasselbe bisher allein aufgehalten
hat. Sind wir ohne die Polen bis an die Warte und Netze vorgedrungen, so hält uns unter jener Voraussetzung auch der Narew
nicht auf . . .

Ueberblickt man die innere Lage Oesterreichs, die sich nach und
nach immer mehr verschlimmert hat, so entsteht die Frage: „Was
soll geschehen?"

Wollte man die alte, jetzt abgethane österreichische Staats-
maxime anwenden, die sich in dem Satz ausdrücken läßt: „es könnte
halt immer noch schlechter sein", so gewährte vielleicht das ruhige Ab-
warten noch eine Weile Trost. Allein diese Maxime herrscht in Oesterreich nicht mehr, und das ist ein Glück. Man muß bedenken, daß die
Freiheit für Oesterreich doch wichtige Folgen gehabt hat. Es sind dadurch eine Menge Kräfte entfesselt worden, von denen sich ein Theil
gegen die Regierung und den Staat gewendet hat. Dafür wurden
andere Kräfte frei, die nun mit jenen ringen. Immerhin hat Oesterreich dadurch neben manchen Nachtheilen auch Vortheile gehabt. Die
Hauptsache aber ist, daß sich jetzt in Oesterreich wegen der freieren
Bewegung der Geister die Logik der Thatsachen viel rascher wie
einst vollzieht. Darin liegt eine Beruhigung, wenn man den
Staatswagen auf richtigem, aber auch eine Beängstigung,
wenn man ihn auf falschem Geleise schiebt.

Die im Innern Oesterreichs thätigen Kräfte zerfallen in zwei
Klassen: 1) in solche, die den Staat zusammenhalten; 2) in
solche, die ihn zu zerstören oder zu lähmen suchen. Zur erstge-

nannten Klasse gehören fast ohne Ausnahme die Deutschen; zur letzt=
genannten Klasse gehören die meisten der übrigen Nationalitäten, na=
mentlich die Magyaren, die Czechen, die Slovenen ꝛc. Zu derselben
Klasse gehören ferner: ein großer Theil der Klerikalen, sowie die Feu=
dalen. Da bei der Staatszerstörung immer viel radicalere, rücksichts=
losere und furchtbarere Mittel angewendet werden wie beim Kampf
gegen eine Dynastie (die übrigens auch selten oder nie um ihrer
selbst willen angegriffen wird), so folgt hieraus, daß für den Kaiser
von Oesterreich die Klerikalen und Feudalen sogar schlimmere Gegner
sind wie die Demokratie.

Um Oesterreich zu regeneriren, stützt sich der
Reichskanzler von Beust auf die Elemente, welchen der
Staat gleichgültig ist oder die ihn positiv vernichten
wollen, und dafür macht er dem einzigen Element, das
den Staat zusammenhält und zusammenhalten will,
mit allen, sogar mit pöbelhaften und ehrlosen Mitteln
den Krieg...

Das Alles rührt von einem winzigen, leicht erklärlichen und
verzeihlichen — Irrthum dieses Reichskanzlers her. Er nimmt das
Geschrei der uncivilisirten Nationalitäten, die weder Macht noch Ge=
schichte besitzen, um ihre Selbständigkeit und relative Unabhängigkeit
für ächt und für einen Appell an die wirkliche Freiheit.
Je wüthender dies Geschrei ist, desto mehr glaubt er an seine Be=
rechtigung. Dagegen hält er die kluge, verständige und loyale Zurück=
haltung der Deutschen für ein Zeichen der Zufriedenheit und für
mangelndes Verständniß des Staats=Interesses. Jedes Schulkind macht
aber hier einen anderen und richtigeren Schluß. Es ist wohl klar,
daß ein civilisirtes Volk den Begriff „Freiheit" viel besser und gründ=
licher erklärt, wie ein uncivilisirtes. Desgleichen wird und muß es
vom Begriff „Staat" eine ganz andere Vorstellung haben.

Das Verhalten der Magyaren seit dem „Ausgleich" und die
Bestrebungen der Czechen, der Slovenen ꝛc. bis jetzt beweisen unwider=
leglich Folgendes: 1) Allen diesen Nationalitäten liegt Nichts am
Gesammtstaat, den sie für eine Art Uebel halten. Die Absicht, ihm
zu entziehen, was irgend möglich ist, geht durch Hunderte von
Handlungen. Man sieht deutlich, daß der Gesammtstaat in schwierigen
äußeren Lagen von diesen Nationalitäten nicht mehr bekommen wird,
als sie ihm eben nicht verweigern können, ja, daß sie seine Noth
zu neuen Erpressungen verwenden möchten. Von einer lebendigen Vor=
stellung des Staatsbegriffes, von einem Gefühl, die kleine Nationali=
täts=Individualität der großen Staats=Individualität aus Nothwen=
digkeit freiwillig unterzuordnen, ist bei allen diesen Natio=

nalitäten keine Spur zu finden. Es ist ganz gleichgültig, ob diese Erscheinung auf geistiger Beschränktheit oder auf Hintergedanken beruht. Sie ist da, und nur ein Verräther von Staatsmann in Wien kann sie leicht nehmen. 2) Sämmtliche nichtdeutsche Nationalitäten verstehen unter „Freiheit" immer nur Rassen=Freiheit, und zwar nicht etwa die allgemeine, sondern ohne Ausnahme ihre specielle. Darum hat der „Ausgleich" mit Ungarn nicht etwa die ungarische Freiheit geschaffen, sondern nur die Rassen=Freiheit der 5 Millionen Magyaren. Das Empörende aber ist, daß die 5 Millionen Magyaren sich unfrei fühlen würden, hätte ihnen nicht derselbe „Ausgleich" das „Recht" gegeben, die 9 Millionen Slaven, Deutschen ꝛc. der ungarischen Kronländer zu beherrschen, d. h. ihre Schulen zu magyarisiren, ihnen magyarische Beamten aufzudrängen, ihnen magyarische Gesetze zu geben. Ganz Dasselbe erstreben die 3 Millionen Czechen in Böhmen: sie wollen national die 2 Millionen dortigen Deutschen beherrschen, was sie ihre Freiheit nennen. Daher die Berufung der Magyaren als Rasse auf die „ungarischen Kronländer", die der Czechen auf die böhmischen. Die ungarische und die czechische Freiheit ist also Nichts weiter, wie der niederträchtigste, scheußlichste magyarische und czechische Rassen=Despotismus und die fluchwürdigste Rassen=Hegemonie. Wir wissen an Preußen, was dynastische und politische Hegemonie ist; aber die Hegemonie einer uncivilisirten und dabei anmaßenden Rasse über theilweis viel höher gebildete Rassen ist noch tausendmal schlimmer, ist das Infamste, was sich im Namen der „Freiheit" ersinnen läßt. Hole der Teufel solche Hegemonie tief in die Hölle hinein!*

---

* Für die deutsche Volkspartei ꝛc. hier die Notiz, daß der Inbegriff von 1) und 2) in Oesterreich — — — Föderation genannt wird! Diese Partei wird hieraus erkennen, daß (wie so oft im politischen Leben) derselbe Name zwei ungeheure Gegensätze deckt. Die Föderation in Oesterreich ist immer gegen die allgemeine Freiheit und gegen das Deutschthum gerichtet, wie schon der eine Umstand beweist, daß alle Feudalen und pfäffischen Parteien — föderalistisch sind. Die Centralisation (von Wien aus) allein hat eine Masse Deutsche in Oesterreich vor nationalem Untergang gerettet und die Kultur der deutschen Vorposten im Osten, wenn auch oft mit despotischer Hand, geschirmt. Deshalb sind auch fast alle Deutsche in Oesterreich centralistisch gesinnt. Uebrigens müßte da unten selbst eine Republik despotisch auftreten, weil diese rohen und meist nur für Rassen=Eindrücke empfänglichen Völker beinahe jeden Angriff auf ihre primitiven Zustände für eine Verkümmerung ihrer „Freiheit" ansehen. Ohne die Centralisation wären Viele der 500,000 Schwabenbrüder Karl Mayer's in der schwäbischen Türkei um Fünfkirchen, in der Baczka und im Banat längst untergegangen im magyarischen und slavischen Völkermeer . . .

Wenn in einem öffentlichen Local, in welchem sich eine sehr ge=
mischte Gesellschaft befindet, bei großer Ueberzahl der Ungebildeten
und Rohen, Letztere f r e i gemacht werden, so sind die Gebildeten da=
durch auf der Stelle u n f r e i. Sie werden das Local zu verlassen
suchen. Können sie Das nicht, so werden sie sich möglichst ruhig ver=
halten. Aber sie fühlen den Alp des Pöbel=Terrorismus um so stärker,
und segnen den Augenblick, wo — die Polizei erscheint! Das ist
d i e h e u t i g e p o l i t i s c h e L a g e O e s t e r r e i c h s a u f e i n H a a r...
Die Deutschen in Oesterreich sind als Gesammtheit die E i n z i =
g e n, die Bildung im Allgemeinen und daneben politische Bildung
besitzen. Könnte Oesterreich es aushalten, und wäre es des gesunden
Menschenverstandes nicht unwürdig, so würde folgendes radicale Er=
periment die jetzige Krisis endgültig lösen. Es werden der Reihe nach
aus den Führern der Magyaren, der Czechen, der Polen, der Slove=
nen :c. Ministerien für den Gesammtstaat gebildet unter völligem
Ausschluß des deutschen Elements. I c h s e t z e m e i n e n K o p f z u m
P f a n d e: s c h o n n a c h d r e i j ä h r i g e r S y s i p h u s = A r b e i t e r =
k l ä r e n s ä m m t l i c h e M i n i s t e r, „ d a ß m i t i h r e n e i g e n e n
L a n d s l e u t e n a b s o l u t N i c h t s z u m a c h e n, d a ß n u r d a s
d e u t s c h e E l e m e n t s t a a t s b i l d e n d u n d f ü r h ö h e r e S t a a t s =
z w e c k e z u b r a u c h e n s e i“. Auch der dermalige Ministerpräsident
Oesterreichs, Graf Potocki, wird jetzt, nach seinen Verhandlungen
mit den Czechen und den Polen, von den Deutschen anders denken
wie e i n s t! Die nichtdeutschen Nationalitäten betrachten den Staat als
einen S t r i c k, an dem sie mit aller Kraft ziehen wie ein Haufe
Ochsen. Der Ochse kennt nämlich auch die Hauptsache nicht, nämlich
die a b s o l u t e F e s t i g k e i t d e s M a t e r i a l s. Er zieht eben so lange,
als es n i c h t reißt. So wie es reißt, glotzt sich das ganze Rudel an,
als sei ein W u n d e r geschehen, und liegt am Boden. Der Einfältige
kann dann an den zerrissenen Stücken tiefsinnig calculiren, was man
hätte thun müssen, damit es n i c h t gerissen wäre. Die Deutschen
kennen die absolute Festigkeit des Materials, d. h. den Staat. Sie
f ü r c h t e n das Zerreißen, e h e es eintritt. Daher ihre Zurückhal=
tung. Sie s i n d e b e n d i e w e i t ü b e r l e g e n e, h ö h e r s t e h e n d e
R a s s e! So lange jener Strick nicht reißt, glauben Czechen, Ma=
gyaren :c. im Recht zu sein. So wie er reißt, braucht man Weiteres
nicht. Diese Nationalitäten denken noch am Donnerstag Abend, sie
verrichteten ein gutes Werk; und am Freitag Morgen ist der Strick
zerrissen, der Staat zerstört. Wie kann man nur Ochsen über die
Festigkeit ihres Zugstranges befragen? Wie nur Czechen, Magyaren
über den S t a a t, von dem sie alle nicht das Mindeste verstehen?
Schon am Z i e h e n, an der T h a t merkt man doch, daß keine Ueber=

rebung, kein Vortrag nützt!… Hier hilft nur Eins: für Ochsen die Peitsche, für Czechen, Magyaren ꝛc. Dictate von Wien…

So lange übrigens Oesterreich unter der Vormundschaft nicht= deutscher Nationalitäten steht, kann von irgend einer, selbst schwachen, Theilnahme dieses Staates an allgemein deutschen Angelegenheiten keine Rede sein. Wie uneinig auch sonst diese Nationalitäten sind: sie sind einig im Deutschenhaß und in dem Bestreben, Oesterreich vol= lends von Deutschland abzuziehen. Czechen und Magyaren sprechen dies fortwährend unumwunden aus: erklären doch Letztere ausdrück= lich, daß der Hauptzweck des „Ausgleiches“ ihrerseits gewesen sei, Oesterreich zu verhindern, sich an Süddeutschland anzulehnen! Das ist sehr einleuchtend. Man ängstigt sich über die mächtigen nationalen Beziehungen der Deutsch=Oesterreicher zur großen deutschen Nation; mit den isolirten Deutsch=Oesterreichern glaubt man leichter „fertig“ werden zu können. Es ist auch klar nachzuweisen, daß in demselben Grade, als seit drei Jahren Magyaren und Czechen aufkamen, Oester= reich sich von Süddeutschland entfernte und Preußen dafür um so stärker jenseits des Mains auftrat. Oesterreich verhindern, deutsche Politik zu treiben, heißt übrigens: ihm auch die orientalische, die rus= sische, die italienische, überhaupt jede äußere Politik verbieten, also Oesterreich auf die Linie einer Macht zweiten Ranges herabdrücken, was leider theilweis schon gelungen ist, wie der abnehmende Schwung der Beust'schen Rothbücher deutlich erkennen läßt. Ohne Czechen und Magyaren gäbe es heute keinen Succow in Stuttgart… Stimmt doch schon der Name zum deutschfeindlichen Consortium! Die Volkspartei wird gut thun, ihre Hymnen auf magyarische und czechische Freiheit einzustellen: sie signalisiren den Vormarsch des preußischen Absolutismus über den Main… Schon längst hätte diese Partei wahrnehmen sollen, was eigentlich czechische und magyarische „Freiheit“ ist. Es gab dafür untrügliche Symp= tome: durch schweres preußisches Geld sind czechische, magyarische und slovenische Zeitungen gegründet worden, die Bismarck ungeachtet ihres geringen Leserkreises fortgesetzt mit großen Opfern erhält und die wie andere czechische, magyarische ꝛc. Zeitungen an der Zerstörung Oester= reichs arbeiten, indem sie das Deutschthum bekämpfen und be= schimpfen! Auch in verschiedenen czechischen Schlafrock= und Pan= toffel=Complotten, bei der Petarden=Geschichte ꝛc., erkannte man deutlich eine gewisse Berliner Hand.* Nebenbei folgt hieraus die Bestätigung

* Ueber das Losbrennen von Petarden, Kanonenschlägen und Fröschen reicht übrigens der czechische Heldenmuth nicht hinaus. Diese Menschen sind wie jene Kosaken, die eine noch geladene, auf der Retirade in Rußland stehen ge= bliebene französische Kanone losbrannten. Nachdem der Schuß gefallen, er= schraken sie über die eigene Kühnheit und gingen schleunigst davon!

der früheren wissenschaftlichen Ausführungen über slavische Blutsmischung der Preußen. Welche Schamlosigkeit! Welche Niedertracht! Preußen giebt vor, im Namen Deutschlands zu handeln, und es vermehrt durch seinen jesuitischen, infamen Pakt mit den Czechen, Magyaren ꝛc. die Leiden der Deutschen in Oesterreich!!! Die Nation wird sie nie vergessen diese bodenlose Schändlichkeit! Nach solchen Vorgängen können nur noch Schurken und Vaterlandsverräther sprechen von Preußens deutschem Beruf! Die Helfershelfer Preußens aber bei seinen Schandthaten gegen das Herzblut des deutschen Volkes, die sich, ewig lügend, „national-liberal" nennen, mögen von jetzt ab den Namen führen: „national-infam"!...

Eine nur der relativen Freiheit zugethane, sonst aber straffe Regierung in Oesterreich, die sich auf das Deutschthum stützt, könnte Preußen ganz anders den Daum auf's Auge drücken, wie eine sogenannte constitutionelle, die ihre Instruction aus Pesth oder Prag erhält! Nicht einmal die Demokratie findet ihre Rechnung bei dieser czechischen und magyarischen „Freiheit", weil erstere ein Pakt mit Feudalen und Klerikalen, letztere eine empörende und unsittliche Peitschen- und Junker-Herrschaft ist. Wenn es so fort geht, bringt diese czechische und magyarische „Freiheit" die Preußen noch an die obere Donau und an den Inn...

Die Freiheit war Oesterreich nothwendig, und sie ist es für die Zukunft nicht minder. Die Freiheit wird Oesterreich, beim Einlenken in die richtige Bahn, sogar Kraft geben, die Folgen der jetzigen Krisis bald zu überwinden. Also an der Freiheit an sich liegt es nicht! Wohl aber liegt das Uebel in der Vertheilung und Verwendung, welche die Freiheit erfuhr. Selbst die Demokratie setzt bei ihrem Princip Erkenntniß, d. h. Bildung, voraus. Fehlt diese Erkenntniß, so muß gerade die Demokratie auf alles Uebrige verzichten, denn Freiheit ohne Erkenntniß ist decretirte Zügellosigkeit und Unvernunft, verstößt somit gegen das Princip. Darum bringt besonders sie auf Verbesserung des Volksschulunterrichts, auf Hebung der Schulen! Das Unglück in Oesterreich war, daß die Freiheit zunächst an ungebildete und verdummte Völker kam oder daß sie diesen versprochen wurde. Die Freiheit an sich ist weder gut, noch schlecht: sie ist eine Waffe. In der Hand des Unterrichteten und Tüchtigen wird sie eine Waffe für das Gute; dagegen verwandelt sie sich in der Hand des Unwissenden und Untüchtigen allemal in eine Waffe für das Schlechte. In jedem gutorganisirten Staate (gleichviel, ob Monarchie oder Republik) wird daher stets das Maß der Freiheit nie größer sein dürfen, wie das Maß der Durchschnitts-Erkenntniß und der Durchschnitts-Bildung unter der Masse des Volkes. Sowie die

Freiheit über die Erkenntniß reicht, ist Mißbrauch der Frei=
heit, Anarchie und noch Schlimmeres die unausbleib=
liche Folge!

Und in Oesterreich ist dies der Fall! Die Magyaren
besitzen weit mehr Freiheit wie Wissen, Sittlichkeit und Bildung. Den
Czechen ist wenigstens dasselbe versprochen: daher ihr Veitstanz, der
nicht enden will. Um die Narrheit voll zu machen, hat man den Deut=
schen vergleichsweis das geringste Maß der Freiheit gegeben. Sie er=
hielten es auch zuletzt. In all' diesen Dingen liegt die
zwingende Nothwendigkeit der jetzigen österreichischen
Confusion. Es ist, als hätte ein confuser Familienvater Rasir=
messer an seine Kinder vertheilt. Die 4= und 5=Jährigen haben
alle solche Messer. Aber der 20=Jährige, der es des Bartes wegen
schon lange nöthig hatte, erhielt rein zufällig ein Ding, das die An=
deren übrig ließen und das nicht sehr zu brauchen ist. Jetzt schneiden
die Kleinen Stuhl= und Sopha=Ueberzüge durch: wenn ihnen nicht
bald die Messer genommen werden, sind selbst Gurgeln in Gefahr...

Die Freiheit der rohen und ungebildeten Natio=
nalitäten in Oesterreich bedeutet höchste Gefährdung
des Staates und Knechtschaft der einzigen hochstehen=
den und gebildeten Nationalität, d. h. der Deutschen!
Die Freiheit der Deutschen in Oesterreich bedeutet
aber nicht Knechtschaft der rohen und ungebildeten
Nationalitäten: sie bedeutet nur Rettung des Staates
und allmählige Emporhebung dieser Nationalitäten
aus dem Schmutz der Barbarei und Dummheit zu Ge=
sittung und zu einer besseren Erkenntniß, die sie der
wahren Freiheit würdig macht!

Wer die Kultur nicht kennt, ist immer Knecht, auch wenn
man ihm formell die Freiheit giebt. Wer gegen die Kultur kämpft,
wie alle nichtdeutschen Nationalitäten in Oesterreich, der deutet an,
daß er nicht frei sein will. Zuletzt ist bei solchen Menschen Alles
blinder Glaube und Autorität. Was Oesterreich als Ge=
sammtstaat und der Kaiser von Oesterreich an Concessionen den Ma=
gyaren bewilligten: das gewann nicht die Freiheit in Gesammt=Un=
garn. Es wurden nur die Autoritäten gewechselt. Die Freiheit
hätte es gewonnen, wenn die Kultur vorhanden war. Und zuletzt
muß selbst eine absolutistische Regierung mäßiger und consequenter
handeln, wie ein Haufe von 15—20 czechischen, magyarischen und
anderen Gassenterroristen handelt, die, wie Rieger, Palacky, Tisza,
Miletics ꝛc. in Logik, Wissen und Ueberblick noch zehnfach unter
dem der — — — Metz in Darmstadt stehen... Besser läßt

sich die magyarische, czechische, serbische rc. Freiheit
gar nicht schildern.

Daß die Magyaren, Czechen rc. jede Gelegenheit benutzen, den
Gesammtstaat zu schwächen oder ihn gar zu ruiniren: dafür liegen
eine Masse Belege vor. Alle Welt sieht sie; nur der Reichskanzler
von Beust verschließt staatsmännisch die Augen davor, um sie nicht
sehen zu müssen. Die fortwährende Begehrlichkeit der Magyaren
nach Ländern und Vortheilen, worauf sie als Rasse nicht den mindesten Anspruch haben, sagt genug. Diese Nachkömmlinge der größten
Räuber-Nation verlangen, daß Oesterreich anderen österreichischen Nationalitäten Rechte und Freiheiten stiehlt, damit die Magyaren noch
einige ihrer verkommenen Adeligen und spitzbübischen Beamten an den
Platz bringen können. Je mehr Oesterreich sich Ungarn gefällig zeigt,
selbst auf die Gefahr hin, Einbuße an Ansehen und Ehre zu erleiden,
desto frecher und undankbarer treten die Magyaren auf. Ohnehin hat
die Linke des magyarischen Reichstags (nicht ungarischen, den es bekanntlich noch nicht giebt) die völlige Lostrennung Ungarns von Oesterreich auf ihrem Programm: welches Programm zu dem erwähnten
wachsenden Undank der Magyaren vortrefflich stimmt, ja, ohne welches
dieser Undank ganz unerklärlich wäre. Ein anderes wichtiges Sympt-
tom sind die Honveds. Oesterreich hat eine Armee von 800,000
Mann. Wären die Magyaren loyal, so brauchten sie nicht solchen
Eifer für ihre Honveds zu entwickeln, die ihnen nur Geld kosten.
Ungarn hat kein Geld für Schulen, für Straßen und für das Aller-
nöthigste. Aber Geld für die Honveds hat es. Die Stärke derselben beträgt bereits gegen 90,000 Mann: viel mehr, als Deutsch-
Oesterreich (das sich eben vom Gesammtstaat nicht losreißen will) an
Landwehr fertig brachte. Die Sache verräth weit mehr, als die Ma-
gyaren sich vorstellen mögen.

Was die Czechen im Schilde führen: das hat das neulich ver-
öffentlichte Memorandum Rieger's an die französische und russische
Regierung ohne Scheu ausgesprochen.* Uebrigens bedurfte es nicht

---

* Zur Charakterisirung dieser eben so schlechten wie unfähigen czechischen
Schwefelbande die Notiz, daß der politische Intimus und Meister (!) dieses Rieger sein Schwiegervater Palacky ist: derselbe Mensch. der sich im Jahr 1848
als eifriger Todtengräber der Freiheit in Oesterreich und als Verbündeter der
Kamarilla bewährte und der vor nicht langer Zeit in Moskau war, um dort
die — Knute zu segnen! Beide übelriechende politische Hanswürste bilden sich
ein. daß sie die ganze glorreiche czechische „Nation" (3 Millionen hoch, denn die
mährischen Czechen stehen noch etwas abseits) hinter sich hätten, und daß ihre
Macht wenigstens sechsmal größer sei, wie die des Kaisers von Oesterreich!
Das allerneueste Wiener Schnadahüpfel in dieser trüben Zeit müßte anfangen:
„Asiatenthum an der Moldau,
Asiatenthum an der Theiß..."

erst dieses Schrittes, um zu wissen, welchen Auswurf von Vaterlands=
verrath, Lüge, Jesuitismus und Gewissenlosigkeit dieses goldene
Czechien berge. Das eine Wort Asien sagt Alles! Rieger (der
für den czechischen Plebs eben Das ist, was ehemals für einen an=
deren Plebs Metz, Braun und Benningsen waren) verräth in diesem
Memorandum noch Logik und Geschichtskenntniß etwa den Stand=
punkt eines Hottentoten, der, nur halb der deutschen Sprache mächtig,
2 Monate in einer deutschen Quarta gesessen. Ein Hundsfott giebt
mehr, als er hat, und so muß man auch den Hottentoten=Standpunkt
Riegers acceptiren, obwohl es einen höchst deprimirenden Eindruck
macht, solche Stümperei, solche grandiose Unkenntniß der Geschichte,
solche greifbare Dummheit und solche Zuchthaus=Logik in einem
Schriftstück zu finden, das für zwei Kaiser bestimmt war! Gerade
hieran erkennt man die ganze Unfähigkeit und Hoffnungslosigkeit der
Rasse. Sie wird (wie auch die andern nichtdeutschen Rassen) eben
nie europäisch denken und streben lernen. Die Hauptpunkte dieses
immerhin sehr lehrreichen Memorandums, das Rieger im Namen der
czechischen Nation (!) an Latour b'Auvergne, sowie auch an Gort=
schakow richtete, sind: 1) Herstellung eines u n a b h ä n g i g e n König=
reichs Böhmen, das vorläufig Böhmen, Mähren, Oesterr.=Schlesien,
später auch Preuß.=Schlesien (!) und die Lausitz, sowie, da die Slo=
vaken zu den Czechen gerechnet werden, den größeren Theil Nord=
ungarns umfassen soll. 2) Dieses Ziel, dem natürlich die Z e r s t ö =
r u n g O e s t e r r e i c h s und die Verjagung seiner Dynastie
vorausgehen müßte, kann nicht durch Agitation oder R e v o l u t i o n
(Mangel an — — — C o u r a g e!) erreicht werden, sondern nur
durch K r i e g. 3) Das Memorandum stachelt die Kriegslust L. Na=
poleons gegen Preußen auf, verspricht, daß die Czechen mit eingreifen
und die Franzosen lebhaft unterstützen würden. (Also b e s h a l b hat
Bismarck czechische Blätter gegründet! S c h ö n e r D a n k! Auch Preu=
ßen wird diese Asiaten noch kennen lernen!) 4) Das Memorandum
lügt die ganze Kultur Böhmens den Czechen auf den Hals, behauptet,
die Czechen seien die „meist civilisirte" und „meist unterrichtete"
Nation Oesterreichs (!!!), die politisch „meistgebildete Nation der
Erde" (!!!). Alles, was deutsche Kultur und deutscher Fleiß ge=
schaffen hat, soll von den Czechen herrühren. (!!!) 5) Die czechische
Nation verfügt über alle Mittel einer vorgeschrittenen Civilisation
(einige T a s c h e n t ü c h e r giebt es jetzt, nach deutschem Beispiel, in
Steckböhmen: das ist wahr!) und kann durch eigene Industrie 100=
bis 200,000 Mann equipiren. 6) Die Czechen sind den Magyaren
unendlich überlegen. 7) S o w i e o b i g e s B ö h m e n r e i c h b e s t e h t,
ist die d e u t s c h e E i n h e i t u n m ö g l i c h (!!!)

Die einzige Wahrheit jenes mittelalterlichen Lügen= und Narren=Memorandums ist in dem Satz enthalten: „Die Dynastie selbst geht unglücklicherweise auf dem Irrpfade, welcher ihren Sturz herbeiführen kann". Aber der Irrpfad ist ein ganz anderer, wie jener Czeche meint. Die Fehler sind: 1) daß der Kaiser von Oester= reich für solchen Staats=, Vaterlands= und Hochverrath, den der Reichskanzler dicht neben der Hofburg organisirt, und den selbst eine Republik nicht dulden könnte und würde, keine — G a l g e n er= richten läßt; 2) daß 30,000 Mann des österreichischen Heeres mit 80 Kanonen und den nöthigen Instructionen auf dem Fleck der Monarchie n i c h t stehen, wo sie stehen sollten...

Und mit einer solchen Nationalität, deren zahmste Führer schon in's Narren= oder Zuchthaus gehören, paktirt dieser Reichskanzler wie mit einer ebenbürtigen Macht! Ebenbürtig: ja! Denn auch er gehört in's Narren= und Zuchthaus zugleich! Oesterreich hat vorher viel schlechte Minister gehabt; aber es konnte sie ertragen, weil sie kein Monstrum der Dummheit und Schlechtigkeit waren, wie dieser Beust, den Oesterreich ohne völligen Ruin blos e i n m a l aushalten kann. Wenn man nur e i n e e i n z i g e Handlung dieses Ministers fände, die bewiese, daß er die Dinge nach tieferen Gründen nähme, nicht ewig nach dem Schein! Die Magyaren und Czechen haben die ihnen gebotene F r e i h e i t s = F r a g e sogleich zur R a s s e n = F r a g e ge= macht. Warum folgt ihnen der Reichskanzler nicht auf diesen Weg, warum behandelt er ihre Rassen=Frage immer als Das, was sie gar nicht ist, nämlich als p o l i t i s c h e? Warum läßt er sich nicht, (von der Leichtigkeit, als Minister zu jeder Stunde jedes beliebige statistische und sonstige Material d i r e c t beziehen zu können, ganz abgesehen) aus der Staatsbibliothek einige Bücher kommen, worin er über die colossalen Rassen=Verschiedenheiten und Rassen=Eigenheiten der öster= reichischen Nationalitäten noch mehr und noch andere Aufschlüsse er= halten kann, wie ich sie bei meiner Arbeit aus beschränkten Quellen zog? W e i l d i e s e r R e i c h s k a n z l e r m e h r T a l e n t h a t z u m O b e r k e l l n e r u n d z u m F l i c k s c h n e i d e r w i e z u m S t a a t s = m a n n! Wer im Schachspiel Dame und Bauer nicht unterscheiden kann, wird n i e eine Parthie gewinnen. Ist doch selbst in der Kriegs= wissenschaft die Taktik vielfach verschieden bei Russen und Franzosen, bei Engländern und Spaniern, bei Oesterreichern und Preußen: ge= wisse Rassen=Eigenheiten sind auch hier nicht fortzubringen! Wie viel mehr muß Das beim S t a a t im Auge behalten werden! Es steigert die Fehler des Reichskanzlers zum Cretinismus und zum Verbrechen, daß er längst vom Rieger'schen Memorandum Kenntniß hatte, als er das ihm hinderliche Ministerium vollends stürzte, dann sich hierauf mit denselben Czechen „auszugleichen". So handelt nur ein Mensch, der unter — Kuratel gehört . . .

Damit das deutsche Volk sieht, was es von diesen Czechen und ihrer „Freiheit" zu erwarten hat, mögen nachstehend noch einige Kraftstellen aus czechischen Organen hier Platz finden, die aus den letzten Monaten (April und Mai) datiren und die beweisen, daß alle czechischen Schreiber und Zeitungen ähnlich wie ihr Meister Rieger denken.

Das Hauptorgan der Jungczechen sagt: „Böhmen braucht Oester-reich gar nicht, um eine ehrenvolle Stellung in der Welt einzu-nehmen; es hatte eine solche Stellung schon lange, bevor von einem Oesterreich die Rede war". (Da sieht man das czechische Delirium tremens! Sie sprechen stets von einem „Böhmen", wenn sie als Rasse, als Czechen das Land beherrschen wollen, rechnen also auf einen Augenblick zu ihren 3 Millionen die 2 Millionen Deutschen in Eins, weld)' Letztere ja unterdrückt werden sollen! Die Czechen machen es gerade wie die Magyaren: So lange sie noch nicht von Oesterreich los sind, sprechen sie unbefugt im Namen einer böhmi-schen Nation, die es nie gab und nie geben wird, eben sowenig, als es je eine ungarische Nation gegeben hat. Haben sie sich von Oesterreich getrennt, so fühlen sie sich als Czechen, d. h. sie orga-nisiren die scheußlichste Rassen-Hegemonie, die eben die Deut-schen fürchten müssen. Die Czechen mögen also künftig als Czechen lügen, nicht aber als Böhmen, die gerade in diesem Rassenkampf gar nicht vorhanden sind. Allerdings gab es früher ein Böhmen, ehe Oesterreich bestand, wie weiter vorn erzählt wurde. Aber dieses Böhmen war kein Czechen-, sondern ein deutsches Reichs-Land. Hätten die Czechen von damals im heutigen Sinne gesprochen: die deutschen Kaiser schlugen ihnen die Hirnschädel zu Brei!)

Das Organ der Altczechen („Politik") fordert Graf Potocki auf, sich keiner weiteren Illusionen über die Möglichkeit einer Ver-ständigung auf verfassungsmäßigem Wege hinzugeben. Sie fragt dann: „Wird das Ministerium den Muth haben, einer ohnehin nur auf dem Papier bestehenden (!) Verfassung zu Liebe die Existenz-Bedingungen der Monarchie zu verkennen und in Frage zu stellen?" (Die Czechen drohen also mit dem Untergang Oester-reichs, wenn ihr Böhmen-Schwindel nicht anerkannt und ihretwegen die österreichische Verfassung zerrissen wird!)

Ein anderes Organ der Altczechen („Pokrok") bemerkt: „In dem Augenblicke, wo der Zwanzig-Millionen-Staat (er enthält 22 Millionen!) über uns und ohne uns zur Tagesordnung übergeht, werden wir den Zwanzig-Millionen-Staat von unserer

15

Tagesordnung streichen und trachten, uns Einer ohne den Andern zu behelfen". (Wer spricht so? — Drei Millionen Asiaten, die in Europa nur geduldet sind, wie schon der Umstand beweist, daß sie in Böhmen 2 Millionen Deutsche neben sich haben! Denn die 2 Millionen Czechen in Mähren und Schlesien wollen vorläufig von ihrer saubern Verwandtschaft in Böhmen selbst Nichts wissen! Und wenn sie auch Eins wären: sie sind ein Häuflein, nicht mehr!)

Dasselbe Blatt hatte früher nach dem Abtreten des Bürgerministeriums folgenden Passus geleistet, den ich theilweis dem Notizbuch des gesammten deutschen Volkes empfehle für künftige Fälle der „Erinnerung": „Die czechische Nation (!) von 5 Millionen, welche durch ihre Ausdauer und Unerschrockenheit die Wirbelsäule der abgetretenen deutschen Helden gebrochen hat (!!!), die Nation, ohne welche die österreichische Monarchie aufhören würde, eine europäische Großmacht zu sein (!!!), und ohne deren Zustimmung in Oesterreich jemals wieder weder Frieden ist noch sein kann" ꝛc. ꝛc. ꝛc.

Wenn man diese czechischen Geistesblüthen (die übrigens noch das Beste sind, was Czechien hervorgebracht und die sich, genau wie die Paukhaltereien sogenannter czechischer „Volksredner", sammt und sonders auf ein Viertels- oder Achtelsverständniß deutscher Lehrer und auf ein eben solches unverdautes Abschreiben deutscher Bücher, als der ewigen und einzigen Urquelle czechischer Weisheit, zurückführen lassen!) aufmerksam liest, so kommt es Einem vor, als habe man in eine — Kloake oder in einen — Spucknapf gesehen ...*

---

* Als ein sehr bezeichnendes Symptom der Corruption und inneren Zerrüttung dieser Czechen dient folgender Vorfall. Zwei czechische Blätter („Narodni Listy" und das deutschgeschriebene (!) Czechenblatt „Politik"), die natürlich im Ganzen dasselbe Ziel verfolgen und die demselben gemeinsamen Gegner gegenüberstehen, gerathen in den heftigsten Streit. In Deutschland, Frankreich, England, ja, fast im ganzen übrigen Europa kann so Etwas zu solcher Zeit nur vorkommen in einer wichtigen, in einer Princip-Sache. Darauf lassen auch die liebenswürdigen Titel schließen, die beide Blätter im heiligen Kampf sich an den Kopf werfen. Da ist die Rede von „unerhörter Frechheit", „Lügentalent", „Frechheit, wie sie in keinem zweiten Blatte wiederzufinden ist", „der Lügner fängt sich gewöhnlich mit seinen eignen Worten", „Schwindeleien um sich wie bei allen (!) Affairen herauszuziehen", „beispiellose Ignoranz" „Skandal", „bodenlose Frechheit" ꝛc. Und die wichtige Sache, das heilige Princip? O nein! Czechien hat kein Princip! Die edlen Czechenblätter streiten sich blos um — · — die Höhe ihrer Auflagen!!! Dieser eine Vorgang, der keineswegs eine Kleinigkeit ist, zeigt klar den völligen Mangel an

Diese Czechen sind wie das Ungeziefer des Germanen=
thums. Wer sie hat, der muß sich kratzen, aber lebensgefährlich
sind sie nicht. Der ungeheure Nachtheil für den Staat be=
steht nur darin, daß man durch strafloses Gewährenlassen eine Art
Prämie austheilt auf Nachahmung und Steigerung dieses destruc=
tiven Treibens!

Hiernach ist es nicht allzuschwer, anzugeben, wie Oesterreich
am kürzesten aus der jetzigen Krisis zu reißen sei. Man
muß vor Allem die Hauptsachen von den Nebensachen, das Princip
von der Meinung, das Fundamentale vom Ueberflüssigen, die
Freiheit vom Freiheits=Mißbrauch, das Bedürfniß von der Ein=
bildung, die Ueberzeugungstreue vom Fanatismus, das Wesen
vom Schein unterscheiden. Es ist, wie bei einer schweren Krankheit,
wo das Wichtigste auch im Erkennen ihrer Ursachen besteht, während
eine dreijährige reichskanzler'sche Kur, die das Uebel steigert, statt
es zu mildern, schon deshalb, als von grundfalschen Voraussetz=
ungen ausgehend, längst hätte unterbrochen werden sollen.

Die Freiheit muß im Allgemeinen beibehalten, ja, sie muß theil=
weis noch weiter entwickelt werden. Aber es ist durchaus nöthig,
diese Freiheit zu reguliren. Ich finde keinen andern und besseren
Ausdruck für den Begriff. Da Oesterreich eine große Zahl uncivi=
lisirter Völker besitzt und da diese sämmtlich die ihnen bisher ver=
liehene Freiheit lediglich zum Schutze ihrer Unkultur und zum
Kampf gegen die Kultur verwendet haben, so muß man ihnen
nöthigenfalls selbst mit Gewalt eine Freiheit nehmen oder vorent=
halten, die sich so niederträchtig gegen die wahre und allgemeine Frei=
heit kehrt. Denn zuletzt läuft jede Unkultur auf Unfreiheit hinaus.
Auf die dabei gebrauchten Phrasen kommt es, wie die mit den
Czechen und Magyaren auf gleicher Kultur=Linie stehenden Länder
Donaufürstenthümer, Griechenland, Serbien 2c. evident beweisen,
nicht an. Die Freiheit darf also in Oesterreich nur in
dem Grade bewilligt werden, wie der Kulturzustand
der Nationalitäten sie nicht kulturschädlich macht. Es
ist klar, daß somit gerade die Freiheit der deutsch=österreichischen Länder
zur schärfsten Waffe jeder guten Regierung Oesterreichs werden muß.

Die vereinigten Staaten von Nordamerika haben die Neger
emancipirt. Es würde nicht geschehen sein, bildeten diese Neger dort

---

Sitte, Moral und Kraft, der dem Czechenthum eigen ist. Müßte nicht aus
andern Gründen der fortwährenden Beunruhigung und Zerrüttung des Reichs
von Innen heraus um jeden Preis ein Ende gemacht werden: Oesterreich
könnte lachen über die Purzelbäume, die diese czechischen Gaukler und Clowns
vor seinen Augen schlagen!

nicht eine bedeutende Minderheit. Uebrigens wäre es für Oesterreich vielleicht ein Glück, wenn es seine Magyaren und Czechen gegen Neger — umtauschen könnte! Von den Negern hätte Oesterreich gewiß mehr Nutzen und weniger Noth. Die Magyaren und Czechen aber wären drüben innerhalb 8 Tagen von ihrem asiatischen Mittelalter kurirt!

Der Ausgleich mit Ungarn kann formell bestehen bleiben, obwohl er den Staat negirt und die Quelle des immer stärker auflodernden Nationalitätenhaders ist. Er wird sich in Kurzem selbst negiren, denn er enthält kein Princip, der Staat aber ist eins. In Kurzem werden über die Magyaren die Folgen ihrer Rassen=Hegemonie hereinbrechen. Oesterreich ist natürlich nicht verpflichtet, diese Folgen zu tragen, da es in den Magyaren seinen geheimen Feind besitzt, der nur in der Noth ihm näher kommt, sonst aber jede Gelegenheit ergreift, sich von ihm zu entfernen. Das gewaltsame Einstehen Oesterreichs für die Magyaren gegen die von deren Hegemonie bedrohten Nationalitäten wäre der Ruin des Staates. Zuletzt wird Oesterreich immer das magyarische Veto nicht fehlen, wenn es eine größere äußere Action unternehmen will, sei es auch die nothwendigste. So wird bei solcher Gelegenheit gewiß die Concession ertrotzt, daß die ungarischen Regimenter der Armee in Ungarn dislocirt sein sollen. Man muß die Magyaren kennen! Lasse Oesterreich sich nicht in die Lage Karthago's drängen!!! Das Beste ist, es wendet dieselbe Freiheit gegen die Magyaren, die Jene gegen Oesterreich wendeten, als sie den Ausgleich erschwindelten. Dieselbe Taktik empfiehlt sich auch gegen die Czechen bezüglich ihrer sogenannten Kronländer. Begehren z. B. die Magyaren materielle Hilfe gegen die Militärgrenze, so könnte man in Wien antworten: „Oesterreich kann dieselbe Freiheit, die es zum theilweisen Schaden des Reiches den Magyaren bewilligte, nicht Nationalitäten rauben, die mit dieser ihrer Freiheit gerade die Macht des Reiches stärken. Es sind 3 Millionen scharfe Patronen nach der Militärgrenze geschickt". — Die Antwort würde in Pesth mehr wirken, wie alle Katzbuckeleien des Reichskanzlers. Man schlüge drei Fliegen mit einem Schlag. Ich wüßte übrigens noch eine viel kürzere und bessere Antwort nach Pesth; aber ich kann sie nicht drucken lassen. Asiaten imponirt man nur durch Kraft!

Die Frechheit der Magyaren und ihr Mangel an wirklichem Freiheitssinn übersteigt alle Begriffe. Als durch den Austritt der Polen der österreichische Reichsrath noch mehr geschwächt war, erhoben sich sofort die tonangebenden magyarischen Journale

und behaupteten, die aus jenem geschwächten österreichischen Reichs=
rath etwa gewählten Delegationen seien incompetent, mit den
ungarischen Delegationen über Reichsangelegenheiten zu verhandeln.
Nebenbei bemerkt, beweist dies unwiderleglich die Richtigkeit meiner
früheren Behauptung, daß die Magyaren durch keine Con=
cessionen zu befriedigen sind und daß sie stets Oester=
reichs Noth perfid benutzen wollen. Nun steht aber fest,
daß der österreichische Reichsrath, ungeachtet er nicht auf allgemeiner
Wahl beruht, immer noch hundertmal mehr Ausdruck des Volks=
willens ist wie der sogenannte ungarische, d. h. der thatsächlich
magyarische. Denn im österreichischen Reichsrath will man gerade
auch die andern (nichtdeutschen) Nationalitäten vertreten wissen, wie
das Mißvergnügen der Deutschen über den Austritt der Polen und
das Wegbleiben der Czechen deutlich zeigt, während im Gegen=
theil der sogenannte ungarische Reichstag gerade da=
durch entstanden ist, daß die Magyaren als Herrscher
mit Hilfe des scheußlichsten Wahlgesetzes, das es auf
Erden giebt und des übrigen Terrorismus ⅔ der Ge=
sammtbevölkerung Ungarns (Slaven, Deutsche 2c.) nahezu
vom Wahlrecht ausschlossen! Und dieser Pesther Abhub einer
sogenannten Volksvertretung, der zur legalen Ausübung des Man=
dates Ungarn gegenüber blos Alles, dem Gesammtstaat gegenüber
aber noch mehr wie Alles fehlt, wagt es in seinen Organen, die
Competenz des österreichischen Reichsrathes anzuzweifeln!!! Es wird
höchste Zeit, daß die Welt sich klar macht, welchen schamlosen
Mißbrauch diese asiatische Horde mit dem heiligen
Namen der Freiheit treibt. Das Schönste ist, daß der fa=
mose „Ausgleich" in den Augen des Reichskanzlers dadurch zur
Nothwendigkeit wurde, daß ein ähnlicher Haufe Magyaren
in Pesth, der ganz unberufen im Namen Ungarns sprach, die Be=
schickung des allgemeinen österreichischen Reichsrathes ablehnte. Da
hätte man noch keinen „Ausgleich" zu schließen brauchen, der übrigens
schon dadurch moralisch nichtig ist, weil er nicht mit Ungarn als
Land, sondern nur mit den Magyaren als Rasse abgeschlossen ist,
wozu man weder in Wien, noch in Pesth ein Recht hatte, denn man
verfügte, ohne sie zu fragen, über 9 Millionen Nicht=Magyaren, die
man 5 Millionen Magyaren im Sinne eines empörenden Feudal=
Princips überlieferte. Man hätte jenen Haufen Magyaren, der
sich unbefugt die Souverainität der Bewohner Ungarns anmaßte,
einfach mit Bajonetten und Kanonen auseinander sprengen, man hätte
ferner, unter Octroyirung eines neuen, nicht=magyarischen, d. h. wirk=
lich volksthümlichen und europäischen Wahlgesetzes, dieselben Wa=

jonette und Kanonen dazu verwenden sollen, den 9 Millionen Nicht=
Magyaren in den ungarischen Kronländern die Wahlfreiheit und die
übrigen Menschenrechte zu schützen, was Alles ihnen bis diese
Stunde fehlt. Keine österreichische Regierung hat nothwendig,
mit der „Freiheit" einer verkommenen, rohen, unsittlichen und des=
potisch gesinnten Rasse viel Federlesens zu machen, welche die all=
gemeine und die wirkliche Freiheit so nichtswürdig profanirt!

Gegen die Czechen müssen exemplarische Maßregeln ergriffen
werden. Das Land ist in völliger Anarchie. Jeder Tag, der
vergeht, ohne daß eine Autorität des Staates sich zeigt, steigert die
Verwirrung und die Gefahr des Staates. Schon sieht man, daß
das Beispiel der Czechen alle uncivilisirten Nationalitäten ansteckt.
Der Staat steuert bei weiterem ruhigen Zusehen auf
einen Abgrund zu . . .

Es ist ein furchtbarer Fehler, das Alles sich so entwickeln zu
lassen. Glaube man ja nicht, daß sich das von selber ebnet und be=
ruhigt! Das ist eben ein neuer Wahnsinn vom Reichskanzler, daß er
die Teutschen so unterschätzt und mißachtet, daß er zu seiner Selbst=
täuschung aber den Czechen, Magyaren ꝛc. deutsche Eigenschaf=
ten zutraut! Die sind nicht da, wohl aber asiatische. Da hel=
fen keine Zeitungsartikel. Der Fanatismus wächst riesig. Zuletzt kann
ihn Niemand mehr in Güte bändigen. Der Teutsche vermag sich eine
Staats=Autorität zu denken. Der Czeche, Magyar ꝛc. muß sie
sehen oder fühlen, wenn er daran glauben soll.

Was diese Czechen, Magyaren, Slovenen ꝛc. unter „Gesammt=
staat" verstehen, das nennt bei anderer Gelegenheit unser Humorist
Lichtenberg meisterhaft „ein Messer ohne Griff, woran die
Klinge fehlt . . ."

Kein Staat, selbst keine Republik, hält Das aus, was Oesterreich
aushalten soll: daß die Verfassung von einem Theil des
Volkes mit Füßen getreten und als nicht bestehend an=
gesehen wird. Wer die Verfassung negirt, steht folge=
richtig außerhalb der Gesetze, d. h. wer Rieger, Pa=
lacky, Graf Clam=Martinitz ꝛc. todtschlägt, ist kein
Mörder . . . Das ist nur Logik des Rechts . . .

Für all' dieses Völker=Gesindel, dessen „Freiheit"
Nichts wie ein Kampf gegen die Bildung und allge=
meine Freiheit ist, giebt es nur eine Constitution: —
Kartätschen . . .

Auch gegen die Pfaffen muß, wenn Oesterreich als Staat und
seine Dynastie nicht in höchste Gefahr gerathen wollen, mit furcht=
barer Strenge und Rücksichtslosigkeit eingeschritten werden. Wer

Kanzel und Beichtstuhl zu politischer Agitation mißbraucht, hat den finstersten Kerker verdient. Gegen Pfaffen, die sich an die Spitze fanatisirter Bauern oder Bauersweiber stellen, gehören sich — Pulver und Blei!...

Eine Hauptwaffe für die Regierung ist, daß der niedere Klerus, der vielfach mit der Regierung gehen möchte, wenn er nur könnte, vom höheren Klerus materiell emancipirt werde. Seither mußte er sclavisch mit diesem gehen.

Der Pabst nimmt nicht die mindeste Rücksicht auf den Kaiser von Oesterreich, den er sogar durch geheime Annulirung seiner unvermeidlichen Reformen auf seinem Thron bedroht. Warum soll dieser Kaiser Rücksicht nehmen auf einen Klerus, dem man durch ein einziges Decret von vier Zeilen alle künstlich erworbene Macht entreißen kann?

In einer wichtigen Sache muß zur Stärkung des Staates gegen die unerbittlichen politischen Gegner mehr geschehen, als seither geschah. Das ist die Arbeiterfrage. Glaube man nicht, daß hier keine Gründe von furchtbarster Triebkraft vorliegen. Wer Hunger hat, hat immer Recht... Die Minister studiren die sociale Frage immer nur von den Residenzen, vom Eisenbahn-Coupé erster Klasse und vom Hôtel ersten Ranges aus... Sie nehmen das Entstehen neuer Paläste und die Vermehrung der Millionäre für ein Zeichen wachsenden Volkswohlstandes, was grundfalsch ist. Man muß die Abnahme des allgemeinen Wohlstandes und das Steigen der Massenarmuth studiren: das ist der Prüfstein. Das kann man aber nicht auf der Eisenbahn und in den Residenzen. Man muß vielmehr die Länder und Gegenden studiren, die abseits der Eisenbahnen liegen, weil sie ohne Ausnahme durch völlige Zerstörung des früheren Straßen- und Wasser-Linien-Verkehrs in größere Armuth versunken sind. Viele Millionen, die sich vor dem Anrücken des jetzigen „Fortschritts" in Wohlstand befanden, kämpfen abseits der großen Schaubühne in Dürftigkeit und Noth, oder werden wie Todte und Blessirte des Schlachtfeldes nach rückwärts geräumt, damit die Front frei wird für die spätere — Parade... Da sie über keine Zeitungen verfügen, während $^{99}/_{100}$ der ganzen Tagespresse im Solde der Börsenfürsten und Industrieritter steht, so glauben alle Regierungen, diese Millionen seien nicht da... Die Arbeiter müssen mehr entlastet, die reiche Bourgeoisie muß mehr belastet werden. Jeder Staat ist befugt, von einer verdienten Million eine halbe zu beanspruchen: ohne Staat und Heer sind keine 10,000 Gulden zu verdienen; aber der

Arme ißt sein trockenes Brod auch ohne Staat und Heer. Er braucht
Beides nicht; folglich mögen es hauptsächlich Die bezahlen, die in der
entgegengesetzten Lage sind. So eine Wiener Börse z. B. müßte,
ginge es nach Recht und Gerechtigkeit, jährlich mindestens 30 Mil=
lionen in die Staatskasse abliefern. Uebrigens handelt es sich hier
keineswegs blos um österreichische, sondern um Welt=Verhältnisse. Das
Uebel und das schreiende Unrecht liegt offenbar darin, daß man Die,
welche vom Staat den meisten Nutzen haben, ja, die ihn nicht ent=
behren können, verhältnißmäßig viel weniger zahlen läßt, wie Die=
jenigen, die den Staat kaum oder gar nicht brauchen! Unsere jetzige
höhere Bourgeoisie ist reiner Misthaufen im Vergleich mit den
Patriciern des Mittelalters und des Alterthums. Diese Patricier hat=
ten auch ihre Vorrechte im Staat; aber sie würden es für den größ=
ten Schimpf angesehen haben, wenn man an ihrer Stelle mehr das
geringe Volk hätte zu den Staatslasten heranziehen wollen. Sie
drängten sich gerade (um die Berechtigung ihres Privilegs nicht zu
verlieren) zu größeren Leistungen an den Staat heran; so behielten
sie lange Zeit die Kriegsleistung lediglich für sich (!!!). Solche
Zustände waren immerhin nicht so unvernünftig, und darum hielten
sie sich lange. Aber unsere höhere Bourgeoisie spielt dem Staat gegen=
über nur die Rolle einer ungeheuren, gesetzlich geschützten — Diebs=
und Räuberbande. — In allen Staaten des Alter=
thums und Mittelalters wären Leute wie Rothschild
(wenn sie da überhaupt möglich waren) längst fünfhundertmal
für einmal — gehangen oder geköpft worden! Auf jeden
Fall steht Eins fest: daß die hohlen Wangen der Arbeiter
ungleich mehr für die Berechtigung ihrer Opposition
sprechen, wie die Schmeerbäuche der Pfaffen für die
ihrige . . .

Nach den Erfahrungen, die man seit drei Jahren mit der ma=
gyarischen und czechischen „Freiheit" macht, muß der frühere Absolu=
tismus Oesterreichs im Interesse der Kultur milder beurtheilt wer=
den wie seither. Er ist wenigstens weit mehr motivirt gewesen wie
der preußische . . . Bach centralisirte und stützte sich dabei auf's deutsche
Element. Nicht am Centralisiren lag der Fehler, auch nicht am deut=
schen Element. Hätte er bei seiner Methode, so weit es ging, die
Freiheit zu Hilfe genommen: es sähe anders aus in Oester=
reich und auch bei uns! Da gäbe es jetzt keinen Succow in
Stuttgart, und kein ähnlicher Preuße wäre anderwärts hin im
Anzug! Mit 9 Millionen Magyaren oder Czechen an Stelle der
Deutschen hätte Bach als Reactionär seinen Zweck erreicht; aber die
Deutschen können eben, selbst wenn man sie bevorzugt, für den Haus=

gebrauch die Freiheit nicht entbehren. Da hat man wieder den unge=
heuren Unterschied zwischen ihnen und den übrigen Rassen!

Es ist, als kröchen in Oesterreich alle Maden und alles Ge=
würme aus! Halte man um Gottes Willen ihre Thätigkeit nicht für
Freiheit, ihr Beißen und Nagen am Staat nicht für organisches
Leben! Gerade der Tod des wirklichen Organismus ist die Lebens=
bedingung für diese Maden und Würmer! Es ist wie mit dem
Fleisch: im gesunden giebt es kein Würmerleben, im faulen desto mehr.
Niemand aber wird sagen, daß das Würmerleben im faulen Fleisch
etwas Gutes und Ordnungsmäßiges sei. Dasselbe gilt von den
sogenannten Freiheitsbestrebungen aller nichtdeutschen
Nationalitäten in Oesterreich ohne Ausnahme. So regt
sich jetzt gar die Idee eines möglichst selbständigen Slavonien, in
Erinnerung an eine Art Pfannkuchen=Fürstenthum gleichen Namens,
das sich einmal in einem unbewachten Moment der Weltgeschichte
hinter dem Rücken des anderwärts beschäftigten deutschen Kaisers vor=
übergehend gebildet hatte. Diese Gesellschaft kann nicht einmal juri=
stisch nachweisen, daß sie sich täglich wäscht, daß sie Hemden
trägt oder daß sie selbige wechselt: und sie will einen Großstaat
gründen im Sinne einer vorsündfluthlichen Zeit! Diesen Kerlen fehlt
(wie auch Czechen, Magyaren ꝛc.) die Legitimationskarte der
Kultur, ohne welche Niemand bei einer ächten Volkspartei (und
auch nicht bei der Demokratie) Eintritt erhält. Warum soll demnach
der Kaiser von Oesterreich die Sippschaft in die Hofburg lassen?
Also: Zurück!...

Es ist überhaupt das Charakteristische aller dieser sogenannten
Freiheitsbestrebungen der nichtdeutschen Nationalitäten in Oesterreich,
daß sie durch und durch auf mittelalterlichen und feu=
dalen Prämissen beruhen. Das gilt sogar vom ungarischen
Ausgleich, wie schon sein Hauptzweck, 5 Millionen Magyaren über
9 Millionen Deutsche, Slaven ꝛc. junkerlich herrschen zu lassen,
klar beweist. Bei all' diesen Bestrebungen werden sociale und politische
Voraussetzungen gemacht, die, wie die angerufenen Jahreszahlen dar=
thun, sämmtlich um 2= bis 400 Jahre hinter der Gegenwart stehen.
Der Ausgleich mit Ungarn, die Anläufe der Czechen,
der Slovenen ꝛc. sind also im Grunde Nichts, wie Ver=
suche barbarischer Völker, den Zeitgeist um Jahrhun=
derte zurückzuwerfen! Sie bedingen eine sociale und
politische Revolution, welche alle Früchte der europäi=
schen Freiheitsbestrebungen, in erster Linie aber Das,
was seit 1789 geschaffen wurde, in Frage stellt!!! Indem
alle diese rohen und zu jeder selbständigen Staatenbildung ganz un=

fähigen Völker sich auf Zustände berufen, die vor Jahrhunderten ein=
mal flüchtig vorhanden, die aber auch nur damals überhaupt möglich
waren, und indem sie das ihre Rechte nennen, ohne deren Erfüllung
sie sich nicht zufrieden geben wollen, setzen sie sich in Opposi=
tion und Krieg nicht mit Oesterreich allein und seiner
Dynastie, sondern mit dem gesammten Geist der neuen
Zeit, der wie ein unwiderstehlicher Zug über Europa
geht...

Die Magyaren, Czechen, Polen rc. haben gewissermaßen 3=—400
Jahre geschlafen. So weit sind sie in der politischen Erkenntniß.
noch weiter aber sind sie in der Kultur zurück. Jetzt wachen sie
auf, jetzt reiben sie sich die Augen. Jetzt fordern sie unter
Androhung der Staatszerstörung und unter Berufung auf die „Frei=
heit", daß Oesterreich ihnen gewaltsam Zustände schaffe und daß
Europa solche Zustände dulde, die überhaupt nur im Mittelalter
denkbar waren!... Das ist die magyarische, die czechische, die slo=
venische Staatsidee...

Wie kann man nur mit solchen irren Menschen sich „ausglei=
chen"! Sie haben ja, so lange im Schlaf, ganz andere politische und
sociale Vorstellungen, ganz andere Linien und Winkel im Kopf! Alle
ihre Wünsche sind ja eine Rebellion gegen die Umgebung, gegen die
Zustände der modernen Welt! Das Erste, was geschehen muß, ist,
Aufklärung zu schaffen. Den Magyaren, Czechen rc. feh=
len Schulen, fehlt Unterricht, fehlt Kultur. Darin
allein kann vorläufig ihre „Freiheit" bestehen, wenn
diese „Freiheit" sich nicht verderblich gegen Oester=
reich, gegen seine Dynastie, gegen die Kultur und
gegen die allgemeine Freiheit, also nicht gegen Europa
und gegen das Zeitalter selber wenden soll...

Hier liegt die Nothwendigkeit eines Staatsstreichs vor in
besserem Sinne. Auch einem Freistaat würde er, an Oester=
reichs Stelle, nicht erspart!

Die Freiheit muß festgehalten werden. Allein ihr Maß
muß bei den verschiedenen Nationalitäten im Verhältniß stehen zum
Maße ihrer Kultur. Barbaren Freiheit schenken, ist zwecklos, ja,
schädlich. Nur die Freiheit ist wahre Freiheit, die ein Volk sich
selbst verdient durch seine Leistungen im Wissen, im Denken, im
Streben, in der Sitte, in der Bildung. Die Kultur ist der logische
Anfang. Die Freiheit kann nur eine Folge sein...

Oesterreich steht an einer großen Wende. Sie ist verhängniß=
voller wie je eine Wende in seiner Geschichte war.

Sie wurde geschaffen durch die Verblendung und Unkultur der nichtdeutschen Nationalitäten. Es hat Alles sein Gutes; selbst der „Ausgleich" mit Ungarn und das Wüthen der Czechen. Dadurch haben sich diese Nationalitäten tief in die Karten sehen lassen. Sie schreien nach „Freiheit", um die Kultur zu morden . . . .

Oesterreich bot, rein politisch, die Freiheits = Frage. Aber die Magyaren, Czechen 2c. machten in ihrer Verrücktheit und Kurzsich = tigkeit aus dieser beschränkten, politischen und österreichi = schen Frage eine allgemeine, eine deutsche, eine europäi = sche: sie verwandelten sie in eine Frage der — Kultur!

(Nebenbei bemerkt, beweist auch dieser Vorgang die absolute Unfähigkeit aller dieser nichtdeutschen Nationalitäten zu jeder tie = feren und weitangelegten politischen Conception. Denn nur ein Wahnsinniger vermehrt die Zahl seiner ohnehin schon beträcht = lichen Gegner wie zum Scherz um's Zehn = und Hundertfache!)

Von jetzt an steht es Oesterreich frei, sich von einem falschen Pfad, der nur zu seiner Erniedrigung, zu seiner Ohnmacht und zu seinem Untergang führt, wegzuwenden und in eine Stellung zu rücken, die unangreifbar ist und von wo aus es bald zu neuer Kraft gelangen kann . . .

Die Frage ist jetzt (weil Magyaren, Czechen 2c. es mit Gewalt so wollen): Asien oder — — — Europa, Barbarei oder — — — Kultur? . . .

Magyaren, Czechen 2c. sind Nichts, wie die Avant = garde Asiens gegen Europa. Die Deutschen in Oester = reich sind die Avantgarde Europa's gegen Asien hin!

Wenn Oesterreich seine Wahl gut trifft, steht es, was auch kom = men möge, nicht mehr allein! Ihm kann dann keine Macht den Sieg über das Asiatenthum entreißen! Selbst die Gewalt kann hier zur Tugend werden . . .

All' diese Kronländer der Magyaren und Czechen im Sinne der Rassen = Hegemonie, all' diese Nationalitäts = Königreiche der Unmög = lichkeit und der Undenkbarkeit, all' diese Mondschein = Staaten der Slo = venen, der Serben und der Kroaten, all' diese Herzogthümer der Na = sen = und Ohren = Abschneider, sowie des etwaigen Fürsten von Manie = falle und Drath: hinab in's Grab des Jahrhunderts mit diesem Plunder einer vermoderten Zeit! . . .

Sollte Bismarck, wie seither, sich verstohlen auf die Seite Asiens stellen: um so besser für Oesterreich, um so förderlicher für Preußens „deutschen" Beruf! Das deutsche Volk, ja, Europa, schleudert dann auf sein kahles Haupt einen tausendfältigen Fluch . . .

Ein wichtiger Umstand kommt hierbei noch in Betracht. Offen=
bar sind unter den nichtdeutschen Nationalitäten Oesterreichs hie und
da schwache Minoritäten vorhanden, welche, als der bessere, kultivir=
tere, einsichtigere und vernünftigere Theil, das rohe Treiben ihrer
Landsleute verabscheuen und die gern dem Gesammtstaat ihre Unter=
stützung zu Theil werden ließen, hinderte sie nicht der schreckliche Ter=
rorismus der Massen daran. Diese besseren Minderheiten (die
man im Urtheil von der Masse ausnehmen muß, wenngleich ihr eige=
nes Schweigen beredt genug sagt, daß das sicht= und hörbare Gebah=
ren der Masse selber nur die schonungs= und rücksichtsloseste
Behandlung verdient) werden gewiß durch eine kräftige Action von
Oben im guten Sinne aus dem Bann jenes scheußlichen Terrorismus
befreit. Es ist anzunehmen, daß dadurch der Gesammtstaat in richtiger
Stunde weit mehr Anhänger und Vertheidiger hat, wie es im Augen=
blicke scheint.

Aber fort mit den Ueberbleibseln der dunkeln Mächte, die sich
unablässig dem neuen Staate in die Speichen werfen! Es sind doch
nur Verbündete Asiens, die, lichtscheu wie Eulen, Ruinen suchen und
Dunkelheit . . . Sonst verstärkt man den Widerstand, verkümmert oder
vereitelt gar den sonst raschen und mathematisch sicheren
Sieg!

Das letzte Ziel. — Kultur und Barbarei. — Noch ein Kreuzzug! — Donau und Bosporus. — „Schirm' deine Kinder!" — Rückblick. — Schluß.

Täuschen wir uns nicht: was sich da unten in Oesterreich ab= wickelt, hat für das Ende ein a n d e r e s Ansehen, als viele Anhänger und Freunde des Volkes vermuthen oder wünschen.

Bewußt oder unbewußt arbeiten alle gegen das germanische Ele= ment und gegen die Kultur sich auflehnenden österreichischen Nationali= täten für eine Macht, die im Hintergrund steht und die einige dieser Nationalitäten herbeisehnen, während andere, obwohl sie ihr unmittel= bar entgegentreten wollen (wie z. B. die Magyaren und die Polen), wegen ihrer Kurzsichtigkeit und ihrer Machtlosigkeit für die Folge ihr i n d i r e c t dennoch die Wege bahnen. D i e s e M a c h t i s t d e r P a n = s l a v i s m u s.

Man braucht nur diesen Völker=Kohl in Galizien, Bessarabien, Ungarn, Siebenbürgen, Kroatien, Dalmatien ꝛc. etwas genauer zu studiren, um sogleich wahrzunehmen, daß da Tausende von politischen Fäden gezogen sind, die alle nach rückwärts in der russischen Hand zusammenlaufen. Eigentlich ist der Panslavismus ein Popanz; es ist eine Macht ohne positive Macht. Aber die n e g a t i v e Macht, Verwirrung zu stiften und faules Holz vollends wurmstichig zu machen: die hat er. Das sagt genug in unserer Zeit.

Seit der Zerstörung Polens hat der Panslavismus Oesterreich und die Türkei wie mit einem Netz umgarnt. Es ist nicht von E i s e n; allein Maßregeln ergreifen muß man doch.*

---

* In Rußland beruht fast Alles auf der P e r s o n des Herrschers. Man weiß, daß die Gesundheit des jetzigen Kaisers von Rußland so unheilbar zerrüttet ist, daß dort in Kurzem ein Wechsel stattfinden kann. Unter dem voraussicht=

Gerade die Freiheitsbestrebungen der uncivilisirten nichtdeutschen Nationalitäten in Oesterreich begünstigen den Panslavismus ungemein. So hat das unsinnige Verlangen der Magyaren nach Kroatien und die Militärgrenze und die Thorheit Oesterreichs in diesen Ländern die russische Propaganda merklich gehoben. Von den Magyaren be= droht und von Oesterreich im Stich gelassen, erscheinen ihnen die russischen Agenten, die sie sonst nicht beachteten, als Apostel einer besseren Zeit. So ruinirt Beust den österreichischen Kaiser= staat ...

Genau auf denselben offenen oder Schleich=Wegen, auf denen die bornirten nichtdeutschen Nationalitäten das Deutschthum und die Kultur bekämpfen, bringt auch der Panslavismus vor. So dient die magyarische Großmannssucht den Russen zum Vorwand, in Pesth ein russisches General=Consulat mit diplomatischen (!) Functionen zu errichten! Preußen ging dort schon vorher mit Aehnlichem voraus. Diese Schöpfungen sind natürlich Nichts wie Mittelpunkte der Agi= tation, die Oesterreich zerstören sollen. Aehnlich ist es überall.

Wir sehen hier also gewisse Linien politischer und nationaler Verwickelungen gezogen, nach denen einst das gesammte Germanenthum Asien und seinem nach ihm gearteten Panslavismus im Großen ähnliche Kultur=Schlachten wird liefern müssen, wie jetzt Oesterreich gegen seine barbarischen Nationalitäten im Kleinen zu liefern hat ...

Es ist thöricht, wenn einzelne dieser Nationalitäten sich einbilden, sie könnten nach dem Abwenden vom Germanenthum oder gar nach Verdrängung desselben sich gegen Rußland die Selbständigkeit wahren. Das Bischen Kultur, das sie den Deutschen verdanken, wäre das Einzige, das sie retten könnte. Sowie sie davon ablassen, fallen sie unmittelbar dem Osten anheim. Ihre innere Verwandtschaft mit diesem Osten ist zu groß.

Immer und immer wieder muß man auf den unsäglich wichtigen Punkt zurückkommen, daß in Oesterreich nur die Deutschen eigentliches Kulturvolk sind, daß dagegen alle übrigen Nationalitäten, nament= lich Magyaren, Czechen ꝛc. keine Kulturvölker sein können und werden. Ein österreichischer Staatsmann, der diesen Keim jeder vernünftigen inneren Politik nicht begreift und kennt, kann Oesterreich nur elend machen und der Vernichtung weihen.

---

lichen Nachfolger steht nach Dem, was über ihn einmüthig verlautet, ein ver= schärftes Hervortreten der Europa und besonders Deutschland feindlichen, asiatisch gestempelten Russen=Herrschaft in zuver= lässigster Aussicht. Auch die unselige preußisch=russische Freundschaft dürfte dann in die Brüche gehen!

Der entscheidende Punkt, der untrügliche Prüfstein für die völlige Gehaltlosigkeit aller Sophistik über eine selbständige magyarische, czechische ꝛc. Kultur wurde schon früher erwähnt. Aber er ist zu wichtig, er stellt das ganze Staatsgebäude des Reichskanzlers in zu schöne Beleuchtung, er läßt darüber hinaus zu sehr das K ü n f t i g e sehen, als daß er nicht nochmals speciell betont werden sollte.

Das germanische Element ist wie P h o s p h o r. Es leuchtet auch in den kleinsten Theilen durch eigene, durch innere Kraft, und zwar um so mehr, je dunkler die Umgebung ist! Es übertrifft an Kultur=kraft sogar weit das romanische Element: die Romanen, z. B. die Italiäner, haben eine viel ältere Vorgeschichte wie die Germanen, und stehen in der Kultur doch außerordentlich hinter diesen zurück. Man nehme den Franzosen ihr Paris, den Spaniern ihr Madrid, den Italiänern ihr Rom, den Portugiesen ihr Lissabon: und der größte Theil der ganzen dortigen Kultur ist zum Teufel, Alles gleicht da einem Standbild ohne Arme, ohne Beine und ohne Kopf. Wie ganz anders bei den Germanen! Sie haben gar keinen Kulturmittelpunkt: d a s g a n z e V o l k i s t e i n P u n k t! Eine p o l i t i s c h e Hauptstadt ist bei uns denkbar, wenn auch immerhin in anderem Sinne wie bei den Romanen, Slaven ꝛc. Aber eine Hauptstadt der deutschen K u l = t u r? Unmöglich! W e l c h' e i n R u h m!... Man gehe in die erste beste deutsche Stadt, nach Kiel, Tübingen, Eisenach, Lüneburg, Hanau oder Darmstadt: u n d m a n f i n d e t v e r g l e i c h s w e i s d i e s e l b e o d e r g a r n o c h m e h r B i l d u n g, wie in Wien, Berlin oder Köln! Bei keinem anderen Volke hat man diese wunderbare und wichtige Erscheinung. D a s i s t e b e n d i e P h o s p h o r = N a t u r d e s G e r = m a n e n t h u m s! Sehr deutlich sieht man das auch an den Sprach=inseln in Oesterreich. Die dortigen Deutschen sind, wie z. B. die Sachsen und Schwaben, theilweis seit 800 Jahren ganz vom ger=manischen Hauptkörper losgelöst. Sie fingen also dort mit einer Kultur an, wie Sachsen und Schwaben in Deutschland sie vor 800 Jahren hatten, die also gering war. Wie kommt es nun, daß diese Sprachinseln heute in der Kultur weit über den sie umgebenden Magyaren und Slaven stehen, obwohl Magyaren wie Slaven dort unten e h e r am Platze waren, sie also, der Zeit nach, gerade eine höhere Kultur haben müßten wie diese Deutschen? Das rührt daher, daß die Deutschen eben die Kulturkraft in sich hatten, die Magyaren und Slaven nicht oder in viel schwächerem Grade besaßen!

Wer noch den geringsten Zweifel hegt, daß Alles, was Czechen, Magyaren, Polen, Slovenen ꝛc., überhaupt alle nichtdeutschen Natio=nalitäten in Oesterreich an Kultur besitzen, a u s s c h l i e ß l i c h auf Rechnung der Deutschen zu setzen ist, die theils Lehrmeister waren, theils mechanisch nachgeahmt wurden: der befolge den früher gegebenen Rath und bereise die Länder dieser Nationalitäten in der doppelten Unterscheidung als deutsch=gemischte und als national rein gebliebene Gebiete. Er wird ohne Ausnahme bei Magyaren wie bei Czechen die Entdeckung machen, daß die deutsch=gemischten Gebiete den ver= gleichsweis höchsten Kulturstand verrathen, die national rein= gebliebenen aber den niedrigsten. Das beweist mit nieder= schmetternder Wucht, daß diese Nationalitäten nicht wie die deutsche in civilisatorischer Hinsicht als Phosphor, sondern als — Stein= kohle zu betrachten sind, die für sich nie leuchtet und wärmt, sondern die immer von Außen behandelt oder zugerichtet werden muß. Große Schlacken giebt es dabei stets ... Auch müssen Steinkohlen= öfen bekanntlich viel Zug haben. Ohne Zwischenmittel gerathen sie nie in Brand. Wird mit Ersterem gegeizt oder wird es thörichter= weise vorzeitig zurückgezogen, so bildet Alles bald einen rußigen, qualmenden Haufen. Wenn nach Ausrottung des Deutschthums in Ungarn und Böhmen die Magyaren und Czechen in ihre Oefen der Kultur sehen würden, wäre Alles pechschwarz ...

Höchst wichtig ist die von Vielen (natürlich auch vom Reichs= kanzler) übersehene Thatsache, daß die Magyaren, Czechen ꝛc. bei ihren Angriffen auf das deutsche Element in Oesterreich mit ihrer eigenen Sprache durchaus Nichts ausrichten können, daß sie sich viel= fach der verwehnten deutschen Sprache bedienen müssen, um ihre Erbärmlichkeit an den Deutschen auszulassen. So erscheint das größte und verbreitetste Organ der Deak=Parthei (der „Pester Lloyd") in deutscher Sprache. Er ist das einzige der größeren magyarischen Partheiblätter, das einen Reinertrag abwirft. Desgleichen erscheint in Prag ein deutsches Czechen=Organ. Bei einem Duell erklärt man Jeden für einen Hundsfott, der das Recht beansprucht, außer daß er seine eigne Waffe gebraucht, auch noch beliebig dem Gegner die seinige abzuverlangen, um ihn damit niederzustoßen. Magyaren, Czechen ꝛc. sind solche Hundsfötter im nationalen Kampf! Man verbiete allen österreichischen Nationalitäten in Oesterreich, sich anders wie in der eigenen Muttersprache zu be= kämpfen und anzugreifen: und es zeigt sich sofort, daß es in Oester= reich nur eine wirkliche Macht unter den Nationalitäten gibt, näm= lich das Germanenthum! Die Sprache allein ist hier das Merkmal der Macht, nicht das Großmaul ist's! Im Jahr 1848 wollten die Czechen auf ihrem unsterblichen Slaven=Congreß die Deutschen vernichten. Wie es aber an's Toben und Schimpfen ging, konnte man sich in keiner slavischen Sprache verständigen. Man mußte endlich, da gar kein anderer Ausweg blieb, zum verhaßten und

verwünschten Deutsch die Zuflucht nehmen. Eine schallende
Ohrfeige empfing das czechische Asiatenthum vom Ge=
nius der angefeindeten Bildung noch nicht. Neulich
wurde im magyarischen Theater zu Ofen ein National=Drama (!)
zum Besten des Honvedsonds aufgeführt. Der Ueberschuß betrug
volle — — — 34 Kreuzer! Das sind die nach Talg, Thran
und Pferdestall duftenden Helden, die der europäischen
Kultur das Genick brechen wollen!

Allerdings ist nicht anzunehmen, daß ein Volk absolut cultur=
unfähig sei. Das widerstreitet der Idee des Göttlichen. Aber die
Unterschiede in der Kulturfähigkeit ungleicher Völker sind oft
enorm. Auch scheint es, als kämen viele dieser Nationalitäten gar
nicht über eine gewisse niedere Sprosse der Kultur hinauf, ja, als
würden sie gleichzeitig auf der einen Seite durch die Hyper=
Kultur mehr angefressen, als auf der andern Seite eine Zunahme der
wirklichen Kultur zu spüren ist! (Magyaren, Czechen, Walachen zc.)
Es ist hier vielfach wie mit schlechtem Obst: auf der einen Seite ist
es noch steinhart, auf der andern schon angefault... Nament=
lich liegt zwischen den Deutschen in Oesterreich und den übrigen
dortigen Nationalitäten fast ein Jahrtausend. Es ist, als gingen
an diesen letztern zuweilen 500 Jahre Jahre spurlos vorüber. Man
merkt es sogleich, wenn man in der gleichfalls früher angedeuteten
Weise die Zustände der magyarischen, czechischen und andern Kern=
länder studirt, die doch, leuchtete bei diesen Nationalitäten die
Kultur wie bei den Deutschen von Innen heraus, cultivirter sein
müßten, wie die von deutscher „Barbarei" beschädigten gemischten
Länder, was aber ohne Ausnahme nie der Fall ist. Jene
Unterschiede in der Kulturfähigkeit der Völker beruhen unfehlbar auf
höherem Willen. Sie bilden eine ewige Schranke gegen die Ver=
mischung cultivirter Völker mit uncultivirten, die auch die Hans=
wurste und Narren der „Internationalen" nicht überspringen werden.
Speciell für Oesterreich sind sie von so unermeßlicher Bedeutung, daß
kein österreichischer Minister sie nur vier und zwanzig Stunden ver=
gessen darf.

Völker, die nicht lesen und schreiben können, gehören auf die
Schulbank, nicht aber auf die Staffel der hohen Politik.
Es wird im letztern Falle gar Nichts gewonnen, nur verloren. Zu=
letzt sind solche Völker immer Sklaven der Autorität, und zwar
der schlimmsten, die es giebt, nämlich jener, die sich aus Massen=
Dummheit und aus Fanatismus rekrutirt. Diese Palacky, Rieger,
Smolka zc. sind hundertmal schlechter wie die schlechtesten deutschen
Fürsten. Oesterreich hat Preß=Schwurgerichte. Viele Geschworene

können also nicht einmal einen angeklagten Artikel selbst prüfen: sie müssen sich auf Hörensagen verlassen. So wird die Freiheit, die nicht auf Bildung fußt, durch sich selbst ad absurdum geführt...

Man denke sich fünfzig (nicht Einen mehr!) von den magyarischen, czechischen, polnischen und slovenischen sogenannten „Führern" (Partheimänner, Haranguirer, Gassenredner, Parlamentarier und Journalisten), die neun Zehntheile Dessen, was sie überhaupt auskramen, nur deutschen Lehrern oder Büchern verdanken, hinweg: und es herrscht Todtenstille in Ungarn, Böhmen und anderwärts! Man sieht daraus deutlich, daß jene Wühlerei trotz aller liberalen und selbst demokratischen Floskeln kein Härchen Demokratie in sich hat, daß sie Autoritätsglauben, d. h. Absolutismus, voraussetzt, und daß sie weiterhin darauf hinausläuft! Wie könnten sich auch sonst die Feudalen und Klerikalen mit solchen Leuten verbinden?

Daß uns von Seiten dieser Magyaren, Czechen, Slovenen ꝛc. Nichts weiter in Aussicht steht, wie die versuchte Rück = Einführung staatlicher und socialer Zustände, die im Mittelalter oder gar im Alterthum vorhanden waren: das erkennt man deutlich an der von diesen Nationalitäten bereits ausgeübten oder angestrebten Rassen = Hegemonie. Es ist mit ein Verdienst dieser Schrift, daß sie für den Begriff endlich den fehlenden Namen gefunden hat. Gleichwohl muß es den liberalen und selbst radicalen Partheien Deutschlands und deren Organen zum Vorwurf gemacht werden, daß sie bis jetzt in dieser Capital=Sache ganz falschen Vorstellungen gehuldigt und daß sie leeren Schlagworten nachgegangen sind, obwohl die namhafteren österreichischen Blätter seit Jahren schon genug Thatsächliches lieferten, das orientiren konnte. Alle sogenannten Freiheits = bestrebungen der nichtdeutschen Nationalitäten in Oesterreich laufen auf die Erringung einer Rassen = Hegemonie hinaus. Allgemeine Merkmale der wirklichen Freiheit, der Bildung und der Humanität haften nicht im Geringsten daran: eher das Gegentheil. Der Begriff „Rassen=Hegemonie" kann im gebildeten Europa gar nicht verstanden werden. Es ist, mit einem Wort, die versuchte (und natürlich modernisirte) Wieder=Einführung des in den Staaten des Alterthums vorhandenen Verhältnisses zwischen Freien und Sklaven. Da schon die Staaten des Mittelalters dieses Verhältniß nicht erhalten konnten, so folgt hieraus, daß Magyaren, Czechen ꝛc. sogar über das Mittelalter zurückgehen wollen. Jetzt wird man auch begreifen, warum die 5 Millionen Magyaren über die 9 Millionen Deutschen und Slaven in den ungarischen Kronländern eine Art Herrschafts-Recht beanspruchen, und warum die 4³/₄ Millionen Czechen das Nämliche in den böhmischen Kronländern, gegenüber 3¹/₄ Millionen Deutschen ꝛc. erstreben. Diese beiden herrschenden oder die Herrschaft begehrenden Rassen der Magyaren und Czechen wollen also, indem sie sich zur Begründung ihrer unerhörten Herrschaft auf mittelalterliche Länder-Titel berufen, die lediglich von früheren Fürsten Oesterreichs unter ganz anderen und jedenfalls viel harmloseren Verhältnissen, doch sicher nicht im Hinblick auf die von einzelnen Rassen jetzt erhobenen Herrschafts-Ansprüche geschaffen wurden, die ganze Special-Regierung der betreffenden Länder in ihre Hände bekommen. Sie wollen alle hervorragenden Stellen mit Leuten ihrer Nationalitäten besetzen, alle öffentlichen Anstalten ihrem Einfluß unterwerfen, alle Schulen zu Gunsten ihrer Nationalität herrichten, alle öffentlichen Aemter, alle Lehrer-Stellen ꝛc. lediglich mit Leuten besetzen, die wenigstens ihre Nationalitäten möglichst begünstigen. Zieht man die Qualität der herrschenden oder nach Herrschaft strebenden Nationalitäten in Betracht, ihre innere Rassen-Construction, ihren Charakter, ihr Blut, ihre intellectuellen, sittlichen und moralischen Eigenschaften, so muß man über den Abgrund erschrecken, an den uns diese asiatische „Freiheit" gebracht. Die Magyaren haben schon entsetzlich unter den Beamten, Lehrern ꝛc. im Sinne ihrer „Freiheit" aufgeräumt. Die Czechen schreien über verkümmerte „Freiheit", daß sie das noch nicht so können, wie sie wollen. Nur das deutsche Element ist wegen seiner hohen Bildung und wegen seiner ganzen Construction unfähig zu einer solchen Rassen-Hegemonie, auch wenn eine Regierung sich darauf stützt, wie viele Vorgänge aus früheren Zeiten beweisen, da selbst in diesem Fall in Armee, Administration ꝛc. Magyaren, Czechen ꝛc. viel mehr Einfluß gelassen war, als ihnen eigentlich zukam. Diese Rassen-Hegemonie, diese „Freiheit" der Magyaren, Czechen ꝛc., diese nichtswürdige modernisirte Sclaverei, dieses fluchwürdige Mittelalter und Alterthum muß fallen, und sollte es nöthig sein, daß man dagegen — Bataillone und Kanonen zu Hilfe nimmt!...

Die Gefahr, die unserer Kultur von den Asiaten droht, ist größer, wie Viele glauben. Ich will nachstehend in einigen Grundzügen die Vorgeschichte der heutigen Magyaren schildern, und zwar nach den Angaben ihrer eigenen Schriftsteller, so daß jeder Verdacht einer zu grellen Farben-Auftragung ausgeschlossen ist. Man begreift kaum, wie die aus jener Vorgeschichte nicht zufällig, sondern gesetzmäßig sich ableitende Qualität der genannten Rasse so

16*

vielen Leuten verborgen bleiben konnte. Es charakterisirt zumal die
grenzenlose Oberflächlichkeit und Beschränktheit unserer sogenannten
Staatsmänner, daß ihnen derlei Dinge völlig entgingen. Denn ent=
gangen müssen sie ihnen sein, da wir an den Juden sehen, daß
selbst nach Jahrtausenden der Grundzug einer Rasse sich kaum merkbar
ändert. Noch heute sind die Juden das nämliche materielle, sinnliche,
sitten=, charakter= und moralose Volk, wie die Bibel es schildert. Noch
heute ist es, gerade wie damals, unmöglich, mit ihnen Staaten zu
bilden. Und die Juden sind über die ganze Welt zerstreut, sie sind
also am meisten in Gefahr, ihre Eigenheiten zu verlieren! Wenn sie
dennoch innerhalb 2000 Jahren ihren Typus, ihr Dichten und Trachten
treu bewahrt: um wie viel mehr müssen die Magyaren
nach 6=—800 Jahren noch Aehnlichkeit mit ihren Ael=
tern haben, da sie als Rasse geschlossen bei einander
blieben!

Die Magyaren sind in nationaler Hinsicht ein Phänomen.
Vergebens sucht man in der Geschichte und auf dem ganzen Erd=
ball ein Seitenstück zu ihnen. Ihre Vorfahren waren eine ge=
borne Nation von Mördern, Räubern und mensch=
lichen Bestien. Jahrhunderte lang kam bei diesen Magyaren das
Kind mit der nationalen Bestimmung auf die Welt, Mörder,
Räuber, Bestie zu werden... Die Greise starben, nachdem
sie denselben Zweck erfüllt... Man zweifelt an Gott und
an der Menschheit, wenn man auf einige Jahrhunderte
die Geschichte dieser Rasse studirt! Diese Geschichte ist
ein einziger fürchterlicher — Blutfleck, den Millionen
unschuldiger Menschen liefern mußten, und der jeden
Forscher mit Schauder selbst vor dem heutigen Magyaren
erfüllt.. Ich stelle den furchtbaren Satz auf, daß
jeder dieser heutigen Magyaren von einem andern
Magyaren abstammt, dessen Hände von unschuldigem
Menschenblut triefen... Nicht eine Magyaren=Familie ist
nach ihrer Abstammung rein von Schandthat und Mord...

Glaube man nicht, daß ich irre bin oder daß ich übertreibe!
Ich citire nur aus einem magyarischen Schriftsteller, der auf
langen Seiten all' diese Dinge wie — Heldenthaten erzählt!*
Auch Das ist höchst bezeichnend für die Denkungsweise dieses Volkes:
es weiß nicht einmal, was gut und was — empörend ist!

---

* Horvath, Geschichte der Ungarn. Aus dem Ungarischen übersetzt und
mit Anmerkungen des Uebersetzers. 1. Band. Pesth. 1851. Soll heißen: „Ge=
schichte der Magyaren", denn in Ungarn wohnen noch viel Leute, die nicht Ab=
kömmlinge von — Mördern sind!

Und wäre die entsetzliche Masse Blutes noch vergossen worden im fanatischen Kampf! Aber nein! Es wurde vergossen rein aus Mordlust, die man dem Kind schon eingeflößt! Je mehr Menschen ein Magyar tobtschlug, desto — geachteter war er. Es gab gar keine Ausnahme. Was bei uns Einzelne auf's Schaffot bringt, war bei den Magyaren Erziehung, war — national... Es dauerte auch nicht 10 oder 20 Jahre, sondern Jahrhunderte, und so lange, bis Europa diesen Magyaren wie wilden Bestien die Tatzen abhieb. Erst von da an schränkten sie sich ein; doch seitdem begannen auch ihre Klagen über „beschränkte Freiheit". Uebrigens ließen sie nur ganz allmählig nach): selbst mit verstümmelten Tatzen machten sie (wie immer, ohne alle Nöthigung von Außen) noch wüthende, furiose Raubzüge, auf denen sie in endloser Zahl Männer, Weiber, Kinder wie mit Seligkeit und Wonne erwürgten! ... Dabei hat es nicht etwa ein einzelner König gethan: der magyarische König wäre sogleich ermordet worden, der dieses teuflische Volk von Mord und Raub hätte zurückhalten wollen! Man rechne alle Mord=, Gräuel= und Schandthaten zusammen, die im Laufe der Jahrhunderte wilde Stämme, Tartaren, Sarazenen, Türken 2c. begangen: und Alles verschwindet vor den national und berufsmäßig betriebenen Unmenschlichkeiten, die diese dämonische magyarische Rasse von nur einigen Millionen Menschen beging! Nach ihrer Vorgeschichte käme man unwillkürlich zu der Anschauung, daß es nicht Nachkömmlinge von Menschen, sondern von — Tigern und Hyänen wären!...

Die Magyaren kamen im 9. Jahrhundert aus Asien nach Europa. Horvath sagt, daß sie in Folge der Völkerwanderung dazu gezwungen gewesen wären. So! Das kann man nur Magyaren vorerzählen. In allen deutschen Kinderschulen weiß man, daß die Völkerwanderung im Jahr 374 begann und daß sie schon im 5. Jahrhundert beendet war, weil sich bis dahin das westgothische Reich in Spanien, das fränkische in Gallien und das ostgothische in Italien gebildet hatten. Gerade die größten Völker waren also zur Ruhe gelangt. Warum stören volle vierhundert Jahre später diese Handvoll Magyaren die Ruhe Europa's? Horvath sagt es nicht, aber man kann es errathen! Gleich nach ihrem Einfall im heutigen Ungarn bekundeten die Magyaren so bestialische, die ganze Welt mit Entsetzen erfüllende Eigenschaften, daß Niemand behaupten wird, sie hätten diese Eigenschaften in Europa erlernt. Sie brachten sie mit. Folglich ist zu greifen, daß diese Bestien überall, wohin sie sich vorher gewendet, die ganze Umgebung gegen sich zur Verzweiflung gebracht, daß sie überall, wo sie sich niederlassen wollten, aufgescheucht wurden wie tolle Hunde! So kam es, daß 400 Jahre nach der Völkerwanderung die eine und eine halbe Millionen Magyaren, die bei den damaligen ungeheuren offenen Länderstrecken allerorts leicht hätten unterkommen können, wenn sie hätten arbeiten wollen, eine kleine Völkerwanderung für sich unternahmen, daß sie, gejagt und gehetzt, — in's heutige Ungarn gelangten...

Von Asien aus setzten sie sich zunächst zwischen Don, Dniepr und Jgul fest. Von dort wegen ihrer Liebenswürdigkeit von den Petschenegen vertrieben, ließen sie sich in einem Theil der heutigen Moldau und der Ukraine nieder. Dies Vaterland verloren sie auf originelle und beinahe humoristische Weise. Der deutsche Kaiser Arnulph, der von ihnen gehört, ohne sie näher zu kennen, hatte sie in dem schweren Kampf gegen die Slaven im damaligen großen Mährenreich gerufen. Sie kamen mit Freude, da, wie Horvath sagt, „die Gelegenheit reiche Beute versprach". Hier sieht man ihre einzige Staatenbildung. Sie ließen nämlich (wie sie das später von Ungarn aus fortwährend auch thaten) im eigentlichen Vaterland nur eine ganz kleine Besatzung zurück. Der überwiegende Theil des ganzen Volkes, Alles, was ächzen und laufen konnte, ging nach Mähren, wo es zu rauben, zu morden und zu plündern gab! Das ist höchst charakteristisch. Jedes solide Volk wird, wenn es in der Ferne Hilfe leistet, gewiß nur den kleinsten Theil, das Entbehrliche, schicken! Zu Mähren mochten sie zu lange geraubt, gemordet und geplündert haben; denn als sie mit Beute beladen zurückkamen, war ihr „theures", aber schwach besetztes Vaterland — fort! Die Bulgaren und Petschenegen hatten es in Beschlag genommen, hatten das kleine Besatzungsheer geschlagen und die Reste über's Gebirge nach Siebenbürgen geworfen, wo sie noch heute als Szekler (der Name deutet auf „Flüchtling") existiren.

Jetzt galt es, ein neues „Vaterland" zu stehlen, das natürlich wieder nur wie das vorige als — Räuberhöhle und Schlupfwinkel dienen sollte. Auf dem Zug nach Mähren hatten sie Pannonien (das dermalige Ungarn) als schönes und fruchtbares Land kennen gelernt. Ihr Fürst, Räuberhauptmann Arpad, wollte, wie Horvath rührend sagt, „nicht noch mehr Blut vergießen" um das alte verlorene Vaterland; man entschloß sich zur Auswanderung (!). Die Magyaren wählen zunächst ein förmliches Oberhaupt, „damit sie um das neue Vaterland (!) zu kämpfenden Kriege (!) bessere Aussicht haben, und um das zu erobernde (!) Vaterland zu ordnen". Die Stammführer schließen mit dem Oberhaupt einen Vertrag von 5 Punkten, wovon der gra=

virendste lautet: „Was sie durch gemeinsame Kraft gewinnen (!) würden, soll nach Verdienst getheilt werden". Horvath meint, die 5 Punkte bildeten die Skizze der unvergleichlichen ungarischen Verfassung (!).

Ungarn war damals (im letzten Jahrzehnt des 9. Jahrhunderts) von slavischen, bulgarischen, wallachischen, deutschen und italienischen Völkern bewohnt. Im Nordosten bestand das große Mährenreich unter Zwentibold. Die in den Landstrichen jenseits der Donau wohnenden Deutschen und Italiener erkannten die Hoheit des deutschen Kaisers an. (Horvath nennt ihn den „abendländischen", da ihm das „Deutsch" begreiflich zu sauer wird!) Die Magyaren zählten nur etwa $1^1/_2$ Millionen Menschen; gleichwohl stellten sie 200—250,000 waffenfähige Männer (!). Hieraus folgt klar, daß, wenn nun einmal auf „historische Rechte" zurückgegangen wird, Ungarn noch heute trotz „Ausgleich", der auf viel jüngeren politischen Voraussetzungen beruht, an Slaven und Deutsche ausgeliefert werden muß, und daß die Magyaren einfach den Reisepaß nach — Asien erhalten! Höchstens freie Rückfahrt — sonst Nichts!*

Hierauf wurden in einem schrecklichen 5jährigen Kampf, den die Magyaren mit der rücksichtslosesten Gewalt, Grausamkeit und Niedertracht führten, Slaven, Deutsche 2c. unterworfen. So lange Kaiser Arnulph lebte, schonte man aus Rücksicht auf das frühere Verhältniß die eigentlich deutschen Provinzen. Als aber dieser Kaiser im Jahr 899 starb, fielen die Magyaren sogleich über die Deutschen her, und nach kurzem, nicht geringem Widerstande (!) huldigten ihnen der ganze Landstrich jenseits der Donau bis Steyermark. Nachdem Arpad solchergestalt viel Land erworben (!), hörte er mit Eroberungen auf, weil er einsah, daß die eroberten Provinzen zwischen so vielen und mächtigen Feinden schwer zu halten seien (!).

Die Organisation des magyarischen Raubstaates unter Arpad, die Jahrhunderte blieb und die heute noch bestünde, hätten nicht die Deutschen 2c. sie zerstört, beruhte auf folgendem Grundsatz: Zwei Drittheile des um die (eroberten) Burgen im Innern seßhaften Volkes, von dem Horvath selbst sagt, daß es den niedrigsten Grad von

---

* Jene für die damalige Zeit ganz außerordentliche Ziffer der Armeestärke beruhte auf der eigenthümlichen Organisation des magyarischen „Staates". Es steht nämlich fest, daß keineswegs, wie vielfach geglaubt wird, Ludwig XIV. die stehenden Heere und somit den heutigen Militarismus geschaffen hat, sondern daß die Dinge viel älter sind und weit mehr auf die Magyaren zurückgeführt werden müssen. Dem König Matbias kostete sein stehendes Heer jährlich 3 Millionen Dukaten: eine ungeheure Summe für jene Zeit!

Bildung beſeſſen, da faſt fortwährend Krieg geweſen (wer hat Euch
Räuberbande denn den Krieg aufgezwungen?), alſo nur Wenige
des Volkes überhaupt, blieben zur Bewachung des Landes
zurück, während das übrige freie (!!!) Volk, angeſpornt von Raub-
luſt und Blutgier, um Beute zu machen, ganz Europa durchſtreifte.
Horvath nennt dieſe Organiſation der Spitzbüberei von Staatswegen
— republikaniſch! Wer ſich beim Ausfall der Räuberbande nicht ſogleich freiwillig unterwarf, kam in Sclaverei. (Horvath ſagt: „Nur
Jene, die ſich der Unterwerfung zu widerſetzen gewagt(!) hatten".)
Dieſe Sclaven vermehrten ſich durch die vom Ausland hereingebrach-
ten Geraubten. (Horvath ſagt fälſchlich: „Gefangene". Gefangene
macht man blos im ehrlichen Kampf, den die magyariſche Räuberbande nie gekannt.) Sie wurden endlich viel zahlreicher,
wie dieſe Räuberbande ſelbſt: der beſte Beweis, was die fluchwürdige magyariſche Mörderbande unter „Krieg" verſtand. Uebrigens
iſt gerade durch dieſe Geraubten oder Sclaven ſpäter ein klein Wenig
Kultur in's Land gebracht worden. Es gehört ſomit eine eigene
Frechheit dazu, wenn die heutigen Magyaren ihr Bischen Kultur
als ihr wohlerworbenes Eigenthum ausgeben. Auf eine infamere
und menſchenunwürdigere Weiſe wurden noch keine Barbaren
etwas mit Firniß angeſtrichen . . .

Je mehr die magyariſche nationale Räuberbande Erfolg hatte,
deſto beſtialiſcher entartete ſie. Alles wurde auf Bluthat und
Mord national „abgerichtet". Die Kinder konnten kaum laufen,
und waren ſchon Dämonen, die zerfleiſchen wollten. Zeitgenoſſen
behaupten, daß die Magyaren um dieſe Zeit (wo im übrigen Europa
großentheils ſchon eine bedeutende Kultur herrſchte) die Herzen der
getödteten Feinde als Leckerbiſſen — verzehrt haben (!!!). Welche
Beſtialität in dieſer Raſſe ſteckt, geht u. A. noch daraus hervor, daß
ſie ſpäter, wo ſie ſcheinbar als Chriſten gegen die Türken fochten,
einſtmals nach errungenem Sieg eine große Tafel errichteten, und daß
hierbei die Leichen der erſchlagenen Türken als — Tiſche benutzt
wurden! Horvath ſagt: „Ihre Lieblingsbeſchäftigung waren krie-
geriſche (???) und räuberiſche Abenteuer; dieſe begleiteten ſie gewöhnlich mit ſchrecklicher Verwüſtung, ihre Siege aber ſchändeten ſie
durch erbarmungsloſe Grauſamkeit. Ihre Spuren, wohin ihre Züge
ſie führten, bezeichneten Blut und Verwüſtung; ſie brannten die Ort-
ſchaften nieder, verſtümmelten die Einwohner oder ſchleppten ſie in
die Sclaverei. Den hielten ſie der Freiheit (!) nicht würdig, der noch keinen Feind getödtet hatte". (Horvath hätte
ſtatt „Feind" ſagen ſollen: „Menſchen".) Ackerbau trieben ſie nicht.
Alſo mußte der Raub die Nation ernähren, ja berei-

chern, Jahrhunderte lang, so lange eben Europa es
erlaubte ... Freiwillig verzichtete diese Kannibalen-Nation
nicht darauf ... Die Magyaren zogen mit ihrem Vieh von einer
Gegend in die andere, wenn die vorige „ausgefressen" war. (Ratio-
nelle Landwirthschaft!) Horvath sagt ferner: „Es ist gewiß, daß
der Ungar (Magyar) in seinen Kriegen (???) und auf seinen Raubzügen Erbarmen und Menschlichkeit nicht kannte, und so weit sein
Schwert reichte, bezeichnet überall Blut und Zerstörung seine Spur".
Der allgemeine Schrecken vor den Magyaren war so groß, daß Kir-
chengebete in Deutschland und Italien die Stelle enthielten: „Schütze
uns Herr vor den Ungarn!" Ihre Raubzüge gingen bis tief nach
Deutschland, Frankreich und Italien hinein. Jahrhunderte hindurch haben sie diese Züge fast kein Jahr lang ausge-
setzt ... Wenn sie dieselben aussetzten, so waren sie — erschöpft.
Sowie sie frische Kräfte gesammelt hatten, brachen diese Furien der
Verworfenheit mit neuer Raub- und Mordlust wieder hervor über
die Gefilde der Arbeit, des Fleißes, der Kultur ... Sie setzen viele
Länder im weiten Umkreis, die zum Theil sehr entfernt waren, in
schmählichen Tribut. Da sie fast als ganzes Volk erschienen und da
ihr beispielloses Würgen, Zerstören und Rauben den Schrecken ihres
Namens vergrößerte, so ist es erklärlich, daß man in jenen Zeiten,
wo jede positive Statistik fehlte, ihre Macht enorm überschätzte.
Die anderen Völker, die vielleicht fünfzigmal zahlreicher waren,
brachten gleichwohl nicht die Hälfte der Streitmacht zusammen, wie
die Magyaren, denn das sociale Leben war ja hier wie dort himmel-
weit verschieden. Man schloß also von der ungeheuren Stärke der magyarischen Räuber-Heere auf die Macht des magyarischen Volkes. Das
erklärt die lange Geduld Deutschlands zum Theil. Auch hatten die
Magyaren eine eigene Kriegskunst, die erst studirt sein wollte. Endlich aber kam die Nemesis. Nachdem schon Heinrich I. sie 933 bei
Merseburg geschlagen, ereilte sie 955 auf dem Lechfeld ein wohlverdientes Geschick. Kaiser Otto I. vernichtete hier, da die Deutschen mit
rasender Tapferkeit und Wuth fochten, und da zuletzt selbst das auf-
gestandene Volk alle fliehenden Magyaren wie Bestien erschlug, ein
Magyarenheer von 100,000 Mann bis auf — — — 7 Gefangene,
die mit verschnittenen Ohren als warnendes Exempel in die magyarische Räuberhöhle zurückgesandt wurden!*

---

* Charakteristisch für die unvertilgbare Tiger-Natur dieser Magyaren-Rasse
ist der Umstand, daß der Führer eines zweiten Magyaren-Heeres von 40,000
Mann, das gegen Fulda zog, auf die Nachricht jener Niederlage hin, vor seinem
Abzug nach Ungarn sämmtliche Gefangene (d. h. Geraubte), die er in großer
Zahl bei sich hatte, aus Rache — ermorden ließ!

Von da an schränkte sich die edle magyarische Nation etwas im Morden, Rauben und Plündern ein. Immerhin unternahmen sie 970 noch einen größeren Streifzug in's griechische Kaiserthum... Doch auch dort geschlagen, gaben sie die Streifzüge mit großen Heeren für immer auf, wogegen sie sich der Streifzüge mit kleinen Heeren befleißigten. Man sieht hier die glänzende Kultur-Bestimmung der magyarischen Nation! Alle Bestialitäten, die sie überhaupt ausführen konnten, waren ihr Recht!

Jetzt erst, nachdem sie nicht mehr metzeln, schlachten und stehlen konnten, gingen die Magyaren daran, ihr entsetzlich erschöpftes Land nothdürftig zu organisiren, es durch fremde Kolonisten (!) etwas emporzubringen. Sie hatten ungeheure Furcht vor der Rache der Deutschen. Darum schlossen sie mit diesen schleunigst Verträge, die selbige dummerweise auch hielten, denn jeder mit Verbrechern geschlossene Vertrag ist an sich ungiltig. (Um diese Zeit fangen auch die magyarischen Reminiscenzen der „historischen Rechte" an, die dem unwissenden Reichskanzler so sehr imponirt haben! So gründen sich die heute noch schamloserweise von den würdigen Nachkommen jener Mörderbande geltend gemachten Ansprüche auf Dalmatien auf ähnliche Raubzüge, die sogenannte ungarische Könige nur in der Nähe ausführten, da man sie in der Ferne auf die Finger schlug.)

Zum Christenthum hatten die Magyaren natürlich erst Zeit, als sie Mord und Todtschlag nicht mehr als nationale Bestimmung verfolgen konnten. Erst um's Jahr 1000 kam (namentlich durch den Einfluß, ja theilweis durch Unterstützung mit Truppen der deutschen Kaiser, um deren Freundschaft sich die ungarischen Fürsten bald angelegentlich bemühten) das Christenthum spärlich in Ungarn auf, während es anderwärts in Europa schon über 800 Jahre bestanden hatte. Dabei erfolgte selbst im 11. Jahrhundert noch ein blutiger heidnisch-magyarischer Aufstand gegen die Christen, zumal gegen die Deutschen. Der frühere Kultus der Magyaren war ein Plagiat des Buddhaismus mit den zwei Gottheiten: ein neuer Beweis ihres Asiatenthums. Uebrigens hat man neuerdings Ueberreste der Magyaren-Rasse tief im Innern Asien's aufgefunden.

So weit die Magyaren heute ein Wenig Kultur besitzen, ist sie ihnen einzig und allein durch die Deutschen gewaltsam aufgenöthigt worden. Daß diese Magyaren, wo sie „frei" sind, absolut der Kultur widerstreben, das beweist die völlige Einflußlosigkeit der Kultur auf sie. Ihre ganze Beschäftigung bestand ja Jahrhunderte hindurch darin, Kultur zu zerstören! Also mußten sie dieselbe doch auch sehen, sie mußten sie befühlen, betasten... Und dennoch blieb

Nichts an diesen Elenden hängen! Später mußte ihnen ein Bischen äußere Dressur förmlich aufgezwungen werden. Welche Kunstgegenstände ꝛc. haben sie gestohlen und nach Hause geschleppt! Dennoch lernten sie Nichts daraus. Es war eben asiatisches — Vieh... Uebrigens hat ihnen das Rauben und Morden nicht viel genützt. Später fiel fast alles geraubte Gut — den Türken und Mongolen in die Hände! (Genau so wird es den jetzigen Magyaren gehen mit ihren politischen Diebstählen. Zuletzt jagt ihnen Das, was sie Oesterreich entwenden, Rußland oder Preußen ab!) Die Barbarei dieser Magyaren ist unvertilgbar, da sie eben National-Eigenschaft ist. Um 1495 (also lange, nachdem sie wegen — „Geschäftsaufgabe" eine Art Staat gegründet) waren während des Krieges mit den Türken ihre Sitten wieder schrecklich verwildert! Der Mord wurde selbst dem neuen Magyaren-Staat zu Grunde gelegt. Denn die Mörder wurden in den meisten Fällen nur mit dem sogenannten Blutgeld bestraft (!!!). Auf Mordbrennerei, falschen Eid, Weiberraub ꝛc. standen — — — Geldbußen, kirchliche Strafen, Fasten (!!!). Man sieht, die ungarischen Gesetzgeber schonten weise die National-Tugenden der edlen Magyaren-Rasse!...*

Auch als die Magyaren nach jener nothgedrungenen „Geschäftsaufgabe" mit saurer und höchst verdrießlicher Miene einen sogenannten Staat gegründet hatten, wurde eigentlich nur das „Geschäft" — verkleinert. Der En-gros-Handel ging nicht mehr; also warf man sich auf's Detail... Anstatt der alten plumpen Mord-, Plünderungs- und Raubzüge organisirte man feinere: man stahl

---

* Der Vollständigkeit wegen muß hier angeführt werden, daß ein beträchtlicher Theil der Slaven jener Zeit in der Barbarei gleichfalls höchst Erklecklliches leistete, wenn er auch die magyarischen Meister nie erreichte. Aber die Slaven stießen hier zeitiger auf die compakte deutsche Kraft; und so wurde die gröbste Sorte des Slaventhums am Vorschreiten verhindert, so daß diese nunmehr rückwärts hinter Dnipr, Don und Wolga weilt. Noch im siebzehnten Jahrhundert waren die Kriege der damaligen Russen (Moskowiter) gegen den Westen und besonders gegen Polen ausgezeichnet durch namenlose Gräuel. Man sieht demnach auch an diesen Slaven in moralischer und sittlicher Hinsicht den Aussatz des Asiatenthums. Das Reich Ottokar's von Böhmen war seiner Zeit eines der größten Länder Europa's, das sich während der deutschen Wirren vom Reich losgetrennt, ja, dem Reich viele Länder entrissen hatte. Es war mit Gewaltthat und Niedertracht gegründet, in seinen weiten Theilen durch und durch gekittet mit — Blut! Ottokar verweigerte nach dem Interregnum (1275) dem neuen Kaiser, dem „ehemaligen Grafen", höhnisch den Gehorsam. Da zertrümmerte im Namen des Reiches Rudolph's starke Faust diese unsolide Schöpfung des böhmischen Tiberius. Demnach hat die Barbarei der Slaven gleichfalls schon früh und oft in die Geschicke Deutschlands einzugreifen versucht.

und annectirte eine Menge Länder zusammen, die man so lange hal=
ten konnte, als die deutschen Wirren es erlaubten. Auch der beste
ungarische Fürst ist ein gewissenloser Länderräuber
gewesen. Sogar der „große" Mathias ließ sich, unter einem lächer=
lichen und gesuchten Vorwand, seine Güte von Venedig mit — Gold
abkaufen! Der Diebstahl hörte nicht eher auf, bis das Land an
Oesterreich fiel. Aus der Zeit des Diebstahls stammen auch
diejenigen „heiligen" Rechte der Magyaren, die sie
heute geltend zu machen frech genug sind. Das Land fiel
wie eine faule Frucht in den Schooß Oesterreichs herab. Hätte
Oesterreich hierbei nicht eine Matte untergehalten: das
Magyarenreich wäre in hunderttausend Stücke ge=
gangen, — so faul war es... Die Fäulniß stammte von
dem unermeßlichen, über Ungarn stehen gebliebenen — Blutmeer
her...

In demselben Jahre, in welchem Ungarn an Oesterreich kam
(1526) war bereits bei Mohacs die politische Katastrophe über
Ungarn hereingebrochen. Hier wurde das ungarische Heer von den
Türken fast bis zur Vernichtung geschlagen. Das lange vorher schon
von den Furien der Zwietracht, der Empörung, des Verraths und
der Verzweiflung zerfleischte Land wäre ohne jenen Anschluß an Oe=
sterreich einfach — türkische Provinz geworden. Schon lange
vor der Katastrophe gab es in Ungarn eine zahlreiche Parthei, die
in jenem nun unausweichlich gewordenen Anschluß die einzige
Rettung des Landes erkannte.

Auch die deutsche Nation stand zu Anfang tief in der Kultur.
Aber welcher Tiefstand war das im Vergleich zur Kulturhöhe
der Magyaren! Tacitus nennt die Deutschen seiner Zeit, die also vor
etwa 2000 Jahren lebten, Barbaren. Die Barbarei bestand in
urwüchsiger Kraft, in unerhörter Tapferkeit und in — salonwidriger
Kleidung. Allein Tacitus nennt vom ganzen deutschen Volk nicht
eine Handlung, wie sie in Mord und Todtschlag fast 1000 Jahre
später unter Arpad jeder einzelne Magyar als nationale Tugend
beging! So wird, die großen Zeitunterschiede noch außer Acht ge=
lassen, im Laster ein großes Volk von Millionen aufgewogen von
einer verworfenen Rasse verworfener Kreatur... Sonne und
Erde können räumlich nicht mehr geschieden sein, wie Germanen
und Magyaren moralisch. Fast alle Völker, namentlich aber die
Deutschen, haben früh, nachdem sie einmal den süßen Mandelkern
der Kultur gekostet, aus freiem Antrieb diesen Götterbaum
verbreitet und gepflegt. Die Magyaren (nebst sinnverwandten andern
Asiaten) allein haben national die Kultur auf Leben und Tod be=

kämpft. Es ist, als hätte an diesem schauerlichen Gegensatz die Vorsehung zeigen wollen, was eben Bildung sei!

Man hat überschlagen, daß die Magyaren während ihrer mehr= hundertjährigen Mord=, Brand= und Raubzüge allein mehr unschuldige Kinder (großentheils deutsche) umgebracht haben, als es überhaupt damals Magyaren gab!!! Das wäre über eine Million...

Giebt es einen Himmel? Und wenn es einen giebt, liegen hier Riesenberge von Schandthaten vor, die ein Volk nachträglich nie sühnt!

So ein Volk sühnt derlei Thaten um so weniger, wenn es sich noch des Namens rühmt, unter dem sie einst begangen worden sind.*

Nur Asiaten können die Schamlosigkeit besitzen, mit dem Titel „Magyar" zu prahlen, der ohne Ströme Menschenblut nicht denk= bar ist! Wären die heutigen Magyaren nicht so tief gesunken: sie würden froh sein, daß man der schwarzen Unthaten ihrer Rasse nicht gedenkt! Sie würden ihren Namen wie mit Nägeln aus allen Exemplaren der Weltgeschichte herauskratzen, um ein Blutmal zu löschen, das Jeden schaudern macht... Die Magyaren von heute sind, dem Gewissen der Menschheit gegenüber, viel schlimmer daran, wie die directen Nachkommen einer Verbrecher=Colonie, die aus lauter Mördern besteht. Hier kann nie der Sohn für den Vater; aber bei den Magyaren sündigt die Gegenwart noch einmal mit, wenn sie sich teuflisch auf Teufel=Eigenschaften der Rasse beruft, die jene Verbrechen schufen und die sie in ihrem eignen Blute weitererbt... Daß die Magyaren von heute sich mit ihrem gebrandmarkten Namen brüsten, beweist am besten, daß sie noch die alten Asiaten sind, die von eu= ropäischer Moral und Ehre nicht einen Hauch verstehen! Nach den unumstößlichen Zeugnissen der Geschichte ist der Name „Magyar" der größte Schimpfname, der sich ersinnen läßt.

Schon genetisch ist es ganz undenkbar, daß eine so zähe Rasse wie die Magyaren innerhalb 800 Jahren ihre innere Natur verliert. Sie ist sicher noch die frühere. Die Magyaren stellen sich

---

* In einer Hinsicht erkennt man selbst heute an den Magyaren des Verhängnisses rächende Hand. Die Magyaren zählten vor 1000 Jahren 1½ Millionen Menschen; heute zählen sie etwas über 5 Millionen. Diese beispiellos geringe Zunahme der Bevölkerung rührt lediglich von den Blut= und Unthaten der Magyaren her. Ohne diese Blut und Unthaten würden sie jetzt vielleicht das Dreifache, also gegen 15 Millionen Menschen zählen. So hat durch ihre Selbst=Vernichtung beim Verbrechen diese Rasse in Folge eigenen Thuns und für alle künftige Zeiten den Grund zu ihrer kläglichen politischen Schwäche und Unfähigkeit gelegt! Sie darf weiterhin keine Rolle spielen, schon um der Remesis in der Geschichte willen. Das wäre für ein Schauder= Stück der Welt ein — Possen=Schluß...

nur etwas anders. Aber wo sie „frei" sind, bricht das Asiatenthum
und die Kulturfeindlichkeit wie bei einer in den Hasenpelz eingenähten
lebendigen Katze sogleich wieder hervor ...

Auf die vielfach und ungebührlich ausgebeutete historische Scene
zwischen Maria Theresia und den Magyaren ist kein sonderliches Gewicht zu legen. Maria Theresia war ein Weib. Uebrigens haben
die Magyaren bei dieser Gelegenheit nicht mehr wie ihre Pflicht
gethan.

Die im vierten Abschnitt gegebenen merkwürdigen Zahlen über
die magyarische Verbrecher=Statistik sind jetzt kein Räthsel mehr ...
Nachstehend folgen, der ungeheuren Wichtigkeit des Gegenstandes entsprechend, noch einige Angaben über innere Zustände des dermaligen
Ungarns. Sie beweisen unwiderleglich, daß seit dem Zurücktreten der
Oesterreicher aus Ungarn, und seitdem dort die magyarische „Freiheit"
verkündet ward, die Barbarei sogleich wieder Riesenfortschritte gemacht. Es ist nur ein Zeitraum von drei Jahren (seit 1867).
Dennoch bewirkte er schon viel.

Im ungarischen Reichstag kam vor Kurzem der Zustand der
Pesther Universität zur Sprache, die nach Entfernung der deutschen
Lehrkräfte zu einer bloßen Mittelschule herabgesunken ist. Es wurde
der Wunsch laut, daß durch Berufung auswärtiger (!) Lehrer für
Hebung dieser wissenschaftlichen Anstalt Sorge getragen werde. (Also
erst durch blinden Rassenhaß und Vertreibung der Deutschen die
Universität ruiniren, dann bei denselben Deutschen betteln, daß sie
dieselbe wieder heben: so handelt nur eine Horde nichtsnutziger Asiaten, die wirklich in Europa Nichts zu suchen hat!) Eine jüngst in
Pesth (bei Aigner) erschienene Broschüre behandelt denselben Gegenstand. Sie sagt, daß unter Bach zwar der Absolutismus an der
Pesther Universität geherrscht, daß Letztere aber doch vergleichsweis
vortreffliche Blüthen getrieben habe. Die Schrift erwähnt auch, daß
man jetzt, um „Freiheit" zu schaffen, die wissenschaftlichen Capacitäten
verjagt habe. So sei es gekommen, daß die Wissenschaft
in Ungarn jetzt, nach einem Jahrzehnt (seit Vertreibung
der deutschen Professoren), beinahe tiefer steht, wie zu Anfang des Jahrhunderts. Auch hier wird als einziges Ret-
tungsmittel aus dem Elend die Berufung deutscher Professoren em-
pfohlen. (Diese werden unter den jetzigen Umständen nicht so
thöricht sein, einer solchen Flegel=Nation ihren Augiasstall, wie schon
so oft, wieder vergeblich reinigen zu helfen. Die Bande mag in
ihrem eigenen Unrath — ersticken! Die deutschen Professoren können erst dann wiederkommen, wenn ihnen vorher eine österreichische
Armee — Bahn gebrochen hat!)

Gerade Ungarn zog (und dieses allein) aus der Bach'schen Bu=
reaukratie Vortheile; denn beinahe Alles, was Ungarn an neuerer
Kultur besitzt, verdankt es dem Bach'schen Regiment, welches Schulen
errichtet, Straßen gebaut, die grauenhaft zerrütteten Finanzen der
Städte geordnet, das Grundbuchswesen eingeführt, das Räuberwesen
vermindert und ein europawürdiges Gerichtswesen geschaffen hat. Die
magyarische Freiheit seit 1867 hat fast alle diese Dinge
wieder — vernichtet. Das Grundbuchswesen ausgenommen,
haben sie fast mit allem Andern tüchtig aufgeräumt. Es sind
Schulen vielhundertweise niedergerissen worden, die
Finanzblüthe der Städte wurde abgestreift, das Räu=
berwesen gelangte wieder in größten Flor, man schuf
eine asiatische Justiz. Aber ganz hat diese zu jeder Civilisation
unfähige und ihrer auch unwürdige Nachkommenschaft blutdürstiger
Bestien den Segen jahrzehntelanger Verwaltung nicht zu beseitigen
vermocht. Jetzt suchen diese Schänder der europäischen Kultur die
noch vorhandenen Trümmer der Bach'schen Epoche als Bausteine für
ihre innere' Organisation zu verwenden. (Wird, nach jenem Anfang,
eine prächtige „Organisation" werden!)

Jetzt ist in Ungarn die Hälfte der Gemeinden ohne
Schulen! Andere behaupten gar zwei Drittheile! Da=
für giebt es in Pesth eine solche Legion — Freuden=
häuser, daß die ungarische Metropole es dadurch zu
einer förmlichen europäischen Berühmtheit gebracht
hat!...

Wie schauderhaft die magyarische Unbildung ist (die aber jetzt
unter der magyarischen „Freiheit" immer riesiger wachsen muß): das
lehrte die neuliche Volkszählung. In der Haupt= und Residenzstadt
können von 58,998 Einwohnern nur 31,639 lesen und schreiben (das
sind gewiß großentheils Deutsche); in Szegedin sind ³/₅ aller Ein=
wohner des Lesens und Schreibens unkundig; im Araber Comitat
(stockmagyarisch!) können von 271,983 volle 234,767 nicht lesen und
schreiben. Volle 87 Procent der Bewohner sind ohne
jede Spur einer Schulbildung!

Im verflossenen Winter wurde in Pesth ein großer öffentlicher
Ball gegeben. Das weibliche Publikum auf diesem Balle bestand
überwiegend aus — öffentlichen Dirnen. Ihn verherr=
lichte der größte Theil des ungarischen Reichstags und
des ungarischen Ministeriums (einschließlich des Grafen An=
drassy) mit seiner Gegenwart...

Man sieht, das Asiatenthum und seine Barbarei schreiten immer
weiter vor, wenn ihm nicht bald im Namen der Kultur mit — Ka=
nonen entgegen getreten wird!

Die öffentliche Sicherheit, die unter Oesterreichs Herrschaft in Ungarn eine ziemlich große war, hat seit Proclamirung der magyarischen „Freiheit" in der erschrecklichsten Weise abgenommen, welch' Zusammentreffen beider Umstände klar beweist, daß bei den Magyaren von heute genau wie zu Arpads Zeit „Freiheit" und „Räuberbande" — Dasselbe sind! Man hat also die nämliche nichtswürdige und europaschändende Rasse vor sich wie damals! Insbesondere haben die Straßenräuber großen Nutzen aus der neuen „Freiheit" gezogen. Das hindert natürlich die in Pesth regierenden Asiaten nicht, hohe österreichische oder gar europäische Politik zu treiben, insbesondere auch die Einheit Deutschlands (im besseren Sinne) zu verhindern. Der Asiate braucht nur äußerliche Kleidung, insbesondere dürfen Frack, Cylinder und Glacéehandschuhe nie fehlen, da sie für den Reichs=kanzler untrügliche Merkmale der Ebenbürtigkeit oder gar der berech=tigten Ueberlegenheit sind. Aber ein Hemd braucht der Asiate nicht, er hat auch keins. So tief sieht Beust nicht. Der große Mann erschrickt vor ein Paar großmäuligen Asiaten, deren Briefbeutel und Börsen 3 Stunden von der Hauptstadt vor ihrer eigenen edlen „Na=tion" nicht mehr sicher sind! Die Rasse ist wirklich genau noch so schlecht, wie vor 800 Jahren. Erlaubten die jetzigen Zustände die=selben Blut= und Schandthaten wie damals noch: die Magyaren spielten sie auf!

Daß Ungarn, seit es wieder in den Händen der Magyaren ist, ein Land von der Qualität Griechenlands, Montenegro's, Albaniens und Calabriens wurde, lehrt folgender für ganz Europa und alle Freunde der Kultur lehrreiche Bericht, den der „Räuber=Commissär" Graf Raday kürzlich an die ungarische Regierung erstattete, und der ein weithin sichtbares Denkmal der Schande für die neue magyarische Mörder=, Lumpen= und Spitzbuben=Freiheit ist. *

Gerade im gesegnetsten (!) Theil Ungarns, im Süden (im Al=föld) sind die Zustände am Schauderhaftesten. Raub und Mord sind hier an der Tagesordnung, so daß Land= und Stadtbewohner erschreckt zu Hause bleiben. Es hat sich gezeigt, daß die Verbrechen furchtbare Verzweigungen besitzen. Sie erstrecken sich über viele Districte, so daß ein Verbrechen durch das andere an das Tageslicht kam. Verbrecher, die 20—60 Schandthaten begangen hatten, waren noch nicht ein einziges Mal bestraft. (!!!) Man deckte ein förmliches großes Netz von Verbrechen auf, dessen Fäden sich nicht blos nach

---

* Nach der „N. fr. Presse", welchem Organ auch einige andere, auf die neuere Barbarei der Magyaren bezügliche thatsächliche Mittheilungen entlehnt worden sind.

allen Comitaten zwischen Donau und Theiß und jenseits der Theiß,
sondern auch über entferntere Gegenden, über das Marmaroser,
Trentschiner, Neutraer, Tolnaer, Somogyer und Baranyner Comitat,
über das Warasdiner Comitat, über Kroatien, über ganz Slavonien,
über mehrere Regimenter der Militärgrenze, ja, selbst über Serbien
erstreckt. Man ermittelte zahllose, bis in die entfernteste Zeit (1840)
zurückdatirende Verbrechen, die noch niemals bekannt geworden waren.
Bei diesen gründlichen und von wahrhaft edler Absicht geleiteten Ermittelungen hatte Graf Raday sein Hauptquartier in Szegedin. Bei
seinen Untersuchungen trat ihm ein schauderhaftes Bild tiefer Demo-
ralisation des gepriesenen „unverdorbenen" magyarischen Landvolkes
entgegen. Noch schauderhafter erschien die Verworfenheit vieler Ver-
waltungs- und Justiz=Beamten, sowie der Polizei, namentlich ihrer
L e i t e r ꝛc. Die verwegensten Räubereien wurden nicht von eigentlichen Strolchen, sondern von Personen verübt, die am Tage ein
ordentliches bürgerliches Gewerbe trieben und die Abends auf Verbrechen ausgingen. Die Hauptschwierigkeit für die Untersuchung war,
daß die Polizei sich meist als — b e s t o c h e n zeigte und daß die
Richter häufig ein großes Interesse verriethen, die Untersuchung zu
v e r e i t e l n. (!!!) Ein Geständniß ergab das andere, ein Name
compromittirte den andern. So figuriren jetzt über 500 Raubfälle
und andere Verbrechen, sowie nahezu 1000 Personen als Thäter und
Mitschuldige in diesem Monstre=Proceß, dessen Ende nicht abzusehen
ist. Als Ursachen dieser schrecklichen Zustände bezeichnet Graf Raday
„die mangelhafte, oberflächliche, sehr häufig nicht von reiner Hand (!)
geleitete Strafrechtspflege, die fast allgemeine Bestechlichkeit der Sicher-
heitsorgane und endlich — die moralische Versunkenheit des Volks". (!!!)
Er sagt, „daß durch dies Alles die Grundlage der Sicherheit von
Person und von Vermögen so sehr untergraben seien, daß man das
Uebel radical nur dann beseitigen könne, wenn alle Knoten des aufgedeckten Netzes aufgelöst, d. h. wenn alle bisher begangenen und
durch die Untersuchung nur theilweise aufgedeckten Verbrechen ganz
enthüllt werden und wenn man dadurch das im Einschlafen begriffene
Rechtsbewußtsein des Volkes (? es schläft Nichts ein, was nie gelebt . . .), die Achtung vor Recht und Gesetz (hat der Magyar nie
gekannt, und wird er auch nie lernen!) auf's Neue erweckt."

Und der E r f o l g dieses ehrlichen Raday'schen Berichtes an das
Ministerium in Pesth? Jede nicht ganz ehr= und sittenlose Regierung
würde über die Enthüllungen so erschrocken sein, daß sie sofort die
ernstesten, kräftigsten und wirksamsten Maßregeln ergriffen hätte. In
Pesth scheint man zwar auch erschrocken zu sein; aber die weitere
Behandlung der Sache ist — A s i e n s würdig, zeigt, daß die Räuber

17

in Ungarn wie in Athen bis in die — Regierung reichen! Rabal)
entdeckte offenbar zu viel. Denn das ungarische Ministerium hat
beschlossen, den energischen Mann nicht etwa zur Herstel=
lung der Sicherheit in den Räuber=Comitaten zu ver=
wenden, sondern in's Ausland zu schicken, um — — —
das Gesängnißwesen zu studiren... (!!!)

Jüngst stand in Pesth ein 16jähriger Knabe vor Gericht, der
an einem 3jährigen Mädchen Nothzucht verübt hatte. (!!!) Der ver=
worfene Mensch war vorher, noch schamlos genug, auf dem Redac=
tionslocal des „Lloyd" erschienen, um einen der Redacteure zu den
Verhandlungen einzuladen, die seine angebliche Schuldlosigkeit beweisen
würden. Der Verbrecher, dessen Schuld erwiesen wurde, erhielt, be=
zeichnend genug für den Sittenwerth magyarischer Richter, — — —
1 Monat Kerkerstrafe. (O bestialisches Lastervolk, das mit den blu=
tigen Fetzen einstiger Schandthaten sich heute noch — putzt! Wer
dir die Hunnenschädel einschlägt, verdient sich einen Gotteslohn!)

Man sieht, die heutigen Magyaren sind dieselben niederträchtigen
Menschen noch, wie zu Arpads Zeit!

Sogar in Kroatien ist seit einigen Jahren (Aufhören der
speciellen Regierung Oesterreichs) ein großer Rückgang in der öffent=
lichen Sicherheit zu beobachten gewesen. So sollen neuerdings die
Attentate auf das Eigenthum in so unerhörter Weise zugenommen
haben, daß Klagen bei den Behörden ganz unnütz seien. Das ist
ein neuer Beweis, wie berechtigt die Magyaren sind, ihre auch
im Uebrigen sehr liebenswürdige Rassen=Hegemonie mit des Reichs=
kanzlers Hilfe über eigentlich nichtungarische Länder auszu=
dehnen ...

Immer frecher und herausfordernder schreitet Asiens
bluttriefende Barbarei vor gegen Europa! Ganz kürzlich wurden durch
ministeriellen ungarischen Bescheid in Mühlbach (Siebenbürgen) mehr
als hundert Wähler (fast ausschließlich Rumänen), die schon
zu wiederholtenmalen wegen Diebstahls bestraft, im
(angemaßten) activen und passiven Wahlrecht belassen. (!!!)
Hierdurch ist, trotz aller Gegenvorstellungen der Deutschen, diese theil=
weis deutsche Stadt mit blühendem Gymnasium, Gewerbeschulen und
Gewerbeverein, diese Stadt voll Fleiß und Ordnung, der tiefstehen=
den, zur Selbstregierung ganz unfähigen rumänischen Bevölkerung
preisgegeben. (!!!)

Das Alles beweist evident, daß selbst das ungarische Ministe=
rium Andrassy eine ungeheuere Sympathie für — Mörder, Strolche
und Spitzbuben hat, sowie, daß heute, nach 900 Jahren, die gesammte
Magyaren=Rasse noch gerade so europa= und kulturfeindlich, so nieder=

trächtig und verworfen ist, wie zu — Arpads Zeit! Ein Unterschied in der Natur ist eigentlich gar nicht da. Man kann nicht mehr, wie man will. In diesem Zwang liegt die ganze magyarische Freiheit und Civilisation! Man mache diese Menschen noch freier: und sie werden dem Laster noch mehr die Zügel schießen lassen! Alles kommt von Innen heraus, vom Blut, das nicht mehr umzuändern ist!

Auch das heutige Magyarenthum ist durch und durch ver= fault; es ist viel fauler wie das Pariser Volk. Wie kann man nur eine staatliche Hoffnung auf so eine Eiterbeule setzen? Wie konnte man es weiter durch den unseligen „Ausgleich" verbreiten in Ungarn selbst und über die Nachbarländer? ...

Dazu die schaudervolle Vorgeschichte dieses kleinen Volkes! Ein Volk, das sich Jahrhunderte lang im Blute unschuldiger Men= schen gebadet hat, dem fehlt die Zukunft und das Glück! Diese Magyaren waren mehrere Generationen hindurch für Europa ein ungeheures lebendiges — Schaffot, mit dem Bedingniß, daß nur Unschuldige starben ... Das Niederschlagende und Empörende ist, daß die heutigen Magyaren, nach ihren Thaten beurtheilt, nicht die geringste Reue über die Last von Blut und Verbrechen empfinden, die auf ihrer Rasse liegt. Ein Volk mit einer solchen Vorgeschichte sollte sich mäuschenstill im Winkel Europa's verhalten und sollte sich von Innen heraus zu bessern suchen. Statt Dessen sehen wir sie als freche unverschämte Asiaten sich wie auf dem Balkone Oesterreichs zeigen: eine gemeine Dirne, die um so kecker auftritt, je tiefer sie sank ... Wo schon in Sitte und Moral die Ansichten so aus= einander gehen: wie sollen sie da stimmen in der Politik? Hier hat man noch viel mehr asiatische Größen=Verhältnisse, Buckel und Beulen in den eigens construirten Magyaren=Schädeln! Nein! Von einem Volk, dessen ganze Geschichte ein einz'ger ungeheurer Fluch der Menschheit ist, kann uns kein Licht und keine Freiheit kommen! So widerspricht sich die Vergeltung nicht ... Sogar vom demokratischen Standpunkt aus war es ein Glück, daß die Erhe= bung von 1848 und 49 nicht gelang. Sie wäre doch zuletzt in asiatische Räuberei übergegangen, wobei übrigens die Paar Millionen Magyaren (ganz nach Analogie ihrer früheren Geschichte, wo sie ein Weilchen halb=, viertels= und achtels=selbständig waren) sehr bald das Heft aus den Händen verloren hätten. Lieber Despotismus, wie die Schein=Freiheit aus so unseliger Hand!

Was diese Magyaren=Rasse an der Kultur, an der wahren Frei= heit, an der Menschheit, an Deutschland und an Oesterreich gesündigt: es ist bis zu dieser Stunde noch nicht zum millionsten Theil ge=

fühnt! Wer die Geschichte der Magyaren genau kennt, der wird mir beistimmen: dieser Rasse kann nie Unrecht geschehen. Alle Schicksalsschläge, die sie treffen, sind nur verspätete Blitze der ewigen Gerechtigkeit...

Und eine solche Rasse, die noch froh sein muß, wenn sie das Mitleid der Gebildeten empfängt, soll ent= scheiden, was Recht und Freiheit sei?

Sie soll zu Gericht sitzen über Oesterreich, über seine Dynastie, über seine Verfassung, über seine Be= ziehungen zum Germanenthum, über seine Politik? Nimmermehr!

Soll der Kaiser von Oesterreich mit seinem Namen noch länger die Schandthaten und Verbrechen decken, die diese verkommenen Nachkömmlinge einer verkom= menen Raub= und Mörder=Nation tagtäglich an der Kultur, an Oesterreich, an Europa, ja, an der Mensch= heit begehen?

Wenn nicht: so sende man 50,000 Mann aus, eine uns in's Mittelalter drängende Räuberbande zu ent= waffnen, bringe man die Europa und der Kultur vor 900 Jahren gestohlenen Gebiete diesem Europa und dieser Kultur wieder zurück!...

Unbestreitbar gewinnt durch den „Ausgleich" nur der Rassen= Despotismus und die Schlechtigkeit. Er wird folglich moralisch annullirt durch die höheren sittlichen Gesetze, gegen die er sich in den schmutzigen Händen der Magyaren gewendet hat. Wie können über= haupt Magyaren von Verträgen sprechen? Ihre ganze Ge= schichte ist ja Nichts weiter, wie ein einziger unerhörter Vertragsbruch, unter dem — Gott, Recht, Sitte und Moral unsäglich leiden mußten! Das magyarische Volk hat bis heute keine Spur von Pietät bewiesen, wo es die Heiligthümer anderer Völker galt... Wir sehen, wie diese niedrige Rasse mit den Rechten der Kroaten, der Sachsen in Siebenbürgen, der Grenz= bewohner ꝛc. umspringt, die ungleich begründeter sind, wie die er= schwindelten Shylok=Rechte der Magyaren. Ein Volk aber, das die wirklichen und ewigen Rechte (Menschenrechte) anderer Völker nicht achtet, verwirkt jede Befugniß, auf der Geltendmachung seiner Scheinrechte zu bestehen. Es ist der größte Unsinn, zu glauben, daß die Magyaren (und auch die Czechen ꝛc.) durch Concessionen gewonnen werden könnten. Jede Concession dünkt ihnen nur ein Tribut, wie er ihren noblen Vorfahren vielfach gezahlt wurde: sie haben die fire asiatische Vorstellung, daß sie vor Jahrhunderten doch noch mehr Länder ꝛc., wenn auch nur vorübergehend, besessen (geraubt) hatten, als man ihnen jetzt giebt ... Sie verlangen also immer noch mehr ohne Dank, wie der Pabst. Je stärker man sie macht, desto brutaler werden sie. So sieht Asien immer aus. Es ist das unbesiegbare asiatische Blut, die Rasse, womit wir zu kämpfen haben und womit eben ein Europäer nie paktiren kann. Sie sind wie bissige Hunde: selbst an der Kette beißen sie, so weit die Kette reicht. Sie kennen (wieder wie die Czechen ꝛc.) nach asiatischer Vorstellung nur zwei Dinge im Staat: 1) den Sclaven, 2) den Despoten. Alles, was dazwischen liegt, kann Asien nicht begreifen. Daher die Unmöglichkeit, solche Menschen in europäischen Staaten als Staatsbürger und berathend zu gebrauchen! In ganz Asien, dem ungeheuren Erdtheil, giebt es unter der fast zahllosen Menge von Staaten keinen einzigen constitutionellen oder republikanischen Staat, und es hat vielleicht auch noch keinen dort gegeben, trotz der vieltausendjährigen Geschichte, wenn man die griechischen Inseln ꝛc. Kleinasiens in Abzug bringt. Es ist also gewiß von der höchsten Wichtigkeit, wenn nachgewiesen wird, daß diese oder jene in Europa wohnende Nationalität asiatische Eigenschaften besitzt!

Nur aus Asien kann man sich die Erklärung für das merkwürdige Räthsel holen, daß Magyaren, Czechen ꝛc. einestheils die Macht des betreffenden Fürsten zu schwächen suchen, während sie anderntheils, gestützt auf die Titel des nämlichen Fürsten (!), eine Rassen-Hegemonie über andere Nationalitäten beanspruchen, die mit den Grundsätzen der allgemeinen Freiheit ganz unvereinbar ist. Hier erkennt man deutlich die Asiaten: in Europa ist das Verhältniß des Absolutismus immer auf eine hochstehende Person gegründet. Aber den Asiaten ist der Absolutismus so tief in Mark und Knochen eingebrannt, daß sie sich auch ein ganzes Volk als Despoten, ein anderes aber als dessen Vasallen nicht nur denken können, sondern auch gewöhnlich denken. Von Europa haben in dem tausendjährigen Hiersein diese Kanaillen auf rein mechanischem und äffischem Wege nur die Abneigung gegen Regierungen und die äußerliche Methode, diese Regierungen anzugreifen, profitirt. Alles Uebrige an diesem Gesindel ist ungeachtet der zahlreichen Freiheitsphrasen — asiatischer Drachenschwanz. Indem Magyaren, Czechen ꝛc. eine solche Rassen-Hegemonie, ein solches Europa unbegreifliche Verhältniß von Völker-Herren zu Völker-Knechten theils erstrebt haben, theils noch erstreben, liefern sie um so mehr die Bestätigung für die wissenschaftlich nachgewiesene unleugbare Thatsache, daß sie Asiaten

sind. Solche Völker erklären sich dadurch selbst für absolut unbrauch=
bar zur Schaffung, Kräftigung und Erhaltung europäischer Staa=
tengebilde. Die ephemere Existenz selbständiger Magyaren= und Czechen=
Staaten und ihr rapider Untergang bezeugt auch die Richtigkeit dieses
Satzes. Uebrigens ging das noch einigermaßen in der Vorzeit, wo die
Länder so dünn bevölkert waren und wo die Staaten unter sich ge=
wissermaßen viel politischen Spielraum hatten. Heute, bei dem straff
gewordenen politischen und socialen Völkerleben und bei dem Ver=
schwinden jener Spielräume sind derlei unsinnige Magyaren= und
Czechen=Staaten überhaupt gar nicht denkbar.

Das Asiatenthum, wie es in den Freiheitsbestrebungen der Ma=
gyaren, Czechen 2c. zu Tage tritt, ist somit bei der Nähe Rußlands
(dessen Bevölkerungskern, die 31 Millionen Großrussen, das ausge=
sprochenste Asiatenthum an der Stirne tragen, da sie finnisch=tartari=
schen Stammes sind, abgesehen davon, daß die thatsächliche Herrschaft
dieser 31 Millionen über die anderen 25 Millionen russischer Stämme
in dem oben angedeuteten Sinne genau Dasselbe bezeugt) eine euro=
päische Gefahr. Es ist leicht vorauszusehen, daß zuletzt selbst die De=
mokratie mit den Trägern jener Bestrebungen in den schwersten Kampf
verwickelt werden müßte. Desgleichen sieht man voraus, daß die Ma=
gyaren, obwohl sie im Augenblick gar Nichts davon zu ahnen schei=
nen, bei ihren Versuchen, Oesterreich zu schwächen, principiell nur
für Rußland arbeiten. Die Hauptmerkmale des Asiatenthums sind
hier wie dort vorhanden, namentlich die Rassen=Hegemonie. Auf das
Uebrige kommt es nicht an: hat doch Rußland längst die nahen Ver=
wandten der Magyaren, die übrigen Finnen, in seinem Gebiet, frei=
lich nicht als Herrscher, sondern als Beherrschte, welche Aus=
sicht für extreme Fälle auch den Magyaren verbleiben würde! ...
Dann würden die Magyaren gerechterweise nur demselben schenßlichen
System erliegen, das sie jetzt in Oesterreich zu befestigen gedenken.
Dasselbe stünde den Polen in Aussicht, kämen sie je an Rußland,
was übrigens theilweis von Oesterreichs freiem Willen abhängt.
Hier wie dort hätte man keine Ursache, sich zu beklagen: als Asiaten
würden Magyaren, Polen 2c. schon die Logik jenes asiatischen Systems
verstehen ...

Eine allgemeine Freiheit ist also in Oesterreich so lange un=
denkbar, als Magyaren, Czechen 2c. nicht niedergehalten werden.
Sie können eine solche Freiheit nie begreifen, und bekämpfen die=
selbe, wo sie ihnen entgegentritt, eben aus Rassen=Princip auf Leben
und Tod.

Es springt aber auch sogleich in die Augen, daß Oesterreich einen
riesigen Fehler beging, als es seinen kultivirten Völkern nicht

eher etwas allgemeine Freiheit bewilligte, bis die Magyaren sich ihre asiatische „Freiheit" ertrotzt (oder besser: erschlichen) hatten! Und dazu kam die allgemeine Freiheit nicht einmal quantitativ gegen die asiatische auf! Jetzt liegen sich beide „Freiheiten" in den Haaren. Das ist die Krisis, die zur Katastrophe führt, wenn man nicht die asiatische „Freiheit" in den Käfig sperrt, wohin sie als Bestie auch gehört. Jener Fehler war so groß, daß Oesterreich zu Grunde gehen würde, wollte man ihn ein zweites Mal wiederholen. Man mußte im Gegentheil die allgemeine Freiheit vorausschicken, was theilweis freilich nur im Princip geschehen konnte. Man mußte sie somit zur Waffe machen gegen die asiatische „Freiheit". Letzterer wurden immer nur in so weit Concessionen im menschlichen, d. h. eben im allgemeinen, Sinne bewilligt, d. h. octroyirt, als man ihr gleichzeitig gegen den Mißbrauch die — Klauen verschnitt! Jetzt sind aber diese Klauen sehr gewachsen; auch hat die Verwilderung und Rauflust der mit rohem Fleisch gefütterten Asiaten bedeutend zugenommen, was bei ihrem Naturell sehr erklärlich ist. Daneben steht die allgemeine Freiheit fast wehrlos, theilweis noch gefesselt! (Feudale; Klerikale.) Darf man sich wundern, daß die Arena des Reichskanzlers immer mehr zittert und wackelt, daß das Publikum, statt Entrée zu zahlen und naturwissenschaftlichen Studien obzuliegen, entsetzt von dannen läuft, ja, daß dieser Reichskanzler um seiner Knochen und Schenkel willen sich bald selbst nach einer sicheren Hinterthür wird umsehen müssen? . . .

Unzweifelhaft stehen dem Germanenthum einst schwere Kämpfe mit dem asiatisch gesinnten Osten bevor. Es ziehen sich da schon jetzt Wolken zusammen, die nur der Blinde nicht sehen kann. Das gelbarme Rußland würde seine baaren Rubel (die höchst auffallender Weise in allen slavischen Grenzländern Oesterreichs, der Türkei, und selbst im weitabliegenden Montenegro vielfach circuliren) nicht so zu Agitationszwecken verschwenden, wenn es nicht hoffte, einst Capital sammt Zinsen reichlich ersetzt zu erhalten. In all' diesen Ländern wimmelt es gleichzeitig von russischen Agenten, deren Zweck einzig der angedeutete sein kann.

Der Zusammenstoß ist über lang oder kurz unvermeidlich. Was wir jetzt in Oesterreich sehen, das sind im Grunde nur die Vorposten-Gefechte Europa's gegen das sich fühlende Asiatenthum. Schon aus diesem Grunde muß man hier einen ganz anderen Standpunkt einnehmen, wie den specifisch österreichischen.

Glaube man nicht an lange Ruhe. Sie widerspricht sogar den Gesetzen der Natur, die uns ein Beispiel ewigen Kampfes zeigt.

Fortwährende Ruhe ist auch den Völkern verberblich: sie zeitigt wie greller Sonnenschein eine Masse lästiges Ungeziefer, das dann nach längerer Pause Sturm und Gewitter vertilgen muß. Zwischen Kultur und Barbarei ist kein Friede möglich. Wenn die Kultur nicht vernichtet, wird sie vernichtet! Gegen Asiaten, die blindes Werkzeug in der Hand eines erobernden Despotismus sind, hilft Ueberredung, helfen gelinde Mittel nicht. Was nützt dem Hasen das Davonlaufen, wenn der Fuchs ihn verfolgt? Schon das Davonlaufen ist ja Krieg...

Uebrigens wollen wir über den Schlachtfeldern der Heere die tausendmal furchtbareren Schlachtfelder nicht vergessen, auf denen Kapital= und Industrie=Uebergewalt — die Arbeit besiegt ... Unsere Zeit ist eine infame Heuchlerin. Man kann keine blutende Nase mehr sehen, und findet es in der Ordnung, wenn die Kapital= und Maschinen=Wucht Unzählige zerquetscht und zerdrückt. Welche Verstellung, welcher Betrug! Kugel und Klinge töbten rasch; aber die Maschine töbtet langsam, auch trifft sie nicht blos einfach, sondern in Siechthum und Entkräftung selbst das künftige Geschlecht ...* Alle Generale der Fürsten sind Engel der Humanität gegenüber dem Heer gewissenloser Mörder, das nicht auf Befehl und zu Staatszwecken, sondern aus Egoismus, mit seinem Monstre=Mordwerkzeug der Kapitals=, der Industrie= und der Maschinen coalirte Allgewalt fast jeden Tag ein ganzes Bataillon subtil verhungerter und ausgepreßter Arbeiter unter die Erde bringt ... Blut fließt dabei freilich nicht: also ist man human, stimmt auch noch zum schlagenden Erweis Dessen gegen die Todesstrafe für vollenbete Verbrecher ... Und das Merkwürdige ist, daß der Krieg der Heere den viel verberblicheren, empörenderen, grausameren und unmenschlicheren Krieg der Industrie dämpft oder beschränkt! Diese verkommene feige und niederträchtige Bourgeois=Generation schreit nur deshalb so nach Frieden (der gar keiner ist), damit sie während desselben um so sicherer ihre ungleich schrecklicheren Schlachten gegen Leben und Gesundheit vieler Millionen liefern kann ... Der ununterbrochene Maschinenlärm ist ein viel schauerlicherer Kanonendonner, wie das zeitweilige Dröhnen der Geschütze in dem Feld ... Der sogenannte fünfzigjährige Friede hat Europa in Bezug auf Freiheitsliebe, Sitte, Moral, Charakter und wahre Humanität viel tiefere Wunden geschlagen wie die Kriege Napoleon's in Bezug auf Vermögen und Besitz ... Dieser Friede war der größte

---

* Sogar im gepriesenen England, das als Vampyr an allen Ländern der Erde saugt, kämpfen $9/10$ des Volkes den niedrigen Kampf des animalischen Menschen gegen den Hunger!

und schrecklichste Krieg, der sich denken läßt: ein Krieg des entfesselten allgemeinen, dabei auch niedrigsten (weil lediglich materiellen) Egoismus gegen die natürlichen Grundfesten der Staaten und der Gesellschaft. Er bildete die Sonnengluth zum Ausbrüten jenes unermeßlichen Insekten-Heeres, das uns die sociale Pest gebracht und das nur durch Hagelschläge und Gewitterschauer der Weltgeschichte unschädlich gemacht werden kann... Wäre es anders: dann stünden wir nicht dicht vor einer ungeheuren socialen Umwälzung, deren Motive Viele leugnen, weil sie Mitschuldige sind, deren Unvermeidlichkeit aber Jeder zugiebt, indem Alle den Satz beten: „So kann's nicht fortgehen". Spreche man nicht von einem geistigen Wettkampf auf dem Gebiete des Handels und der Industrie! Das ist bei der heutigen Uebervölkerung Nichts, wie ein scheußlicher, herzloser, menschenunwürdiger und grauenvoller Selbstsuchts-Kampf der Reichen, dessen Kosten zuletzt immer der ärmere Theil des Volkes mit Noth, Hunger und Elend bezahlt!

Diese Abschweifung beweist, daß es in gewissen Fällen um so mehr triftige Gründe für gewaltsame Anstrengungen und Zusammenstöße unter Völkern geben kann, welche die allgemeinen Zustände nicht verschlimmern, sondern verbessern. Dynastische und Eroberungs-Kriege sind immer verwerflich; allein damit ist die Reihe der Möglichkeiten noch lange nicht erschöpft. Es sind auch Kriege für große, edle und heilige Zwecke denkbar: haben sie doch vorher vielfach stattgefunden! Es kommt, bei Völkern wie bei Einzelnen, nicht auf die Handlung selber, sondern auf die Absicht an. Gerade diese Schrift zeigt nach verschiedenen Seiten nicht nur die Möglichkeit, sondern auch die Wahrscheinlichkeit ernster Conflicte zwischen dem Germanenthum und seinen zahlreichen Feinden. Diese Conflicte sind seither zum Theil nur dadurch vermieden worden, daß das Germanenthum selbst gegen unfläthige andere Nationalitäten den Nachgiebigen spielte und daß es sich durch die Form des heutigen politischen Deutschland zu seinem eigenen Nachtheil an seiner vollen Machtentwickelung gehindert sah. Sowie jene Nachgiebigkeit aufhört, und sowie jene volle Machtentwickelung eintritt, wird vom germanischen Centrum aus der Kampf nach Ost und West, nach Süd und Nord entbrennen. Denn die Macht Frankreichs, Englands, Rußlands, Italiens 2c. ist schon seit Jahrhunderten unnatürlicher Schwindel: sie setzt als etwas Nothwendiges und Bleibendes die fortwährende Resignation und relative Ohnmacht des Germanenthums voraus. Die (übrigens nur vorübergehende) politische Zerrissenheit Deutschlands, sowie die Niedertracht deutscher Fürsten und Regierungen, gaben dieser Macht Frankreichs, Englands, Rußlands 2c. eine gewisse Folie, die demungeachtet keine Dauer haben kann. Sowie

Deutschland den Versuch macht, die ihm gebührende, doch seither aus äußerlichen und zufälligen Gründen verkümmerte Machtstellung in Europa wieder einzunehmen, heißt das **Krieg gegen halb Europa.** Gutwillig bekommen wir Nichts von dem Gestohlenen und Geraubten heraus. Der Krieg wird um so ernster und radikaler ausfallen, je mehr hüben wie drüben die **Völker** die Entscheidung in den Händen haben, da wir ja an unseren deutschen Fürsten vielfach sehen, daß sie Jahrhunderte lang durch die von ihnen geschaffene Zerrissenheit und Schwächung Deutschlands die Macht=Prätentionen des Auslandes auf Kosten unseres Ansehens und unserer Ehre befriedigt oder geschmei= chelt haben. Deutschland tritt nur unter Strömen Blutes aus der ihm von dynastischen Rebellen, Zerstörern und Abschwächern der Reichs=Einheit (also auch der Reichs=Gewalt) zum Vortheil des Aus= landes bereiteten politischen Vasallen=Lage in die ihm gebührende welt= historische Stellung ein, die es einst innehatte, und die es bald wieder inne haben wird.

Was jetzt in Oesterreich vorgeht, ist größtentheils nur eine Ein= leitung zu den **künftigen** Kämpfen des Germanenthums nach einer Richtung hin. Hier wird uns der Zusammenstoß nimmermehr erspart. Aber seien wir ohne Sorge um seinen Ausgang!

Das wird kein Kampf um fürstliche Interessen, um Landesgren= zen, um Eroberungen, um geographischen Besitz. Es wird ein heiliger Krieg, der seine Opfer lohnt, und über den die Menschheit nicht zu weinen braucht. Es wird ein **Kreuzzug für die Kultur...**

So verworren und theilweis trostlos die inneren Verhältnisse Oesterreichs auch sind: dieser Staat kann den genannten Kreuzzug sehr wohl **beginnen,** ja, er **muß** ihn beginnen, wenn seine Leiden enden sollen. Erstes Bedingniß ist hierbei freilich, daß man völlig mit der Vergangenheit bricht, daß man eine Fahne aufpflanzt, die die Gebildeten und wahren Freiheitsfreunde des übrigen Europa mit ihren guten Wünschen begleiten. Vor Allem ist nothwendig, daß bei solchem Kreuzzug die **schwarzen** Magyaren, Czechen ꝛc., die Pfaffen, zu Hause bleiben. Im Bunde mit diesen Menschen ist schon ein Princip= Kampf für das Bessere gar nicht denkbar.

Da muß es freilich in Oesterreich erst ganz anders werden, wie es zur Stunde dort ist! **Welch' unerhörtes Schauspiel bietet dieses Land?** Wir sehen an den Wahlen, daß das Pfaffenge= schmeiß zum Verderben der Dynastie und des Staates eine Macht aus= übt, die ihm durchaus nicht gehört. Es kann für einen constitutio= nellen Staat nichts Wichtigeres und Ernsteres geben, wie die **Wah= len zur Volksvertretung.** In allen vernünftig regierten Län= dern läßt man das Wahlrecht nur von **Staatsbürgern,** von Ein=

heimischen ausüben. In Oesterreich dagegen üben das
Wahlrecht vorzugsweise Menschen aus, die keine
Staatsbürger, die Fremde, d. h. Ausländer sind...
Denn die Pfaffen wird nur ein Narr für Staatsbürger halten. Auch
wenn sie geborene Oesterreicher sind, kommt Das hier gar nicht in
Betracht. Sie sind nach Gelöbniß, nach Eid, nach Stellung, nach
Beruf und nach Allem Ausländer, nämlich Römlinge, deren
Souverain nicht der Kaiser von Oesterreich, sondern der Pabst ist.
Diesem Letzteren dienen sie. So lange der Kaiser von Oesterreich sich
als Vasall Rom's giebt, läßt sich bei den österreichischen Pfaffen die
Loyalität gegen den Kaiser und gegen den Pabst sehr gut vereinigen,
gerade so, wie ein Steyermärker gleichzeitig loyal sein kann gegen
den Statthalter von Steyermark und gegen den Kaiser von Oesterreich, dem jener Statthalter gehorcht. Die Loyalität der Pfaffen, gegenüber dem Kaiser von Oesterreich, reicht also
genau so weit, als dieser Kaiser seine Vasallenschaft
von Rom anerkennt. Sowie er sich untersteht, im Interesse seiner Dynastie oder Oesterreichs eine Meinung
zu haben, die von der Rom's abweicht, ist es auch mit
der kostbaren Loyalität der Pfaffen vorbei. Sie werden
sogar augenblicklich die gefährlichsten Feinde, denn sie handeln in der
firen Vorstellung, daß der Kaiser sein ihm von Rom verliehenes
Mandat verletzt habe, und beschönigen all' ihre Niedertracht mit
der Jesuiten-Phrase, „daß man Gott mehr gehorchen müsse, wie den
Menschen". So lange der Begriff „Staatsbürger" oder „Unterthan"
besteht (und die Fürsten können ihn sehr gut gebrauchen), würde der
Kaiser von Oesterreich an Macht weniger verlieren, wenn er, an
Stelle der Pfaffen, die eben in Oesterreich weilenden Engländer,
Franzosen 2c. mit der Leitung der österreichischen Wahlen betraute!
Diese Engländer, Franzosen 2c. würden immerhin weltlich und staatsfreundlich denken, was schon die Dankbarkeit für genossenes Gast-
recht und die Leichtigkeit, es einzubüßen, verbürgt. Die jüngsten Wahlen in Oesterreich sind, als vielfache Produkte fremdländischer Ein-
mischung und fremdländischen Terrorismus, an und für
sich schon ungültig. Von einem freien Ausdruck des Volkswillens
kann da keine Rede sein.

Es wird höchste Zeit, daß man in Oesterreich die ungeheueren
Gefahren erkennt, die in einem Bündniß mit den Pfaffen, ja, die
schon in einer übergroßen Duldung derselben liegen. Diese Gefahren
sind nach der letzten Consequenz nicht für das Volk, sondern lediglich
für die Dynastie vorhanden. Weshalb will man einen alten praktischen Satz umkehren, weshalb will man weisheitsvoll verkünden:

„die Ratte besteigt das sinkende Schiff"?... Zuletzt kann es den Völkern sehr gleichgültig sein, wenn ihre Dynastieen sich eigenhändig ruiniren. Aber ewig räthselhaft für die künftige Geschichtschreibung wird bleiben, warum Letztere hierbei alle Verstandesgründe consequent mit Füßen traten in einer Zeit, die fast nur Verstandesgründe kennt... Die Pfaffen unserer Tage sind die Holzwürmer der Throne: bis jetzt gingen alle Fürsten, die sich auf die Pfaffen stützten, ohne eine einzige Ausnahme, in Macht, Ansehen und wirklicher Herrschergewalt unaufhaltsam zurück. Pius IX. ist der letzte wirkliche Pabst... Was etwa noch nachkommt, zählt historisch nicht, ist äußersten Falles blos Wellenschlag des ertrinkenden Pabstthums im Strom der Zeit. Dieses Pabstthum besteht nur noch in der Form. Man denke sich dasselbe seiner Hauptstadt beraubt (dieser Umstand wird sehr bald eintreten): und das Chaos beginnt! Rom! Rom! Rom! Auf diesem Namen beruht die ganze Macht des heutigen päbstlichen — — — Heidenthums... Den großen unerhörten Schwindel, der Gott beleidigt und verlästert, der den staatsgefährlichsten Nihilismus gleichsam an den Haaren herbeizieht, der die Menschheit hemmt, kränkt und peinigt, hält keine Idee mehr zusammen wie einst...* Eine Kirche, die so kämpfen muß, wo sie (wenn sie wollte) die heiligen und sieggeweihten Waffen des reinen Gottesglaubens, der Wahrheit und der Menschenliebe, die jede Brust bewegt, frei zur Verfügung haben könnte: die ist weit abgewichen von ihrem Ziel. Wäre sie es nicht: dann würden die Lichtstrahlen des Weltalls zu ihren Aposteln werden, dann würde die Sprache der Natur zu einem hohen Lied in ihrem schönsten Dom... Das jetzige Pabstthum ist ein uralter, durch und durch morscher — Sarg, dessen überschwenglich porösen Atome nur in der absolutesten Ruhe noch

---

* Der Nihilismus wendet sich in der Folge immer auch gegen die Dynastieen. Die Pfaffen verlangen, ihrem Dogma zu lieb, daß das Volk an den größten, widernatürlichsten Unsinn, selbst an Wunder glaube. Nun dringen aber doch allmählig selbst in die Bauernhütte, sei es auch nur mit Hilfe eines gedruckten Blattes oder eines Kalenders, die Ergebnisse der Naturwissenschaft, die von Wundern Nichts wissen. So beginnt in Vielen der Zweifel. Ist der Pfaffe bezüglich der Wunder ein Lügner, so traut man ihm auch dort nicht, wo er wirklich Recht haben kann, nämlich in den Lehren der Moral. Jedenfalls wird vielfach der Eindruck der Letzteren geschwächt. Regt sich aber einmal der Zweifel in einem unnebelten Gehirn, so richtet oft auch die Vernunft Nichts mehr aus. Vom Anzweifeln der Wunder bis zum Anzweifeln des Pabstes ist kein großer Schritt. Desgleichen ist es für Manchen vom Anzweifeln des Pabstes bis zum Anzweifeln des Kaisers nicht weit... Das ist die Logik der Pfaffen-Dressur, die auf die Dummheit der Völker speculirt, die sich dabei aber am Ende immer wie eine Drossel in der Schlinge fängt!

ein Wenig bei einander bleiben ... Er steht lediglich zum Beschauen da. Man darf sich ihm nie über eine gewisse Grenze nähern; sogar der gewöhnlichste Luftzug muß, als verderblich, mit Sorgfalt von ihm abgehalten werden. Es ist streng verboten, in seiner Nähe laut zu sprechen oder Gestikulationen zu machen: er hält es nicht aus. Freier Zutritt ist nicht gestattet. Wer Zutritt erhält, muß sich leise auf den Zehen heran= und wieder fortschleichen. Louis Napoleon besorgt die Wache... Man lasse diesen Sarg vom Finger des Jahrhunderts berührt werden: und er zerfällt in Staub... Wenn ich an Rom denke, denk' ich immer unwillkürlich auch an die Sonnen= tempel in Indien... Es fehlen blos die Menschenopfer noch: doch dafür sorgte einst auch die — Inquisition... Was könnten doch die Fürsten lernen im Interesse ihrer Völker und ihrer eigenen Dynastieen, wenn sie die Geschichte anders studirten, wie unter An= leitung von Hofschranzen und Pfaffen! Vor 600 Jahren hat Ru= dolph von Habsburg dem deutschen Reich und Oesterreich weder Pfaf= fenbruck, noch Concordat, noch Jesuiten geboten: er wäre unter An= wendung solcher Mittel auch sicher zu Grunde gegangen, hätte so= mit gar keine Dynastie gründen können. Und damals war es eine ganz andere Zeit! Man konnte sie nicht aufgeklärt nennen; der Frei= heitssinn der Völker war nicht entwickelt; vor Allem fehlte der ge= waltige Geisteshebel, die Buchdruckerkunst. Dabei war die damalige Hierarchie immerhin noch reputirlich; sie war im Ganzen doch noch menschlich, doch noch Christenthum, was von der gegenwärtigen römischen, zum förmlichen Buddhaismus entarteten Hierarchie durchaus nicht gilt. Also nicht die Völker sind anders, sie sind höchstens loyaler geworden: nur die Fürsten, sie änderten sich...

Wenn Oesterreich seine unvergleichlich wichtige Aufgabe, die es gegen Osten hin zu erfüllen hat, klar erkennt und darnach handelt, so steht hierbei nicht nur das deutsche Volk, sondern auch der gebil= dete und denkfreie Theil Europa's hinter ihm. In demselben Grade, wie es da unten die Sache der Civilisation (die zugleich ein Aus= druck für die wahre Freiheit ist) zu der seinigen macht, wird und muß es stärker werden. Denn die jetzige politische Schwäche des Kaiserstaates ist Nichts weiter wie eine Lähmung der darin vorhandenen Kultur=Elemente durch die numerisch überlegenen, doch qualitativ unendlich schwächeren Elemente der Barbarei. Da hier nur Hohes und Edles auf dem Spiele steht, so können alle nutzlosen Rücksichten fal= len. Die magyarische und czechische „Freiheit" kann nur noch Tröpfe und Asiaten begeistern; allen Gebildeten und sogar allen Demokraten muß sie ein Gegenstand des Widerwillens, wo nicht des Abscheues fein. Es werden keine Umstände mehr gemacht mit diesen Magyaren, Czechen, Slovenen 2c., mit diesen Gassenkehrern und Stiefel= putzern der Weltgeschichte... Selbst wenn Oesterreich zu sei= nem Unheil hier schonen und abwehren wollte: die Katastrophe würde jenen Nationalitäten doch nicht erspart. Zuletzt bereitet das Germanen= thum den Magyaren ein zweites Lechfeld an der Theiß... Diese dummen und schlechten asiatischen Horden haben jetzt zu ihrem eigenen Verderben ihre Karten gezeigt. An der großen Kulturarbeit der ger= manischen Rasse können und wollen sich diese Völker, die zum Ueber= fluß noch, verglichen mit den Germanen, lächerliche Häufleins sind, nicht betheiligen. Eine eigene politische oder sonstige Aufgabe kann ihnen auch beim besten Willen nicht zugewiesen werden. So sind und bleiben sie nur hinderliche Steinblöcke auf dem Wege der Kultur, so= wie Keile und Sperrmittel in der germanischen Entwickelung. Das Germanenthum muß entweder seiner kulturhistorischen Bestimmung gen Osten hin untreu werden und seine nationale Entwickelung eigenwillig hemmen, oder es muß über diese Asiaten weg die Tagesordnung seiner Zukunft beginnen. Die Wahl ist nicht schwer.

Ergreift Oesterreich die richtige Fahne, so nimmt es politisch eine Stellung ein, die kaum lohnender gedacht werden kann, und von welcher aus es in Kurzem neue, gewaltige Kräfte zu sammeln ver= mag. So weit das Germanenthum eine Zukunft hat im Sinne einer verbreiterten Kultur (und sie darf ihm nicht abgesprochen werden), liegt sie vorzugsweise nach Südosten, d. h. genau in der Rich= tung über Oesterreich hin. Diese Richtung allein ist noch offen, und sie muß in's Auge gefaßt werden. Das muß geschehen schon aus Gründen der Nothwehr. Ueber lang oder kurz wird doch die Türkei politisch liquidiren.* Wer soll der nächste Besitzer sein? Ruß= land? Zahllose Gründe der Politik, der Kultur und selbst des Ma= teriellen sind dagegen. Deutschland muß den letzten Mann und den letzten Kreuzer einsetzen, dieß zu verhindern. England und Frankreich? Beide Staaten liegen zu fern; auch wäre ein solcher Besitz großartige Unnatur, abgesehen davon, daß Engländer wie Franzosen, bis jetzt alle ihre gewonnenen fremden Länder oder Colonien lediglich als Ci= tronen zum Auspressen benützt haben. (Indien; Algier 2c.) Er könnte nur behauptet werden, wenn Deutschland es huldvollst er=

* Die europäische Türkei enthält (auf 6200 Quadratmeilen) unter 10½ Millionen Einwohnern nicht ganz 1½ Millionen Türken. Die Herrschaft der Letz= teren ist also im höchsten Grade eine Minoritäts=Herrschaft, der keine Dauer innewohnen kann. Um so mehr muß man beklagen, daß die Staatsmänner Oesterreichs in unbegreiflicher Verblendung den russischen Einfluß auf der Bal= ten=Halbinsel zu solcher Bedeutung gelangen ließen.

laubte. Andere Anwartschaften sind nicht denkbar. Dazu tritt das
Geographische und Strategische. Ein Blick auf die Karte lehrt, daß
bei einem Zurückweichen der Osmanenherrschaft aus Europa nur das
germanische Centrum berechtigt und der Macht nach befähigt ist, des
Halbmonds Nachfolger zu sein. Wir haben die ganze obere und mitt=
lere Donau, werden sie ewig haben. Folglich kann sich die untere
Donau schon aus wichtigen strategischen Gründen weder in russischen,
noch in englischen und französischen Händen befinden. Die untere
Donau aber heißt — Bosporus! Welche Perspective für deutsche
Colonisation, für deutsche Arbeit, für deutschen Handel!!! Die ver=
sauerten und in Faulheit stinkend gewordenen Völker da unten ran=
giren keine zwei Schuh über dem — Schweinestall! Es wäre
ein Glück für die Civilisation, wenn jene Gebiete dem Asiatenthum für
immer entrissen würden. Sie wären ihm gewiß schon entrissen, be=
stünde das deutsche Reich in seiner Ganzheit noch. Daraus folgt,
daß das Germanenthum nur durch vorübergehende politische Verhält=
nisse verhindert ist, seine Kulturaufgabe nach Südosten hin vollstän=
dig zu erfüllen. Da das Germanenthum seine Kraft und seine Zu=
kunft behielt, so ergiebt sich daraus weiter, daß Rußland sich nur so
lange für den Erben der Türkei halten kann, als das jetzige, der
Nation selbst völlig ungenügende und werthlose politische Deutschland
besteht. Tritt das Germanenthum einst in einer besseren und stärkeren
politischen Form auf, wie seither (was unvermeidlich und nicht zu
hindern ist), so wird der Strom überschüssiger deutscher Kraft, der
Jahr aus, Jahr ein in Form wachsender Auswanderung über den
Ocean geht, den kürzeren und richtigeren Weg einschlagen nach Süd=
osten. Die Folgen werden unermeßlich sein... Dieser
mächtige Strom treibt dann gewiß sehr bald Vieles von den Czechen
und Magyaren als dürres Laub nach der Weichsel oder in das
schwarze Meer... Daraus, daß unsere Colonisten den weiten Sei=
tenweg nach Amerika einschlagen müssen, kann geschlossen werden,
einestheils, wie ungenügend unser politisches Vaterland ist, andern=
theils, wie mächtig es einst sein wird. Man hat etwas Gutes,
nämlich Völker-Entwickelung, aber auch etwas Gewaltsames, die
Ferne und die erzwungene Richtung, vor sich: deshalb kann das
Ganze keine Dauer haben. Nebenbei bemerkt, stellt die Sache die
Ueberschwenglichkeiten der Magyaren in ihrer vollsten Lächerlichkeit
hin. Die gewaltige germanische Rasse hat, ohne sich zu schwächen,
gewissermaßen wie mit dem kleinen Finger, mehr Menschen über den
Ocean fortgeschnellt, als das ganze concentrirte Magyarenthum Köpfe
besitzt... Es giebt 6 Millionen Deutsche in Amerika, aber nur 5
Millionen Magyaren in Europa. Somit wiegt Das, was von der

großen deutschen Frucht nur so leicht abgeschabt wurde, den ganzen, pompös im Schaufenster als eine seltene Merkwürdigkeit ausgestellten magyarischen — Holzapfel auf! Eine Nation, die solche Kunststücke ausführt: **der gehört die Zukunft Europa's und der Kultur!**

Preußen hat nicht entfernt die Aussicht, der Nation für die Folge national, politisch, civilisatorisch, volkswirthschaftlich 2c. so viel zu nützen, wie Oesterreich. Es kann höchstens gegen Rußland namhafte nationale Eroberungen machen; doch gerade dorthin zeigt es sich sehr feig, indem es sogar die Ostsee=Provinzen schmählig im Stiche ließ. Dafür beschäftigt es sich mit — Annexionen im Innern, die uns im glücklichsten Falle nach Außen nicht stärker machen. Aber Oesterreich dient dem Germanenthum und dem künftigen Deutschland schon unermeßlich, wenn es sich im Südosten als Kämpfer für die Kultur und als ihr Vorposten bewährt. Kein deutscher Staat kann so wie Oesterreich der Zukunft des deutschen Volkes wirksam vorarbeiten, keiner kann sie auf der anderen Seite momentan so schädigen. (Im letzteren Falle freilich würde Oesterreich, von allen Seiten angegriffen und ohne Halt in sich, nur seinen Untergang bewirken.) **Das ist das Hohngelächter der Thatsachen auf die (formelle) Ausschließung Oesterreichs aus Deutschland und auf den Frieden von Nicolsburg**... Wo diese Thatsachen so laut sprechen, da sollte ein Reichskanzler in Wien klüger sein, wie ein alberner Bogen — Papier ...

Die Rolle, welche das Schicksal den Deutschen Oesterreichs anvertraut, ist eine große, eine schöne, eine herrliche! Sie verdient wohl, daß das gesammte Germanenthum für alle Folgezeit sein Auge theilnehmend und fest auf sie gerichtet hält. Wer nach dem Erscheinen dieser Schrift sich noch für magyarische, czechische, slovenische 2c. „Freiheit", also für eine „Freiheit", begeistern kann, die vollendet mittelalterliche Zustände zur nothwendigen Voraussetzung hat, der ist kein Deutscher, und noch weniger ist er ein Mann des Volkes. Solche Denkungsweise wäre deutscherseits nur das Spülicht nationaler Charakter= und Gesinnungslosigkeit ... Es gilt für die Deutschen in Oesterreich die alte Stellung zu behaupten, sie womöglich weiter vorzuschieben. Sie müssen wie eine tapfere Truppe, der viel anvertraut ist, jeden Fußbreit Boden auf's Aeußerste zu halten suchen. Sie müssen wissen, daß hinter ihnen ein unermeßliches Heer steht. Ist es auch noch etwas fern, so ist es doch da ... Bismarck und König Wilhelm widerlegen sich nur selbst, wenn sie sich als ohnmächtige Gendarmen mit ein Paar elenden Brettern und Balken der nationalen Sympathie abwehrend entgegenstellen, die über Hunderte von

Meilen Grenzlinie wie eine Weltfluth zu den Deutsch=Oesterreichern hinüberschlägt ... Sind diese Paar Bretter und Balken einmal auf die Seite geworfen, so dienen sie höchstens noch als Wahrzeichen menschlichen Wahnsinns und menschlichen Irrthums.

Möge der Genius des großen deutschen Volkes die Deutschen in Oesterreich bei ihrem schweren Kampfe stärken, einigen, festigen und schützen! Möge er Zwietracht aus ihren Reihen bannen, die immer der Verbündete des Gegners ist! Möge er ihren Geist erhellen, damit sie erkennen, daß in verworrenen Zeiten nur der K a m p f das Gute gebiert! Möge er die Streiche segnen, die sie niederfallen lassen auf die Feinde des Lichts, der Freiheit und der Kultur! Möge er endlich die Idee eines künftigen Deutschlands von Glanz und Größe zum Symbole machen für ihren heiligen Streit! ...

————   ————

Werfen wir zum Schluß noch einen Blick auf die Gesammt= Entwickelungen dieser Schrift, so ergeben sich folgende Hauptsätze:

1) Das Germanenthum empfing einen historisch großartigen Be= ruf, dem es im Interesse der Sicherheit und der Bildung Europa's gerecht werden muß. Rückgang des Germanenthums wäre e u r o = p ä i s c h e Anarchie und e u r o p ä i s c h e r Verfall. D e n G e r m a n e n wurde für unsere Zeit dieselbe hohe Bestimmung zu Theil, wie einst den Griechen im Alterthum. Darum wirkt auch die Unterdrückung der Deutschen in Oesterreich nicht blos auf diesen Staat, sondern auf Deutschland, auf das Germanenthum über= haupt und auf Europa zurück!

2) Oesterreich ist von Germanen auf germanischem Fundament gegründet worden. Jeder nachträgliche Versuch, den Staat auf ein an= deres Fundament (das es eigentlich gar nicht giebt) hinüberzuschieben, zieht unfehlbar den Untergang desselben nach sich. Die Deutschen haben in Oesterreich fast genau dieselbe Aufgabe im Kleinen durch= zuführen, die dem Germanenthum, Europa gegenüber, im Großen durchzuführen obliegt. Europa würde gleichfalls große Schwankungen erleiden, wenn man den Deutschen insgesammt ihre große Rolle neh= men wollte, wie man den Deutsch=Oesterreichern jetzt ihre kleinere genommen hat. Das Nationalitäts=Delirium und die Barbarei erhüben von allen Seiten ihr scheußliches Haupt.

3) Preußen hat seinen e i g e n e n, doch wegen unübersteiglicher nationaler Schranken keinen d e u t s c h e n Beruf.

4) Die Ereignisse von 1866 haben das Germanenthum, ob= wohl es seine innere Kraft behielt, nach Außen namhaft geschwächt.

18

Ein Fortgang auf diesem Wege würde das Uebel nur verschlimmern, weßhalb die Nation wünschen muß, daß er unterbleibt. Insbesondere wirken jene Ereignisse nachtheilig auf die Verhältnisse der Deutschen in Oesterreich zurück. Ihr Charakter und ihr Ziel war also anti= deutsch.

5) Nimmt man die guten, die sittlichen und moralischen Fac= toren zum Anhalt, so kann einzig und allein das deutsche Element, doch können weder die magyarischen, czechischen ꝛc. Elemente Grund= lage des neuen Oesterreich sein. Ein Stützen des Staates auf die nichtdeutschen Nationalitäten ist Oesterreichs und seiner Dynastie un= fehlbarer Untergang.

6) Die nichtdeutschen Nationalitäten in Oesterreich sind viel machtloser, als man glaubt. Ihre Macht besteht häufig nur in ihrer Einbildung und in ihrem Geschrei. Die Föderation, wie sie Czechen, Ultramontane und Feudale in Oesterreich verstehen, führt gleichfalls zum Verderben dieses Staates.

7) Die Zwangslage, in der sich Oesterreich heute befindet, schreibt sich lediglich von den großen Fehlern der österreichischen Regierungen her. Sie kann nicht durch Ausgleiche und durch fortgesetzte Nachgie= bigkeit gegen die nichtdeutschen Nationalitäten, sondern nur durch das Verlassen des falschen Weges gehoben werden.

8) Die magyarische Macht ist nur eine eingebildete Macht: sie ist eine Luftspiegelung österreichischer Waffen. Die Magyaren haben weder die Kraft, noch das Recht, als Rasse über das eigentliche Un= garn zu herrschen, viel weniger über die ungarischen Kronländer. Der ungarische Revolutionskrieg von 1848 und 49 wird ganz falsch be= urtheilt. Derselbe kann sich übrigens nach den heutigen Verhältnissen unmöglich wiederholen.

9) Der Ausgleich mit Ungarn mußte in jeder Hinsicht verderb= lich für Oesterreich sein. Er proclamirte den Triumph der Barbarei über die Kultur (insbesondere den der nichtdeutschen Nationalitäten über die Deutschen), der Scheinfreiheit über die wirkliche Freiheit, der Rassen=Hegemonie über die eigentliche Regierungsgewalt, und setzte eine große Belohnung aus auf Staats=Zerstörung, sowie auf Illoya= lität gegen Vaterland und Thron.

10) Die politische Aerndte mußte der politischen Aussaat ent= sprechen. Daraus, daß es Oesterreich jetzt so traurig ergeht und daß seine Lage durch den Ausgleich mit Ungarn unsäglich verschlechtert worden ist, kann ein großer Trost abgeleitet werden. Vor Allem sieht man daraus, daß es noch einen Gott giebt, der als höchste Potenz moralischer Gesetzmäßigkeit und ewiger Vernunft nicht dulden darf, daß die von den dummen Jungen der Reichskanzlei herabgeschlagenen

Dachziegel in — die Wolken fallen ... Auf Eure Köpfe gehören
sie! Daran eben erkennt man die Liebe jenes Gottes ... Derselbe
Gott geräth ganz gewiß um des Reichskanzlers und um der Pfaffen
willen nicht mit sich in Widerspruch ... Es ist weit besser, daß
Reichskanzler und Pfaffen untergehen, als daß der Glaube an die
Vernunft Gottes und an die Gerechtigkeit seiner Strafen im Volk er=
lischt ...

11) Die sogenannte „Freiheit" der nichtdeutschen Nationalitäten
in Oesterreich, namentlich die der Magyaren und der Czechen, ist
Nichts, wie die Freiheit der Barbarei, die deutsche Kultur zu unter=
drücken. Sie setzt feudale, verrottete Zustände des Mittelalters vor=
aus, die unserer Zeit zur größten Schande gereichen müssen und die
auch jede gewerbliche wie sociale Entwickelung in eiserne Banden
schlagen. Sie setzt ferner an Stelle der einen früheren Herrschaft
(Kaiser von Oesterreich) die millionenköpfige Herrschaft einer bevor=
zugten Rasse, was die übrigen Nationalitäten unvergleichlich mehr
drückt, lähmt und moralisch zerbröckelt. Die herrschende Rasse selbst
sinkt bei ihrer primitiven Rohheit und Immoralität in Folge der
Herrschaft immer tiefer. Eine solche Rassen=Hegemonie verfallener kleiner
Nationalitäten vernichtet mit mathematischer Gewißheit sehr rasch alle
edleren Volkskeime, die der moderne Staat zu seinem Bestehen als
Lebensluft braucht. Sie ist also dem Staat wie der Dy=
nastie gleich gefährlich.

12) Die Zurückhaltung der Deutschen in Oesterreich, die schon
ihrer Zahl nach über allen übrigen Nationalitäten stehen, beweist,
daß sie die einzige Nationalität Oesterreichs sind, die vom Gesammt=
staat eine klare Vorstellung haben. Je länger man sie ignorirt, desto
größer werden die Gefahren für Staat und Thron.

13) Die Hierarchie war immer Oesterreichs und seiner Fürsten
größter Feind. So lange Oesterreichs Fürsten sie hintanhielten,
nahm ihre Macht zu; so wie sie dieselbe in den Vordergrund zogen,
brach über sie und über Oesterreich Jahrhunderte um Jahrhunderte,
ohne eine einzige Ausnahme, schweres Unglück herein.

14) Die größte Gefahr für Oesterreich besteht in Reaction und
Hierarchie. Wird Beides vermieden, so ist die jetzige Krisis nur eine
vorübergehende. Neben den Deutschen kommen von allen Nationali=
täten Oesterreichs nur noch die Polen, als geeignet für einen euro=
päischen Zweck, in Betracht. Es hängt von den Polen und ihrem
Betragen ab, ob der Gedanke einer Wiederherstellung Polens auch
von den Völkern aufgegeben wird, oder nicht. Die Polen selbst sind
unfähig zu solcher Wiederherstellung ihres Vaterlandes. In erster

Linie brauchen sie hierbei die Hilfe und die Freundschaft des deutschen Volkes.

15) Seinem eigentlichen Wesen nach ist der Kampf, der sich jetzt im Innern Oesterreichs abspielt, ein Kampf der Barbarei gegen die Kultur. Da die Barbarei hierbei nach Freiheit schreit, so ist diese Freiheit nur die Knechtschaft des besseren Theils. Da ferner in Oester= reich nur die Deutschen das Kultur=Element bilden, so folgt aus der allgemeinen Anfeindung dieses Elementes durch alle anderen Natio= nalitäten, daß deren Barbaren=Freiheit im Interesse Oesterreichs, ja, Europa's, und der Kultur b e s ch r ä n k t werden muß.

16) Magyaren, Czechen ⁊c. muß die Kultur und müssen Schulen nöthigenfalls mit — K a n o n e n aufgezwungen werden.

17) Magyaren und Czechen sind A s i a t e n. Sie sind zugleich primitive Barbaren=Völker, wie die regelmäßige Zunahme der Un= kultur in ihren national rein und unvermischt gebliebenen Gebieten schlagend beweist. Ihre Gedanken, Vorstellungen, Pläne und Hirn= gespinnste sind asiatisch; sie fühlen sich fremd und abgestoßen in der civilisirten europäischen Welt. Daher das Streben dieser Nationa= litäten, eigene Staaten zu bilden inmitten der genannten Welt. Es ist also gleich unverantwortlich wie thöricht, sie über Oesterreichs Neu= gestaltung und Zukunft um Rath zu fragen. Den gesammten welt= historischen Leistungen dieser Nationalitäten zufolge wird deren k o m= m e n d e sogenannte Geschichte am liebsten durch einige Episoden öster= reichischer oder deutscher Geschichte v e r d e c k t . . .

18) Bei jenem Kampf, der erst nachträglich durch den Miß= brauch der Freiheit, wie er bei Magyaren, Czechen ⁊c. aus nationalen Gründen ganz unvermeidlich war, seinen wirklichen und natürlich ausgeprägten Charakter erhielt, steht es Oesterreich frei, entweder für die Kultur gegen die Barbarei und für Europa gegen Asien, oder umgekehrt für die Barbarei gegen die Kultur und für Asien gegen Europa einzustehen. Im ersten Fall ist ihm der rasche Sieg, im andern der eben so rasche Untergang g e w i ß.

19) Die magyarische und czechische „Freiheit" richtet sich über Deutsch=Oesterreich hinweg auch gegen das übrige Deutschland, dessen Verpreußung sie wesentlich fördert. Die Magyaren und Czechen ge= stehen dieß prahlerisch ein; desgleichen spürt man es zumal in Bayern, Württemberg und Baden sehr deutlich an den Nachwirkungen von 1866. Ohne die genannte „Freiheit" sähe es in diesen Ländern wahrscheinlich etwas anders aus.

20) Oesterreich kämpft, indem es sich gegen die asiatische Bar= barei wendet, nicht für sich allein. Es kämpft mit geheimer Voll= macht des gesammten Germanenthums. Das sollte ihm die Nerven

ſtählen. Rußland und Preußen werden ſich wohl hüten, ihm ſein
Spiel zu ſtören, ſpielt es die rechte Karte aus! Ohnehin iſt Preu=
ßen durch Frankreich gelähmt und unbedingt in Schach gehalten:
nebenbei ein Beweis, wohin den Norden die Fahne der National=
Miſerabeln geführt, und zu welch' beleidigenden, deutſchfeind=
lichen Vermuthungen das ſeitherige Verhalten Preußens alle Freunde
des Vaterlandes zwingt! Was Oeſterreich jetzt verſäumt, das hat über
lang oder kurz das deutſche Volk unter ſchwierigeren Umſtänden nach=
zuholen. Denn die über ganz Oeſterreich weit zerſtreute
ungeheuere deutſche Kultur=Arbeit vieler Jahrhun=
derte muß gerettet werden um jeden Preis!

Die Dinge in Oeſterreich mögen ſich entwickeln, wie ſie wollen:
der Ausgang iſt nicht gleichgültig für das Germanenthum.

Da unten in Oeſterreich iſt zu viel deutſche Zukunft eingeſetzt.
Bei Preußen ſpielt man politiſch in einer Lotterie, wo Jedem vor
dem großen Looſe — graut ... Das deutſche Volk nimmt die ver=
worrenen Zuſtände Oeſterreichs leichter wie die ſcheinbar ſtarren und
ſtabilen Preußens, weil es, um wenigſtens in der Vorſtellung
glücklich zu ſein, ſich die preußiſche Starre und Stabilität in Ver=
worrenheit umgewandelt denken muß. Es war ein neuer, un=
verzeihlicher Fehler des Reichskanzlers, daß er auf dieſe Gemüths=
ſtimmung des deutſchen Volkes ſeit 1866 nicht die mindeſte Rückſicht
genommen hat, obwohl ſie allein hinreichte, alle Abmachungen von
Nicolsburg praktiſch aufzuheben. Zwei, drei gutberechnete Schritte,
mochten ſie auch ganz harmlos und diplomatiſch ſein, wären genügend
geweſen, um zu beweiſen, daß Deutſchland von Oeſterreich noch nicht
vergeſſen ſei. Das war namentlich Süddeutſchland gegenüber ſehr
leicht möglich, das ſelbſt heute noch vielfach ganz vogelfrei baſteht.
Ein tüchtiger Diplomat kann viel Noten ſchreiben, ehe es zum Schie=
ßen kommt. Aber dieſer Reichskanzler war wie ein ſchlechter Pro=
feſſor, der nur nach geſchriebenen Heften lieſt. Was nicht in den
Heften ſteht, iſt auch ihm Geheimniß. Für den Reichskanzler war
der Friede zu Nicolsburg Collegienheft und Evangelium ...

Schon die nächſten Vorgänge der deutſchen Geſchichte werden
lehren, wie formell und nichtsbedeutend der Austritt Oeſterreichs aus
dem deutſchen Bunde war. Aus dieſem Bund iſt es getreten; aber
in Deutſchland blieb es, weil es gar nicht in ſeiner Macht ſtand,
ſich davon loszulöſen. Es wird ſich ſehr bald herausſtellen, daß die

Entwickelung der österreichischen Verhältnisse auf das nächste Geschick Deutschlands ungleich mehr Einfluß ausübt, wie das Verhalten Preußens. Dann werden auch die Kurzsichtigen erkennen, daß Oesterreich wirklich auf deutscher Basis ruht.

Es wird sich noch etwas ganz Anders zeigen. Man wird erfahren, daß Preußen, das in der Richtung auf Oesterreich eine Schachfigur gewann, genau in derselben Richtung ein Matt geboten wird! Die Dinge in Oesterreich können, zumal im Hinblick auf gewisse Pariser Spital=Ausweise, nicht lange mehr in der Schwebe bleiben; sie müssen sich zum Guten oder zum Schlimmen gestalten. Im ersten Fall hat der Kaiser von Oesterreich die Vergeltung, im zweiten hat sie die — Revolution . . .

Vielleicht existirt kein Land, über welches so viele falsche Ansichten verbreitet sind, wie über Oesterreich. Aber daran sind größtentheils die österreichischen Regierungen selber schuld. Sie haben durch eine Reihe verkehrter Maßregeln allen Vorurtheilen Vorschub geleistet. Insbesondere hat das lange Abschließungssystem dieses Staates das Möglichste beigetragen, Oesterreich dem übrigen Deutschland und Europa zu entfremden und es in eine eigene abgeschiedene Welt zu verwandeln. Die Folgen sind außerordentlich. Ohne jenes Abschließungssystem wäre es weder Magyaren noch Czechen gelungen, einen einzigen vernünftigen Deutschen für ihre staats= und freiheitsgefährlichen Marotten zu interessiren. Auch würde es Preußen durchaus nicht so leicht geworden sein, Oesterreich aus Deutschland politisch hinauszubringen. Die Denkschrift Riegers zeigt deutlich, wie wenig man österreichischerseits bemüht war, das Ausland über wichtige Verhältnisse Oesterreichs aufzuklären. Dieser Schlendrian muß aufhören; er ist von namenlosem Uebel. Vorstehende Schrift liefert den Beweis, daß man die Uebelstände Oesterreichs nach allen Seiten vernichtend angreifen und diesem Staat doch viel nützen kann. Hoffentlich betreten auch Andere diesen Pfad!

Dazu ist die österreichische Diplomatie die schlechteste, die es auf Gottes Erdboden giebt. Man hat z. B. nie gehört, daß bei ausbrechendem Krieg ein österreichischer Gesandter von der gegnerischen Seite her wichtige Mittheilungen gemacht, die den Gang des Krieges zu Gunsten Oesterreichs beeinflußten, während sich Aehnliches von den Gesandten anderer Mächte zum Nachtheil Oesterreichs wohl behaupten läßt. Diese Diplomatie wird nicht eher besser, bis jeder österreichische Gesandte im 3. Stockwerk wohnt und die Woche ein Mal Kartoffel mit Häring ißt . . . Eine weitere Vorbedingung dazu ist freilich, daß kein Reichskanzler existirt, der, allen Charakters und jedes Grundsatzes baar, nur Talente zum —

Oberkellner besitzt . . . Da unten thun keine Kautschuk- und
Gallert-Menschen, wohl aber edelgeformte Schädel von — Guß-
stahl sehr noth . . .

Viele sprechen oft leichthin von einer Zertrümmerung Oesterreichs: als wenn diese so spielend wie auf Kommando erfolgen könnte,
und als wenn sie Nichts zu bedeuten hätte! Alle, denen man nach-
sagt, daß sie diesem Ziele zusteuern, würden sich sogleich entsetzen,
wenn sie dasselbe erreichten. In erster Linie gilt dies von Preußen.
Glaube man nicht, daß eine solche Zertrümmerung Zustände schafft,
die ein außerösterreichischer Diplomat zum Nutzen seines Fürsten mit
Glacéehandschuhen anfassen könne! Der zweifellose Extract wäre
ein ungeheurer Haufen — revolutionärer Elemente, und die
kann man in Berlin jetzt weniger vertragen wie in Wien! Aus den
Trümmern Oesterreichs loderte alsbald ein furchtbarer Brand bis
zum Himmel auf, und der wäre keinem Staat gefährlicher wie dem
Nordbund, der bekanntlich nur mit — Schindeln gedeckt und der
gleichzeitig nur bei sich selbst „versichert" hat. Uebrigens ist die Zertrümmerung Oesterreichs unendlich schwerer, als die Meisten glauben,
wie auch die Geschichte dieses Staates hundertfach lehrt. Sie sprechen
da „ein großes Wort gelassen aus". Aber am Lachen erkennt man
die Narren, und am Lallen die — Kinder. Es ist politisch viel
leichter, das heutige Preußen zu zerstören, wie das heutige Oesterreich, trotz der inneren Wirren des letzteren. Preußen ist gewissermaßen ein hübsch-, glatt- und gerad gewachsenes langes Scheit
Holz, das aber ohne viel Mühe der ganzen Länge nach gespalten
werden kann, wenn an der richtigen Stelle eingehauen wird . . .
(Jena!) Oesterreich dagegen ist wie ein knorriger Eichenklotz,
wo die Fasern vielfach wirr durcheinander gewachsen sind. Da springen
viele Keile zurück . . . Sitzt auch einmal einer, so giebt es nie einen
Riß durchs Ganze, weil das nämliche Mittel, das hier Fasern trennt,
dort andere zusammentreibt . . . Und dabei hat der Holzhacker saure
Arbeit, er muß sich sehr anstrengen: wischen die Magyaren und die
Czechen sich nicht immer die Stirn? . . . Diese Qualität des österreichischen Staates ist leider von vielen österreichischen Fürsten und
Regierungen zum Motiv schändlichen Mißbrauchs gemacht worden.
Höchstwahrscheinlich hört das jetzt auf. Wenn Magyaren, Czechen,
Polen, Slovenen ꝛc. sich hoffnungsreich von den Folgen einer Zertrümmerung Oesterreichs unterhalten, so ist das genau Dasselbe, als
wenn die Bemannung eines auf hoher See befindlichen Kriegsschiffs,
den Stummel im Mund, gemüthlich die Wohlthaten erörtern wollte,
die für Alle aus einer absichtlichen Inbrandsteckung der — Pulver-
kammer entstehen müßten . . .

Die Deutsch-Oesterreicher verlieren bei einer Zerstörung Oesterreichs Nichts, sie gewinnen vielleicht, wenigstens gewinnen sie sicher,
sobald die Beust'sche Wirthschaft kein Ende nimmt. Um so mehr
sollten sich endlich die Staatsmänner Oesterreichs klar machen, was
die eigentlichen Stützen und Säulen dieses Staates sind. Mögen
diese Staatsmänner nicht vergessen, daß das deutsche Element in
Oesterreich, weil es das einzige ist, das den Staatsbau schuf und
bis heute zusammenhielt, auch das einzige sein muß, das ihn zertrümmern kann... Die große Widerstandsfähigkeit Oesterreichs
gegen zahllose politische Stürme beruhte gerade darauf, daß jenes
Haupt-Element sich fort und fort staatsfreundlich verhielt. Man
mache einmal den Versuch, lasse die Deutschen in Oesterreich nur auf
drei Monate die Renitenten-Rolle der Magyaren, Czechen, Polen ꝛc.
spielen, lasse sie sich grundsätzlich zurückziehen von jeder Regie-
rungs-Handlung, lasse sie in Masse austreten aus dem Reichstag,
wie aus den Landtagen: und Oesterreich steht am Rande des
Abgrunds... Selbst Rothschild borgt diesem Staat
dann keine 500 Gulden zu einem Staatsstreich mehr...
Eine Nationalität, die Das kann, die tritt man nicht mit Füßen...
Die Magyaren blieben von Wien weg, desgleichen die Czechen, endlich auch noch die Polen: aber Oesterreichs Bestand kam trotz alle
Dem nicht in Frage. Das sagt genug! Es wird höchste Zeit,
daß die österreichische Staatskunst im Interesse des
Reichs und der Dynastie die wahre Sachlage erkennt!

Kein Fürst ist so schlecht berathen, wurde so oft belogen und
betrogen, ist so umgarnt, muß so viel hochstehende und hochgeborne
Verräther in seiner Nähe dulden, wie — der Kaiser von Oesterreich...

Dränge doch endlich die Wahrheit durch alle von Höflingen
und Pfaffen verrammelten Thore der Hofburg ein!...

Die Wahrheit dient Gott, die Lüge dient immer dem Gegentheil. Die Lüge ist die Hauptwaffe alles Lasters und aller Verworfenheit. Man schränke die Lüge ein in Staat und Gesellschaft:
und es wird sogleich besser auf der ganzen Welt. Ohne Wahrheit
giebt es keine Tugend; jedes Laster, jede Sünde lügt. Alle Katastrophen der Staaten und alle Revolutionen rühren von — Lüge her.

Dem Kampfe, den jetzt die Deutschen in Oesterreich durchzuführen haben, wird die Theilnahme des übrigen Deutschlands, des
gesammten Germanenthums und selbst Europa's nicht fehlen.

Es wird den kulturfeindlichen Nationalitäten in Oesterreich nicht
wie seither gelingen, die allgemeine Aufmerksamkeit vom entschei-

benden Punkt wegzulenken nach dem nebensächlichen oder unrichtigen
Punkt.

Die öffentliche Meinung außerhalb Oesterreichs würde viel' früher
hinter den eigentlichen Sachverhalt gekommen sein, hätte nicht das
zweite französische Kaiserreich eine vollendete Begriffsverwirrung in
Allem geschaffen, was Freiheit heißt.

Magyaren, Czechen ꝛc. sollen nicht glauben, daß ihr Wüthen
gegen das deutsche Element den Deutsch = Oesterreichern allein gelte.

Auch wenn sie hierbei (was ganz unmöglich ist) zeitweilig
vorübergehende Erfolge errängen, änderte dieß sicher an schließlichen
Ausgang Nichts.

Das Germanenthum kann zu keiner Stunde verhindert werden,
einzutreten für seine Brüder in Oesterreich.

Sogar der Halbslave Bismarck hindert Solches nicht . . .

Der Nordbund steht überhaupt nur auf den zwei Augen dieses'
energischen und kühnen Staatsmannes. Bismarck ist dem Nordbund
weit unentbehrlicher wie der König von Preußen . . . Man darf diesen
Mann nicht unterschätzen. Bismarck ist für den Nordbund das Näm=
liche, was für den Bienenstock die — Königin ist. Der Name thut'
hier Nichts zur Sache.

Eine derartige Staats = Organisation hat Nichts mehr zu
fürchten, wie die geringste Veränderung der bestehenden politischen
Situation.

Gerade das Unfertige und Unhaltbare der deutschen poli=
tischen Zustände macht es den übrigen Deutschen leicht, sich hinüber=
zudenken zu den Kampfgenossen in Oesterreich!

Wird doch das Bild unserer nächsten Zukunft' nicht anders ent=
hüllt werden, wie unter rollendem Donner!

Eine Nation, die sich allen Pfaffen und allen finsterdenkenden
Fürsten Europa's zum Trotz die religiöse Freiheit dauernd errang,
und die später gegen den Willen ihrer meisten Fürsten vor allen
anderen Nationen die unbesiegbar scheinende Macht des corsischen Er=
oberers in Trümmer schlug: die läßt sich für die Folge auch keine
Beinschellen anlegen von einem Bismarck; sie regelt ferner gewiß
nicht den Takt ihres nationalen Vorschreitens nach dem Tempo preußi=
schen Paradeschritts. Noch weniger wird sie ihren durch eine
zweitausendjährige Geschichte klar vorgezeichneten kulturhistorischen Ent=
wickelungsgang selbst um Haaresbreite verrücken lassen durch Magya=
ren oder Czechen . . .

Die Germania schaut wie von ferne aus der Höhe ihrer Stel=
lung jenem Kampfe zu . . .

Sie führt genau Verzeichniß über alle schlimmen Thaten, die Magyaren, Czechen, Polen und Andere an den Ihrigen begangen haben und die sie noch begehen sollten . . .

Ist dann die Rechnung voll, dann hört sie auf zu schreiben . . .

Dann wird sie ihre Stimme laut ertönen lassen, wird hinab=schreiten, eine Rächerin, mit flammendem Schwert . . .

Nachklang.

Vorstehende Schrift war bereits vollständig in Druck gelegt, als der französisch=preußische Krieg begann.

Die Schrift verliert dadurch Nichts, sie gewinnt nur; denn sie zeigt dem künftigen Historiker, daß die Quelle dieses Krieges nicht allein in Paris oder Berlin, sondern vorzugsweis in — Wien ge=legen hat!

Dieser Krieg hat preußischerseits eine bedeutende Lähmung Oesterreichs zur nothwendigen Voraussetzung. Ohne solche Lähmung war er unmöglich!

Vor drei Jahren nahm Preußen unter ungleich günstigeren Ver=hältnissen wegen Luremburgs den Kampf mit Frankreich nicht an. Es scheint, als habe Preußen damals Oesterreich für viel gefähr=licher gehalten wie jetzt . . .

Ein Staat von der Größe, von der eminent wichtigen geo=graphischen Lage und von der hohen politischen Aufgabe wie Oester=reich kann durch seine zeitweilige Neutralität den Völkern und dem Frieden unendlich nützen. Aber wehe den Völkern, wehe dem Frieden und wehe Oesterreich selbst, wenn diese Macht bei mitteleuropäischen Wirren immer neutral bleiben muß!

In diesem Falle ist die permanente Neutralität Oester=reichs in Central=Europa der — permanente Krieg! . . .

Schon daß Oesterreich den jetzigen Krieg nicht auf Frankreich und Preußen beschränken konnte (was vielleicht schlimme Folgen hat), beweist, wie sehr es durch die magyarische und czechische Seuche geschwächt worden ist!

Die Magyaren= und Czechen=Politik Oesterreichs wird auf außerösterreichischen Schlachtfeldern mit — deutschem Blute bezahlt!

Ein Staat wie Oesterreich hat das Recht, zu bestehen, oder unterzugehen. Aber er hat nicht das Recht, ohnmächtig zu sein . . .